キース・E・スタノヴィッチ

木島泰三
［訳］

現代世界における
意思決定と合理性

太田出版

現代世界における意思決定と合理性

© 2010 by Oxford University Press, Inc.

© 2017 by KIJIMA Taizo for Japanese Translation Rights

Title of Work *Decision Making and Rationality in the Modern World*, First Edition by Keith E. Stanovich was originally published in English in 2010. This translation is published by arrangement with Oxford University Press. The Ohta Publishing Company is solely responsible for this translation from the original work and Oxford University Press shall have no liability for any errors, omissions or inaccuracies or ambiguities in such translation or for any losses caused by reliance thereon.

キース・E・スタノヴィッチ

現代世界における
意思決定と合理性

木島泰三訳

太田出版

［凡例］

- 本書はKeith E. Stanovich, *Decision Making and Rationality in the Modern World*, Oxford University Press, 2010 の全訳である。
- 原文の ( ) は （ ） で示した。
- 原文のイタリックによる強調は**太字**で示した。
- 原文の大文字による強調は〈 〉で示した。同じく、重要語や意味のまとまりを明確にするために訳者が挿入したものもある。
- 原文の""は「 」で示した。
- 訳文の〔 〕は、原文にない語句の、訳者による補足・説明である。
- 原注は［原注1］等と示した（3件のみ）。訳注は［1］［2］…で示した。原注・訳注、いずれも脚注とした。
- 訳者の判断で、適宜原語を添え （ ） で括った。
- 引用は、基本的に既訳を用いたが、文脈に応じて訳語等を変更した場合がある。
- 文献のタイトルは、邦訳のあるものはそれを用い、邦訳のないものは新たに訳した（邦訳のタイトルと原題が大幅に異なる場合、原題に沿った訳を付記した場合もある）。
- 専門用語の訳は、既訳を参照した上で、最終的に訳者が適切と判断した訳語を選択した。

リッチへ。
わたしたちの 30 年にわたる共同研究の旅の、
第 2 ステージの記念に。

目次

シリーズ全体の序 ……………………………………………… 8
はじめに ……………………………………………………………… 9

第1章
合理的な思考と行動
——何が真理であり、何をなすべきかを明らかにする …… 11

さらなる読書案内 …………………………………………… 19

第2章
意思決定——行為の合理性 …… 21

期待価値と主観的期待効用 ……………………………… 23
期待効用に対する公理的アプローチ ………………… 31
無関連な文脈と選択の諸公理 …………………………… 34
優越性——当然原理 ……………………………………… 39
文脈的結果の排除——独立性公理 …………………… 43
フレーミング効果——記述不変性の不成立 ……… 46
現状維持の奇妙な魅力——保有効果 ………………… 67
さらなる変則性——選好逆転と手続き不変性 …… 70
規則性原理 …………………………………………………… 73
選択における選好の構築説 ……………………………… 77
結果バイアス ………………………………………………… 80
要約といくつかの含意 …………………………………… 82
さらなる読書案内 ………………………………………… 88

第3章
判断——信念の合理性 …… 91

ベイズの定理 ………………………………………………… 93
確率を扱う上での諸問題——基準率の無視 ……… 98
P(D/~H) の無視 …………………………………………… 105
知識較正に対する過信 …………………………………… 117
確率推理をめぐるその他の問題 ……………………… 123
　連言の誤謬 ………………………………………………… 123
　条件付き確率の逆転 …………………………………… 125
　確実性効果 ………………………………………………… 128
　確率判断において選言を「展開する」際の諸問題 …… 130
　ギャンブラーの誤謬 …………………………………… 133
　確率マッチング——臨床的予測と保険数理的予測 …… 137
認識的合理性の他の諸側面——仮説の検証と反証可能性 …… 145
要約といくつかの含意 …………………………………… 153
さらなる読書案内 ………………………………………… 154

第4章
わたしたちの意思決定はどれほど拙いのか？
——合理性大論争 ……………………………………………… 157

合理性大論争 ……………………………………………………… 161
4枚カード選択課題の成績に対する代替解釈 ……………………… 164
連言の誤りに対する代替解釈 ……………………………………… 172
基準率の無視に対する代替解釈 …………………………………… 176
知識較正への過信に対する代替解釈 ……………………………… 178
確率マッチングに対する代替解釈 ………………………………… 182
三段論法推理における信念バイアスに対する代替解釈 ………… 185
フレーミング効果に対する代替解釈 ……………………………… 195
改善主義の見地とパングロス主義の見地の比較検討 …………… 200
合理的思考の個人差 ………………………………………………… 210
さらなる読書案内 …………………………………………………… 216

第5章
判断と意思決定の合理性にかんする論争の解決
——二重過程による説明 ……………………………………… 219

二重過程理論 ………………………………………………………… 221
進化的最適化 vs. 道具的合理性 …………………………………… 229
改善主義の立場とパングロス主義の立場の調停 ………………… 232
ヒューリスティックにとって阻害的な環境と親和的な環境 …… 237
要約と結論 …………………………………………………………… 249
さらなる読書案内 …………………………………………………… 250

第6章
メタ合理性
——優れた意思決定戦略は自己修正的である ………………… 253

意思決定を評価する——価値および意味の役割 ………………… 255
メタ合理性——わたしたちの一階の諸欲求の価値を問う ……… 260
メタ合理性——集団的行為 ………………………………………… 272
メタ合理性——合理的諸原理の適用可能性を疑問に付す ……… 276
要約と結論 …………………………………………………………… 285
さらなる読書案内 …………………………………………………… 287

参考文献 ……………………………………………………………… 289
訳者あとがき ………………………………………………………… 310
著者名索引 …………………………………………………………… 317
事項索引 ……………………………………………………………… 321

シリーズ全体の序

　教員が大学の学部授業や大学院の入門ゼミナールを担当するとき、利用できるちょうどよい本が存在しないことがしばしばあるが、当〈認知研究の基礎〉シリーズはこの重要なニーズに応えるものとして構想されている。わたしたちシリーズ編者はこれまでの経験や同僚との討議から、さまざまな基礎知識を簡明に取り扱ったシリーズ──つまり入門書のシリーズ──をこの分野が必要としているということに気付いた。そのようなシリーズがあれば、最先端の知識の要約を与えてくれると同時に、担当教員が必要と判断した文献を適宜学生に示すこともできる。

　当〈認知研究の基礎〉シリーズの各巻はこうした理念にもとづき、以下の要求をクリアするよう執筆・編集されている。

・簡明であること
・その分野の指導的な研究者であり、しかも込み入った主題であっても分かりやすく書くことに定評のある著者が執筆すること。
・専門分野の主な理論について、最新の広く受け入れられた理解が一覧できるようになっていること。

　なお、当〈認知研究の基礎〉シリーズはオックスフォード大学出版局の協力を得て刊行されている。

イェール大学　ポール・ブルーム

アリゾナ大学　リン・ネーデル

はじめに

　ポール・ブルームから、オックスフォード大学出版局が刊行する本シリーズに執筆しませんかとの誘いがあり、引き受けることにした。〈判断・意思決定論（judgment and decision making）〉という分野の、網羅性を意図しない、主要な概念が浮き彫りになる短い入門書を書く格好の機会だったからである。大学レベルの教育を行っている人々はほとんどみな、経験を積む中で徐々に、「少なく教えるほど学生は多くを学ぶ（less is more）」という哲学に行き着くものだ。筆者が携わっている〈判断・意思決定論〉という教育分野において、この哲学は間違いなく真理である。この分野が拡大進展する中で、さまざまな「〜課題」、「〜効果」、「〜バイアス」[1]、多様な理論や応用といったものが増え、学生はどうしても、こまごまとした厖大な知識の海に溺れてしまいがちだ。そうしないと教育が成り立ちにくくなっているのである。それらの〈課題〉・〈効果〉・〈バイアス〉がもつ概念的な重要性を明らかにしてくれるような適切な文脈を設定し、それに即してこの分野の解説を行おうというのは、さらに困難な課題である。

　ブルームが提供してくれた機会は、認知科学（cognitive science）[2]における〈合理性大論争（Great Rationality Debate）〉——人間の認知能力をどの程度不合理だとみなすべきかの論争——を下敷きに、学生たちが〈判断・意思決定論〉にかんする主要概念を学ぶ入門書を書くのにうってつけだと思った。人間の合理性にかんするさまざまな仮説は、社会、法体系、経済市場、行政機構といった諸制

---

[1]「バイアス（bias）」は「偏り」の意味で、心理的な「偏見、先入見」を指す語だが、カーネマンとトヴェルスキーが創始した〈ヒューリスティクスとバイアス〉研究（本書 p. 93 およびこの後の訳注 21 参照）では、「人間が犯すエラー……の中でも特定の状況で繰り返し起きる系統的なエラー」としての、重要な研究課題となる現象を指すために用いられている（ダニエル・カーネマン『ファスト＆スロー——あなたの意思はどのように決まるか?』村井章子訳、友野典男解説、ハヤカワ文庫、2014 年、上巻 p. 14 他（Daniel Kahneman, *Thinking, Fast and Slow*. New York: Farrar, Straus and Giroux, 2011.））。
[2] 以下本書では、「認知科学（cognitive science）」や「認知心理学（cognitive psychology）」に冠されている形容詞 cognitive には一貫して「認知（的）」の訳語を当てる。また同根の名詞 cognition は、恐らく「認識」という訳の方が自然であるが、原語のつながりを明示するためにすべて「認知」と訳す。

度をわたしたちがいかに構想するのかを方向付けるものなのであり、それゆえにテトロックとメラーズ（Tetlock and Mellers, 2002）は、「人間の合理性をめぐる論争は、原初的な政治的・心理的な諸偏見を燃料に、あっという間に炎上しかねない、賭け金の大きな論争である」と力説したのだ（p. 97）。したがって、この分野に属するさまざまな課題や実験の多くが部外者の目には瑣末なことに映るとしても、問われている諸問題は広い範囲におよぶのだ。

　筆者が本書で試みたのは、学生たちが、授業や実験室で目にする実証実験を通して、人間の心と行動の本性にまつわる深遠な問いに、現に答えが与えられるのはなぜかという、その勘どころを身につけてもらうことだった。そうやって本書がこの研究領域の概念的・枠組み（フレームワーク）を提供し、それによって本書に欠けている網羅性を補ってくれることを期待している。〈判断・意思決定論〉とは、人々の意思決定のあり方、および世界についての信念形成のあり方[3]、という人類に本質的な特徴をじかに証言してくれる研究領域なのだ。

　以下の人々に感謝する。一貫して執筆をサポートしてくれたオックスフォード大学出版局のパトリック・リンチ。草稿作成におおいに貢献してくれたバーバラ・マシューとジーン・フォード。本シリーズの編者であるポール・ブルームとリン・ネーデル。オックスフォード大学出版局の依頼で本書の草稿を読み、たいへん詳しく有益なコメントを寄せてくれた、アリゾナ大学のテリー・コノリー、プリマス大学のジョナサン・セント・B・T・エヴァンズ、ノースカロライナ大学のゴードン・ピッツ、メアリー・ワシントン大学のデイヴィッド・レッティンガー。それに献辞にも記した、筆者の全著作の最古参の読者である、友人にして共同研究者の、ジェームズ・マジソン大のリチャード・ウェスト。

---

[3]「信念（belief）」についてはこの後の訳注 9 を参照。

第1章
合理的な思考と行動
——何が真理であり、何をなすべきかを明らかにする

　心理学者が合理性（rationality）[4]について研究するのは、合理性というものが最も重要な人間的価値に属するものだからである。人が幸福かつ平穏無事でいられるのは、その人が合理的に（rationally）考え、合理的に行為するかどうかにかかっている。本書が合理性というものに認めている高い地位は、合理性を些末なものとして特徴づける見方（合理性を、論理学の教科書に載っているたぐいの問題を解く能力と大差ない能力とする見方）や、合理性とは実のところ人間らしさの実現とは正反対のものだとする見方（例えば、合理性は楽しい感情豊かな生活を妨げるものだ、という見方）といったそれ以外の見方と食い違うように思われるかもしれない。だが、このような合理性の捉え方は、合理的な（rational）思考についての視野の狭い誤った見解——現代の認知科学における合理性の研究とは一致しない見解——に由来するのである。

　合理性という言葉を辞書で引くと[5]、大概はぎこちなくてとらえどころのない解説（「理性〔理由〕にかなった状態または性質」といった）が載っているし、合理性の重要さを引き下げたがる批判者の中には、例えば合理性を「哲学101」

---

[4]「合理的（rational）」および「合理性（rationality）」が何であるのか本書全体のテーマである。読者は日本語の「合理的、合理性」についての自分なりの理解から出発して差し支えないが、原語について最低限の語義説明を補足しておくと、rational は英語の reason（理由、理性）にあたる（同語源の）ラテン語 ratio の派生語で、「理由（道理）にかなった」あるいは「理性にかなった」を意味する語である。また心の能力としての「理性」を意味する ratio / reason は伝統的に論理的な推理を行う能力とも解されており、その派生語としての rationality のこのような意味合いは本書の合理性概念の理解にも重要となる一方、その過度に一面的な見方についてはすぐ後で検討されることになる。（なお、本書で著者が、心の能力として解された「理性」の意味で reason を用いることは（辞書の引用を除けば）まったくない、ということは注意してよい。）
[5] これ以降の合理性一般および道具的合理性にかんする叙述と同じ内容は、『心は遺伝子の論理で決まるのか——二重過程モデルで見るヒトの合理性』（みすず書房、2008 年、詳細書誌情報は巻末文献表 Stanovich, 2004 に付記）pp. 121–2 でも簡略に述べられている。

第 1 章 合理的な思考と行動　11

〔大学の哲学入門講座〕[6]に出てくる三段論法[7]を行う能力に過ぎないものとして定義するような、戯画的な見方を喧伝する人々もいる。現代の認知科学における合理性はこれとは反対に、ずっと骨太で重要なものを意味している。

認知科学は合理性に2つの種類を認めている。〈道具的合理性（instrumental rationality）〉と〈認識的合理性（epistemic rationality）〉である。**道具的合理性**の最も単純な定義は、〈自分に利用可能な（物理的・心的）資源を用い、まさに自分が最も望むものを手に入れられる行動をこの世界の中でなす〉という、合理性というものが実践の世界に根差すことを、最大限に強調する定義である[8]。もう少し専門的に言えば、〈道具的合理性〉は、〈個人の目的達成の最適化〉と特徴づけられる。次章で、経済学と認知科学の専門家が〈目的達成の最適化〉というこの概念をどのように〈期待効用（expected utility）〉という専門的な概念に洗練していくのかを見よう。

認知科学者が研究対象にしている合理性の第2の側面は、**認識的合理性**（*epistemic rationality*）と名付けられている。ここで問われるのは、信念[9]が世界の現実の構造をどれだけ適切に写像するのかという合理性である。〈認識的合理性〉は時に哲学者によって**理論的合理性**（*theoretical rationality*）とか**証拠にかかわる合理性**（*evidential rationality*）[10]とか呼ばれることがある。同様に、〈道具的合理性（instrumental rationality）〉は時に〈実践的合理性（practical rationality）〉とも名付けられる。2つのタイプの合理性は関係し合っている。目的を実現するように行為するためには、世界と適切に対応するようになっている〔較正されている——第3章参照〕信念にもとづいて行為する必要があるからだ。

---

[6]「101」はアメリカの大学の初級者向け講義に一般的に振られる番号で、「心理学101」「歴史学101」など、諸専攻について同様の講義があり、転じて入門講座や入門書一般の呼称に使われることもある。大学間の単位互換のために履修項目を番号で分類する制度と共に、20世紀前半頃から用いられるようになった慣習だという。

[7]「三段論法（syllogism）」についてはこの後第4章に付した訳注305を参照。

[8]「道具的（instrumental）」は目的達成のための有効な手段となるような行為をなす、というあり方を表しており、「手段的」という訳語も可能であろう。著者がこの後の原注1で挙げる、対応する概念を指す別の呼称の中では「手段／目的合理性（means／end rationality）」という呼称が語義の点でごく近い。道具的合理性についてはこの後の訳注26も参照。

[9]「信念」はbeliefの訳で、人が事実だと見なしている思考内容全般を指す一般的な用語である。日本語の、例えば「固い信念を貫く」のように使われる「信念」よりも中立的で意味の広い言葉で、「考え」「思い」のように訳される場合もあるが、原文の用語法との対応を考慮して「信念」と訳出する。

[10]『心は遺伝子の論理で決まるのか』では「立証合理性」（p. 128）。

多くの人々は（誤ってであろうとなかろうと）、自分は教科書的な論理学の問題を解く能力などなくともうまくやれると思っている（そうして、戯画的な合理性の見方が合理性の地位を切り下げてしまうのだ）。とはいえ、正しく定義された〈認識的合理性〉と〈道具的合理性〉を遠ざけたがる人などいない、というのが事実だ。実質的にはすべての人々が、自分の信念が世界と対応していることを望んでいるし、自分の行為が目的達成を最適化することを望んでいる。心理学者ケン・マンクテロウ（Manktelow, 2004）は、両タイプの合理性は〈何が真理か〉と〈何をなすべきか〉という 2 つの決定的に重要な事柄にかかわっていると指摘して、その実践上の必要性を強調した。〈認識的合理性〉は〈何が真理か〉に、また〈道具的合理性〉は〈何をなすべきか〉に、それぞれかかわっているということだ。わたしたちの信念が合理的なものであるためには、信念が世界のあり方と対応していなければならない——つまり真理でなければならない。わたしたちの行為が合理的なものであるためには、その行為は自分の目的への最善の手段でなければならない——つまりなすべき最善の行為でなければならない[原注1]。

　人生にとって実践的に必要かつ有益なものは何かといえば、〈何が真理か〉や〈何をなすのが最善であるか〉を見抜くことを助けてくれる思考の過程にまさるものはない。合理的な思考をこのように捉えること——合理性を格別に実践的な努力と見なす見方——が、本書のテーマである。このテーマは、合理性がどんなものかについて視野の狭い見方（先に触れた〈合理性＝論理学〉のようないくつかの見方）とは対照的である。本書の見地からすれば、〈合理的である〉とは単に〈論理的である〉ということではない。むしろ論理学（およびその他すべての認知ツール）こそ、自らが無価値でないことを証明せねばならない。

[原注1] 学生諸君は、〈道具的合理性〉と〈認識的合理性〉を指すための多くの別の用語が文献に登場することに気をつけねばならない（Audi, 2001; Harman, 1995; Manktelow, 2004; Mele & Rawling, 2004; Nathanson, 1994; Over, 2004）。例えば〈認識的合理性〉は時に〈理論的合理性〉や〈証拠にかかわる合理性〉と呼ばれる。〈道具的合理性〉は文献中で、〈実践的合理性〉（practical rationality）、〈実用的合理性〉（pragmatic rationality）、〈手段／目的合理性〉（means / end rationality）、といったさまざまな用語で呼ばれる。〈判断・意思決定論〉の文献では、〈対応づけ能力〉（correspondence competence）と〈一貫化能力〉coherence competence という用語が用いられる場合がある（Goldstein, 2004; Hammond, 1996, 2007）。〈対応づけ能力〉は、信念がどれほど正確に環境を写像しているかの程度にかかわり、それゆえ本書で〈認識的合理性〉と呼ばれるものを指すことになる。〈一貫化能力〉は、第 2 章で論ずる〈期待効用理論（expected utility theory）〉におけるいくつかの〈整合性公理（consistency axioms）〉に従うことができる能力を指している。したがってそれは本書で〈道具的合理性〉と呼ばれているものに関連するのである。

つまり論理学は自らが、真理獲得に役立つか、あるいはなすべき最善の行為の解明に役立つと示さねばならない。本書のこのような哲学は、ジョナサン・バロン（Baron, 2008）が次のように論じたときの哲学に倣う。

> わたしたちが合理的な思考と呼んでしかるべき最善の種類の思考は、人々が自分の目的を達成するのに最も役立つようなあらゆる種類の思考である。仮に、形式論理学の諸規則に従うことが永遠の幸福につながると明らかになったら、論理学の法則に従うことが合理的な思考であることになる（わたしたちの誰もが永遠の幸福を望んでいるという仮定の上で）。一方、論理学の法則に、一点一点慎重なやり方ですべて違反することが永遠の幸福につながることが明らかになったとしたら、その違反の方が合理的だと呼ばれるはずである。（p. 61）

感情と合理性の関係について考える場合にも、同様の注意が必要である。〈民間心理学（folk psychology）〉[11]においては、感情とは合理性とは正反対のものだとみなされている。感情がなくなれば思考は純化され、純粋に合理的な形態をとるものだと思われているのである。このような考え方は本書で採用する合理性の定義とは一致しない。〈道具的合理性〉とは目的達成の最大化に一致する行動を指すのであって、〔感情の有無のような〕特定の心理的過程を指しているのではない。感情が〈道具的合理性〉を阻害することはあるが、それと同じくらい、感情が〈道具的合理性〉を促進することも十二分にありうることなのである。実のところ、認知科学における感情の捉え方は、感情がもつ〔進化的に〕適応的な[12]調整能力に力点を置いている。例えばジョンソン＝レアードとオートリー（Johnson-Laird and Oatley, 1992）は感情がもつ合理性を論じる中で、〈感情とは、目標達成を助けるために割り込んでくる信号である〉という見方を提起した。彼らの基本的な着想によれば、およそ知的システムが未来の可能な結果すべての効用を計算しようと試みると、可能性の組み合わせが爆発的に増大せざ

---

[11] 原語は folk psychology。人間が日常的に信念（訳注 9 参照）、欲求（この後の訳注 18 参照）、意図などの概念を用いて自他の行為を説明したり予測したりする営みやそこで用いられる概念の体系を、学問的な心理学の体系との対比でこう呼ぶ（素朴心理学、民俗心理学などいくつかの訳語がある）。
[12] 本書で登場する「適応（adaptation）」や「適応的（adaptive）」は単に何かが何かに適合しているという一般的な意味ではなく、生物学的進化（ダーウィン的進化）の結果として環境に適応している、という特定の意味をもつ（この後の訳注 22 も参照）。

るをえないものなのであるが、感情とはこの爆発を中断させるのに役立つのだ。こうして感情は可能性の数を、過去の類似の状況に照らして取り扱える程度にまで抑えるものと考えられるのである。

　要するに感情は、わたしたちの適切な反応を「大まかな見積もりの範囲内に」[13]収めてくれる。もっと正確な見積もりが必要な場合は、より正確な認知としての分析的認知（第5章で論ずる）を求めるということになる。もちろん、わたしたちの感情への依存が行き過ぎになってしまうことも起こりうる。つまりわたしたちが、より正確な思考としての分析的思考が必要な場合にも、自分の反応の基礎を「大まかな見積もり」の解に置いてしまうことはありうる。しかし大半の場合には、感情による調整過程は合理的な思考と行為を促すのだ。

　著述家のマルコム・グラッドウェルのベストセラー『第1感──「最初の2秒」の「なんとなく」が正しい』で採用されている感情と合理性の関係づけは、〈民間〔心理学〕的〉な、認知科学での論じられ方とは対立するタイプのそれである。グラッドウェルが論じるのは、神経科学者アントニオ・ダマシオによる有名な事例研究で、その研究によれば、前頭前皮質腹内側部の損傷は行動に、知能の減退を伴わない機能不全をもたらすという。グラッドウェル（Gladwell 2005）が論ずるところでは、「〔前頭前皮質〕腹内側部に損傷のある人々は完全に合理的である。きわめて知的で、機能的にも劣らない場合がある。ただし判断力は失っている」（2005, p. 59. 邦訳 p. 65[14]）。だがこれはダマシオの事例の記述として正しくない。本書で論じていく見方によれば、判断力を失った者は合理的ではありえないからである。

　例として、ダマシオ（Damasio, 1994）の最も有名な患者の1人、エリオットの記録を取り上げよう。エリオットはかつてある商社に勤め、功績を挙げ、若手社員の模範となる人物であった。幸福な結婚生活を送り、よき父親であった。かくしてエリオットの人生は完全なサクセスストーリーであったが、──ダマシオの語るところでは──ある日を境に破滅が始まった。エリオットは頭痛をおぼえるようになり、仕事中にぼんやりするようになった。頭痛の原因は脳腫

---

[13] 原語は in the right ballpark。ballpark は「球場」で、野球場の入場者の「大まかな見積もり」から慣用句になった表現（"right" がつかないこともある）。以後も本書で多用される。
[14] 引用の訳は邦訳書をもとにしたが一部修正した。特に、「完全に合理的である」と訳した are perfectly rational は、邦訳書では「意識はまったく正常だ」になっていて原語がやや類推しにくいので、本訳書の文脈に合わせ訳語を変更した。

瘍で、外科手術で取り除かれた。手術のやむをえない結果として、エリオット
は前頭前皮質の腹内側部に深刻な損傷を負った。そして情動的反応を広範囲に
わたり失ったのである。

　これは凶報だが、吉報もあった。エリオットは手術後に受けた知能テストで
高水準の点数をとったのだ。ただ１つのちょっとした問題は——それは凶報の
ちょっとした一部分であったのだが——エリオットの人生がめちゃくちゃになっ
たということである。手術後のエリオットは仕事上での効果的な時間配分がで
きなくなった。作業に優先順位をつけられなくなり、上司から大量の注意や勧
告を受けるようになった。このような事態に至っても職場での行動を変えられ
ずにいたために、クビになった。その後エリオットはさまざまなベンチャービ
ジネスに首を突っ込んだが、すべて失敗した。あるビジネスには全財産を注ぎ
込んでいたため、とうとう破産した。妻からは離婚され、その後不品行な女性
と関係をもち、あっという間に結婚し、同じくらいあっという間に離婚した。
ダマシオ医師の診療所にたどりついたとき、エリオットは社会保障障害年金の
給付を断られていた。

　わたしたちの定義によればこの男性は合理的ではない。エリオットは自分の
目的達成を最大化するために最適な行為をなす人物ではないのだ。グラッド
ウェルの民間心理学的な定義によれば、エリオットは感情を喪失した以上、合
理的に思考する者でなければならないはずだ。だが現代の認知科学の観点から
すると、それは成り立たない。エリオットは合理性の度合いが低いのであり、
それは彼において感情が担うべき調整の過程——感情がより分析的な認知と協
働し、最適な反応を支えるために働く過程〔5つ前の段落のジョンソン＝レアードと
オートリーの理論を参照〕——が損なわれていたことによる。論理はそれ自体とし
て合理的思考の道具であるが、感情もまた合理的な思考の道具なのだ。

　合理的に思考するとは[15]、その人の目的と信念に照らして適切な行為をなす
ことであり、かつ、利用可能な証拠[16]と両立する信念を抱くことを意味する

---

[15] この段落以降のエルスターの「薄い合理性の理論」の解説は『心は遺伝子の論理で決まるのか』pp. 124–5
でもなされている。

[16] 原語は evidence。スタノヴィッチが心理学を論ずる著作の邦訳ではおおむね「エビデンス」という訳語
があてられている（キース・E・スタノヴィッチ『心理学をまじめに考える方法——真実を見抜く批判的思考』
金坂弥起監訳、誠信書房、2016 年（Keith E. Stanovich, *How to Think Straight About Psychology* (10th edition),
Boston, MA: Pearson, 2013）。心理学の外でも、恐らく「エビデンス・ベースト（evidence based）」という

——ただし、これに加えて、はじめに適切な目的を選定することも意味する。〈道具的合理性〉はこの内の1つ目（その人の目的に照らして適切な行為をなすこと）に対応するし、〈認識的合理性〉は2つ目（利用可能な証拠（エビデンス）と両立する信念を抱くこと）に対応するが、第3の要素（まずはじめに適切な目的を選択すること）はここではじめて取り上げる論点である。新たに加わったのは、〈薄い（thin）合理性〉の概念と〈広い（broad）合理性〉の概念の区別である。政治科学者のジョン・エルスター（Elster, 1983）は〈道具的合理性〉についての伝統的諸見解[17]を**薄い合理性理論**と見なした。この種の理論が「薄い」と言われる理由は、それが個々人のあるがままの目的と信念をそのまま受け入れ、その信念を前提した場合の彼らの欲求[18]が最適な仕方で充足されているかどうか、ということだけを評価の中心にしている、というところにある。このような見解は、「ある人物の合理性を判定する際に、その人物の行為理由を形成する信念と欲求そのものは不問に付す」（p. 1）、という点で〈薄い合理性理論〉の典型である。つまりそれは、そこで最大化される欲求および目的については評価の対象にしないのだ。

　〈道具的合理性〉にかんする〈薄い理論〉の力はよく知られている。例えば次章で見るように、合理性の概念を〈薄い理論〉の枠内に限定する場合、多くの強力な形式的規定（例えば意思決定理論の諸公理など）が行動の規範的な基準（スタンダード）

方法の重要性の認識の広がりと共に、「エビデンス」という片仮名表記をよく目にするようになったように思うが、本訳書では「証拠」にルビをふって訳出することにする（なお、この状況は日本だけのことではないらしく、スタノヴィッチは同書で、証拠（エビデンス）のより適切な扱いの必要性（比較情報の必要性）が応用学問の各分野で意識されるようになったのが最近の現象であること（pp. 115–6）、例えば医学では「十分な根拠にもとづいたアプローチ（evidence-based approach）」の取り入れが現在進行中であること（pp. 115–6, p. 225）を報告している）。

[17]「伝統的」は traditional の訳語。この箇所も含め、本書で著者は、さかのぼっても20世紀以降でありそうな研究や概念に tradition や traditional という語を用いている（例えば〈ヒューリスティクスとバイアス〉研究（本書 p. 93 および訳注21参照）の30年程度の研究蓄積を tradition と呼ぶ箇所が何度か登場する）。これを tradition と「伝統」の語感の違いととらえ、内容に応じて訳し分けるという選択もあるが、本訳書では語義の共通性を重視し、そこに研究や概念の継承性、盤石さに対する著者なりの認識や評価も込められていると考え、tradition, traditional には一律「伝統」、「伝統的」の訳語をあてることにする。

[18]「欲求（desire）」は現代英語圏の哲学や他の分野では、人間が何かを「目指す」「望む」「欲する」といった心の働きを広く名指すための総称的（generic）な呼称として用いられ、訳注9で解説した「信念（belief）」と共に、人間の基本的な心の働きの1つと見なされることが多い（訳注11も参照）。なお、『心は遺伝子の論理で決まるのか』では「欲望」と訳されているが、上述のような用例については、感性的で強い欲求、という意味にやや偏ってしまうように思われる。

第1章 合理的な思考と行動　17

として利用可能になる。〈薄い理論〉の弱点もまた同じぐらいによく知られている。〈薄い合理性理論〉は欲求の評価を行わないため、ヒトラーは、自らのグロテスクな欲求充足を目指し、基礎的な〈選択の諸公理（axioms of choice）〉[19]に従って行為した限りでは、合理的な人物であった、と言わざるをえなくなってしまうだろう。〈薄い合理性理論〉は、欲求の評価をせずに済ますことで、驚くほど広範囲にわたる人間の行動と認知を評価からとりこぼしてしまう。例えばエルスター（Elster, 1983）も「わたしたちが必要としているのは……形式的な点にしか目を向けない考察にとどまらない、より視野の広い理論……また、行為における欲求と信念の実質的なあり方を吟味できるようにしてくれる理論である」と論じている（p. 15）。

　しかしながら、〈広い合理性理論〉——欲求への実質的批判を果たす理論——を発展させることにはコストが伴う。それは、哲学と認知科学におけるとても厄介な争点を引き受けることを意味するのだ。それにもかかわらず、わたしたちは最終章でこれらの複雑な問題に取り組む予定である。とはいえ、心理学における〈判断・意思決定論（judgment and decision-making）〉という分野はおおむね、〈行為の合理性〉（ある人の目的に照らして最も適切な行為をなすこと）および〈信念[20]の合理性〉（利用可能な証拠（エビデンス）と両立する信念を抱くこと）へとそれぞれ人を導く思考過程の研究である。わたしたちは前者（道具的合理性）を第2章で取り上げ、後者（認識的合理性）を第3章で取り上げる。この2つの章では、人間の行動が、いずれのタイプの合理性についても、それらを定義づける行動からはかけ離れたパターンを示すことが多くあることを見る。第4章は、認知科学における〈合理性大論争（Great Rationality Debate）〉——第2章と第3章で論じられる経験的事実としての実験結果をいかに解釈するかの論争——を検討する。〈ヒューリスティクスとバイアス〉と呼ばれる伝統[21]に属する研究者たちは、適切な意思決定規則に対するさまざまな違反を、改善の必要な、

---

[19]「選択の諸公理（axioms of choice）」（および、このすぐ上で言及された「意思決定理論の諸公理」）とは、行為や意思決定に関わる選択が満たすべき形式的な諸条件を指しており、詳しくは第2章で論じられる。似た言葉に集合論で用いられる「選択公理（axiom of choice）」があるが、関連はない。
[20]「信念（belief）」については訳注9参照。
[21] トヴェルスキーとカーネマンの論文「不確実性下における判断——ヒューリスティクスとバイアス」（Tversky & Kahneman, 1974）の成果を受け継ぎ、発展させた学問伝統を指す。「ヒューリスティック（ヒューリスティクス）」についてはこの後の訳注59、「バイアス」については前出の訳注1を参照。（また「伝統（tradition）」という訳語については訳注17を参照。）

人間の認知の問題点を明らかにしたものだと解釈する。これとは対照的に、進化心理学者[22]や他の論者たちは、人々が判断と意思決定において示す反応の内のいくつかが〔進化的に〕適応的な[23]反応であることを強調する。第4章では経験的事実を取り上げた文献に対するこれらさまざまな解釈を議論する。第5章では、〈合理性大論争〉における2つの立場が、人間の認知の〈二重過程理論（dual-process theory）〉の内部で調停される。第6章では、〈薄い合理性理論〉に属する理論の不十分さを議論し、人間の判断と意思決定をめぐるより広範な問いをいくつか取り上げる。例えば、（狭い意味で）合理的であることはいつ合理的だと言えるのか？　それを追求することが合理的であるような目的とはいかなる目的か？　誰もが合理的に自己自身の利益を追求する限り誰もが損失を招く、〈協調的行為（coordinate action）〉が求められる状況[24]において、人はどう行為すべきなのか？　といった問いである。

さらなる読書案内[25]

アドラー、J. E.／リップス、L. J.『推理——人間の推論とその諸基礎の研究』Adler, J. E., & Rips, L. J. (2008). *Reasoning: Studies of human inference and its foundations*. New York: Cambridge University Press.

アウディ、R.『理性のアーキテクチャ——合理性の構造と実質』Audi, R. (2001). *The architecture of reason: The structure and substance of rationality*. Oxford: Oxford University Press.

ハーマン、G.「合理性」、E. E. スミス／D. N. オシェロン編『思考』所収 Harman, G. (1995). Rationality. In E. E. Smith & D. N. Osherson (Eds.), *Thinking* (Vol. 3, pp. 175–211). Cambridge, MA: MIT Press.

マンクテロウ、K. I.「純粋・実践——推理および合理性」、K. I. マンクテロウ／M. C. チュン編『推理の心理学——理論的および歴史的見地』所収 Manktelow, K. I. (2004). Reasoning and rationality: The pure and the practical. In K. I. Manktelow & M. C. Chung (Eds.), *Psychology*

---

[22]「進化心理学（evolutionary psychology）」とは人間の心（認知）の働きをダーウィン的な自然淘汰による進化の産物としての、生物学的な適応（訳注12参照）として研究する立場。1990年代に誕生し広く支持されるようになった。本書第4章以下で詳しく紹介される。

[23]「適応（adaptation）」や「適応的（adaptive）」という用語については訳注12を参照。

[24] 原文は situations of coordinate action。coordinate を coordinative（cooperative——協力的）の意味でとってよいのかなど、やや意味がとりにくかったので原著者に問い合わせたところ、このような意味であるとの返答を頂いた。

[25] 以下、邦訳のある文献（第2章以降のこのコーナーに登場する）は邦訳タイトルと書誌情報を記載し、邦訳のないものは原著タイトルの訳者による邦訳を記載する。原著の書誌情報については、記載されていたものをそのまま収録してある。邦訳、原書とも、巻末の文献表との重複がある場合もあるが、学習者の利便性からすればこのコーナーにも書誌情報を掲載するのが適切であろう。

of reasoning: Theoretical and historical perspectives (pp. 157–177). Hove, UK: Psychology Press.

メレ、A. R.／ローリング、P. 編『オックスフォード・ハンドブック／合理性』Mele, A. R., & Rawling, P. (Eds.). (2004). *The Oxford handbook of rationality*. Oxford: Oxford University Press.

ネイザンソン、S.『合理性の理念』Nathanson, S. (1994). *The ideal of rationality*. Chicago: Open Court.

ニカーソン、R. S.『合理性の諸相』Nickerson, R. S. (2008). *Aspects of rationality*. New York: Psychology Press.

オーヴァー、D. E.「合理性と規範的／記述的の区別」D. J. ケーラー／N. ハーヴェイ編『ブラックウェル・ハンドブック／判断論・意思決定論』所収 Over, D. E. (2004). Rationality and the normative/descriptive distinction. In D. J. Koehler & N. Harvey (Eds.), *Blackwell handbook of judgment and decision making* (pp. 3–18). Maiden, MA: Blackwell.

サミュエルズ、R.／スティッチ、S. P.「合理性と心理学」、A. R. メレ／P. ローリング編、『オックスフォード・ハンドブック／合理性』所収 Samuels, R., & Stich, S. P. (2004). Rationality and psychology. In A. R. Mele & P. Rawling (Eds.), *The Oxford handbook of rationality* (pp. 279–300). Oxford: Oxford University Press.

第2章
意思決定
——行為の合理性

　〔何かをしようという〕意思決定を適切になすこと[26]と、〈道具的に合理的（instru-mentally rational)〉である、ということは同じものを指す[27]。〈道具的合理性〉とは、行為すること——何をなすべきか——にかかわる合理性である〔p. 12 も参照〕。〈道具的に合理的〉であろうとするなら、自分に利用可能な（物理的・心的）資源（リソース）を用い、まさに自分が最も望むものを手に入れられる行動をこの世界の中でなす、という要件を満たさねばならない。もう少し専門的（テクニカル）に言えば、〈道具的合理性〉は、〈個人の目的達成の最適化〉と特徴づけられる。経済学者と認知科学者は目的達成の最適化というこの思想を、〈期待効用（expected utility)〉という専門的（テクニカル）な概念へと洗練してきた。意思決定科学の研究者たちは〈人が、ど

---

[26] 「意思決定を適切になすこと」は原文では good decision making であるが、これらの用語について簡潔に注を加えておく。まず decision については、専門用語として定着している訳語「意思決定」を一貫してあてている（ただし、この語が派生した元の動詞 decide については「決定する」など、術語的でない自然な訳語をあてる場合もある）。また「意思決定」の内実であるが、ここで「〔何かをしようという〕」という補足を行ったように、基本的には何らかの行為をなそうとする決定ないし決断、あるいはその行為を選択することをもっぱら指している。従って意思決定の合理性は、そこでどのような行為が決定、ないし選択されたかという観点からもっぱら判定される。つまり目的達成のためにどれほど有効な行為が決定ないし選択されたか、という観点からの判定である。それゆえ意思決定の合理性には「認知的」合理性と対比される「実践的」合理性や、目的に対する手段としての有効性という意味での「道具的」合理性という名が付けられるのである（本書第 1 章冒頭、およびそこに付した訳注 8 も参照）。最後に、ここに登場している decision making は、ここでのように「意思決定をなすこと」のように訳した場合もあるが、研究領域の呼称としての "judgment and decision making" や、あるいは本書の原題（*Decision Making and Rationality in the Modern World*）を典型とするように、この句全体で 1 つの名詞のように用いられている場合は、decision making 全体で「意思決定」と訳し、decision 単独との訳し分けはしなかった。もし訳し分けるならば「意思決定の実行」や「意思決定作用」のようになるだろうが、「意思決定」という語には（さらに言えば原語の decision にも）決意ないし決断を「下す」という作用的な性格が元々含まれていると考えたからである。

[27] 〈道具的合理性〉および〈期待効用〉にかんする本段落とほぼ同じ叙述は、『心は遺伝子の論理で決まるのか』（みすず書房、2008 年（Stanovich, 2004))p. 124 でもなされている。

第 2 章 意思決定　21

の選択肢が最大の〈期待効用〉をもつのかにもとづき、選択肢を選ぶ〉という合理的判断のモデルを用いてきた。

認知科学者ジョナサン・バロンは（Baron, 2008）、**効用**（*utility*）という語がいかに捉えにくい語であるかを論じている。意思決定科学で専門的な用語として用いられる「効用」は、日常会話で用いられるどんな言葉とも厳密には対応しない使われ方をする。認知科学で用いられる場合、それは辞書を引くと最初に出てくる語義である「有用性（usefulness）」を指すわけではない。意思決定理論で言われる効用はむしろ、「善さ（goodness）」とほとんど同じ意味である。効用が快（pleasure）と同じものではない、ということを知っておくことは重要である。効用とはむしろ、人々が自分の目的を実現したときに得られるよいこと・よいもの（the good）を指している——そして、人の目的がいつでも快の最大化であるわけではない。したがって効用とは、快や快楽主義（hedonism）よりも〈価値の重さ（worth）〉や〈望ましさ（desirability）〉にいっそう密接に関連する概念である。ハスティとドーズ（Hastie and Dawes, 2001）の提案では、効用を〈主観的価値の指標〉と考えるのが最も適切であるという。

効用を主観的価値と見なすことで、最適な意思決定を**期待価値**[28]**の最大化**（*maximizing expected value*）とする最も基礎的な〈規範モデル（descriptive model）〉が手に入る。〈期待価値〉モデルの議論——およびその双生児と言える**主観的期待効用**の議論——に進む前に、意思決定の〈規範モデル（normative model）〉と〈記述モデル〉とを区別しておく必要がある。意思決定の〈規範モデル〉は、〈記述モデル〉とは別のものなのだ。〈記述モデル〉とは、人間の反応パターンを特定し、それら観察された反応パターンを心理的メカニズムの観点から理論的に説明するモデルである。経験科学としての心理学のほとんどの研究が最終的に目指すのは、このタイプのモデルである。これとは対照的に、〈規範モデル〉が具体化するのは、行為と信念の**基準**（*standards*）——それに従えば、信念の正確さと行為の実効性を最適化することに役立つ基準——である。〈期待価値〉と〈主観的効用〉は〈規範モデル〉である——つまりそれらは意思決定をいかに行う

---

[28] 統計学の用語としての expected value は通常「期待値」と訳され、そこで「値（value）」は確率論的に定義される一定の予測値（＝数値）を一般的に指す。しかし現在の議論における value は、〈効用〉と結びついたいわゆる個人にとっての「価値」（または、場合によっては「貨幣価値（monetary value）」）という意味であり、つまり狭義の「価値」に関する期待値という、より限定された意味を担っているので、「期待価値」と訳す。

べきかを告げてくれるモデルである[29]。これから見ていくように、現実の人々の行動のあり方にかんする〈記述モデル〉が〈規範モデル〉から逸脱していることを示す認知科学の文献は厖大な数にのぼる。このような行動上の逸脱にはいくつかの互いに異なった解釈があって、第4章ではそれについて議論する。

本章ではまず最初に、意思決定の最も単純な〈規範モデル〉——すなわち〈期待価値〉——を考察し、それがなぜ不十分なモデルなのかを見ていく。次に、より包括的なモデルとしての〈最適な選択（optimal choice）〉——すなわち〈主観的期待効用〉——がどんなものかを述べる。合理性は〈主観的期待効用（SEU: subjective expected utility）〉の最大化として定義される。続いて、〈SEUに対する公理的アプローチ〉と呼ばれるアプローチを取り上げ、人々が合理的な仕方で行為を選択するか否かを判定するための、もっと簡単なやり方をこのアプローチがどう提供するのか見ていく。このアプローチによれば、〈合理的選択〉とは、〈ある人がなす複数の行為が整合的に関係しあっていること〉によって定義されるのである。本章のそれ以降の箇所では、このような〈合理的選択の諸公理〉への違反を論ずる。つまり、それらの公理への違反が実際に生じることがある、ということをはっきり示す経験的な証拠があり、それを紹介し論じていく。

期待価値と主観的期待効用

意思決定がなされる状況は、次の3つの要素に分解できる——（a）可能な行為、（b）可能な事象〔出来事〕[30]ないし可能な〈世界状態〉[31]、（c）各々の可能な〈世界状態〉における可能な行為の帰結の評価。未来の可能な〈世界状態〉

---

[29] なお、「記述的（descriptive）」と「規範的（normative）」（あるいは「指令的（prescriptive）」）という対概念は、事実がどのよう「である」かをある通りに述べる命題と、何をなす「べき」かの規範を指令する命題との対比として、広く一般的に用いられる。ただし、「である／べし」という対概念そのものよりは新しく、英語圏で哲学の手法として言語分析を用いることが主流になった時期以降に定着したのではないかと思われる。

[30] 言語の event は「出来事」を表すための日常表現であり、例えば哲学では哲学的なテクニカルタームとしての event も「出来事」と訳される（例えばデイヴィドソンの『行為と出来事』）。しかし統計学、確率論などでテクニカルに使用される event には「事象」の訳語が定着している。本訳書では日常語としては「出来事」、統計学のテクニカルな用法の場合は「事象」をあてる（同様の訳し分けはカーネマン『ファスト＆スロー』（ハヤカワ文庫、2014年）の訳者村井氏も採用されている）。ただし原語ではあくまでも同じ言葉であり、用例の境界もけっして厳密ではなく、訳し分けが恣意的と見られる場合がありうることは了承されたい。

第2章 意思決定　23

はほとんど常に1つかそれ以上存在しているので、いかなる行為もギャンブルと見なすことができる——そのギャンブルの帰結は、未来の〈世界状態〉が未知であるがゆえに、未知である。この意味では人生はすべてギャンブルである（わたしたちは未来の〈世界状態〉を確実に知ることができないので、その帰結を確実に予測することができない）。それゆえに認知科学者たちは、人々がいかに意思決定を行い、いかにリスクに対応するかを調べるために、しばしば実際のギャンブルを研究するのだ。

　次のような2つのギャンブルを考察してみよう。

　ギャンブルA——トランプのデッキ〔トランプの1セットないし1パック、または山札〕から赤いマークのカードを引けば10ドルの利得、黒いマークのカードを引けば6ドルの損失。
　ギャンブルB——トランプのデッキからハートを引けば20ドルの利得、ハートを引かなければ2ドルの損失。

ギャンブルAは次の図で表せよう。

未来の〈世界状態〉：赤いマークを引く	未来の〈世界状態〉：黒いマークを引く
結果：10ドルの利得	結果：6ドルの損失

同様に、ギャンブルBは次の図で表せよう。

未来の〈世界状態〉：ハートを引く	未来の〈世界状態〉：ハートを引かない
結果：20ドルの利得	結果：2ドルの損失

　わたしたちが、AとBのいずれのギャンブルに乗るかという選択（意思決定）を迫られていると仮定しよう。乗らないという選択肢はないものとする。

---

[31]（前頁）「世界状態（state of the world）」は、現実世界で実際に生じうる状態や事態、というほどの意味。論理的に可能な事実を一般的に指す概念としての「事態（state of affairs）」と近い概念。

つまり2つの行為のいずれかを選択せねばならない。1つはギャンブルAを選ぶという行為、もう1つはギャンブルBを選ぶという行為だ。ここで採用すべき1つの規則は、〈最大の〈期待価値〉を伴う行為を選択する〉、ということだ。だが、今のところそれを計算することはできない。というのも、現在の枠組みには、ある要素がいまだ欠けているからである。つまりわたしたちは、未来の〈世界状態〉の確率をまだ特定していないのだ。しかしこれは、トランプのデッキ1組には52枚のカードがあり、半分は赤マークで半分は黒マーク、マークは4種類で（ハート、ダイヤ、スペード、クラブ）それぞれ13枚ずつある、ということを想起すれば簡単に特定できる。これによれば赤のカードを引く確率は.5[32]、ハートを引く確率は.25（ハート以外を引く確率は.75）である。これに従い、選択肢となるそれぞれの行為をより完全な形で示すと以下のようになる。

ギャンブルA

行為：	未来の〈世界状態〉： 赤いマークを引く（確率.5）	未来の〈世界状態〉： 黒いマークを引く（確率.5）
ギャンブルAを選ぶ	結果：10ドルのの利得	結果：6ドルの損失

ギャンブルB

行為：	未来の〈世界状態〉： ハートを引く（確率.25）	未来の〈世界状態〉： ハートを引かない（確率.75）
ギャンブルBを選ぶ	結果：20ドルの利得	結果：2ドルの損失

〔上述の〕〈期待価値最大化の原理〉によれば、合理的な人物が選択すべき行為

---

[32] パーセンテージで表せば50％。本書で確率はパーセンテージ（パーセント数）で表記される以外に、この箇所のようにゼロを省いた小数で表記される場合がある。このように数値が1を超すことがありえない場合（特に確率）に小数点前のゼロを省く表記は心理学では一般的で、アメリカ心理学協会（APA）のマニュアルでも推奨されている。ただし著者は、1以上になりうる種類の数値でも1の位のゼロを省いた表記をとっており（0.5ドルないし50セントを"$.50"と表記するなど）、マニュアルのルールに従っていないように見える箇所もある。

第2章 意思決定　25

は、それに伴う〈期待価値〉が最も高い行為である。各々の結果の価値を調べ、その価値と結果の確率を掛け、すべての可能な結果について出た答えを足し合わせることで〈期待価値〉が算出される。これは次の数式で表される。

期待価値＝ $\Sigma p_i v_i$

ここで p_i は各々の結果の確率であり、v_i は各結果の価値である[33]。符号 Σ は総和を表す記号で、単純に「この後に続く項すべてを足し合わせよ」を意味する。したがって、

ギャンブル A の〈期待価値〉は、
.5($10) + .5($−6) = $5 + (−$3) = +$2
ギャンブル B の〈期待価値〉は、
.25($20) + .75(−$2) = $5 + (−$1.5)

というわけで、この〈期待価値原理〉によれば、ギャンブル B を選ぶ方がよりよい行為である。もちろん、1 回 1 回のプレイについて、いつもギャンブル B の方がよい結果をもたらすという保証はない。しかし同じ選択を数多く行った場合、全体を通じてギャンブル B は——長期的に見れば——ギャンブル A よりも 1 プレイあたり 1.5 ドルずつ多い利益をもたらす。

とはいえ、〈貨幣価値（monetary value）〉すなわち〈効用〉というわけではない。人が〈期待価値の最大化〉にもとづいた選択をしたがらないような事例は簡単に考えられる。レズニック（Resnik, 1987）が論じている次のような例がある。あなたが[34]4 年かけて 1 万ドル貯金してきたと想像されたい。家を建てる

---

[33] p は probability（確率）の頭文字、v は value（価値）の頭文字である。
[34] you を主語にした英語表現は、そのまま「あなた」や「諸君」等と訳してしまうと不自然になる場合も多く、適宜別の表現（「人は」等）に直すのが一般的であるが、本書に登場する実験課題については、「あなた」を主語にする形式を積極的に保持する方針をとった。これは、著者が本書で、カーネマンの次のような手法を自覚的に受け継ごうとしていると思われたからである。
　……「ヒューリスティクスとバイアス」が広く関心の対象になったのは、私たちの研究にたまたま備わっていたある特徴のおかげだった。それは、論文の中に必ず、自分たち自身や被験者に投げかけた質問の全文を掲げていたことである。これらの質問は、読み手にとっては体験型デモンストレーションとして機能し、自分の考えがどれほど認知的バイアスに冒されているかを気づかせる役割を果たした。〔中略〕デモン

ための頭金として必要な資金なのだ。あと2ヶ月で家の購入がかなうというとき、とある人物がいい投資話があるともちかけてくる。手持ちの1万ドルを投資すると、1ヶ月後に80%の見込みで10万ドルになって返ってくるというのだ。ただし、20%の見込みであなたは全額を失う。このギャンブルの〈期待価値〉は8万ドルであり、参加するための費用はたった1万ドルだが、だとしても魅力的なギャンブルとは言えない。この場合金額を直線的〔線形的〕に〈効用〉に翻訳できるわけではないのだ。この賭けが魅力的ではないことに気付いたあなたは、現実の金額の問題としては正しくないのが事実だとしても、しかし0ドルと1万ドルの〈効用〉の差は、1万ドルと10万ドルの〈効用〉の差より大きいのだ、と言うはずだ。

ある種の特殊な事例では、事柄は反対方向へ傾きうる。自分が、犯罪組織が経営する高利貸しに1万ドル借金しており、2時間以内に支払え、さもなければお前の足をへし折る、と言われている、と想像されたい。あなたの手持ちは8,000ドルしかない。ここでとある人物が、8,000ドル支払えば参加できるというギャンブルの話を持ちかけてくる。コインを投げ、表が出れば1万ドル手に入り、裏が出れば何ももらえないというギャンブルだ。このギャンブルにかかるコストは8,000ドルであり、〈期待価値〉はたった5,000ドルに過ぎないが、それでもあなたにはこのギャンブルが魅力的に映るかもしれない。その理由はあなたが、現実の金額の問題としては正しくないのが事実だとしても、8,000ドルと1万ドルの〈効用〉の差が、0ドルと8,000ドルの〈効用〉の差よりも大きくなるような特殊な状況に置かれていることにある。

とはいえ、特殊な状況を別にすれば、今与えられている〈貨幣価値〉に追加分の〈効用〉が加わる度合いは、個人の財が増大するにつれて低下するものだ。ずっと昔、1738年に数学者ダニエル・ベルヌーイが気付いたのは、正味の財産が100万ドルであるときのあなたにとっての100ドルの〈効用〉は、正味の財

ストレーションの活用は、さまざまな分野の専門家（とくに哲学者と経済学者）に自分たちの勘違いに気づく稀有な機会を提供したと言えるだろう。〔中略〕もし私たちが従来型の実験の結果だけを報告していたら、あの論文はそこまで注目されなかっただろうし、記憶にも残らなかっただろう。また懐疑的な読者は「自分はちがう」と考え、あのような判断エラーは大学生（心理学実験の標準的な被験者）にありがちな勘違いだと片付けたかもしれない。（『ファスト＆スロー』上巻 pp. 24–5）
読者がまさに「あなた」の問題としてさまざまな実験課題に向き合うことを本書の著者も求めているのはほぼ間違いのないところである。

産が1,000ドルであるときのあなたにとっての100ドルよりもずっと小さい、ということである。あるいは、ベルヌーイ（Bernoulli, 1738/1954）が同時に示したところでは、「1,000ドゥカスの利得は、裕福な人にとってよりも貧民にとってより重要である――たとえ両者が得る利得が同額だとしても」

　ただし、ここでのより一般的な論点は、〈期待価値（expected value）〉[35]という尺度が、ここでわたしたちが本当に見積もろうとしている尺度――すなわち〈期待効用（expected utility）〉――ではないということである。だからこそ〈期待価値モデル〉を〈期待効用モデル〉に置き換えねばならないのであるし、またそれによって一般性も大きくなるのだ。ラッフル〔raffle――賞品が当たるくじ〕でカヤック〔小型のカヌー〕旅行に当選する価値は、この賞品の〈貨幣価値〉によってではなく、その〈消費効用（consumption utility）〉[36]によって測られる。水恐怖症を抱えている人にとって、その価値がゼロより低いこともありうるのである。

　〈期待効用モデル〉を用いることで、わたしたちは次のような状況での〈合理的選択〉を行えるようになる。あなたの家族の明日の予定表には、2つの候補が書き込まれている。1つの選択肢は現代美術館に行くこと、もう1つは海辺に行くことだが、両方に行くことはできない。家族全員の第1の〈選好〉[37]は海辺に行くことだが、天気予報によると明日は雨かもしれない。雨が降れば海辺への小旅行は台なしになり、市街地の美術館に引き返す時間はない。晴れた日の美術館への旅は海辺行きほど楽しくはないが、雨の日の海辺行きよりま

---

[35] expected value の「期待価値」という訳については訳注28を参照。

[36] 財やサービスを（直接に）消費する（つまり使用し、享有する）ことで得られる〈効用〉。最も普通に考えられる〈効用〉と言えよう。

[37] 「選好」と訳される preference は経済学やその他社会科学の基礎的な術語で、語としては「BよりもAを選ぶ傾向がある（好む）」を意味する動詞表現 prefer A to B に由来し、ある個人による、2つの事柄を比較した上で一方を他方よりも選ぶ傾向がある（より好む）という、比較と順位づけを含意した選択傾向を示す。形式的には、本書第6章（pp. 265–8）で使用されている "A prefs B"（「〔ある主体は〕AをBよりも選好する」）という二項関係として表記される（"prefs" と同様の関係を表すためには、">"（strict preference、厳密選好）や "≥"（weak preference、弱い選好。つまり "A≥B" のとき、AはBと同程度に選好されているか、またはBよりも選好されている）という記号も存在する）。prefer も preference も日常語に由来する言葉であり、本書でも術語的に使用されている場面と日常語として用いられる場面があるが、日本語に prefer A to B に適切に当てはまる簡略な表現がない点を補うため、本訳書では日常語の訳にも「選好（する）」という術語表現を用いることにした。幾分硬く不自然な訳になる場合があるが、「選好（する）」が個人のある程度持続的な選択傾向であり、また選好対象の序列づけを含意する言葉であることに注意を喚起するための便宜としてご理解頂ければと思う。

しである。雨の日と雨でない日とで美術館の楽しさはほぼ同じだが、まったく同じではない。というのも美術館には彫刻が展示された素敵な庭園があるのだが、雨が降るとそこで楽しめなくなるからだ。以上より、行為、未来の〈世界状態〉、結果にもとづいた意思決定状況は以下のようなものになる。

	未来の〈世界状態〉：雨が降らない	未来の〈世界状態〉：雨が降る
行為：海辺へ行く	結果：〈選好〉の順位が最も高い	結果：〈選好〉の順位が最も低い
行為：美術館へ行く	結果：雨の日の海辺行きよりもずっと〈選好〉の順位が高い	結果：雨でない日の美術館行きよりも、楽しさがやや劣る

　もちろん、この状況をより形式的な〈期待効用〉の分析にかけるには、4つの可能な結果の〈効用〉の度合いを見積もる必要があろう。だが他にも同じぐらい必要なものがある。つまり明日の降水確率を知る必要があるのだ。先に示したギャンブルのモデルでは、トランプのデッキ1組の内訳が決まっているがゆえに未来の〈世界状態〉の確率が知られていた。わたしたちの現在の状況では、明日が雨である確率は、意思決定の主体**に対して**定められるのではなく意思決定の主体**によって**見積もられる。実際、現実生活のほとんどすべての状況において、確率は状況によって定められるものではなく、むしろ意思決定の主体が主観的に見積もる必要があるものなのだ[38]。
　意思決定の主体が、降水確率は.20であると〔主観的に〕見積もったと想定しよう。同時に、見積もられた〈効用〉が下図の通りであると考える。〈効用〉の〔主観的〕見積もりはあくまで相対的な〔相互の比率だけが問題となる〕ものに過ぎないということを念頭に置いておく。つまり出てくる数をすべて10分の1にして

---

[38] これから引くトランプのマークや数字が何であるか、といういわば閉じた世界での「未来の事象の確率」は事前に確定でき、それゆえ〈期待効用〉の式にその値を組み込むことが容易である（例えば「黒」ならば1/2、「スペード」ならば1/4、「絵札」ならば3/13、「スペードのK」ならば1/52、というように）。しかし「明日の天気の確率」のような現実的状況での未来の事象の確率は同じ仕方で確定できず、それゆえ〈期待効用〉を算出するためには、意思決定の主体にとって最も確からしいと思える見積もり、つまり主観的な見積もりをその確率の値として式に組み込む必要がある。

第2章 意思決定　29

も、計算からは同じ意思決定が導かれる。

	未来の〈世界状態〉：雨が降らない（確率 .80）	未来の〈世界状態〉：雨が降る（確率 .20）
行為：海辺へ行く	結果：100	結果：10
行為：美術館へ行く	結果：60	結果：50

　わたしたちは今や〈期待最大化の定式（the maximizing expectation formula）〉を以下のように適用することができる。これは先の場合と同様だが、ただし今回は〈貨幣価値〉が〈効用〉に、また、〈規定済みの（stipulated）確率〉が〈主観的に見積もられた確率〉に、それぞれ置き換わっている点が異なる。

主観的期待効用（Subjective Expected Utility = SEU）= $\Sigma p_i u_i$

　この式の p_i は各々の結果の主観的に見積もられた確率であり、u_i は各々の結果の〈効用〉である。

　海辺へ行くという行為の〈主観的期待効用（SEU）〉は、
　　.80(100) + .20(10) = 80 + 2 = 82
　美術館へ行くという行為の〈主観的期待効用（SEU）〉は、
　　.80(60) + .20(50) = 48 + 10 = 58

　したがって、SEU 分析にもとづくと、〈期待効用〉を最大化する行為は海辺へ行くことである。〈主観的期待効用（SEU）〉は例えばこのようにして理論に用いられるわけである。ある人物の、確率と〈効用〉の〈SEU 分析〉に従っているという意味で正しい行為と、その人物が現実になした選択とを比較するならば、その 2 つがどれだけ密接に対応しているかが合理性の指標となるだろう。とはいえ実のところ、このような仕方での合理性の判定は困難なものかもしれない。というのも、個人ごとに確率を明確化するというのは誤りに陥りやすい

30

作業でありうるからである。他にも、さまざまな帰結の〈効用〉を測る尺度を手に入れるのは実験的手法によっては困難だ、という理由もある。

期待効用に対する公理的アプローチ

幸いにも、意思決定の合理性、および合理性からの逸脱の度合いを測るためには、これ以外の便利な手法がある。これは現代の意思決定科学の基本的発見の1つに基礎を置いた手法であり、すなわち人々の一群の〈選好〉が、（**選択の諸公理**（*axioms of choice*）と呼ばれる）一定の論理的パターンに従う場合には、人々はまさに〈効用〉を最大化するような行動をとるということが、いくつかの形式的な〔つまり論理的な〕分析にもとづいて証明されているのである[39] (Dawes, 1998; Edwards, 1954; Jeffrey, 1983; Luce & Raiffa, 1957; Savage, 1954; von Neumann & Morgenstern, 1944)[40]。人々の行為は〈効用〉を最大化するものなのかどうかという問題に対するこのようなアプローチは〈公理的アプローチ（axiomatic approach）〉と呼ばれている。〈公理的アプローチ〉は、認知科学の実験的方法による人々の合理性の度合いの測定を、容易にしてくれる。つまり公理にもとづく最適な選択パターンからの逸脱が、合理性の度合い（の逆）の尺度であることになる。

選択に対する〈公理的アプローチ〉は〈道具的合理性〉を、人々がある型の整合性と一貫性（consistency and coherence）の関係にしっかり従っていることとして定義する[原注2]。例えば[41]、公理の1つである〈推移性（transitivity）〉[42]は次のようなものである、〈もしあなたがAをBよりも、BをCよりも選好する

---

[39]「選択の諸公理」については訳注19も参照。〈選好〉や行動を、それが一定の論理的パターン（公理）に一致しているかどうか、という形式的な面のみに注目して分析して、その〈選好〉ないし行動が合理的であるかどうかを判定する（証明する）、ということである。

[40] この内のサヴェージの研究にかんする平易な解説は、小島寛之『数学的決断の技術——やさしい確率で「たった1つ」の正解を導く方法』（朝日新書、2013年）でなされている。

[原注2] これは一貫化能力（coherence competence）〔原注1参照〕であり、判断論・意思決定論の文献でしばしば議論される（Goldstein, 2004; Hammond, 1996, 2007）。

[41] 以下とほぼ同内容の叙述は『心は遺伝子の論理で決まるのか』p. 137にも登場する。

[42] AとB、BとCの間にある関係が成り立っている場合に（例えば1＜2, 2＜3）、AとCの間にも同じ関係が成り立っているならば（今の例では1＜3なので、成り立っている）そこには〈推移性〉があり、その関係（例で言えば不等号で表される関係）は推移的な関係であると言われる。例えば「AはBの母親である」と「BはCの母親である」が成り立っていても「AはCの母親である」は成り立たないので、「〜は…の母親である」は推移的な関係ではない。

第2章 意思決定　31

ならば、あなたはAをCよりも選好するはずだ〔するべきだ〕[43]）。〈推移性〉への違反は合理性への深刻な違反である。というのも、意思決定論の論者が「マネーポンプ」[44]と呼ぶ状況をもたらすことがありうるからだ。すなわち、仮にあなたが〈推移性〉を欠く〈選好〉にもとづいて行為するつもりがあるとしたら、全財産を使い果たす羽目になりかねないのだ。例えば3つの対象があって、仮にA、B、Cと呼んでおくとしよう。ここでAをBよりも、BをCよりも、CをAよりもすすんで選ぶような〈選好〉をもつのは、きわめて賢明さを欠く態度だ。そうは思わないあなたに、対象Aを無料で進呈しよう。これは見たところ魅力的な申し出に思えようし、実際にも魅力的な申し出である。だが、あなたの〈選好〉は〈推移性〉を欠くため、わたしがこの後やろうとしていることは、それほど魅力的なものではなくなる。

わたしはまずあなたからわずかなお金を受け取ると共にAを返してもらい、それらと引き換えにCを提供する。あなたはCをAよりも選好しているので、Cを手に入れるためにはわたしにただAを渡すだけでなく、それに加えて、どれほど少額でもゼロではない額のお金をわたしに支払わざるをえない。次にわたしは、わずかなお金プラス対象Cと引き換えに、（あなたがCよりも選好すると言っていた）対象Bをあなたに提供する。そしてわたしは、ちょっと前に対象Aをあなたからもらっているので、今度はその対象Aを対象B（および、あなたが実際にAをBよりも選好しているからには当然ながら、わずかなお金）と引き換えに提供することができる。次にわたしはCを提供することができ……。このあたりで、たぶん間違いなくどんな人も、これがそもそもタチの悪い取引だと認めるだろう！　だが、この取引の悪質さはあなた自身の〈選好〉に由来していることに注意されたい――わたしはただあなたと取り引きしただ

---

[43]「するはずだ／するべきだ」の原語は should。周知のように should には「するはず」という認知的（epistemic）用法と、「すべき」という義務的（deontic）用法があるため、〈選択の諸公理〉のような合理性の規範原理に登場する should はどちらの意味にとるのが適切であるかを原著者に問い合わせたところ、義務的な用法であろう、との返事を得た。それゆえ本訳書では、この文脈での should は原則として「べき」と訳している。だがこの箇所などは「当為」を示す「べき」よりも、「確実な予測」や「（論理的に）当然の帰結」を示す「はず」という訳語を当てるのがむしろ適切に見える。詳しい分析は訳者の手に余るが、日本語で単純に「べき」と「はず」のどちらか一方に固定するのは難しいのかもしれない。以下でも同様の場合に「はず〔べき〕」や「べき〔はず〕」のように訳す場合がある。

[44] 日本語で誰かの「金づる」にされるというのと似た、相手から好きなだけ金を搾り取られてしまう状況を指す。

けで、つまりわたしの持ち物とあなたの持ち物を、あなたが望むからというので交換しただけなのである。こういうわけで、〈推移性〉への違反は、合理性という観点から見て非常によくないものなのだ。あなたのお金をだまし取った者など誰もいない。というのも、ある意味であなた自身が自分をだましてお金を支払わせたのだから！

　もちろん、こう言い返したくなる人もいるかもしれない、「でも、僕はそんな下手な取引はしないはずだ。だって何が起きるか気付くから。だから、損をする前に取引から手を引くか、でなければ自分の〈選好〉を変えるはずだ」。だが、実のところこれこそが〈マネーポンプ〉という思考実験に込められたメッセージである。みなさんとしても〈マネーポンプ〉という可能性に目を向けることで、このような可能性が、自分の〈選好〉の構造には何か間違いがあるかもしれないと告げてくれるはっきりした危険信号となっていることを認めるようになるはずだ。

　選択において、〈推移性の原理〉や他の同様の原理に違反せずきちんと従うということは、判断の一貫性を強調するような——したがって、前章で定義した〈薄い合理性理論〉を採用するような——多くの学派において、合理性の定義だとされている。例えば経済学における、いわゆる「合理的人間」の標準的な見方は、〈合理的な人間は〈効用〉を最大化する〉という想定を含んでいる。そしてこの想定が意味するのは、経済学においては伝統的に、意思決定状況に置かれた人々はそこで差し出されるすべての選択肢それぞれについての揺るぎない〈諸選好〔の序列〕〉[45]を、自己の基底に[46]しっかり形成していると想定されてきた、ということである。この想定は、言いかえれば、ある人物が選択を行う際、そこで採用可能な選択肢のそれぞれについてその人が抱く諸々の〈選

---

[45] この先、原語にはない諸選好「の序列」や「一群の」諸選好といった語句を適宜補いながら訳す場合がある。これは訳注 37 で述べた preference という語に自然に含意されている比較と順位づけ、およびそのようなものとして複数の〈選好〉が相互に序列をなす、という性格が、日本語に移すと見えにくくなってしまうのを補うためであることを了承されたい。同訳注で述べたように個々の〈選好〉は 2 つの対象の序列化ないし順位づけを行うが、そうなると次は、同一個人が抱く複数の〈選好〉間の序列が整然としたものかどうかが問われ、そこに合理性の 1 つの指標が見いだされる、というのがここでの議論である。

[46] 「自己の基底に」と訳したのは原文では underlying。「底にある」、「根底に位置する」というほどの意味で、厳密な専門用語ではないものの、理論的な文脈で用いられる概念と見られるので、言語学で underlying や base の訳語として用いられる「基底」という訳語を借りて（この後の訳注 95 参照）、「（自己の）基底に位置する」というやや硬い訳し方をしていく。

好〉は、選択肢すべてを漏れなく対象とし、相互に適切な序列化がなされ、〈選択の諸公理〉（〈推移性〉や、これから論じる他の諸公理[47]）に正しく従ったあり方をとる、という想定である。例えば経済学者ギャリー・ベッカー（Becker, 1976）は、経済学のこういう人間観は「どんな人間行動にも、諸々の〈選好〉の安定したまとまりにもとづいて自己の〈効用〉を最大化するような参加者がかかわっていると見ることができる」（p. 14）、という人間観だと評している。

無関連な文脈と選択の諸公理

〈選択の諸公理〉はすべて、無関連な文脈[48]によって意思決定が影響を受けるという事態を、それぞれの仕方で防ぐ働きをしてくれる。〈諸選好〔の序列〕〉が無関連な文脈からの影響を受けてしまうと、〈諸選好〔の序列〕〉は安定を欠くものとなり、わたしたちは〈効用〉を最大化することができなくなるのだ。この分野の研究文献では、何をして「無関連な文脈」とするかの定義は主観的になされる、ということに注意するのは重要だ——つまり、意思決定の当事者が、自分の意思決定に影響を与えてほしくないと考える特徴をもつ文脈を指して「無関連な文脈」と呼ぶ、ということだ。本章ではこれから、不合理な文脈要因〔文脈を構成する要因〕についての研究を取り上げて考察するが、これらの研究において文脈要因が不合理と見なされるのはもっぱら、その文脈要因は無関連な文脈要因だという圧倒的な意見の一致が一般に見られる場合に限られる。どんな文脈が無関連な文脈として特徴づけられ、どんな文脈ならば適切な関連性をもつと特徴づけられるのかの違いについては、1つの比較によって具体的に説明していこう——つまり、〈道具的合理性〉の公理である〈推移性〉と、それとは別

---

[47] p. 31 と訳注 19 および訳注 39 参照。

[48]「無関連な」の原語は irrelevant。「的外れな」「重要でない」とも訳せる。これ以下の箇所ではほぼ常に「当面の意思決定や判断にとって無関連、的外れ、重要でない」という意味で用いられる。意思決定の主体を取り巻く状況はさまざまな文脈（context）が絡み合って構成されている（あるいは、さまざまな文脈を状況から読み取ることができる）が、その内の、当面の意思決定にとって関連しない、または重要でないような文脈を指して「無関連な文脈」と呼ぶ、ということである。本訳書では irrelevant の対義語 relevant も同様になるべく「関連ある、関連する」等と訳し、また文脈に応じて訳し分ける場合も常にルビを振ることにする。もともと relevant（名詞形は relevance）は「重要である」、「（何かに）関連する」、「（現在の状況において）適切である」、という意味をすべて同時に示すような語であり、しかも relevant も irrelevant も多くの箇所で術語的に用いられているので、原語の一貫性を優先させるための対応である。

34

の公理とを、実例を挙げて比較し、説明していく。

　ビルが対象A、B、Cについて、選択1ではAをBよりも、選択2ではBをCよりも、選択3ではCをAよりも選ぶような〈選好〉──明らかに非推移的な〈選好〉だ──をどうにかして形成するに至ったという、やや現実離れした仮定をしてみよう。こんな仮定のもとでも、ビルが置かれた文脈を特徴づけるやり方を工夫して、ビルは〈推移性〉に違反していない、と主張する試みは可能かもしれない。つまり、ビルは〈1つ前の選択にどの対象が選択肢として含まれていたのか〉という特徴に反応しているのだ、と主張すればよい。これは、ビルは3番目の選択で選ばなかった選択肢を「A」ではなく、「選択肢にBが入っている選択の直後に提供されたA」であると見ており、ビルにとってこのように特徴づけられた選択肢は〔単なる〕「A」として特徴づけられた選択肢にはない独特の〈効用〉をもつのだ、という提案である。つまりビルにとって「選択肢にBが入っている選択の直後に提供されたA」という奇妙な特徴づけをされた選択肢は、選択1におけるAとは同じ価値をもたない。というのもビルは選択1におけるAを「最初の選択を行う時に提供されたA」と特徴づけられた選択だと見ているからである。それゆえ、「選択肢にBが入っている選択の直後に提供されたA」は対象Dと名付けられてもよいことになる──そして、AをBよりも、BをCよりも、そしてCをDよりも選ぶ、という〈選好〉には何らの不整合も存在しない。かくして文脈のこのような特徴づけが適切な関連性をもつ_{レリバント}からには、ビルはもはや非推移的な〈選好〉をもつとは言えないというわけだ。

　こういう論証に、わたしたちの大部分は説得力をおぼえない。文脈のこのような違いが、誰かの選択に影響を及ぼすはずはない、と感じるからだ。一方、文脈を特徴づけるやり方の中には、わたしたちが適切な関連性をもつと認める_{レリバント}特徴づけも時にはある。それがどんな場合なのかを見るには、〈推移性〉とはまた別の〈合理的選択の公理〉を考察するのがよい。その公理とは**無関連な_{イレリバント}選択肢間の独立性**という原理であり、具体例としては次のような滑稽な_{こっけい}状況を想像すればよい^[49]。レストランでウェイターが客に、本日のメニューはステーキとポークチョップでございますと告げる。客はステーキを選択する。5分後、ウェイターが戻ってきて、「すみません、ポークチョップ以外にラムも用意できるの

---

[49] 以下、次々段落までとほぼ同内容の具体例の紹介は、『心は遺伝子の論理で決まるのか』pp. 307-8 でもなされている。

第 2 章 意思決定　35

を失念しておりました」と報告する。客が言う「あ、それならポークチョップにします」。この時客は、〈無関連な選択肢間の独立性〉という性質[50]に反したことをしているのである。この性質がなぜ〈合理的選択〉を基礎づける原理とされるのかを飲み込むには、この客の選択がいかに奇妙かに目を向けるだけでよい。形式的に言えば、客は x と y が提示されたときに x を選ぶが、x、y、z が提示されたときには y を選好する、ということになる。このような〈選好逆転（preference reversal）〉こそ、まさに〈無関連な選択肢間の独立性〉が禁じているものである。

　しかしながら、ノーベル賞を受賞した経済学者アマルティア・セン（Sen, 1993）が論じている例を考察してみよう。あるパーティの招待客が、リンゴが1つだけ入っているボウルを見つける。その人はリンゴに手をつけない——つまりリンゴ（y）よりも何もとらないこと（x）を選ぶ。数分後、パーティの主催者が洋ナシ（z）を1つボウルに入れる。そのすぐ後、招待客はリンゴをとる。一見招待客は、まさに先のレストランの客がやったことをやったように見える。つまりこの招待客は、差し出された選択肢が x と y だけの場合は x を選んだのに、選択肢が x、y、z になった場合は y を選んだ、ということだ。〈無関連な選択肢間の独立性〉が侵犯されているのだろうか？　そう考える人はほとんどいないだろう。2番目の状況〔ボウルにリンゴと洋ナシがある〕で y を選ぶことは、1番目の状況〔ボウルにリンゴのみがある〕で y〔リンゴ〕を選ぶことと同じではない——したがって原理に違反したと言えるために必要とされる同等性が成り立っていないように思われる。第2の状況での y の選択は、単なる「リンゴをとる」であるが、第1の状況での y の選択は文脈に関連づけられた、恐らくは「〔パーティという〕公の場でボウルに残った最後のリンゴをとる」のように解されるはずの選択であって、その場合その行為には、礼儀作法に配慮するときに意味を帯びるような、負の〈効用〉が伴うことになるのだ。

　セン（Sen, 1993）の例は、ある状況を、それがもたらす〈消費効用（consumption utility）〉[51]以外の点で文脈に結び付けることがはっきり意味をなす場合もある、

---

[50]〈無関連な選択肢間の独立性〉はそれ自身としては人間の選択を特徴づける「性質（property）」であるが、本書の中では「人間の選択はそのような性質を備えているべきである」という規範命題（公理ないし原理）を指すために用いられている。さらにこの箇所などでは、その性質そのものが人間の選択が備えるべき性質、いわば規範的な性質として解されていると言える。同じことは他の〈選択の諸公理〉（〈推移性〉、〈文脈独立性〉など）についても言えよう。

ということを具体的に明らかにしている。センの例とは対照的に、レストランの例でウェイターの 2 度目のメニューの説明における y を「店がラムも提供できるときのポークチョップ」と見なし、最初の説明の y を「店がラムを提供していないときのポークチョップ」と見なすような解釈を行う（code）[52]ことには何の意味もない。ステーキとポークの比較選択が、それ以外にどんなメニューを提供しているかに依存するはずはないのである。とはいえ、2 つ目の〔パーティの〕例のように、そこで提供されている対象の〈消費効用〉が、状況を取り巻く文脈に適切に組み入れられるような場合も**時にはある**。状況に含まれた〈効用〉を評価する際に、最初の y〔最後の 1 個のリンゴを取る〕の〈効用〉を、リンゴを消費する〈効用〉、プラス、ボウルの中の最後の果実をとることの気恥ずかしさという負の〈効用〉、と考えるのは、社会的な意味をもつのだ。

とはいえ、意思決定科学の研究者たちが扱ってきた選択状況のほとんどは、センの果物の例とは**まるで似ていない**——彼らが研究してきた選択状況にかかわる文脈要因は、ほとんど誰もが、そんな要因は当然無視される**べきだ**と認めるような要因なのだ。この 30 年、文字通り何ダースにも及ぶ研究が、人々は意思決定にとって明らかに無関連な文脈要因によって影響を受けるものだということを証明してきた。これらの研究成果が含意しているのは、人々はまるで合理的ではないということだ——これは、ほとんどの人々の思考には改善の余地があり、改善によって目的を達成するための行為を今よりも最適化された仕方でできるようになる、ということである。このことは実際に成り立っているのだが、その理由は、〈選択の諸公理〉というものが〈ある個人はおよそ可能なあらゆる選択肢についてあらかじめ〈選好〉をもっており、それらの〈選好〉

---

[51]（前頁）訳注 36 参照。

[52] この先、とりわけ与えられた文脈の中での選択が適切な関連性をもつか無関連であるか（関連／無関連（relevant / irrelevant）については訳注 48 参照）を問題にする議論の中で、動詞 code（名詞的に用いられる場合には coding）が多く用いられる。名詞の code はもともと社会的な規約や慣習の体系を指し（場所に適した服装のルールを指す「衣装コード」はこの意味で理解される）、情報理論ではメッセージを伝達可能にするために変換する信号ないし符号の体系（または暗号における暗号の体系）を指す（メッセージの符号化はencode、符号の解読は decode と言われる）。本書の枠組みでは、動詞 code は、意思決定の主体が何らかの情報を一定の解釈枠組み（この枠組みが「コード」に当たる）に当てはめて理解する、という意味にほぼ限定されているようなので、「解釈する」と訳してルビを振ることにした。内容的には、〈何かを何らかのコード（解釈枠組み）に照らして解釈する〉という意味であることを念頭に置いていただければと思う。なお、スタノヴィッチの『心理学をまじめに考える方法』（誠信書房、2016 年）では「コード化」と訳されている（p. 227、他）。

は選択肢すべてを漏れなく対象とし、相互に適切な序列化がなされ、しかも安定して揺るがない〉という観念を運用可能な形式に直したものであることにある。そのような個人がいくつか選択肢を提示されるとき、することはただ、序列の安定した諸々の〈選好〉に照らし合わせ、個人的な〈効用〉が最も大きくなる選択肢を選び取ることに尽きる。そこで、個々の〈選好〉の強さ——つまり個々の選択肢の〈効用〉——は選択肢がまさに提示される前に、すでに脳内に存在しているのだから、選択肢がどう提示されるかの文脈が〈選好〉に影響をおよぼすことなど本来はないのであり、そういう影響がありうるとすれば、当の個人がその文脈をとても重要だと判断する（それゆえ、選択肢をまるで違うものに取り替えてしまう）という場合に限られるということになる。だが、人々の現実の選択においては、〈合理的選択〉のこの一般的性質——〈文脈独立性（context independence）〉——が破られる場合があり、以下ではその違反のいくつかのかたちを見ていく。

　以下の議論で考察する公理には、リスクなしの選択に適用される公理も、リスクありの選択に適用される公理もあり、両方に適用される公理もある。リスクあり／なしというこの区別は何人かの論者が提起している区別で、結果が未知である状況と、結果が分かっている状況、という2種類の状況の対立を反映したものである。例えば結果が分かっている取引はすべて、リスクなしの選択に対応する（リンゴと桃を交換するかどうかの意思決定や、ビールを5ドルで買うかどうかの意思決定など）。リスクありの選択としては、先ほど述べた行楽地への小旅行が例となる——雨が降るかもしれないし、降らないかもしれない場合に、海辺へ行くべきか、美術館へ行くべきか？　しかしながらドーズ（Dawes, 1998）の指摘によれば、どんな意思決定も——たとえ日用品の売買であっても——リスクをともなうのだから、この区別には少々現実離れしたところがあるという。ドーズが強調するのは、日用品は〔売買の対象というより〕使用することに重きが置かれるものであり、そして使用してどうなるかの結果については不確実なことが多く、特に自動車のように複雑な要素からなる商品であれば間違いなくそう言える、ということだ。ドーズのような主張は理にかなっているので、以下では選択におけるリスクあり／リスクなしの区別をあまり強調しないことにする。

優越性——当然原理

　〈選択の諸公理〉の中には[53]、ごく単純で基本的であるため、事実上考えるまでもないほど明らかな1つの公理がある。この公理はしばしば**優越性**（*dominance*）[54]と呼ばれているが（Dawes, 1998）、〈効用理論〉の公理化を論じたある古典的著作において、サヴェージはそれを〈当然原理（sure-thing principle）〉[55]と名付けている（Savage, 1954）。この原理の告げるところを述べていこう。予期される結果の異なる2つの行為が可能だとして（それぞれA、Bとしよう）、あなたがその中から1つを選択すると想像されたい。行為とその予期される結果は、意思決定の研究者によって将来予測（prospect）[56]と呼ばれている。事象Xは、未来において生じるかもしれないし生じないかもしれない事象である。もしあなたが、事象Xが生じる場合は将来予測Aを将来予測Bよりも選好し、事象Xが生じない場合もまた将来予測Aを将来予測Bよりも選好するならば、あなたがBよりもAを選好することは確定している。したがってXが生じるか否かについての確実性はあなたの〈選好〉に何のかかわりももたない。〈当然原理〉が告げるところでは、あなたの〈選好〉は事象Xの知識によって何の変化も受けないのだから、事象Xについてあなたが何かを知っていようといまいと、あなたはBよりもAを選ぶべきだということになる。認知心理学者エル

---

[53] これ以降とほぼ同内容の叙述は『心は遺伝子の論理で決まるのか』pp. 134–6 でもなされている。

[54] dominance や動詞の dominate はゲーム理論などの文献ではそれぞれ「支配」「支配する」という訳語が定着しているが、本訳書ではカーネマンとトヴェルスキーの論文（Kahneman & Tversky, 1984）の邦訳でも用いられている、より意味がとりやすい「優越性」「優越する」を採用する（邦訳 pp. 384–3）。なお、ゲーム理論における dominance, dominate については第 6 章の訳注 583 も参照。

[55] sure-thing principle は、『心は遺伝子の論理で決まるのか』p. 134 では「『絶対の』公理」と訳されている。他に日本語文献をウェブで検索すると「当然原理」の他、「確実性原理」という邦訳も見つかる。

[56] prospect は「（将来の）見通し」のような意味で、ここではカーネマンとトヴェルスキーの論文（Kahneman & Tversky, 1984）の邦訳で用いられている「将来予測」という訳を踏襲した（p. 389）。ただし同邦訳も含め、prospect theory には「プロスペクト理論」の訳語が定着しており、prospect も「プロスペクト」と訳出されることが多い。同邦訳も、語義の説明以外は「プロスペクト」という訳を用語として用いている。本訳書では理論の名前の「プロスペクト理論」はそのまま用い、用語としての prospect については「将来予測」に「プロスペクト」のルビを振るという対応をする。

　ちなみにカーネマンの自伝によると、「もしこの理論が有名になるようなことがあるとすれば、特色のある名前がついている方がいいだろう」という理由で「わざと意味のない名称をつけ」たというのが命名の由来だということで、「プロスペクト」という用語ないし概念に重要な意味はないようである（『ダニエル・カーネマン真理と経済を語る』友野典男監訳、山内あゆ子訳、楽工社、2011 年、p. 114）。

第 2 章 意思決定　39

ダー・シャフィールは、1994年に *Cognition*〔『認知』〕誌に掲載された論文で、この〈当然原理〉を「合理的行動の諸原理の中でも最も単純で最も異論の少ないものの1つ」であると呼んだ（Shafir, 1994, p. 404）。実のところ、この原理はきわめて単純で明白なので、あえて語る価値を見いだすことすら難しく思える。しかしシャフィールは上述の論文で、現実には人々が〈当然原理〉に違反していることを証明する多くの研究を紹介している。

　例えば、トヴェルスキーとシャフィール（Tversky and Shafir, 1992）が考案したシナリオがある。そこで被験者たちは次のような想像を求められた。自分は学期末の学生であり、へとへとに疲れきって、ある授業の成績発表を待っている。場合によっては落第・再試験という結果もありうるのだ。同時にまた被験者たちは、ハワイ行きの非常に魅力的な休暇パックを、大変な安値で購入できることになった、と想定することも求められた。合格という情報を与えられた被験者の半分以上は休暇パックを購入し、落第という情報を与えられたグループでも、購入を選んだ被験者はさらに大きな比率を占めた。だが、このように合否を知らされなかったグループではたった3分の1の被験者しか休暇パックを購入しなかった。このような反応のパターンが含意しているのは、少なくとも一定の被験者が「合格したら旅行に行く、不合格でも旅行に行く、しかし、合否が不明な場合は旅行に行かない」と言っているに等しい、ということである。

　シャフィール（Shafir, 1994）は、このような結果が得られる意思決定状況を多数記載している。つまり被験者は、事象Xが生起する場合にある意思決定を行い、事象Xが生起しない場合にも同じ意思決定を行うのだが、事象Xについて不確実である場合には異なる意思決定を行う、という結果だ——これは明らかな〈当然原理〉への違反である。シャフィールとサイモンソンとトヴェルスキー（Shafir, Simonson and Tversky, 1993）は、しかるべき理由[57]にもとづいて正当化可能な選択肢を選ぼうとする傾向性が、どのようにして〈当然原理〉に違反するようになるのかを示している。彼らが紹介しているある実験では、被験者は表が出れば200ドル得られ、裏が出れば100ドル損するコイン投げという賭けに

---

[57] reasonは判断や行為の根拠としての「理由」とも能力としての「理性」とも訳すことができ、本書のキイタームである「合理性（rationality）」はまさに理由＝理性にもとづいて思考や行為を行うという性質である（訳注4参照）。reasonのこの意味合いは原語では明らかだが訳にするとしばしば見えにくくなるので、単に本書の叙述の中で前文の論拠を述べる場合ではなく、判断や意思決定の主体が依拠する「理由」を指している場合のreasonには「リーズン」というルビを振っておく。

40

乗るかどうかの意思決定を求められる。事前に、自分が１度勝負して勝っていると想像することを求められた被験者の 69% がもう１度賭けに乗ることに同意した。同じ実験セッションの中ではその後、被験者が、自分が１度賭けをして負けたと想像することを事前に求められる、というまた別の状況で実験がなされた。この場合、もう１度賭けに乗ることに同意した被験者は 59% だった。同じ実験セッションの最後に、被験者が事前に、１度賭けに乗ったのだが、その結果勝ったか負けたかは知らないものと想像することを求められる、という状況で実験がなされた。この状況下では、もう１度賭けに乗ることに同意した被験者はたった 36% だった。

　要するに、前の賭けに勝ったことを知っている場合には、多数派は再度賭けに乗ることに同意するし、前の賭けに負けたこと知っている場合にも、多数派は再度賭けに乗ることに同意するが、以前の賭けの結果を知らない場合には、再度賭けに乗ることに同意するという選択は少数派にとどまる、ということだ。〈当然原理〉へのこの違反は、個々の被験者の反応パターンの中に明らかに現れている。シャフィールら（Shafir et al., 1993）は、〈勝ったか負けたかいずれかの結果が出た後で賭けに乗ることを選んだ人々〉という下位グループ中の実に 65% が、以前の結果が不確実な状況で賭けを辞退した人々で占められることを発見した。つまり、多くの人々は事象Ｘ（勝ち）が生じた場合にＢ（賭けを辞退する）よりもＡ（賭けに乗る）を選び、Ｘが生じなかった場合にＢ（賭けを辞退する）よりもＡ（賭けに乗る）を選ぶが、以前の賭けの結果を知らないときはＡ（賭けに乗る）よりもＢ（賭けを辞退する）を選ぶのだ。シャフィールら（Shafir et al., 1993）は〈当然原理〉へのこの違反を、何らかの自動的な[58]理由探索の〈ヒューリスティック〉[59]への無批判な依拠、という観点から説明している。被験者が１度目の賭けでは勝った、と言われている場合には、再度賭けに乗る理由が存在する。彼らは 200 ドルの利得を得ており、たとえ２度目の賭けで負けても、損になる可能性はありえないのだ。被験者が１度目の勝負では負けた、と言われている場合、やはり再度賭けに乗る理由は存在する──現在

---

[58]「自動的」と訳した automatic は機械が「自動式の」という意味以外に、筋肉運動などが「自動性の（無意識的な）」、行動などが「無意識の、習慣的な、反射的な」、感情などが「自然に湧き上がる」という意味にもなる。内容的に、本書第５章で〈タイプ１〉の反応」と呼ばれることになる反応（『心は遺伝子の論理で決まるのか』p. 51 他では、「システム１」または「自律的システムセット」（The Automatic Set of Systems = TASS）と呼ばれる）の典型的なあり方を指すものと言える（詳しくは本書第５章を参照）。

第２章　意思決定　41

100ドル損しているとはいえ、最終的に巻き返すチャンスがあるのだ。だが、被験者が前回の賭けの結果を知らない場合、賭けに乗ることに同意するための直接的な理由は心に浮かんでこない。前回の賭けがどうであったとしても賭けに乗る理由(リーズン)があるかもしれない、という自覚に至らないのである。再度賭けに乗ることは、そうしようとする直接的な理由(リーズン)が生成されないがゆえに、それほど魅力的なものに思えなくなるのだ。

〈当然原理〉への違反は、信念形成問題や実験室内〔のみ〕で与えられる状況に限定されない。シャフィールは、実生活に見いだされる事例をいくつか取り上げて論じている。その1つは、1988年の、ジョージ・H・W・ブッシュとマイケル・デュカキスが争ったアメリカ大統領選挙直前の、株価にかかわる事例である。市場アナリストたちの見方は、ウォール街はデュカキスよりもブッシュを選好している、という点でほぼ一致していた。だが、ブッシュの当選後、株と債券の価格は下落し、ドル相場はその年までの十年間で最低の水準にまで急落した。とはいえ興味深いことに、アナリストたちは、もしもデュカキスが当選していたら結果はもっと悪くなっていただろうという点で意見が一致していた。しかしながら、ブッシュが当選した場合には株式市場は冷え込むはずだったのであり、かつ、デュカキスが当選した場合には株式市場はさらに冷え込むはずだったのだとしたら、(ブッシュが勝とうとデュカキスが勝とうと)いずれが生じようとも、結果は市場にとってよくないものになるという事態は絶対確実な事態であることになるわけである。となると、いったいなぜ、その絶対の確実性によって、当選以前に市場が冷え込んでしまう事態が生じなかったのだろうか? 株式市場は〈当然原理〉に違反していたように思われる。この事例のような〈当然原理〉への違反が生じるのは、人々が完全な選言的[60]推理[61]

---

[59](前頁)「ヒューリスティック (heuristic)」は「発見法」とも訳され、コンピュータ科学や数学で「定まった方法で問題を解くアルゴリズム的方法 (algorithmic approach) が実行できないときに用いる、試行錯誤による問題解決法」を指す(『ランダムハウス英和大辞典』)。カーネマンとトヴェルスキーが創始した〈ヒューリスティクスとバイアス〉研究(訳注21、この後の p. 93 参照)で用いられている概念については、例えばカーネマンは『ファスト&スロー』の中で「直観的思考がとる単純化された近道」という説明を与えている(上巻 p. 22)。スタノヴィッチが別の著作で述べているように、この学派において〈ヒューリスティック〉とは「最適な合理的モデルが要求する演算負荷を回避するための近道」(『心は遺伝子の論理で決まるのか』p. 155)として、人間の合理性を損ないがちな要因と見なされることが多い。

[60]「選言 (disjunction)」とは「論理和」とも呼ばれ、英語の or、日本語の「または」によって表されるような論理的関係を指し、「∨」の記号で示される。P∨Q という複合命題は、命題Pか命題Qの一方または両方が真の(true、つまり命題が事実と一致する)場合に真である。「完全な選言的推理」は、可能な未来の

（disjunctive reasoning）に依拠することをためらうためである。完全な選言的推理[リーズニング]は、選択肢を選ぶ時点でのすべての可能な〈世界状態〉を考察するということ——つまり可能性をすべて調べること——を含んでいるのだ。

文脈的結果の排除——独立性公理

〈推移性〉にかんする先の議論〔pp. 34–8〕で、わたしたちは無関連な[イレリバント]文脈を考慮に入れてしまう場合の一事例を見た。〈合理的選択〉のその他の公理の多くにはこれと同じ含意——無関連な[イレリバント]文脈を考慮して選択を行うべきではない、という含意——が含まれている（Broome, 1990; Reyna, 2004; Schick, 1987; Tan & Yates, 1995; Tversky, 1975参照）。リスクのある状況での〈効用最大化理論〉にもとづく、また別の公理を考察してみよう。これは一般に**独立性公理**（independence axiom）と呼ばれている（先に引いた〈無関連な[イレリバント]選択肢の独立性〉の公理とは異なった公理であり、**置換可能性**〔の公理〕（substitutability）や**消去性**〔の公理〕（cancellation）[62]とも呼ばれる（Baron, 1993; Broome, 1991; Luce & Raiffa, 1957; Neumann & Polister, 1992; Shafer, 1988; Tversky & Kahneman, 1986参照））。この公理は、どの選択肢をとろうとも同じ結果になるような〈世界状態〉[63]があれば、その状態は無視されるべきである〔はずである〕、と述べる。この公理もまた、文脈を無視するある特定の仕方を指

〈世界状態〉をすべて「または」でつないで組み込むような推理（例えば「もし晴れていたら……、あるいはもし雨が降っていたら……、あるいはもし雪が降っていたら……」のような）を指す（日常語のorや「または」はPとQの両方が真の場合には偽になる（false、つまり命題と事実が一致しない）と解される場合があるが、これは「排他的選言（排他的論理和）」と言われて別の論理的関係に該当する）。なお、disjunctionの派生語disjunctiveは「離散的」と訳されることがあるが（トヴェルスキー＆カーネマン「不確実性下における判断」（Tversky & Kahneman, 1974）、邦訳p. 399など）、上述の意味との連続性を考慮し、「選言的」と訳した。

[61]（前頁）「推理」はreasoningの訳で、「理性／理由」と訳されるreasonを動詞として用いる言葉であり、やはり概念的、語源的に「合理性（rationality）」と結びついている。訳注4および57も参照。

[62]「消去性」という訳語は友野典男氏の論文より学んだ（友野典男「期待効用理論におけるパラドックス」、『明治大学短期大学紀要』第49号、1991年、pp. 75–127, p. 79）。cancellationには分数の分子と分母、ないし方程式や不等式の両辺に現れた共通の数を消去ないし除外する（つまり約する）という意味があり、ここではこの意味で理解されている。つまり、すべての選択肢の中に同じ確率の、まったく同じ内容をもつ利得ないし損失が含まれていれば、その部分は消去ないし考察から除外してもよい、という公理である。この意味で理解された同じ公理は、この後の「アレのパラドクス」や、pp. 57–62の宝くじの課題などにおいて重要な役割を果たす。

[63]「世界状態（state of the world）」については訳注31を参照。

定するのである。〈無関連な選択肢の独立性〔の公理〕〉の事例と同様、人は時に独立性公理に違反することがある。つまり人々は、与えられた選択肢を評価する際に、この独立性公理がまさに禁じるように、解釈枠組みに組み込んではならないやり方で特徴づけられる文脈からの影響が心理状態に及んでしまうのである。有名なアレのパラドックス（Allais, 1953）は、この種の事例を与えてくれている。そこでアレは以下のような2つの選択問題を提起する。

　　問題1　次の2つから選択せよ。
　　　A　　確実に100万ドル手に入れる
　　　B　　.89の確率で100万ドルを手に入れるか、
　　　　　　.10の確率で500万ドル手に入れるか、
　　　　　　.01の確率で何も手に入らない

　　問題2　次の2つから選択せよ。
　　　C　　.11の確率で100万ドル手に入れるか、
　　　　　　.89の確率で何も手に入らない
　　　D　　.10の確率で500万ドル手に入れるか、
　　　　　　.90の確率で何も手に入らない

　多くの人々は問題1では選択肢Aを、問題2では選択肢Dを、それぞれ最も魅力的な選択肢だと見なすが、この選択は独立性公理に違反している。これを飲み込むには、いずれの選択肢の対にも〔同じ項目について〕.89以上の確率が現れている[64]、ということを理解する必要がある（Savage, 1954; Slovic & Tversky, 1974）。問題1においても問題2においても、純粋に数値を見れば、被験者は.11の確率で100万ドルを手に入れることと、.10の確率で500万ドル手に入れることとの間の選択に直面している、というのがことの本質なのだ[65]。あなたがもし問題1で選択肢Aを筆頭の選択として選ぶなら、あなたは問題2で選択肢C

---

[64] 直訳すると「.89という同じ確率が含まれている」で、「含む」とはつまり「89％以上（89％を引き算してもマイナスにならない）」の意味である。そしてたしかに問題1では「100万ドルもらえる確率」が、問題2では「何も手に入らない確率」が、それぞれ89％以上与えられている。
[65] 共通項は省略してよいというのが「消去性」の原則なので（訳注62参照）、同一項目に共通して現れている89％の部分は取り除いてしまってもよい、というのがここでのポイントである。

44

を筆頭の選択として選ぶべきなのだ。その理由を以下に示そう。

第1の〔問題1の〕選択においてAを〈選好する〉とは、100万ドルの〈効用〉は、確率.89の100万ドル、プラス確率.10の500万ドルの〈効用〉よりも大きい、ということを意味する。これは以下のように数式化できる。

$$u(\$1,000,000) > .89u(\$1,000,000) + .10u(\$5,000,000)$$

両辺から.89$u(\$1,000,000)$を引けば、次の式が得られる。

$$.11u(\$1,000,000) > .10u(\$5,000,000)$$

しかるに問題2の選択を見ると、これが他でもなく、CかDかの選択として示されていたものであることが分かる。そしてこれが示すのは、多くの人々がDを選ぶというのは、問題1の選択とまったく矛盾する次のような〈選好〉に相当する、ということである[66]。

$$.10u(\$5,000,000) > .11u(\$1,000,000)$$

多くの論者が、Dを魅力的だと見なす人々がなぜそれにもかかわらず最初の問題で選択肢Aに惹かれるか、その理由を分析してきた（Bell, 1982; Loomes & Sugden, 1982; Maher, 1993; Schick, 1987; Slovic & Tversky, 1974）。ほとんどの説明は、被験者は

---

[66] 以上の議論は、問題2から出発して問題1に至るという道筋の方が理解しやすいかもしれない。つまりまず、問題2をよりシンプルに書き換えた、次の2つから選択する問題を考える。
　　C′　.11の確率で100万ドルもらえる（それ以外の場合は何ももらえない）
　　D′　.10の確率で500万ドルもらえる（それ以外の場合は何ももらえない）
この選択肢の「それ以外の場合」の確率を明記したのが問題2である（「それ以外の場合」の確率は単純に100%から「賞金をもらえる確率」を引いた確率で、あえて明示する必要のない部分である。実のところ、同じことは問題1の「1%の何ももらえない確率」にも成り立つ）。ここで、問題2の両方の選択肢に、「89%で100万ドルもらえる」という、まったく同額の賞金を、同確率で上乗せしたのが問題1だということになる。すなわち選択肢Cについては、「何ももらえない確率」は0%になり、「100万ドルもらえる確率」は100%になる（選択肢A）。選択肢Dについては「10%の500万ドルもらえる確率」を除いた「何ももらえない確率」90%の内、89%までが「100万ドルもらえる確率」で埋められるが、1%だけ「何ももらえない確率」が残存する（選択肢B）。しかし繰り返せばこれは、両方の選択肢に同額の賞金を同確率で上乗せしただけなのだから、〈選好〉の順序の逆転をもたらすことはないはずである。

第2章 意思決定　45

選択肢の解釈の中に、例えば後悔（regret）のような心理的要因を組み入れているのだ、という仮定にどこかで訴えている。だが、後悔といった心理状態は選択肢ごとの違いが生じないはずの部分[67]に由来するものであり、したがって独立性公理に従えば、文脈を構成する諸部分の中でも、考慮に入れるべきではない部分である〔ので、この解釈には問題がある〕。例えば〔この解釈によれば〕、選択肢Bの中の、何も手に入らないという〔可能な〕結果は、「100万ドルを確実に手に入れるチャンスを辞退した場合は何も得られない！」のように〔未来の後悔の予期を組み込んで〕解釈（コーデッド）されるのがよい、ということになるかもしれない。〔つまり〕この .01 の〔何も得られないという〕わずかな確率に相当する要素は、選択肢Dでは 90% の確率の中に〔同じく何も得られない 89% の確率と並んで〕埋もれており、そしてこのようなBとDの違いが、心理的には異なった仕方で解釈（コーデッド）される、ということになるわけである。だが、このような仕方で、〈後悔〉の文脈を関連あるものとして考慮することが[68]、果たして正当化できるものであるのかどうかは白熱した論争の主題になってきたのである（Broome, 1991; Maher, 1993; Schick, 1987; Tversky, 1975）。

フレーミング効果──記述不変性の不成立[69]

　伝統的に、経済学と意思決定理論における、いわゆる「合理的人間」の標準的な見方は、意思決定状況に置かれた人々はそこで差し出されるすべての選択肢それぞれについての揺るぎない諸々の〈選好〔の序列〕〉を、自己の基底にしっかり形成している、と想定する。これは言いかえれば、ある人物が選択を行う際、そこで採用可能な選択肢のそれぞれについてその人が抱く諸々の〈選好〉

---

[67] 原文では "is constant"。形容詞 constant は名詞で用いると「定数、定項」と訳される語であるが、原著者に内容を確認したところ、ここは "is the same" に書き換えてほしいとのことであったので、それを勘案して訳した。内容的には１つの選択肢の中の、選択肢ごとの違いにかかわらず変化しない要素（つまりどの選択肢にも共通する要素）を指している。

[68] 「〈後悔〉の文脈を関連あるものとして考慮すること」は contextualization based on regret の訳。内容的には、後悔という文脈要因を意思決定に関連する要因の内に数え入れる、あるいは、状況から「後悔」を基礎にした文脈を取り出して、その文脈を意思決定に関連する要因として考慮する、つまりは「後悔」を意思決定を左右する正当な要因として認める、というほどの意味であろう。なお、「後悔（regret）」については第５章 pp. 197–200、第６章 pp. 277–85 も参照。

[69] 本節は『心は遺伝子の論理で決まるのか』pp. 145–53 とほぼ同内容だが、本節の方が詳しい。

は、選択肢すべてを漏れなく対象とし、相互に適切な序列化がなされ、〈選択の諸公理〉（〈推移性〉や、これから論じる他の諸公理）に正しく従ったあり方をとる、と想定されてきた、ということである。ある人物の内的な諸々の〈選好〉が適切なあり方をとるというのは、その人物が〈効用最大化〉をなす存在であって、彼または彼女が最も望むものを得るために行動する、ということを含意する。したがって、「合理的な経済人（rational economic man）」とは、選択において、適切に序列化された諸々の〈選好〉をあらかじめ備えている人間であり、このような人間が自らの諸々の〈選好〉にもとづいて行為せねばならない場合、それらの諸々の〈選好〉が信頼性の高い仕方で選択すべき行為を決定づけ、それによって〈効用〉が最大化されるということになる。

　このような見方には問題がある。中でも主要な問題はまさに〈適切に序列化され類別化された諸々の〈選好〉を備えた合理的人間〉という見方にあり、この見方をカーネマンとトヴェルスキーによる 30 年間にわたる研究（Kahnenman & Tversky, 2000）、およびそれ以外の多数の認知科学および意思決定科学の研究者たち（Dawes, 1998; Fischhoff, 1991; Gilovich, Gliffin, & Kahneman, 2002; Lichtenstein & Slovic, 1971, 2006; Shafir, 1988; Shafir LaBoeuf, 2002; Shafir & Tversky, 1995; Slovic, 1995）は疑問視してきたのであった。本書が示してきたのは、人々がなす選択——時に非常に重要な事柄にかんする選択——が人々への選択肢の示し方に無関連な変化〔つまり本来考慮する必要のない変化〕を加えることで変化してしまう、ということであった。問題がどのように〈フレーミング〉〔枠づけ〕[70] されているかが、人々が何を選ぶかに影響を与えるのだ。研究文献の中では、このような〈フレーミング〉の影響が何ダース分も証明されているが、その中でも最も説得力があるのは、トヴェルスキーとカーネマンの初期の研究（Tversky & Kahneman, 1981）で示された証明である。次に示す「意思決定 1」への、あなた自身の反応をたしかめてもらいたい。

　意思決定 1　アメリカ政府が、ある稀な、600 人の生命を奪うと予測される疫

---

[70]〈フレーミング〉（framing）とは事柄を述べる際の枠組み（frame）を設定し、それに当てはめて事柄を述べること。以下ではこの意味の名詞 frame は「フレーム」と訳し、frame が動詞として用いられる場合や、framed のように過去分詞で用いられている場合は「フレーミングする」「フレーミングされる」のように訳す。〈フレーミング〉が実際にどのようになされ、どのような効果をもつかについては本節以下で詳しく論じられる。

第 2 章　意思決定　47

病の突発的流行への対策を準備中であると想像せよ。この疫病に対抗する計画の候補は2つ提案されている。仮定上、計画の帰結に対しては科学的に正確な見積もりがなされており、それは以下の通りであるとする。計画Aが採用される場合、200人の生命が救われる。計画Bが採用される場合、3分の1の確率で600人の生命が救われ、3分の2の確率で1人の生命も救われない。あなたなら、計画Aと計画Bのどちらをよしとするだろうか？

ほとんどの人々はこの計画を示されると計画A——200人の生命を確実に救う——を選好する。この選択には、これのみを単独で見るならば、間違ったところは何もない。ところがこの反応を別の問題と結びつけるとき、実に奇妙なことが生じる。同じ実験の被験者には、追加の問題が提示される（前と同じ被験者グループに提示されることも、異なった被験者グループに提示されることもある——いずれも同じ結果になる）。次の「意思決定2」に対して自分が即座にどういう反応をとるか、たしかめてもらいたい。

意思決定2　アメリカ政府が、ある稀な、600人の生命を奪うと予測される疫病の突発的流行への対策を準備中であると想像せよ。この疫病に対抗する計画の候補は2つ提案されている。仮定上、計画の帰結に対しては科学的に正確な見積もりがなされており、それは以下の通りであるとする。計画Cが採用される場合、400人が死亡する。計画Dが採用される場合、3分の1の確率で誰1人死亡せずに済み、3分の2の確率で600人が死亡する。あなたなら、計画Cと計画Dのどちらをよしとするだろうか？

ほとんどの人々は、意思決定2については計画Dを選好する。したがって、2つの問題を通じて最も多く支持された選択は計画Aと計画Dであることになる。ただ一点問題なのは、意思決定1と意思決定2とは実のところ同じものだということである——両者は同じ状況を2通りに記述し直したものに過ぎないのだ。計画Aと計画Cは同じものである。計画Cにおける400人の死亡は、200人の救済を含意している——これは計画Aが救う人数と正確に同じである。同様に計画Dの、600人が死亡するという3分の2の見込みとは、計画Bの、600人が死亡する（「1人の生命も救われない」）という3分の2の見込みと同じである。もしあなたが意思決定1で計画Aを選好するならば意思決定2では

計画 C を選好するべきである。人々はこれらの問題に対して整合的でない反応を示す、ということを多くの実験結果が示唆しているのだ。

　ここで、研究方法についての手みじかな説明が必要だろう。さまざまな〈フレーミング〉実験——および、それ以外の意思決定にかんする実験の大部分——は、〈複数被験者間実験〉〔別々の被験者グループに別々の問題を示すやり方〕か、〈同一被験者内実験〉〔同一の被験者グループに複数の問題を示すやり方〕か、どちらかのやり方で可能である。例えば、〔別々のグループに別々の問題を示す〕〈複数被験者間〉の設定では、あるグループに〈利得（gain）〉[71]バージョン（「200人の生命が救われる」）、別のグループには〈損失（loss）〉バージョン（「400人が死亡する」）が提示される。実験の条件について、被験者の無作為割り当て[72]がなされることで、2つのグループがおおむね同質であり、両者から得られる反応パターンが同じ尺度で比較できることが保証される。これとは対照的に、〔同一被験者グループに複数の問題を示す〕〈同一被験者内〉の設定では、被験者各自が利得／損失の両バージョンの問題への反応を求められる。この設定では通常、どちらかのバージョンをまず示し、その後時間を空けてもう一方のバージョンを示す、というやり方がとられる（その間に他の無関係な実験課題が挟まれるのだ）。これによって2つの問題のつながりは一目瞭然といったものではなくなるのである。もちろん、この同一被験者内実験の場合、2つのバージョンの間のバランスを保つ工夫がなされる——被験者グループの半分は利得バージョンを先に示され、もう半分は損失バージョンを先に示されるのだ。

---

[71]「利得」と訳した gain は、単なる金銭的利益に留まらず、幅広い対象の「獲得」や「達成」を指すことができる言葉で、金銭的利益の獲得を連想させる「利得」のイメージからは外れる例に用いられる場合も多い（ここでの人命の救出などはその例である）。しかし経済学用語としての gain の訳語として「利得」は広く定着しており、またこの後登場するカーネマンの〈プロスペクト理論〉もまさにその局面で活用されるので（同理論はカーネマンのノーベル経済学賞受賞に大きく関わっている）、本訳書でも gain に「利得」を一貫して対応づける翻訳方針を採用した。読者は「利得」について、狭義の金銭的利益よりも一般的な獲得や達成も含まれる、という点を念頭に置いて読み進めて頂きたい。

[72] 無作為割り当て（random assignment）とは、標本（sample——この後の訳注 74 参照）となる被験者のグループ分けを無作為（ランダム）に行う方法。本文で説明されるように、これによって実験の主旨とは関連しない実験結果の偏りが生じにくくなると期待できる。なお、無作為割り当てとその重要性、あるいはそれと「無作為抽出（random sampling）」（被験者の選出をランダムに行う方法。これによって集められた被験者が改めて無作為割り当ての対象になる）との違いなどについては『心理学をまじめに考える方法』第6–7章で詳しく論じられている。

驚くことではないが、〈複数被験者間実験〉での方が、より大きな〈フレーミング効果〉が現れる。というのも実験をこの設定にすると、整合性こそがここで問われている問題なのだ、ということを示唆する手がかり[73]が見あたらなくなるからである。それにもかかわらず、〈同一被験者内〉の設定の実験においてすら、やはり不整合な反応が得られる。つまり、多くの被験者は問題の語り口に応じて自らの〈選好〉を切り替えるのである。2つのバージョンを並べて同時に提示すると、被験者本人が、2つの問題は同じ問題であり、語り口が変わったからといって違いが出てくるはずがない、という点に同意する傾向がある。このことは重要なので指摘しておく。

前述の〈疫病問題〉において示される不整合は、〈記述不変性（descriptive invariance)〉と一般に呼ばれる、合理的な意思決定のごく基本的な公理〔である性質〕への違反である（Kahneman & Tversky, 1984, 2000; Tversky & Kahneman, 1981)。被験者の選択が、当の被験者自身が無関連（イレリバント）であると認めるような特徴づけに左右されてくるくると反転するとしたら、被験者は安定し、相互に適切に序列化された一群の〈選好〉をもつとはまったく言えないことになる。つまり問題を提示するときのちょっとした語り口の違いにもとづいて〈選好〉が逆転してしまう以上、人々が〈期待効用〉の最大化を行っている、などという〔経済学者が主張する〕話が成り立つことなどありえないということだ。〈記述不変性〉が成り立たないこのような諸事例は、人々が合理的かどうかのわたしたちの見方に対して、実に深刻な含意を色々ともつのであるが、〈記述不変性〉が成り立たないような事例を作り出すことは難しいことではなく、意思決定にかんする文献にはその種の事例が満載されている。以下の2つの問題を考察してみよう（これはTversky & Kahneman, 1986から引いたものである）。意思決定論の文献でよく使われる、ギャンブルの文脈で〈フレーミング〉された問題である。

意思決定3　まずあなたに現金300ドルが贈られ、あなたがすでに手にしていた全財産（どれほどかは問わない）がその分増加した、と想像せよ。その後、今あなたは以下の2つの選択肢から選ぶよう求められているとする。

---

[73]「手がかり」と訳したcueは出来事のはじまりや取るべき行動を知らせる合図、信号を指し、知覚の心理学的な分析などにおいて専門的な用語として用いられる用語でもある。本書でも、ある程度専門的な意味合い（意思決定や判断の主体が、自分の知識を検索（retrieval）する際に利用している検索手がかり、というような意味（p.79および訳注172などを参照）で用いられるので、ルビを振って訳出する。

A　確実な 100 ドルの利得。

B　50% の見込みで 200 ドルの利得、50% の見込みで何の利得もない。

意思決定 4　まずあなたに現金 500 ドルが贈られ、あなたがすでに手にして
いた全財産（どれほどかは問わない）がその分増加した、と想像せよ。その
後、今あなたは以下の 2 つの選択肢から選ぶよう求められているとする。

C　確実な 100 ドルの損失。

D　50% の見込みで 200 ドルの損失、50% の見込みで何の損失もない。

　トヴェルスキーとカーネマン（Tversky & Kahneman, 1986）が見いだしたのは、
彼らが調べた標本[74]中の 72% が選択肢 B よりも選択肢 A を選好し、64% が選
択肢 C よりも選択肢 D を選好した、ということであった。だがまたもや疫病の
事例と同様、2 つの選択肢に対応する結果はどちらの意思決定でもまったく同
じであり、それゆえ 2 つの意思決定の内容はまったく同じなのだ。だから誰か
が A を B よりも選好したならば、その人物は C を D よりも選好するべきだと
いうことになる。というのもまず、選択肢 A を選ぶと当初の金額 300 ドルに確
実な利得 100 ドルが付加されるというのは、最終的な金額が 400 ドルになる、
ということを意味する。ところで意思決定 4 で選択肢 C を選ぶと、確実な損失
を経て、最終的な金額が 400 ドルになるのだから、A と C を選んだ結果は同じ
である。一方選択肢 B を選んだ結果は、最終的な金額が 500 ドル（300 ドルプ
ラス 200 ドル）になる見込みが 50%、300 ドル（300 ドルプラスゼロ）になる
見込みが 50% ということだ。ところで意思決定 4 で選択肢 D を選ぶと、500 ド
ルマイナス 200 ドル〔= 300 ドル〕の見込みが 50%、500 マイナスゼロ〔= 500 ド
ル〕という見込みが 50% で、これまた選択肢 B と同じ結果である。

　このような〈記述不変性〉の不成立がなぜ生じるのかを説明する理論は、カー
ネマンとトヴェルスキーによって〈プロスペクト理論（prospect theory）〉[75]と名
付けられている（Kahneman & Tversky, 1979; Tversky & Kahneman, 1986）。上で引いた
事例に共通しているのは、いずれにおいても被験者は〈利得（gain）〉の文脈で

---

[74] 統計学的な調査で、調査対象全体（例えば日本に住む 20 歳の人物全員）を「母集団」としたときの、具
体的な調査対象として選ばれるその母集団の部分集合が「標本（sample）」と呼ばれる。訳注 72 で解説した
「無作為割り当て法」は標本の偏りを減らすための手法である。

[75]「プロスペクト（prospect）」という用語と訳語については訳注 56 を参照。

第 2 章 意思決定　51

は〈リスク回避的（risk averse）〉で、〈損失（loss）〉の文脈では〈リスク指向的（risk seeking）〉だということである。つまり被験者は意思決定1では200人の生命という確実な利得の方を、同じ〈期待価値〉をもつギャンブルよりも魅力的だと見なした。これと対照的に意思決定2では、400人の生命の確実な損失が、同じ〈期待価値〉をもつギャンブルと比べると魅力を欠くものと見なされた。もちろん、ここで被験者がきわめて魅力を欠くと見なした400の生命の「確実な損失」と、被験者が意思決定1できわめて魅力的だと見なした200人の生命という「確実な利得」とは正確に同じ結果なのである！

　同様に、意思決定4、選択肢Cの「確実な損失」は、等しい〈期待価値〉をもつギャンブルと比較して魅力的なものと見られた。いずれの問題においても、被験者は財産（wealth）の総体〔そのもの〕を考慮に入れるのではなく、むしろ現在の財産からの相違の度合い——すなわち、原点からの利得と損失——にもとづいて結果を解釈した。これこそ、カーネマンとトヴェルスキー（Kahneman & Tversky, 1979）の〈プロスペクト理論〉の要となる仮定の1つである（Markowitz, 1952も見よ）。図2.1は、この仮定——将来予測は原点からの利得と損失として解釈される、という仮定——から、人々が利得については〈リスク回避〉、損失については〈リスク指向〉の態度をとるようになるという帰結がいかに導かれるのかを図示している。この図が描き出しているのは、原点から出発して正と負の両方の方向に伸びていく〈効用関数〉[76]である。実線で引かれた曲線は〈効用関数〉を表すが、これは正負の両方向に向かう〈負の加速曲線〉[77]となっている。点Aはこの関数上での200ドルの利得がもつ〈効用〉を示しており、点Bは200ドルの損失の（負の）〈効用〉を示している。ここで、確実な200ドルの利得という選択肢と、.50の見込みで400ドルの利得が生じ、.50の見込みで利得なしという選択肢とが対比されている、という想像をしてほしい。〔400

────────────

[76]「効用関数（utility function）」は、〈効用〉を数量化する関数（〈効用〉の概念については本書第1章冒頭、p. 22を参照）。図2.1では金額と〈効用〉の関係として〈効用〉が数値化されている。つまり、金額（x軸）を一様に増加させると、それに対応する〈効用〉（y軸）が複雑な仕方で変化し、非線形的なグラフが描かれる、という仕方で、〈効用〉のあり方を特徴づける関数（効用関数）が図示されている。

[77]「負の加速（negatively accelerated）」はグラフの形状を指す言葉で、図2.1のようにx軸が一様に増加するのに対応して、y軸も増加するが、増分が次第に減っていくグラフを指す。図2.1では利得の金額（x軸）が大きくなればなるほど、〈効用〉（y軸）の増分は減っている（原点より下については、損失額が大きくなればなるほど、負の〈効用〉の増分が減っている）。x軸の増加につれy軸の増分が増えていくグラフは「（正の）加速曲線」と呼ばれる。

52

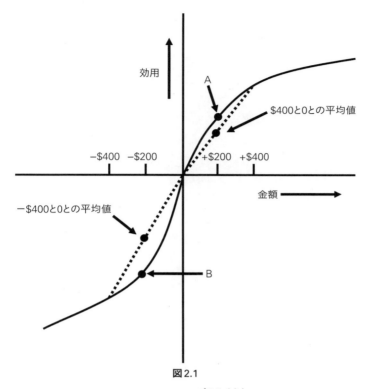

図 2.1

ドルか 0 ドルか] 五分五分の見込みだという将来予測（プロスペクト）の〈効用〉は、400 ドルと 0 ドルの〈効用〉の平均値として表されよう。この〈効用〉は図 2.1 で示されているが、すぐに分かるのはこれが値として、確実な 200 ドルの利得の将来予測（プロスペクト）の〈効用〉よりも下に位置するということである[78]。その理由は、この関数が〈負の加速曲線〉を描くという性質にある。かくして、人々は利得については〈リスク回避的〉になる。

　一方、この関数のこのような側面（負の加速曲線を描くという性格）はまた、人々が損失に対しては〈リスク指向的〉になるということも意味する。200 ドルの確実な損失が、〈.50 の見込みで 400 ドル失い、.50 の見込みで損失なし〉と

---

[78] 実線上の点 A は「確実な 200 ドルの利得という将来予測（プロスペクト）の効用」を示すが、破線上に位置する「400 ドルの利得か利得 0 ドルかの平均（= 200 ドル）という将来予測（プロスペクト）の効用」を示す点は点 A よりも下に位置している（つまり〈効用〉がより小さい）。

第 2 章 意思決定　53

いう選択肢と対比されていると想像しよう。五分五分の将来予測(プロスペクト)の〈効用〉は、マイナス400ドルと0ドルの〈効用〉の平均値として表されよう。この〈効用〉は図2.1で示されているが、すぐに分かるのはこれが値として確実な事柄としての200ドルの将来予測(プロスペクト)の〈効用〉(点B)よりも高いということである[79]。かくして、五分五分のギャンブルは負の〈効用〉としての度合いがより小さいことになる。それゆえ人々は損失については〈リスク指向的〉になるのだ。

〈プロスペクト理論〉の要となる別の仮定の1つは、利得の場合に比べると損失の場合の〈効用関数〉が(負の方向では)より急な傾斜の曲線になるということである[80]。このことから、人々はしばしば正の〈期待効用〉を備えたギャンブルに対してすら〈リスク回避的〉になるということが説明できる。わたしを相手にこんなコイン投げの勝負をしたい方はいるだろうか?――表が出たらあなたがわたしに500ドル支払い、裏が出たらわたしがあなたに505ドル支払うのだ。ほとんどの人はこの有利な賭けを辞退するが、それはこの賭けがもた

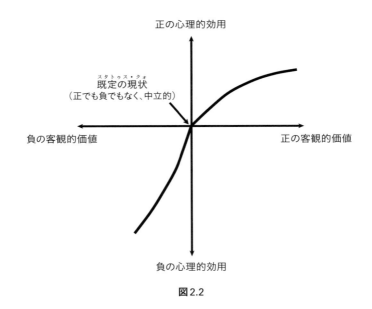

図2.2

---

[79] 先と対照的に、実線上の点Bよりも破線上の点の方が上に位置している(効用がより大きい)。
[80] つまり原点からx軸方向に等距離離れた点を比べると(例えば+$200と−$200)、y軸の絶対値はプラス(上側)よりもマイナス(下側)の方が大きい(原点からより遠い)。次の図2.2がこの特徴をより強調して描いている。

らしかねない損失が、たとえ数字上では、賭けから得られる可能性のある利得よりも小さいのだとしても、心理的には大きいものとして迫ってくるからだ。図2.2はこの特徴を図示する〈プロスペクト理論〉の〈効用関数〉の例である——正の方向に上昇する関数曲線よりも、負の方向に下降する関数曲線の方がより急な傾斜を描いている。

　人々が意思決定にとり組む際に示すこの2つの特徴——〈効用関数〉の傾斜に違いがあることと、(財産、生命、その他何であれそこで問われている事柄についての) 既定の現状を参照の原点として、選択肢の再解釈を行うこと——は、意思決定の状況で情報が扱われる際に自動的に[81]初期値となっているように見える。それを払いのけることはできないが、それを圧倒[82]することは可能である (例えば分析的な戦略[83]を用いて、問題に違う表現を与えても〈選好〉が変わらないままにする、といった仕方で)。わたしたちが意思決定にかかわる情報を解釈する際に示すこの2つの特徴が〈選好〉の際立った逆転——〈選好〉が圧倒されるには至らないとしても——を引き起こしうるというのは、ある意味で仰天すべき含意である。ここに潜んでいるのは、人々の〈選好〉は、各自に固有の心理的な成り立ちに由来するのではなく、むしろ外部に (つまり、誰であれ環境を設定し、問いの語り口を左右できる者に) 由来するという、人を不安にさせる結論である。ほとんどの状況は利得と損失のどちらにも〈フレーミング〉し直せるのであるから、この結論が意味するのは、人が安定した〈選好〉をもっているなどということはなく、むしろ〈選好〉とはさまざまな仕方で誘発される (elicited) ものなのであり、そしてその誘発過程 (elicitation) そのものが、人がどんな〈選好〉をもつかを全面的に決定していることもありうる、ということだ！〈フレーミング効果〉は強力な社会的含意をもつのである (Baron, Bazerman, & Shonk, 2006; Thaler & Sunstein, 2008)。カーネマン (Kahneman, 1994) がかつて指摘したように、〈安定し、合理的で、相互に適切に序列化された一群の〈選好〉〉なる概念は「人々の選択からもたらされる結果から、彼らを守ってやる必要はない〔人の選択がその人に不利益に働くことはないはずだから〕」という立場を支持するために用いられてきたのである (p. 18)。

---

[81]「自動的 (automatic)」という語の多様な含みにかんしては訳注58を参照。
[82]「圧倒する」と訳したoverride (『心は遺伝子の論理で決まるのか』の訳語は「拒否する」) の概念については、この後の第5章訳注417を参照。
[83]「戦略」と訳したstrategyは特に心理学では「方略」とも訳される。

第2章 意思決定　　55

〈フレーミング効果〉からは、他にも多くの重要な実践的帰結が出てくる。例えば医療の領域において、結果の情報が、損失の言葉か利得の言葉かのいずれか一方で語られる、ということはしばしばありうることだ。マクニール、パウカー、ソックス、トヴェルスキーの研究（McNeil, Pauker, Sox, and Tversky, 1982）が示したのは——先の諸事例と同様だが——同じ〔過去の〕治療結果についての異なった語り方が、異なった治療法を導くことがありうる、ということだった。調査対象の人々は、肺がんに対する2つの治療法（手術または放射線療法）から1つを選んだ。〔過去の〕治療の結果については、以下に示すように、1つのグループには生存フレームの言葉で、他のグループには死亡フレームの言葉で述べられた。それぞれの治療法を選好する調査対象者のパーセンテージを括弧の中に記してある。

生存フレーム

〈手術〉　手術を受けた100人中、術後も存命の人の数は90人、1年目の終わりに存命の人の数は68人、5年目の終わりに存命の人の数は34人（82％の調査対象者が選好）。

〈放射線治療〉　放射線治療を受けた100人中、治療中存命のままだった人の数は100人、1年目の終わりに存命の人の数は77人、5年目の終わりに存命の人の数は22人（18％の調査対象者が選好）。

死亡フレーム

〈手術〉　手術を受けた100人中、手術中または術後すぐに死亡した人の数は10人、1年目の終わりまでに死亡した人の数は32人、5年目の終わりまでに死亡した人の数は66人（56％の調査対象者が選好）。

〈放射線治療〉　放射線治療を受けた100人中、治療中に死亡した人はおらず、1年目の終わりまでに死亡した人の数は23人、5年目の終わりまでに死亡した人の数は78人（44％の調査対象者が選好）。

　放射線治療が生存フレームよりも死亡フレームにおいてより人気があるのは、〈プロスペクト理論〉の予測通り、そこでの放射線治療の正の特徴（直後の結果がよりよいこと）が〈損失回避〉としてより大きいものとして迫ってくるからであり、それは（90人から100人への）利得の増進としてではなく、（10人か

ら0人への）リスクの回避として見られている。もちろん、あなたがそれをどのように見ようともその10%は同じ10%のままなのだが！　かくしてこれもまた別の、人々が判断と意思決定において〈記述不変性〉を維持できない事例であることになる。マクニールら（McNeil et al., 1982）は、この〈フレーミング効果〉が治療を受ける患者に対して及ぼすのとまったく同様の大きな影響を、医師や統計学の訓練を積んだ者にも及ぼすことを発見した。肺がん治療のような重大な事柄に対する〈選好〉が、選択肢となっている治療の結果をどう言いかえるかによって逆転し、しかも言い方こそ違っても別の治療情報は含んではおらず、治療結果そのものにかんしても異なったことを述べていない。これはどこかぞっとする事実であり、注意してほしい。

　これまで述べてきたすべての問題の要となる特徴は、該当する問題でどのような〈フレーミング〉が与えられようとも、与えられた〈フレーミング〉を——不整合が帰結しないかどうかを調べるために別の選択肢を見ようともせずに——変更のきかないものとして受け入れる、ということである。カーネマン（Kahneman, 2003）の指摘によれば、「〈フレーミング〉の基本原理は、与えられた定式化の受動的な受容にある」（p. 703）のだ。被験者は提示されるフレームに注目するのであり、その後に続く被験者のすべての思考は、他のフレームからではなく、そのフレームから引き出される。というのも、他のフレームは考える手間をより多く被験者に求めるはずだからである。

　〈フレーミング効果〉は非常に強力でありうるため、人々が自分で——熟慮の上で——選ぶにもかかわらず、当人がひどく当惑してしまうような選択をさせてしまいかねない。これを証明するために別の問題をいくつか示すので、自分の反応を確かめてもらいたい（問題はTversky & Kahneman, 1986から引いた）。

　意思決定5　次の選択肢の内、あなたはどちらを選好するだろうか？（1つ選んでほしい）
　　A　240ドルの確実な利得を得る
　　B　25%の見込みで1,000ドルの利得を得るが、75%の見込みで何の利得も得ない

　意思決定6　次の2つの宝くじを考察せよ。いずれも、それぞれの箱の中に入っているさまざまな色のおはじきの各色の比率によってくじの結果を決め

第2章　意思決定　57

る設定である。あなたの利得ないし損失がいくらになるかは、ランダムに引かれたおはじきによって決まる。あなたはいずれの宝くじを選好するだろうか？

宝くじ C			
90% 白	6% 赤	1% 緑	3% 黄色
$0	勝ちで賞金 $45	勝ちで賞金 $30	負けで損失 $15
宝くじ D			
90% 白	7% 赤	1% 緑	2% 黄色
$0	勝ちで賞金 $45	勝ちで賞金 $10	負けで損失 $15

意思決定 7　次の選択肢の内、あなたはどちらを選好するだろうか？（1 つ選んでほしい）

　E　750 ドルの確実な損失
　F　75% の見込みで 1,000 ドルの損失、25% の見込みで何の損失もない。

　以上の例を引いたのは、〈合理的選択の原理〉といわれる意思決定論の原理[84]の中でも最も明白な原理の 1 つを例示するためである。この原理は非常に明白なので、予備知識のない読者ならば、なぜこんな原理をわざわざ述べる必要があるのかと疑問に思うのはほぼ間違いないと思う。この原理は本章ですでに論じた考えるまでもないほど明白な原理——〈当然原理（sure-thing principle）〉、あるいはしばしば〈優越性原理（dominance principle）〉[85]と呼ばれる原理——の別バージョンである。この原理が述べるところのおおよそを言えば（Dawes, 1998; Shafer, 1988; Tversky & Kahneman, 1986 を参照）、〈もしあなたが、何が起こるかにかかわらず（つまり世界の中の今のところ未知の領域がどんな状態になっていようと）行為 B の結果よりも行為 A の結果を選好するのであれば、あなたは行為 A をするべきである〉、となる。コイン投げ勝負の配当について、次の 2 つの方法を想像してほしい。方法 A の場合、表が出れば 8 ドルの利得を得るが、裏が出れば 3 ドル損失する。方法 B の場合、表が出れば 5 ドルの利得を得るが、裏

---

[84]　p. 31 と訳注 19 および 39 で説明した「（合理的）選択の諸公理（(rational) axioms of choice）」と同じ。
[85]　「当然原理」または「優越性原理」については pp. 39–43 と訳注 54（およびこの後の第 6 章に付した訳注 583）を参照。

が出れば2ドル損失する。方法Aの方が何が起きようともより望ましい。方法Aは優越的な選択であり、それゆえ明白に採られるべき選択である。

　もちろん、仮にこの〈当然原理〉(ないし〈優越性原理〉) と呼ばれる原理が、今述べたコイン投げの例と同じぐらいに明白に目にとまるとしたら、この原理に違反する人など1人もいないはずである。だが、トヴェルスキーとカーネマン (Tversky & Kahneman, 1986) やその他の研究者が発見したのは、〈フレーミング効果〉は人々の〈優越性原理〉への違反を引き起こすことができるということである。これほど初歩的な原理に人が違反してしまう例を挙げることは、無関連な〈フレーミング効果〉によって不整合な選択をしてしまう誤りを犯してはならない理由を、人にありありと分からせるやり方として実に効果的である。人々は複数の状況の間に成り立つはずの〈記述不変性〉の原理に反することがあるわけだが、そもそも、その複数の状況を〔記述のいかんにかかわらず〕同じ種類の状況であると判断するのは意思決定の主体〔自身〕である、ということを思い出そう[86]。〔被験者に示される〕問題の文脈は〔記述の違いに対応する〕実質的な違いをもたないはずのいくつかの側面〔つまり〈記述不変的〉な側面〕をもつが、ここで「実質的な違いがないはず」とは、「実質的な違いが**ない**はずだ、という判断を意思決定の主体自身が下した」ということなのである[87]。であるなら、このような事態は、ウィルソンとブレッケ (Wilson & Brekke, 1994) が**心的汚染** (*mental contamination*) と呼んだ事態——わたしたちの行動が、わたしたち自身が意思決定に組み込むことを拒むはずの要因によって影響されてしまうこと——の一種であることになる。だからこそ、自分の行動にこの種の不整合が含まれることは警戒すべきなのだ。つまりそれらの不整合は、目的達成の最大化を妨げる諸要因によってわたしたちの行動が汚染されていること——わたしたちが〈道具的合理性〉を欠いた行動をとること[88]——を意味する。〈優越性原理〉への違

---

[86] この通りの主張を著者は本書で明確に行っていないようであるが、該当する論点はp. 34の議論に含意されていると見られる。そこでは意思決定に関連性のある文脈要因 (記述の変化によって変化する要因) と関連性のない文脈要因 (記述が変化しても変化しない要因) を区別する基準は意思決定の主体本人の判断に由来する、という議論がなされている。

[87] この箇所は文意が取りづらく、原著者に確認した上で文意を補いながら訳した。主旨としては、〈記述不変性〉が成り立つかどうかの基準は意思決定の主体本人の最善の判断に委ねられているはずなのに、意思決定の主体は時に自分自身が設定したはずの基準に自ら反してしまう、という指摘である。

[88] 「道具的合理性 (instrumental rationality)」(この箇所は原文でinstrumentally rationalという形容詞になっているが意味は同じ) についてはp. 12, p. 21、訳注8および27を参照。

反は警戒すべき事柄である、というのは、何が起ころうとも他よりも好ましくない選択肢を選び取ることなど、あなたは現実には望んでいない——違うだろうか？——からである。もちろん望むはずなどない。にもかかわらず、あなたはほぼ確実にそんな選択をしてしまうに違いないのだ。

まずは、みなさんが優越性関係に違反する恐れのない、別の問題を考察してもらおう。

意思決定8　次の選択肢の内、あなたはどちらを選好するだろうか？（1つ選んでほしい）
　　G　25% の見込みで240 ドルの賞金、75% の見込みで760 ドルの損失
　　H　25% の見込みで250 ドルの賞金、75% の見込みで750 ドルの損失

この意思決定は簡単である。H の方が有利なのは、たとえそれを示す専門的な用語（優越性）を知らなかったとしても、誰にでも分かる。H が優越的なのは、H の場合は勝った場合により多くの利得が発生するし、負けた場合には損失が少ない——かつ、勝ちと負けは同確率——だからだ。にもかかわらず、先ほど提示した問題に対して、あなたが大部分の人々のとりがちな反応をとったとしたら、あなたは H よりも G がよいと暗黙裏に選択した見込みが大きいのだ。先の意思決定5 と 7 で自分がどう反応したかを確認してほしい。意思決定5 で、ほとんどの人々は選択肢 A を選ぶが（Tversky & Kahneman, 1986）、これはまたもや〈プロスペクト理論〉の予想どおり、たとえ（この例でのように）ギャンブルの方が〈期待価値〉が高い場合でさえも、人々の大部分が、利得にかんしては〈リスク回避〉を行うためである。意思決定7 では、大部分の人は損失に対して〈リスク指向的〉であるがゆえに選択肢 F を選好した（この事例では、人々は完全な損失を回避する機会を得たい、という考え方を好むため）。それゆえほとんどの個人は選択肢 A と F を選ぶ。

わたしたちがこの2 つの意思決定（A と F）を共に行っている、と想像されたい。意思決定5 で選択肢 A を選んだ人は、その選択ゆえに240 ドルを確実に受け取り、次に F でギャンブルを行い、最終的に、75% の見込みで760 ドル失い（1,000 ドルの損失から240 ドルの利得を引いた額）、25% の見込みで240 ドルの利得を得る（選択肢 A を選んで得た利得240 に、25% の見込みの損失なしの結果を加えた額）、という結果になる。だが、この結果はまさに意思決定8 に

おける選択肢Gそのものである。同様に、意思決定5と7における選択肢BとE（ほとんどの人々が選びそうにない選択）は、組み合わさると意思決定8における優越的な選択肢H——明らかにより優れた選択——になる。つまり、意思決定7で選択肢Eを選んだ人は、750ドルの確実な損失を受け取り、かつまたBでギャンブルを行い、かくして最終的にBの結果25%の見込みで250ドルの利得（確実な損失750ドルに、25%の1,000ドルの見込みを加えた額）、75%の見込みで750ドルの損失（Bにおける75%の見込みの「損失なし」に、Eにおける確実な750ドルの損失を加えた額）、という結果になる。

　最後に、意思決定6はどうだろうか？　そう、もしもあなたが大部分の人々と同じ部類の人物ならば、またしても同じことになる——つまりあなたは、〈優越性原理〉に違反したことになる。トヴェルスキーとカーネマン（Tversky & Kahneman, 1986）は、彼らの研究において、宝くじDを選択する方が優越的であるにもかかわらず、被験者の58%が宝くじCを選好したことを明らかにした。これを飲み込むために、共通する部分を除外して簡略化する、という単純な操作を行ってみよう。手助けとして、以下に掲げた対応表を見ていくのがよい。白が当たる90%の場合を両方から除外できるのは明らかである——6%の赤の45ドルの利得も同様に両方から除外できる。だが、この利得を除外した後でも、宝くじDでは赤で45ドルの利得が発生する確率が1%残る[89]。そしてこれは緑で30ドルの利得が発生する1%の確率よりも選好される。最後に、宝くじDでの、1%の緑の10ドルの損失は、宝くじCの、1%余分な黄色の15ドルの損失[90]よりも選好されるべきである。

---

[89]「対応表」（次頁）の左端2列（「90%の白」と「6%の赤」）には、除外できる共通部分が切り出されて表示されている。この2列は考慮に入れなくてよいので、2つのくじを比較するには「対応表」の3–5列目だけ（さらに言えば、次注で述べるように3列目と5列目だけ）を見ればよい。かくして「対応表」では「7%の赤」の内の2列目に切り出され除外された「6%の赤」の残りの「1%の赤」のみが3列目に記載され、その上のCの「1%の緑」と比較されている（原表3列目にあった「1%の緑」は対応表5列目に移されている。これについては次注参照）。なお、Cの「1%の緑」は賞金30ドル、Dの「1%の赤」は賞金45ドルなので、この列を比較すればDが有利である。

[90] 元の表のCで「3%の黄色の損失」として記載されていた項目が、対応表のCでは「2%の黄色の損失」と「1%の黄色の損失」の2つに分けられ、それぞれ4列目と5列目に分けて置かれている。対応表のDでは4列目に「2%の黄色の損失」が置かれるが、これは上のCの項目と金額も確率もまったく同じなので、この列は考慮する必要がない。対応表Dの5列目には原表で3列目に置かれていた「1%の緑の損失」が置かれ、上のCで切り出された「1%の黄色の損失」と比較されている。対応表5列目については、Cの損失は15ドル、Dの損失は10ドルなので、この列を比較してもDが有利である。

第2章 意思決定　61

要するに、すべての個々の項目において、宝くじ D は宝くじ C と等しいか、あるいは勝っている。つまり宝くじ D は優越的(ドミナント)な選択である。だがトヴェルスキーとカーネマン（Tversky & Kahneman, 1986）の被験者の内たった 42% しかこの事実に気付かなかった。被験者たちの注目はその代わり、宝くじ C での追加の「賞金」に引き寄せられるのであり、その中には、確率の配分の数値を正確に分析する、という作業をまったく行わない被験者もいるのだ。したがって、優越性(ドミナンス)の関係がまったく明白ではないとき、〈優越性(ドミナンス)原理〉という基礎的な原理に反した選択がなされうるということになる。より重要なのは、〈記述不変性〉へのこれらの違反は、人々は〈期待効用〉の最大化を行う存在ではありえないことを意味する、ということである。

宝くじ C				
90% 白	6% 赤	1% 緑	3% 黄色	
$0	勝ちで賞金$45	勝ちで賞金$30	負けで損失$15	
宝くじ D				
90% 白	7% 赤	1% 緑	2% 黄色	
$0	勝ちで賞金$45	負けで損失$10	負けで損失$15	

対応表

宝くじ C				
90% 白	6% 赤	1% 緑	2% 黄色	1% 黄色
$0	勝ちで賞金$45	勝ちで賞金$30	負けで損失$15	負けで損失$15
宝くじ D				
90% 白	7% 赤	1% 赤	2% 黄色	1% 緑
$0	勝ちで賞金$45	勝ちで賞金$45	負けで損失$15	負けで損失$10

　ここで論じてきたのは例外的な事例ではない。それどころかそれらは、〈選好〉の判断における変則性を扱った厖大(ぼうだい)な文献の、氷山の一角に過ぎない（Kahneman & Tversky, 2000; Lichtenstein & Slovic, 2006）。人間の選択が〈フレーミング〉によってこれほど容易に変更されてしまうということは、潜在的に重大な社会的、経済的含意を色々ともつ。セイラー（Thaler, 1980）の述べるところでは、クレジットカード業者はかなり以前、熱心なロビー活動を行い、カードと現金の税率の違いにラベルづけを行い、〈カード使用に伴って追加課税がなされる〉のではな

く、むしろ〈現金の使用に伴って値引きがなされている〉ということにしてもらいたい、という要求を通そうとしていたという。彼らはカーネマンとトヴェルスキー（Kahneman & Tversky, 1979）の〈プロスペクト理論〉の1つの仮定を、知らぬ間につかんでいたのだ——およそいかなる追加課税も心理学的には損失と解釈され、きわめて大きな負の〈効用〉を与えられるのであり（図2.2参照）、またそれとは対照的に、値引きは利得として解釈されるだろう、という仮定を。〈効用関数〉〔のグラフ〕は損失よりも利得の場合の方が傾斜が緩やかになるので、追加課税を受け入れるよりも値引なしで済ます方が、心理的により受け入れやすいのだ。もちろん、ここで損失とか利得とか言われるとき、それはまったく同じ経済的帰結を別の言い方で言いかえているだけのことなのだ。カード業者は、高い支払額の方を通常価格として認めさせる、という単純な操作1つで〈フレーミング〉を行い、クレジットカードの追加課税を人々が受け入れやすくなるようにしたのである。

　見たところ人間には、意思決定から共通の形式を〈抽出〔抽象〕する（abstraction）〉ための装置が備わっていないようだ。例えば言語は、共通形式の〈抽出〔抽象〕〉を支援してくれるという点で強力な脱文脈化装置である（無関連な細部を捨象する〔抽象により除去して共通形式を抽出する〕過程については、Adler, 1984参照）。言語は、「猫が少年を追いかけた」と「少年が猫に追いかけられた」の基底にある深層構造（deep structure）[91]を、そのどちらとも等価な構造として解釈することによって、コミュニケーションに関連しない各個別々の細目を捨象する。わたしたちは別の領域ではこのような機構を欠くのであり、またその結果として、〈合理的選択の諸公理〉[92]への違反へと人を方向付けるような、望まれざる〈フレーミング効果〉へと導かれてしまうのだ。例えばセイラー（Thaler, 1980）が紹介している研究によると、大多数の人々が、15ドルの電卓を5ドル安く買うために20分かけて別の支店に行くことを選んだのに、125ドルの電卓を5ドル安く買うために同じ距離を移動するのはためらったという。標準的な経済学的分析にもとづけばこの2つの状況は等価であり（いずれの場合も、その人物は現状維持（status quo）[93]か、5ドルの節約のために移動するかの間で選択してい

---

[91]「深層構造（deep structure）」は生成文法学派の言語学の基本概念で、実際に発話される言語表現の「表層構造（surface structure）」の基底ないし深層に仮定される抽象的な構造。
[92] p. 31と訳注19および39参照。

る）、同じ反応をとらないとしたら、経済的な合理性に違反しているということになる。多くの人々はこのような状況で（値引き額の〔商品の金額との〕割合に反応する、という点で）〈フレーミング効果〉を示すが、これは、彼らの意思決定装置に対しては、意思決定が正規的な形式で表示〔表象〕される[94]すべがないためである——言語ならば「猫が少年を追いかける」の構造を、「少年が猫に追いかけられる」と一致するような基底表示[95]へと自動的に変換するが、これに対応するものがそこには存在しないのである。

　本章ですでに論じたシャフィールらの研究（Shafir et al., 1993）を思い出そう〔pp. 40–2 参照〕。シャフィールらの発見によれば、人々はある意思決定が何らかの理由（リーズンズ）によって正当化されていると、その意思決定に惹かれる、ということであった。シャフィールらは、理由（リーズンズ）の裏付けのある意思決定を選ぶ、というこの戦略〔方略〕を無反省に使用するとき、〈フレーミング効果〉という不合理な効果がいかにしてもたらされるのかを明らかにした。ある実験で被験者たちには、離婚をめぐるトラブルから生じた、1人っ子の単独監護権[96]をめぐる訴訟を担当する陪審員を演ずるようにという指示が出された。事実関係はさまざまな要因によって錯綜しており、被験者には以下に示す両親の性格特性にもとづいて意思決定を行うように指示された。

片親 A
平均的な収入
平均的な健康状態
平均的な勤務時間

---

[93]（前頁）ここで「現状維持」と訳した status quo は、英訳すれば status in which（（誰かが）まさにそれに就いている地位、ないし、まさにそうなっている状態）という意味になるラテン語慣用句で、「維持されている現状」ないし「現状維持」をさす。以下、適宜「既定の現状」と「現状維持」に訳し分け、両方にルビを振る。

[94] 原語は representing。「表現（する）」や「表象（する）」という訳語が一般的で、記号、脳内の状態、心的内容などの、〈それ自身とは別の何かを指し示す〉あるいは〈それについてのものになっている〉というあり方を表している。

[95] 原語は underlying representation。特に生成文法学派の言語学で、表層において見いだされる表示（表象）の基底ないし深層に仮定される表示（表象）を指す。

[96]「監護権（custody）」とは、特に離婚、別居にあたって、未成年の子の世話、住居、教育など生活一般について決定する権利（『ランダムハウス英和大辞典』）。ここで言われている「単独監護権（sole-custody）」はいずれかの片親のみに認められる監護権を指す。

子供のとの関係は良好

相対的に安定した社会生活を送る

片親 B

平均より多い収入

子供との関係は非常に親密

非常に活発な社会生活

仕事関係の出張が多い

軽微な健康問題を抱える

　被験者のあるグループに、どちらの親に監護権を認めますかと尋ねたところ、64% が片親 B を選んだ。しかし他のグループには、同じ諸事情を知らせた上で、どちらの親に子供との接触を**拒否しますか**と尋ねた。このグループでは 55% が片親 B に子供との接触を拒否した。したがって、一方の多数派は片親 B に子供との接触を**認める**べきだと考え、他方の多数派は片親 B に子供との面会を**拒否する**べきだと考えたことになる——明らかな不整合であり、〈フレーミング効果〉のまた別の例である。片親 A と比べると、片親 B は肯定的な面をより多くもち、それが片親 B に監護権を与える理由として働いたのだが、同時に否定的な面もより多くもち、それが片親 B に監護権を拒否する理由として働いたのだ。シャフィールら（Shafir et al., 1993）はこの〈フレーミング効果〉がどのように生じるのかを論じている。すなわちシャフィールらによれば、こういう場合に人は理由を無反省なやり方で探索するだけで、各々の理由が提供する証拠の重みをもっと分析的なやり方で統合する、という作業を行っていないのである。

　あるタイプの非常に強力な〈フレーミング〉操作の手法がある。この手法の一部分を構成しているのは、複数の選択肢を提示する際に、その内の 1 つを自然な初期値[97]であるように指し示す、というやり方である。こういう場合に〔わたしたちの中で〕利用されているものは、一般に〈初期値ヒューリスティック〉と呼ばれ（Todd & Gigerenzer, 2007）、それが必要以上に用いられた場合、わたしたちの個人としての自律性[98]は奪われてしまう。この〈ヒューリスティック〉は次のような単純な規則を通じて働く。すなわち〈あなたが何らかの初期値の選択をすでにもっている場合は、それを固守せよ〉という規則だ。人間にこのような〈ヒューリスティック〉が備わっていることは、意思決定における〈現状維持バ

第 2 章　意思決定　65

イアス〉にかんする20年にわたる研究が示唆している（Frederick, 2002; Kahneman, Knetsch, & Thaler, 1991; Thaler, 1980）。人間は〈初期値ヒューリスティック〉を必要以上に用い、あげくに自らの目的達成の最大化に失敗してしまうほどになってしまうこともまた、この同じ20年間の研究が明らかにしている。すでに述べたように、〈初期値ヒューリスティック〉を必要以上に用いると、人は自らの自律性を放棄することになってしまう。というのもそういう場合、人は初期値を設定できる人々に自分の人生を委ね、人生を自分で導くことを放棄してしまう結果になるからである。

　このような初期値として与えられている傾向につけこんで諸々の選択肢を案出することもまた容易にできる。初期値をコントロールする者は誰でも、最終的に人々が「望む」ものを決めることになる。「望む」にカギ括弧を付した理由は明白だ。このような「望み」や「選択」は、人々の脳内に保持されたものとしてあらかじめ存在し、必要に応じて呼び出されるような〈選好〉ではない。それらの望みと選択を決定しているのは〔当人ではなく〕文脈――しかも、誰かが初期値として設定した文脈――なのである。現実にあった例を考察しよう。1980年代[99]、ニュージャージー州とペンシルヴァニア州は共に保険料のコスト削減のために、訴訟権が制限される代わり、それに応じて支払う保険料も低率

---

[97]（前頁）「初期値」として訳出したdefaultの1つの意味は「既定事項・既定状態」であり、この意味でコンピュータなどに用いられると「工場出荷状態、初期設定」を指す（「債務不履行」や「（法廷への）欠席」などの他の意味は、何かが「なされていない」という共通の意味でつながる。コンピュータの場合、工場出荷状態で、カスタマイズがまだ「なされていない」ということである）。コンピュータなどについては「デフォルト（の）」と片仮名で用いられることも近年では一般的になっているが、本書で「初期値（の）」と訳した意味はそれにごく近い意味で、〈一定の数値や状態などが当然の出発点として与えられてある〉というあり方を指している。

[98]（前頁）原語はpersonal autonomy。訳者はこのようなpersonalやpersonに、「個々人の、個別の」以上の特別のニュアンスがあるのかどうか（例えば日本語で「人格の」と訳すべきなのかどうか）を著者に問い合わせたところ、否定的な返答を受け取った。例えばこの箇所は「わたしたちの自律性（our autonomy）」に置き換えてほしい、とのことであった。しかし『心は遺伝子の論理で決まるのか』では、例えば「パーソナル（personal）／サブパーソナル（subpersonal）」という認知心理学で用いられる区別（通常の人間心理と、それを成り立たせている基礎的な諸過程、つまり人間心理よりも下位のレベルの過程の区別）を、「生物個体全体（whole organism）」としてのpersonの利益と、「サブパーソナルな」単位としての遺伝子の利益とを対比する議論が見いだされ（pp. 116, 123, etc.）、そこに著者なりの一貫したpersonやpersonalについての思考法が読み取れるように思われるので、この箇所や類似の箇所は原文のまま訳出した上でpersonalにルビを振ることにした。

[99] ここで紹介される事例の解説とほぼ同内容の解説は『心は遺伝子の論理で決まるのか』p. 205でもなされている。

になるという選択肢を消費者が選べる制度を導入した（Johnson, Hershey, Meszaros, Kunreuther, 2000）。ただし、2つの州では制度の実施方法が異なっていた。ニュージャージー州では低率の保険料と訴訟権の制限が既定の現状だった。完全な訴訟権を獲得するためには、消費者は高率の保険料を支払うことに同意しなければならなかった。これとは対照的に、ペンシルヴァニア州では完全な訴訟権を得ている状態が既定の現状だった。支払う保険料を低率にするためには、消費者は訴訟権の制限に同意せねばならなかった。ニュージャージー州では、（高率の保険料を払うことで）完全な訴訟権を獲得したのは自動車のドライバー全体のたった20%だったが、完全な訴訟権がすでに与えられていたペンシルヴァニア州では、自動車ドライバーの75%がそれを保持した（またそれによって、低率の保険料への切り替えをしないままでいた）。すでに消費者に与えられていた保険料のあり方を「標準的な」ものとして〈フレーミング〉することによって、〈初期値ヒューリスティック〉が働き、消費者を現状に固定したのである。実のところ、ペンシルヴァニア州が法律の文言中に、既定の現状〔ここでは完全な訴訟権の保持〕を明記していなかったならば、およそ2億ドル近い額の〔保険料の〕支払いを消費者から免除することができたはずなのである。

現状維持の奇妙な魅力——保有効果

　これこそが〈既定の現状〉である、という外見を備えているものが変化することで引き起こされる〈フレーミング効果〉は、強力である。というのも、意思決定にかんする20年間の研究が指摘するところでは、人々は〈既定の現状〉に対する強い〈バイアス〉を抱えており、自分がすでに所有しているものを過大評価するからである。この効果は文献中で**保有効果**（*endowment effect*）[100] と呼ばれることがあるが、これは、先に論じた〈プロスペクト理論〉における〈効用関数〉のあり方から帰結する効果である。自分が所有するものを手放すということは損失を招くことだと、したがって、多大な負の〈効用〉をもつことだと見なされる。ゆえに人々はすでに所有する物品を手放す場合、それ以外の場合よりも多額のお金を要求することになる。これとは対照的に、その同じ物品

---

[100]「保有効果」という訳語はカーネマン『ファスト＆スロー』の邦訳を参照した（下巻 p. 134）。同訳書では「授かり効果」という訳語も併記されている。他に「遺贈効果」という訳語も目にする。

第2章 意思決定　67

を、自分が未だ所有していないときに受け取ることは利得として見られる[101]。この利得がもつ正の〈効用〉の大きさは、同じ物品を1度所有してから失う場合の負の〈効用〉の大きさよりも（絶対値として）小さい。それゆえ、人々は1度も所有したことがない物品を購入する場合よりも大きな金額を、すでに所有している同じ物品を手放す際に〔対価として〕要求することになる。

　セイラー（Thaler, 1980）は〈保有効果〉を解説するため、次のような愉快な例を用いた。R氏は1950年代末に、1本あたり5ドル換算の上等のワイン1ケースを購入した。2、3年経ってから、購入先のワイン販売業者から、このワインを1本あたり100ドルで買い戻したいという申し出があった。だがR氏はこれまで、1本35ドルを越すワインを購入したことがなかったにもかかわらず、この申し出を断ったのである[102]。

　この例を見るとR氏は、このワインを手放すなら1本につき100ドル以上は支払ってほしい、と要求する一方、同じワインを自分が購入する場合には、（恐らく）35ドル以上は払おうとしないだろう、ということが分かる。仮にR氏がこのワインを所有していなかったとしてみよう。この場合R氏の過去の行動にもとづいて推論できるのは、同じワイン1本と37ドルとのどちらを選ぶか、という選択肢が与えられたとしたなら、37ドルもらう方を選ぶだろうということだ。R氏はこのような行動をとることで、そのワインは1本37ドル未満の価値しかないという評価を表明していることになる。ところがそのワインを所有したとなると、そのワインは100ドルより大きい価値をもつのだ、と主張するのである！

　〈保有効果〉は〈損失回避（loss aversion）〉に由来する現象であり、より一般的な〈現状維持バイアス〉の特殊事例の1つである。〈現状維持バイアス〉とは、ある状況を放棄することの不利益が、他のありえたかもしれない状況のどんな利益よりも高く評価されるという〈バイアス〉を指す。この〈現状維持バイアス〉は、実生活における実践上重要な状況で姿を見せる。例えば、サムエルソ

――――――――――

[101] この箇所は原文の意味がやや取りにくく、原著者に確認したところ、ここに訳した文に置き換えればよいという指示を頂いたのでそれに従う。元々の文は「これとは対照的に、自分が未だ所有していない物品について同じことをしようと考える場合、それは利得として見られる」と訳せるが、この「同じこと」をそのままの意味でとると〈未所有の物品を手放して対価を受け取る〉という奇妙な話になってしまう。
[102] このエピソードは実話らしく、カーネマン『ファスト＆スロー』下巻 pp. 115–6 にはR氏の素姓が紹介されているので、関心ある読者は参照されたい。

68

ンとゼックハウザー（Samuelson & Zeckhauser, 1988）は、おじの遺産を相続した人物の役を被験者に演じてもらうという、〈現状維持バイアス〉についての古典となった実験を行った。被験者には、さまざまな投資話の情報が与えられ、どこにどれだけ投資しても構いません、と伝えられる。その中にはリスクがそれほどでもない会社の株、ハイリスクの企業の株、短期国債、地方債、等々が含まれている。次に被験者には、おじから相続した現金をさまざまな投資先に配分することが求められる（その際被験者には、どの選択肢をとっても、生じる税金や仲介手数料は些細なものであることが伝えられる）。これらの条件は基準線を定める役割をもつ——この研究のような実験の被験者グループが、初期値として与えられる知識がない場合に[103]、資産をどのように配分するのかにかんする基準線がこれにより定まるのだ。

　条件を変えて行われた同様の実験では、被験者は利用可能な初期値の手段を用いてお金を配分した。条件の変更は、統制条件〔対照条件〕[104]の中の重要な項目（「あなたはおじから莫大な総額の遺産を相続しました」）を、「あなたはおじから、莫大な総額の、現金および各種証券類を相続しました」に変更する、という手法でなされた。つまり、あなたの遺産の中身はすでに、例えばリスクがそれほどでもない企業の株、短期国債、等々に投資済みです、と告げられるという風に、条件を色々と変えた実験がなされたのである。被験者の側に見いだされたのは、投資されたお金を動かさずそのままにしておこうとする強い傾向である。実に被験者たちは、初期値として与えられなければ選ばなかったはずの投資先であっても、初期値として与えられた場合には、それを動かすまいとする傾向を強く示したのだ。

　経済や公共政策での選択など、〈現状維持バイアス〉が力を及ぼしてくる実生活上の文脈も多い。ハートマン、ドナイ、ウー（Hartman, Donae and Woo, 1991）

---

[103]「初期値の知識がない」というのは奇妙に聞こえるが、「実験者によって、実験内で、これこそ初期値の知識である、という名目で与えられる知識がない」ということである。次段落の、相続された遺産の内容の知識が与えられる、というのがその具体例である。

[104]「統制条件」の原語は control condition で、心理学以外の分野では通常「対照条件」と訳される。対義語は「実験条件（experimental condition）」。実験によって明らかにしたい項目（独立変数）以外の条件を実験の条件（実験条件）と同じにした別の調査を行うことで、問題の独立変数以外の要素によって実験結果が左右されていないかどうかを確かめることができる。実験対象となるグループは「実験群（experimental group）」、統制条件（対照条件）を課したグループは「統制群（対照群、control group または単に control）」と呼ぶ。

第2章 意思決定　69

は、パシフィック・ガス・アンド・エレクトリック・カンパニーによって1980年代になされた調査を紹介している。地理的要因（都会か、田舎か、など）の違いによって、地域によってサービスの信頼性にはばらつきがあった。顧客の中には、頻繁にガスや電気の供給停止に見舞われていた人々も、それほどでもない人々もいた。信頼性の低いサービスを受けた顧客には、現在より信頼性の高いサービスを受けるためにもっと高い料金を支払う意向があるかどうか、またその意向がある場合、（選択肢で示された中の）何％の料金増を受け容れるか、という質問がなされた。他方で信頼性の高いサービスを受けている顧客には、現在よりも信頼性の低いサービスを受け、一定パーセンテージの料金値引きを受ける意向があるかないか、という質問がなされた（なお、質問はいくつかのパーセント数から1つを選択するというやり方でなされたのだが、実のところ選択肢はまったく同じで、違いは単に、それが一方には増額率、他方には値引率として示されていた点だけであった）。2つの顧客グループの間に所得の差はなかったにもかかわらず、どちらのグループも変化を望まなかった。人々には、既定の現状がどんなものであったとしても、自らの既定の現状に留まろうとする圧倒的に強い欲求があるのだ。2つのグループ間のサービスの違いは大きかった。信頼性の低いグループでは、1年あたり平均4時間の供給停止が15回も発生したが、信頼性の高いグループでは1年あたり平均2時間の供給停止が3回だった。それでも、供給会社を切り替えた顧客はほとんどいなかったのである！

さらなる変則性——選好逆転と手続き不変性

　記述不変性（*descriptive invariance*）は[105]〈合理的選択〉に備わる重要な性質であるが、たった今見たように、この性質への違反が生じる状況は非常に多い。これと結びついた、〈手続き不変性（procedual invariance）〉という原理があり、この原理も人間の意思決定に対して同程度に基本的かつ問題含みである。〈手続き不変性〉は、標準的な〈合理的選択モデル〉の背後にある最も基本的な仮定の1つである（Kahneman & Tversky, 2000; Slovic, 1995; Tversky & Kahneman, 1986）。こ

---

[105]『心は遺伝子の論理で決まるのか』pp. 153–4 でも、これ以降とほぼ同内容の解説がより簡略になされている。

の原理によれば、選択は〈選好〉を選び出す際の手法のいかんに左右されるべきではない、ということになる。この原理は「合理的経済人（rational economic man）」〔p. 47〕の概念にとって実際に基本的な原理である。だが、それにもかかわらず、過去 30 年間蓄積されてきた証拠は、〈手続き不変性〉の違反がなされ、それゆえに不合理と見なされる〈選好〉の組み合わせが多く産み出されることを示している。

選好逆転（*preference reversals*）と呼ばれる現象の存在を最初に証明したのは、リキテンシュタインとスロヴィック（Lichtenstein & Slovic, 1971; 2006; Slovic, 1995 も参照）である。〈選好逆転〉とは、諸々の〈選好〔の序列〕〉が、選択がなされる際のやり方に応じて変化するという現象を指す。リキテンシュタインとスロヴィックの実験では、被験者は次に示す 2 つのギャンブルの内のどちらを選好するかを問われた。

ギャンブル A――12 分の 11 の見込みで勝って 12 ドルの賞金、12 分の 1 の見込みで負けて 24 ドルの損失
ギャンブル B――12 分の 2 の見込みで勝って 79 ドルの賞金、12 分の 10 の見込みで負けて 5 ドルの損失

被験者の多数派が選好したのはギャンブル A（勝ちの確率が大きいギャンブル）であった。しかしながら、これとは別のセッションでは、被験者はそれぞれのギャンブルに値段をつけるように求められた――つまり、自分にギャンブルをする権利があるとして、その権利を人に売る場合の最低限度額を言ってほしいと求められた。ほとんどの被験者はギャンブル B に高い売値をつけた。実に、ギャンブル A を選んだ被験者の内の 87% がギャンブル B に高い売値をつけたのである。これは、〈合理的選択〉に課されたさまざまな〔規範的〕制約と相容れない、それへのはっきりした違反である。というのも、それは〈非推移性〉〔〈推移性〉原理の違反〕をもたらすからである。つまりある額のお金（M）があるとして、B が M よりも選好され、M が A よりも選好されるにもかかわらず、A が B よりも選好されてしまう、という一群の〈選好〔の序列〕〉がそこから引き出される可能性が見込まれるのである。

あるいは、これで釈然としない人がいたら、この一連の〈選好〉に含意されている〈マネーポンプ〉を自分自身で証明してみてほしい。自分が、直接に比

較した場合にはギャンブル A をギャンブル B よりも選好するが、ギャンブル A には 4 ドル、ギャンブル B には 5 ドルの値段をつけた、と想像されたい。わたしがあなたに——無料で——A と B を譲ると想像する。魅力的な話に見える。だが、先に見た〈マネーポンプ〉の例と同様、その後に生じることはそれほど魅力的な話ではない。わたしはあなたから A を 4.25 ドルで購入する（あなたは A の価値を 4 ドルだと見ているので、売ってくれるはずだ）。次にわたしはあなたに A を提供し、代わりに B を受け取る（あなたは直接の比較では A を B よりも選好するので、この取引に同意するはずだ）。今やわたしは B を保有しているので、この B をあなたに 4.75 ドルで売る（あなたは B が 5 ドルの価値をもつと考えているので、売ってくれるはずだ）。これであなたは始めたときと同じく A と B を手にしていることになる——ただし、その間に 4.75 ドルの買い物をして、4.25 ドルでものを売っている。つまりあなたが .50 ドル〔50 セント〕の損をして、はじまりに戻ったということだ——そしてあなたが本当に上述のような〈選好〉をもっているならば、この一連のやりとり全体を何度でも延々と繰り返すことができるはずだ。もちろん、意思決定理論の研究者たちはこの種の結果を理由にして、〈マネーポンプ〉に帰着する一連の〈選好〉を不合理な〈選好〉と見なす。〈手続き不変性〉のような整合性の要求への違反は、その違反にコミットしている人々ですら避けたいと認めるような含意を引き出すものなのである。

　だが〈選好逆転〉は、それが不合理な〈選好〉の組み合わせを告げるものだというきわめて明らかな事実があるにもかかわらず、さまざまな実験方法^{パラダイム}[106] を用いて実証されている。例を挙げると、〈選好逆転〉は確率を含む選択に限定されない、という事実がある。以下の 2 種類の契約を比較してみよう。

　契約 A——今から 5 年間かけて、2,500 ドルを受け取る。
　契約 B——1 年半かけて 1,600 ドル受け取る。

　トヴェルスキー、スロヴィック、カーネマン（Tverasky, Slovic & Kahneman, 1990）の発見によると、全被験者の 4 分の 3 が契約 B を選好したが、それぞれの契約

---

[106] paradigm はこの場合実験方法、ないしその方法を用いた実験を指しているが、中でも特にしっかり確立された（範型となる）方法を指しているようである。以下、その含みを示すためルビを振ることにする。

72

を結ぶ権利をもし所有したとして、それを最低いくらで売るかという質問に対しては、全被験者の4分の3が契約Aの方により高い値段をつけた。この一連の反応もまた破滅的な〈マネーポンプ〉状態を招くものだ。

　認知科学者たちは、〈手続き不変性〉に対するこのような違反がなぜ生じるかの理由を明らかにしてきた（Lichtenstein & Slovic, 2006; Slovic, 1995を参照）。例えば、1つの理由は**適合性効果**（*compatibility effect*）と呼ばれる効果に求められる。この効果は、人が評価した選択肢が帯びる特徴と、その人の反応様式との間に適合性や類似性が成り立っているような場合に現れる。例えば人が「値踏み」という反応様式をとる場合、契約が金銭面でもたらす結果が、選択の状況で見積もられる場合の結果よりも重く見積もられる、というのが〈適合性効果〉である。前述の例で言えば、2,500ドルが、選択の意思決定においてよりも値踏みの意思決定においての方がより高く評価される、というのがそれに当たる[107]。

規則性原理

　〈無関連な選択肢の独立性〉の原理が告げるのは、選択の状況において相対的にXをYよりも選好している場合、その〈選好〉が第3の選択肢Zの導入によって変わることはできない、ということである〔pp. 34–8参照〕。選択肢Zが魅力あるものではなく、3つの選択肢の中で最も好まれないものである場合、Xは依然としてYよりも——同じ度合いだけ強く——選好されている。たとえZが魅力的な、3つの中で最も選好される選択肢であった場合も、残る2つの選択肢について尋ねられれば、人々はやはりXをYよりも、正確に同じ度合いだけ、選好するはず〔すべき〕である。〈規則性の原理（regularity principle）〉とは、

---

[107]「値踏み（pricing）」すなわち契約する権利の値段を考えるという反応と、「選択」すなわちどちらの契約を選ぶかを考える反応、という2種類の反応様式を比べると、「値踏み」は金銭に関わる考察であり、そこには「金銭に関わる」という共通点ないし類似性（つまり適合性）が存するため、金銭面の結果の重要性を過大評価して〈選好逆転〉が生じやすくなる、ということである——「〈選好逆転〉の主要な源泉は、適合性の帰結として、長期にわたる方の選択肢〔本書での契約A〕に高すぎる値をつけるということにある」（Slovic, 1995, p. 368）。スロヴィックは他に、値踏みの対象が賭けのように金銭的な見返りをもたらす事例と、非金銭的な見返り（旅行やレストランの招待券など）をもたらす場合では、後者の方が〈選好逆転〉が生じにくい、という実験結果も紹介している（Slovic, 1995, p. 376）。なお「適合性効果」は意思決定の局面にのみかかわるものではなく、他にもガスコンロのつまみ（使用者の反応）が、コンロの配列（使用者に与えられる視覚情報）と一致（適合）している方が反応の遂行効率が向上する、という例が挙げられている（Slovic, 1995, p. 376, n.3）。

第2章 意思決定 73

〈無関連な選択肢の独立性〉の原理〔pp. 34–8〕の特別な事例である。〈規則性原理〉[108]への違反は、合理性へのさまざまな〔規範的〕制約[109]への違反としては、これまで論じてきた諸事例よりもさらに奇妙なものに思われる。選択肢 A と B を含む状況があり、A が x% の確率で選ばれる、と想像しよう。〈規則性原理〉が述べるところでは、ここに選択肢 C を付け加えて状況を 3 つの項目からの選択に変えた場合も、x の価値が上がることは**ありえない**。言い換えれば、選択肢が増えたからといって、もともとの選択肢のどれかが以前に比べて（絶対的な意味で）**より**魅力的になることはありえない、ということである。

　〈規則性原理〉への違反の愉快な例を紹介しよう。医学部教授であるドナルド・レーデルマイアーと認知心理学者エルダー・シャフィールは、彼らの数ある研究論文の 1 つ（Redelmeier & Shafir, 1995）の中で、経済学者トマス・シェリングが書店に百科事典を買いに行ったときの逸話を紹介している。シェリングが書店に入ると、異なった 2 セットの百科事典がその日限定で特別セールになっていたのが目に入った。するとシェリングはどちらも買わずに店を出てしまった。ところがシェリングは、どちらの事典についても、仮にその事典だけを単独で値踏みしていたならば、自分が実際、〔値踏みした〕どちらかの事典に満足していたことにほぼ間違いはないと思った、というのである！　これは極めつけの不合理な態度のように見える。どう考えればいいか、1 つの筋道を述べよう。仮に百科事典が 1 セットだけ売りに出されていた場合も、〈百科事典を買わない〉という選択肢はある度合いの魅力（高いか低いか——度合いの絶対的な水準は問わない）をもつだろう。ところがここに、もう 1 セット百科事典が加わると、この〈買わない〉という選択肢の価値が上がるのだ！　まったく正気の沙汰ではないように見える。しかし、意思決定をしたくない、という意向を考慮に入れると、そこから今述べた結論がどう引き出されるのか理解できるようになる。つまり 2 セットの百科事典を比べてどちらか一方を選ぶ、というのは厄介な作業に見えるので、それを回避するため、わたしたちは〈どちらも買わない〉という選択肢を好んで選ぶということだ（多すぎる選択に対して人々が抱える困難については、Schwartz, 2004 参照）。

---

[108] 著者は以降 regularity principle を単に regularity と名指すが、この名で呼ばれている「原理」を指していることが明らかなので regularity も「規則性原理」と訳す。
[109] 原語は rational strictures。そのまま訳せば「合理的な諸制約」。内容的には、これまで論じられてきた〈選択の諸公理〉を初めとする合理性の形式的規範が課す制約を指している。

レーデルマイアーとシャフィール（Redelmeier & Shafir, 1995）が語ったシェリングの百科事典の逸話について、理解しておくべき点が2つある。第1に、シェリングの選択は〈合理的選択の原理〉[110]への非常に根本的な違反であるということだ。また第2に、それはとりたてて意味のない逸話に出てくる誤りを紹介した、というだけのものではなく、むしろ現実生活で生じる思考の誤り[111]を紹介しているのである。先に論じたシャフィールらの研究（Shafir et al., 1993）やその他の研究（Huber & Puto, 1983; Tentori, Osherson, Hasher, & May, 2001; Tversky & Simonson, 1993 を参照）は、何らかの理由に、その内実を分析しないままで注意を向けるとき、最適に至らない[112]選択がいかに帰結してしまうのかを証明した。それらの研究は、消費者の選択にかんする実験によってそれを証明している。その実験では、ある被験者グループが2種類の電子レンジのいずれか1つを選ぶように言われる。1つの機種はエマーソンのモデルで、原価110ドルのところを33%値引きして売りに出されている。もう1つの機種はパナソニックのモデルで、原価180ドルのところを、やはり33%値引きして売りに出されている。この選択を求められた結果、被験者の57%がエマーソンを選び、43%がパナソニックを選んだ。別の被験者グループには、この2つの選択肢の他に、原価200ドルで10%値引きして売られているパナソニックのモデルが選択肢として加えられた。この3番目の選択肢はまことに不人気で、これを選好したのは被験者の内のたった13%であった。その一方、27%がエマーソンを選好し、60%が180ドルのパナソニックを選好した。だがよく見れば、この〈選好〉パターンは〈規則性原理〉に違反しているとわかる。他の候補がエマーソンのみであった場合、180ドルのパナソニックを選好した消費者の割合は43%であった。ところが、他の候補がエマーソンと200ドルのパナソニックであるとき、180ドルのパナソニックを欲しがる人の数は減るどころか（60%にまで）増えたのであり、この点でそれは合理的な消費者行動におけるごく基本的な前提に

---

[110] 訳注 84 および訳注 109 参照。

[111] 原文ではもともと、この箇所は「現実世界で生じる（課される？）思考問題（thinking problem）」であったが、語のニュアンスが判然とせず、原著者に問い合わせたところ、「思考問題」は「思考の誤り（thinking error）」に差し替えてほしいという回答を受け、それにもとづいて訳した。

[112]「最適に至らない」と訳した suboptimal には「準最適」つまり「最善ではないとしても次善の」という比較的肯定的な意味もあるが、本書では一貫して「最適でない、非最適の（nonoptimal）」とほとんど変わらない、「最適に達することができていない」（＝非合理的な）という否定的な意味合いで用いられている（後述の「サブプライム（subprime）ローン」の sub がこれに近いかもしれない）。

第 2 章 意思決定　75

違反しているのだ。

シャフィールら（Shafir et al, 1993）はこの現象を、選択に利用できる理由（リーズンズ）がいくつかあり、それらの理由（リーズンズ）の間に違いがある、ということから説明する。110ドルのエマーソンと180ドルのパナソニックの間で選択するのは難しい作業であった。というのも、どちらの選択肢にも、それを選ぶべきだという理由（リーズンズ）が同じ数だけあったからである。ところが200ドルのパナソニックが選択肢に組み入れられると、これと180ドルのパナソニックとの比較が最も容易な作業になり、しかも後者を購入するための理由（リーズンズ）の数がより多い、ということになった（つまり、この2機種の特徴にはそれほど多くの違いはなく、また180ドルのモデルは33%の値引きによって格段に安くなった機種であり、等々、といった理由）。もちろん、200ドルのパナソニックよりも180ドルのパナソニックを選ぶための理由（リーズンズ）はどれも、エマーソンについてはまったく適用できない。しかし、反省なしでただ「理由を列挙する」という〈ヒューリスティック〉はこの点を考慮に入れず、その代わりに180ドルのパナソニックを支持するための理由（リーズンズ）をたくさん思い浮かべたぞ、という印象を心に刻みつけるのである。

レーデルマイアーとシャフィール（Redelmeier & Shafir, 1995）の発見によると、〈規則性原理〉への違反が現実の医師たちによる医療上の意思決定のなかで生じている可能性がある。彼らは2つのグループの医師たちの意思決定を調査した——標本（サンプル）となったのは、オンタリオ・ホームドクター医科大学（Ontario College of Family Physicians）に属する神経科医および神経外科医たちである。あるグループの医師たちは以下のシナリオを評価するよう求められた。患者は67歳の農夫で右の臀部に慢性の痛みがある。診断は骨関節炎。これまでに非ステロイド系の抗炎症性の薬剤（アスピリン、ナプロクシン、ケトプロフェンなど）を何度か投与してきたが、逆効果であったり、効果がなかったりしたため、今では投与を止めている。医師としてあなたは、臀部矯正手術を検討するために患者を整形外科医に委ねる決断をする。患者はその方針に同意する。だが患者を移送する前に医薬品の処方集を調べ直したあなたは、まだ試していなかった非ステロイド系の薬剤（イブプロフェン）があったことに気がつく。あなたならどうしますか？

医師たちの課題は、「整形外科医に委託し、かつ、イブプロフェンの投与も開始する」と「整形外科医に委託し、新たな薬剤の投与は開始しない」という2つの選択肢から1つを選ぶことであった。

第２のグループの医師たちにも同じシナリオが提供されたが、こちらは結末が異なっていた。こちらの結末では２種類の非ステロイド系薬剤の間での選択が提示されたのだ。結末の部分を引いておこう、「だが患者を移送する前に医薬品の処方集を調べ直したあなたは、まだ試していなかった２つの非ステロイド系の薬剤（イブプロフェンとピロクシカム）があったことに気がつく。あなたならどうしますか？」

　シナリオ２を提示された医師たちの課題は、次の３つの選択肢から１つを選ぶことであった。すなわち、「整形外科医に委託し、かつ、イブプロフェンの投与も開始する」、「整形外科医に委託し、かつ、ピロクシカムの投与も開始する」、「整形外科医に委託し、新たな薬剤の投与は開始しない」。

　選択肢に１種類の薬剤しかなかった第１のグループの医師の53％が、新しい薬剤の投与を開始せずに委託するという決断を下した。これとは対照的に、第２のグループ——選択肢に２種類の薬剤があるグループ——で、新しい薬剤の投与を開始せず整形外科医に委託するという決断を下した医師たちのパーセンテージは、それよりも大きかった（72％）。これは、新たな選択肢の追加によってある特定の選択肢を採用する人の数が増したのであるから、もちろん〈規則性原理〉への違反である。この結果に至った理由は、この医療上の意思決定の事例が、百科事典の事例の論理をそっくりなぞっていることにある——選択肢の追加が、怠惰な意思決定の主体をそそのかして、（認知的負担を増加させるものとしての）２種類の薬剤の間での選択を回避させたのである。

選択における選好の構築説

　経済学の多くの分野が依拠している「合理的経済人^{ラショナル・エコノミック・マン}」というモデルは〔p. 47〕、理想化された行動の理論としては適切かもしれないが、記述的に〔〈記述モデル〉として〕正確な理論[113]ではない。この記述的な不正確さはいくつかの深刻な帰結をはらむものであった。一部の経済学者が、心理学の実験室ですでに発見されていた〈選好逆転〉の現象をはじめて実地の検証にかけたとき、彼らはその深刻な帰結を認識していた。グレーサーとプロット（Grether & Plott, 1979）は経済学の学術誌上で、実験によって発見された〈選好逆転〉の現象は「人間が行う

---

[113] pp. 22–3 で言われる〈意思決定の記述モデル〉と同じ。

最も単純な選択ですら、その背後にはいかなる種類の最適化原理も存在していないことを示唆する」、と指摘した（p. 623）。リキテンシュタインとスロヴィック（Lichtenstein & Slovic, 1971; 1973）の最初の研究成果は経済学で一般的に用いられている合理的行動のモデルにとっての深刻な帰結をはらんでいたが、グレーサーとプロット（Grether & Plott, 1979）はまさにその理由から、彼らの研究が果たして再現可能、かつ、実地にて発見可能なものなのかどうかを確かめるため、大がかりな一連の研究を行った。重要なのは、そこで発見された〈選好逆転〉という現象が、人間の選択の周縁的な特徴ではなく中心的な特徴である、ということを理解することだ。シェーファー（Shafer, 1988）がかつて指摘したところでは、人々の〈選好〉が、複数の違っているが等価な記述のもとで変動するという発見こそ、意思決定科学におけるこの30年間の研究の中で最も決定的な発見であった。

　人間の認知の構造のどのような点が、合理的な指針からの逸脱——言い換えれば、人々が本来もっと容易に実現できたはずの目的を実現できていないこと——をもたらすのだろうか？　なぜ人々は、〈規則性原理〉〔pp. 73-7〕や、〈無関連な選択肢の独立性〉〔pp. 34-8〕や、〈記述不変性〉〔pp. 46-67〕や、〈手続き不変性〉〔pp. 70-3〕やその他の〈合理的選択の諸公理〉[114]に違反するのだろうか？その答えの一部は、認知科学で支配的な〈選好逆転〉のモデルによって与えられる。つまり、**選好の構築説**（*constructed preference view*）と呼ばれるモデルである（Fischhoff, 1991; Kahneman, 1991; Kahneman & Tversky, 2000; Payne, Bettman, & Johnson, 1992; Shafer, 1988; Shafir & Tversky, 1995; Slovic, 1995）。現在通用しているこの見方は、人が選択の状況に置かれる前に、安定し、適切に序列化されたものとしてあらかじめ存在している一群の〈選好〉なるものを仮定する代わりに、〈選好〉というものが実行中に——意思決定へ向けた探索活動に対する直接的な反応として——構築されるものであると見る。ここで重要なのは、このように〈選好〉が構築される過程の一部に、記憶の中の、意思決定に関連する情報にアクセスしやすくするために、誘発状況（elicitation situation）[115]の中の手がかりを利用す

---

［114］p. 31 と訳注 19 および 39 参照。
［115］これ以上詳しい解説は本書には見あたらないが、文献に当たる限り、〈選好の構築説〉は人が行動において示す〈選好〉を、あらかじめ存在する安定した〈選好〉が顕示される（revealed）のではなく、誘発され（elicited）、構築されるものだと見なす立場であるので、「誘発状況」とはそのようなものとしてのその都度の〈選好〉が誘発される状況、ということであろう。

る、という過程が含まれているという点である。

　ここに示した考え方をとる場合、〈選好〉は「構築される」という、意思決定科学で現在広く好まれている表現は、少々誤解を招きやすいかもしれない（この表現には、〈選好〉が何もないところから組み立てられなければならない、という間違った含みがある）。意思決定科学がこの表現に代えて「〈選好〉は意思決定に関連する検索手がかり（retrieval cues）にもとづく標本抽出の産物である」という言い回しを採用するならば、事柄をより正確に述べることになるかもしれない。適切に序列化された容易に検索可能な〈選好〉が存在していて、どんな選択状況においても必要なのはただそれを呼び出すことだけだ、という古典的モデルはたしかに正しくない。しかし同様に、そのモデルを仮定したときに帰結する諸公理が守られていないのだから、〈選好〉なるものはそもそも存在しないに違いない、と主張するのもまた、ほぼ間違いなく誤りである。「〔〈選好〉の〕誘発手続き（elicitation procedures）[116]が異なることで選択肢に与えられる順序が異なったものになるとしたら、〈選好〉をどのように定義できるというのか？　あるいは、どのような意味で〈選好〉が存在すると言えるのか？」（Slovic, 1995, p. 364）とか、「もしかすると……最大化されるべきものなど何もないのかもしれない」（Krantz, 1991, p. 34）と結論づけるのは時期尚早ではなかろうか。

　（経済学の「合理的経済人」の仮定〔p. 47〕で言われていたような）あらかじめ存在する一群の〈選好〉が脳の中に鎮座していて「読み込み」を待ち受けている、という見方は実際非現実的である。〈選好〉とはむしろ、何らかの意味で脳内に分散しているものであり、個々の状況でどのような〈選好〉へ決定されるのかは、状況に応じて大幅に異なった出力を産み出す傾向をもつ、標本抽出過程に依存しているのだ。わたしたちが自分自身の〈選好〉について下す判断には、そもそもこのような不安定な傾向が備わっている。それにもかかわらず、わたしたちは自らの意思決定をまとめ上げるという課題を果たすことを学びうるし、それによってより大きな〈道具的合理性〉〔p. 12, p. 21〕を示すことを学びうる。つまり第1に、当該の意思決定に関連する情報の標本抽出の作業を、多様かつより網羅的な形でなしとげることを学ぶことができる。意思決定に及ぼされる〈フレーミング効果〉の明示的な知識を得ることで、問題を意図的に〈フレーミング〉し直し、自分の選択の不変性を確保することを自ら学ぶことが

---

［116］「誘発（elicitation）」に関しては訳注115を参照。

第2章 意思決定　**79**

できるのである。また第2に、さまざまな規則を学ぶことができる——論理学の規則、意思決定理論の規則、本書で論じたような、証拠の評価にかかわる規則などを。このような規則は、一様に適用されるならば、自分の判断に安定性を与え、自分の行為から一定の不整合を取り除くことができるものだ。要するにわたしたちは、文化の産物としての、合理的な判断を援助するツールを獲得できるのである。

　最後に、これまで見てきた例で違反されてきた〈選択の諸原理〔諸公理〕〉[117] は、異論の余地が比較的少ない原理だということに注意すべきである。被験者たちに、(〈当然原理〉、〈推移性〉、〈記述不変性〉、〈手続き不変性〉などの) 今しがた自分が違反した〈合理的選択の公理〉を提示すると、大部分の被験者は実際、その公理を支持するのだ。シャフィールとトヴェルスキー (Shafir & Tversky, 1995) が述べるところでは、「典型的には、人々は自分の選択が〈優越性〉や〈記述不変性〉に違反しているという事実に直面すると、自分の行動をこれらの合理性の原理に合うように修正したがる。……人々には〈優越性〉や〈記述不変性〉の規範的効力を受け入れようとする傾向がある。たとえ彼らが、実際の自分自身の選択において、これらの原理に違反しているとしてもそうなのだ」(p. 97)。被験者たちは、合理性へのさまざまな〔規範的〕制約を明示的に示されると、その正しさを認める (Stanovich & West, 1999)。このことは、ほとんどの被験者が、〈合理的選択の諸公理〉が効力あるものだと認められるだけの認知能力を備えていることを示唆している。

結果バイアス

　他の人々の意思決定が正しいかどうかを客観的に判断できることは重要である。陪審員たちはそういう判断を迫られる。同じく、さまざまな専門職——医師、教師、政治家、コーチ、等々——は、多かれ少なかれ批評や批判をなさざるをえない立場にある。わたしたちは他者の意思決定の質を評価し、その評価にもとづいて彼らに対する自らの信頼度に修正を加えることもあれば、彼らに賞罰を割りふることもある。だが、この種の評価を行う際に働く特定の〈バイアス〉がある。わたしたちがある意思決定のよしあしの判断に困難をおぼえると

---

[117] p. 31 と訳注 19 および 39 参照。

き、一定の認知的な〈バイアス〉が働いているせいでそうなっている場合があるのだ。例えばわたしたちはしばしば**結果バイアス**（*outcome bias*）を呈する。この〈バイアス〉の存在が実証されるのは、被験者が肯定的な結果を伴う意思決定と否定的な結果を伴う意思決定を比較し、意思決定の主体に利用可能な情報が双方に共通しているときですら、肯定的な結果を伴う意思決定を高く評価するような場合である。要するにわたしたちは、ある行為を選んだのはどれほどよい選択だったのかという考察の中に、その行為の結果を左右することになった幸運や不運を組み込まずにはいられないのだ。

バロンとハーシー（Baron & Hershey, 1988）は、筆者の研究グループが採用した実験方法（Stanovich & West, 1998c）を用いて〈結果バイアス〉の研究を行った。1 つのグループの被験者は、次のようなシナリオについてどう思うか問われた。このシナリオを形式 A とする（肯定的結果がもたらされるシナリオである）。

心臓病を抱える 55 歳の男性がいた。彼は胸の痛みのせいで仕事を辞めざるをえなかった。彼は自分の仕事に喜びを感じていて、辞職を望んではいなかった。痛みは仕事だけでなく、旅行や娯楽など他の活動の支障にもなった。バイパス手術を受け、成功すれば、彼は痛みから解放され、65 歳だった余命が 70 歳に伸びるとされていた。だがこの手術を受けた人々の 8% は手術そのものが原因で死亡する。主治医は手術に踏みきるという意思決定を下した。手術は成功した。手術に踏みきるというこの主治医の意思決定を、次の項目を尺度にして評価してください。

1. 正しくない。非常に悪い意思決定である
2. すべての事情を考慮すると、正しくない
3. 正しくないが、理にかなってはいる
4. この意思決定も、反対の意思決定も、いずれもよい
5. 正しいが、反対の意思決定も理にかなっている
6. すべての事情を考慮すると、正しい
7. 明らかに正しい。すばらしい意思決定である

第 2 のグループには形式 B が提供された。こちらでは、医療上の意思決定が客観的によりよいものに設定されていた。例えば死亡確率の 8% は 2% になり、

余命の増加分は 5 年ではなく 10 年になっていた、などである。ただし、こちらのシナリオでは結果は否定的なものになっている——患者が死亡するのである。

　バロンとハーシー（Baron & Hershey, 1988）も、筆者の研究グループが発見したのと同じ現象を発見した。否定的結果〔患者が死亡〕に至った意思決定の方が〔死亡確率や余命などの点で〕客観的によりよいという設定になっていたという事実にもかかわらず、肯定的結果〔患者が生存〕に至った意思決定の方が、否定的結果に至った意思決定よりも高く評価されたのである。被験者たちは、意思決定の質を決定する客観的要因と、結果を左右することになった幸運や不運とを切り離すことができなかったのだ。人間の判断が帯びるこのような〈結果バイアス〉は、〔他の人々の〕[118]意思決定の質を評価するわたしたちの能力を妨害する。要するに[119]人々は、ある意思決定に引き続いて生じた結果が文脈の一部として与えられると、その意思決定の質を評価する際に困難をおぼえるのである。

要約といくつかの含意

　優れた意思決定とは、ある人物の目的を可能な限り効果的に実現するような意思決定である。これが〈道具的合理性（instrumental rationality）〉——行為の合理性——の定義であり〔p. 12, p. 21〕、認知科学者たちはこのタイプの合理性の定義を、〈主観的期待効用（subjective expected utility）〉を最大化するという量的な概念として洗練させた〔pp. 23–31〕。〈期待効用〉に対する〈公理的アプローチ〉〔pp. 31–4〕により、わたしたちは個々の〈効用〉の度合いそのものを直接に測るという作業を介さずに合理性の度合いを見積もることができるようになった。つまりこのアプローチは、もし人々が一定の合理的な諸原理に従うならば、わたしたちは〈効用〉の価値を直接測らなくとも、人々が〈効用〉を最大化して

---

[118] 本節冒頭で述べられているが、バロンとハーシーの〈結果バイアス〉に関する論文を見ると、〈結果バイアス〉は第 1 に他者の意思決定を評価する際の〈バイアス〉であることが明記されている（「わたしたちの実験は、〈結果バイアス〉が、さまざまな意思決定を判定する個人自身の意思決定に適用されるものなのかどうかを問うものではない」（Baron & Hershey, 1988, p. 578））。
[119] 原文ではこの文の冒頭は「それにもかかわらず（Nevertheless）」であったが、文意がもう 1 つ判明でないため著者に問い合わせたところ、「要するに（In short）」に差し換えてほしいとの返答を受け、それにもとづいて訳した。

いることを確信できる、ということを証明してきたのである。

〈公理的アプローチ〉が用いるさまざまな原理は、全体として、さまざまなタイプの無関連な文脈（irrelevant context）が選択に影響することを阻止する。それぞれの公理が取りあげている文脈要因（contextual factors）が人間の選択に影響する限り、わたしたちの形成する意思決定は十分合理的ではないものになる。ある個人が〈道具的合理性〉にかなった存在だと見なされるためには、その個人はさまざまな形態での文脈からの影響を遮断せねばならないにもかかわらず、本章で見たように、人々はそのような文脈からの影響に屈してしまっているのである。これは懸念すべき問題である。人々が合理的であるか否かという問いは、単なる抽象的な、大学の哲学の授業で議論するための話題に留まるものではない。人々がまるで合理的ではない、というこの結論は多くの重要な帰結をはらんでいる。

本章で論じてきたような思考の〈バイアス〉は非常に実践的な重要性をもち、いくつかの深刻な社会的、個人的(パーソナル)な問題の要因となる。合理的な思考能力を不十分な仕方でしか駆使できないせいで——とりわけ、本章で取りあげた、文脈に由来する誤りのせいで——医師たちは効果の薄い治療法を選び、人々は周囲のリスクの正しい見積もりに失敗し、法的訴訟では情報が誤用され、何百万ドルものお金が政府や私企業によって不必要な計画に費やされ、両親が子供へのワクチン接種を行わず、不必要な手術が行われ、動物が狩猟により絶滅に追いやられ、何十億ドルものお金がいんちき療法に浪費され、財政上の誤った判断によって過大なコストが費やされることになるのだ[120]（Baron et al., 2006; Camerer, 2000; Gilovich, 1991; Groopman, 2007; Hilton, 2003; Sunstein, 2002; Thaler & Sunstein, 2008）。

だが、もしかするとこのような実践的含意よりも重要なのは、合理性と個人の(パーソナル)自律性の関係のあり方かもしれない。合理的であるためには、自分の意思決定に無関連(イレリバント)だとわたしたち自身認めるような文脈要因が、意思決定に影響を与えずにいることが必要である。もしも、無関連(イレリバント)だと認めているはずの文脈要因が意思決定に影響を与えてしまうなら、それはわたしたちが、それらの文脈要因そのものをコントロールできる人々に個人(パーソナル)の自律性を奪われていることを意味する。これでは人の環境を操作できる人々にわたしたちの思考を明け渡し、人の浅は

---

[120] 以上とほぼ同じ不合理な行動のリストは、『心は遺伝子の論理で決まるのか』p. 212、および『心理学をまじめに考える方法』p. 208 にも登場する。

かな自動処理的性向、その性向を巧妙に引き出す刺激、その刺激をつくり出せる人々に、わたしたちの行為を好きなように決定させてしまう。わたしたちの記号的環境をコントロールする他の人々に、人生の方向を歪曲させる隙を与えてしまうのだ——何かを提示する際のフレームをコントロールする人々、選ぶべき選択肢の内容や序列をコントロールする人々、人が何を自分の既定の現状と見なすべきかをコントロールする人々に。

　エプリー、マック、チェン・イドゥソン（Epley, Mak & Chen Idson, 2006）は、フレームをコントロールできる人々によってわたしたちの行動がいかに操作されうるかについて、示唆深い例を提供している。彼らが行った実験では、被験者たちは研究室に迎え入れられて 50 ドルの小切手を渡される。それから彼らはなぜ小切手をもらえたのかの説明を受ける、その中で、あるグループの被験者は小切手の但し書きが「特別手当」であるという話をされ、他のグループの被験者は但し書きが「授業料の払戻金」であるという話をされる。エプリーらは、特別手当は既定の現状からの肯定的変化として心的に解釈され、払戻金は財産を以前の状態に復帰させるものとして解釈されるだろう、と推測した。特別手当というフレームは払戻金というフレームよりも、より速やかに使われるだろう、というのが彼らの考えだった。というのも、既定の現状からの出費は、相対的な損失として解釈されることがより容易であるからである。そして実際にその通りのことが起きた。ある実験では、1 週間後に被験者たちと連絡を取ったところ、特別手当グループの方がより多くの出費をしていた。別の実験の被験者たちは、大学内の書店（スナック菓子も売っている）から取り寄せた品を、お得な割引サービスで買うことを許される。やはり特別手当グループの被験者は研究室内に設置された安売り店[121]で、より多くのお金を支払ったのであった。

　エプリー（Epley, 2008）は、この一連の発見の重要性を『ニューヨーク・タイムズ』2008 年 7 月 31 日の論説記事[122]で表明した。2007 年〜2008 年のサブプ

---

[121]　エプリーらの論文を読むと、研究室（実験室?）に "lab. store" と称する棚が設置され、そこにハーバード大学生協書店から取り寄せたマグカップなどの大学グッズやスナック菓子、ジュースなどが割引価格で並べられていた、ということである（Epley et al., 2006, p. 221）。なお、いずれの実験でも、「特別手当／払戻金」の支払いそのものは実験の一部とは知らされずになされたのだと思われるので、laboratory は「実験室」ではなく、実験室を中に設置している「研究室」と訳した。

[122]　「論説（Op-Ed, opposite the editorial）」とは、社説欄の反対側に設けられる欄で、無記名の社説とは対

ライム住宅ローン危機[123]を受け、連邦議会と大統領は悪化する経済を刺激するための仕組みをどうするか検討していた。人々により多くの出費を促すために、税金の払い戻しが検討されていたのである（このような税金の払い戻しは2001年にも、やはり景気刺激策として使われていた）。エプリーが「論説」欄で指摘したのは、人々に小切手を使ってもらおうというのが目的だとしたら、人々へ支払うお金の名目は税金の払い戻しではなく、税制上の特別給付金とするのが最善である、ということだった。**払戻金**という言葉が含意するのは、あなたのお金が戻ってきましたということ——あなたはある既定の現状に復帰しましたということ——である。〈プロスペクト理論〉が予測するところでは、人は既定の現状〔である財産〕から出費することにはそれほど乗り気でない。だが、小切手の但し書きを税制上の特別給付金とする場合、それは「臨時収入」であること——既定の現状からの増加であること——を示唆する。人々はその種の「特別給付金」であればより積極的に出費したくなるはずなのだ。2001年の計画についてはいくつかの調査があるが、それらによれば支給額のたった28%しか出費されなかったという。このように低い値になってしまった原因の一部は恐らく、「払戻金」という残念な名称にあったのであろう。

　エプリーの指摘が明らかにしているのは、政策アナリストたちは〈フレーミング〉の問題をもっと詳しく知る必要があるということである。これとは対照的に、広告業者は〈フレーミング〉の重要性に並外れて精通している。ある製品が「脂肪分5% 含有」ではなく「脂肪分95% カット」と宣伝されるだろう、というのはまず間違いない。フレームを提供する人々は〈フレーミング〉の価値を十分に知っている。重要なのは、消費者としてフレームを与えられるあなたがその重要性を理解するようになるかどうか、そしてそれによってもっと自律的な意思決定の主体として自分を変えていくかどうか、ということである。

　選択を〈フレーミング〉したり文脈に関連づけたりするやり方には現在なされている以外のやり方もあるのだ、ということに意思決定の主体が敏感でないと、その主体の選択は世界のどこかの、その種の事柄への決定力をもつ誰かの手で決定されてしまう。このように語る限り、事態はどこか不穏な様相を呈す

照的に、社外の著名人が署名して執筆する。

[123]「サブプライム住宅ローン」とは金融機関からの信用度が低い（subprime）層向けの住宅ローンで、これに関連する債券が、「住宅バブル」と呼ばれるアメリカの住宅購入・投資ブームの時期に盛んに取引された後に不良債権化し、世界的な金融危機の引き金になった。

る。だが多分、ここには希望につながる側面もある。わたしたちの環境をコント
ロールする悪意ある者が、わたしたちを搾取するという選択を取るかもしれな
い、というのはその通りである。だが、恐らくわたしたちの環境をコントロー
ルする善意ある者がいて、わたしたちを手助けしてくれることもありうる——
つまりそういう者が、わたしたちの認知の基本的なあり方は変えないままで、
わたしたちを不合理な行為から救い出してくれるということもありうるのだ。
これが事態の希望をもてる側面であり、すなわち、一定の認知問題にかんして
は、人々を変えるよりも環境を変えることの方がたやすい、ということもあり
うるということだ。民主主義においては、わたしたちは自分自身の環境を部分
的にコントロールできるのであるから、わたしたちは社会全体として、人々が
より合理的になるのを促進するように社会の構造を変えていく、という意思決
定を行うことができよう。

　例えばジョンソンとゴールドスティーン（Johnson & Goldstein, 2006）が、臓器
移植のドナー〔提供者〕になる人々の比率の国際比較研究の中で明らかにしたと
ころでは、スウェーデンでは 85.9 の個人が臓器移植のドナーになることに同
意しているということである。ところがイギリスではそれがたったの 17.2% で
あった。アメリカはおよそ 28% で、スウェーデンに比べるとイギリスにずっと
近い。スウェーデンとイギリスやアメリカとのこのような違いは、臓器移植に
対する態度とは関係がない。違いの由来は、どのように臓器移植ドナーとなる
かについての、国ごとに異なる、対照的な公的政策にある。スウェーデンでは
——ベルギー、フランス、ポーランド、ハンガリー、といった、臓器ドナーに
なることを同意した人の数が 95% を越している国と同じく——臓器提供への暗
黙の同意が臓器提供の 初 期 値 になっている。このような公的政策を実施して
いる国では、人々は自らの臓器摘出を許諾したとみなされており、ただし何ら
かのアクションを行えば（通常は免許証に意思表示を記する）、免除も可能に
なっている。これとは対照的に、アメリカとイギリスは——ドイツ、デンマー
ク、オランダといった、臓器提供への同意の率が 30% 未満の国と同様——臓器
提供しないことが 初 期 値 になっていて、臓器提供を選ぶためには何らかの明
示的なアクションが必要とされるようになっている[124]。

---

[124] 該当記事を見ると、アメリカ 28%、デンマーク 4.25%、オランダ 27.5%、イギリス 17.17%、ドイツ 12%、
オーストリア 99.98%、ベルギー 98%、フランス 99.91%、ハンガリー 99.97%、ポーランド 99.5%、ポルトガル

以上の国**すべての**市民は、行動にあたって、自分自身の地域環境での既定の現状（スタトゥス・クォ）から多大な影響を受けている。これは単純に、ある場合よりも他の場合で、地域環境がより最適に構造化されているということなのだ。ジョンソンとゴールドスティーン（Johnson & Goldstein, 2006）が証明したのは、人々がこの問題について、自分に与えられた初期値（デフォルト）を度外視して実直に考えた場合、およそ80%の人々が臓器提供を選好する、ということである（この値はスウェーデンやその他免除が選択制になっている国々にごく近い）。1995年以来、米国では45,000人以上の人々が臓器提供者待ちのリストに記載されたまま死んでいった。ドナーの意思決定の環境におけるごく小さな変化、誰1人害することのない変化（というのも、臓器提供を暗黙の同意と見なすすべての国では、免除を選ぶ手続きが認められているのだから）がもし起きていたら、何千もの人々の命を救うことができたのである。

　この臓器提供のような例に導かれて、経済学者リチャード・セイラーと法理論家キャス・サンスティーン（Thaler & Sunstein, 2008）は、彼らが**リバタリアン・パターナリズム**[125]と呼ぶ、ある政策を提唱するようになった。彼らの哲学は、政府は人々の選択の舵取り（かじ）をして、人々が自分自身のためになる行為をするように導くべきだ、ということを認める点でパターナリズムである。一方で彼らの哲学は、政策のどのような変化においても、選択の自由の完全な確保がなされるという点でリバタリアンである。選択の自由への介入なしで、人々の選択の舵取りをするというのはどうやったら可能になるか？　文脈に対して極度に左右されやすい、という意思決定の主体の性格をうまく利用するというのが、その答えだ。またその際にしばしば、環境の中にある、意思決定の主体の行動を（間接的に）コントロールしている要素をコントロールする、というやり方がとられる——初期値（デフォルト・バリュー）、〈フレーミング〉、選択肢の内容、仕組まれた既定の現状（スタトゥス・クォ）、選択の手続き、それに選択をどう記述するか、といった環境内の要素をコントロールするのである。わたしたちの人類としての自然な傾向は、自分の選択を

99.64%、スウェーデン85.9%。

[125]「リバタリアン（libertarian）」は政治思想においては市場の自由競争の確保を至上の価値とする自由至上主義を指す。ここでは、政治的自由や選択の自由を尊重するという意味に解される。「パターナリズム（paternalism）」は「父権的温情主義」「干渉政治」などと訳され、政策としては政府が弱者に対して本人の意に反してでも温情的な干渉を行う立場を指す。したがってこの2つは通常ならば相容れない立場であるが、ここでは両者の結合の可能性が示される。

とり巻く環境の無関連な諸側面に影響されるようにできている。これによって
わたしたちはまるで合理的でない選択へ導かれる。だが、わたしたちの集合的
知性〔知能〕[126]は、セイラーとサンスティーン（Thaler & Sunstein, 2008）の言う
「選択の建築術」について民主的に意思決定するという形で、公共善に役立ち、
かつ、わたしたちの行為もより合理的になされるような環境を、わたしたちが
設計するように促すことができるはずなのだ。

さらなる読書案内

アリエリー、ダン『予想どおりに不合理——行動経済学が明かす「あなたがそれを選ぶわ
　け」』熊谷淳子訳、ハヤカワ文庫、2013年　Ariely, D. (2008). *Predictably irrational*. New York:
　HarperCollins.

バロン、J.『思考と意思決定』Baron, J. (2008). *Thinking and deciding* (4ᵗʰ ed.). New York: Cam-
　bridge University Press.

ドーズ、R. M.「行動にかんする意思決定と判断」Dawes, R. M. (1998). Behavioral decision
　making and judgment. In D. T. Gilbert, S. T. Fiske, & G. Lindzey (Eds.), *The handbook of social
　psychology* (Vol. 1, pp. 497–548). Boston: McGraw-Hill.

ドーズ、R. M.『日常にある不合理——擬似科学者、変人、そしてそれ以外のわたしたちすべ
　てはいかにして合理的思考に失敗するか』Dawes, R. M. (2001). *Everyday irrationality: How
　pseudo-scientists, lunatics, and the rest of us systematically fail to think rationally*. Boulder, CO:
　Westview Press.

エドワーズ、W.「意思決定の理論」Edwards, W. (1954). The theory of decision making. *Psy-
　chological Bulletin, 51*, 380–417.

ハスティ、R.／ドーズ、R. M.『不確実な世界での合理的な選択』Hastie, R., & Dawes, R. M.
　(2001). *Rational choice in an uncertain world*. Thousand Oaks, CA: Sage.

カーネマン、R.／トヴェルスキー、A.（編）『選択・価値・フレーム』Kahneman, D., & Tversky,
　A. (Eds.). (2000). *Choices, values, and frames*. New York: Cambridge University Press.

ケーラー、D. J.／ハーヴェイ、N（編）『ブラックウェル・ハンドブック、判断と意思決定』
　Koehler, D. J., & Harvey, N. (Eds.). (2004). *Blackwell handbook of judgment and decision making*.
　Oxford: Blackwell.

リキテンシュタイン、S.／スロヴィック、P.（編）『選好の構築』Lichtenstein, S., & Slovic, P.
　(Eds.). (2006). *The construction of preference*. New York: Cambridge University Press.

ルース、R. D. & ライッファ、H.『ゲームと意思決定』Luce, R. D., & Raiffa, H. (1957). *Games
　and decisions*. New York: Wiley.

フォン・ノイマン、J.／モルゲンシュタイン、O.『ゲームの理論と経済行動』（全3巻）銀林
　浩／橋本和美／宮本敏雄監訳、ちくま学芸文庫、2014年（他邦訳複数あり）von Neumann, J.,

---

[126] 原語はintelligence。「知能検査（intelligence test）」や「人工知能（artificial intelligence）」など「知能」
という訳語が定着した重要語彙も多いが、「知性」の方が分かりやすい場合もあるので、必要に応じてここで
のように「知性〔知能〕」のように訳出する。

& Morgenstern, O. (1944). *The theory of games and economic behavior*. Princeton, NJ: Princeton University Press.

第3章
判断
―― 信念の合理性

ある行為の〈期待効用（expected utility）〉を求めるための手続きには、その行為からある結果が生じる確率と、その行為の〈効用〉を掛け合わせる（かつ、すべての可能な諸結果についてその確率を合算する）という計算が含まれる。したがって、最善の行為を決定するには、行為のさまざまな結果の確率をそれぞれについて見積もることが含まれることになる。もちろん、これらの確率計算は意識的な計算ではない――それらは、ある人が〈世界状態（states of the world）〉[127] についてもつ確信の見積もりを表すものだ。つまりそれらの確率計算は、人が〈世界状態〉について抱く信念[128] と確信についての〔計算として意識されない〕確率計算なのである。これらの信念が誤っていた場合、意思決定はみじめな結果に終わる。つまり、〈世界状態〉にかんするわたしたちの確率判断が仮に誤ったものであった場合、その意思決定は〈効用〉を最大化しないことになる――すなわちわたしたちの行為が、わたしたちが最も望む結果をもたらさないことになる。したがって、もしもわたしたちが何をなすべきかを自分で決定すべきなら、わたしたちは自分の行為が真理にしっかり基礎を置いていることを確かめる必要がある。このような意味で、〈信念の合理性〉――すなわち〈認識的合理性（epistemic rationality）〉[p. 12] ――は〈行為の合理性〉の基盤である、と言われる。

〈確率判断論〔probabilistic judgment〕〉[129] とは、ある人物が抱くさまざまな信念がうまく〈較正〉されている[130] かどうか――すなわち、それらの信念が世

---

[127]「世界状態」については訳注 31 を参照。現実世界に生じうる状態や事態を指す。
[128]「信念（belief）」については訳注 9 を参照。続く「確信（confidence）」は単なる信念ではなく強く信じられた信念を指す。

第3章 判断　91

界を的確に写像^{マップ}しているかどうか——を研究する分野である。確率判断の規則は多数あり、それは、わたしたちの信念が〈認識的に合理的な〉信念であるべきならば——つまり、何が真理であるのかについてのよい尺度であるべきならば——従わねばならない規則である。信念の合理性は、確率的推理^{リーズニング}[131]を行うためのさまざまな技能や、証拠^{エビデンス}を評価する技能や、仮説を検証する技能——その多くは本章で論じられる——に照らして評価される。

　自分の信念を合理的に〈較正^{キャリブレイト}〉するために計算能力に秀でている必要はない。〈認識的合理性〉を実現するために必要なのは、〈公理的効用理論（axiomatic utility theory)〉〔p. 31〕の場合と同様、少数の定性的な[132]原理を遵守することである。これはすなわち、確率を取り扱い、証拠^{エビデンス}にもとづいて信念を更新^{アップデーティング}するためには、いくつかの非常に基本的な規則に従わねばならない、ということである。だが、前章と対応する事情がここにもある。つまりある重要な研究上の伝統があり、それらの研究が示すところでは、人々は今述べたような合理的な信念の諸原理の多くに違反するのである。

　2002 年、プリンストン大学の認知心理学者、ダニエル・カーネマンは、永年にわたる共同研究者エイモス・トヴェルスキー（1996 年に死去していた）と共に手がけた研究によってノーベル経済学賞を受賞した。プレスリリース〔報道機関向け発表〕は「認知心理学者たちによる人間の判断と意思決定の分析」（Royal Swedish Academy of Sciences〔スウェーデン王立科学協会〕, 2002）、と題し、その受賞をもたらした研究に注目した。その紹介によれば、カーネマンの発見は「人間の

---

[129]（前頁）probability judgment はここで主題となっている判断主体の確率判断そのものを指す語だが、ここでは「確率判断についての研究」としての学問分野を指すので「確率判断論」とした。「判断・意思決定論」と訳した judgment and decision making なども同様の呼称をもつ分野名である。
[130]（前頁）較正^{こうせい}またはキャリブレイションとは、もともと「計測機器に表示される値とそれに対応する既知の値（国際標準など）との関係を、特定の条件下で確認する一連の操作」（『大辞林』）を指す。つまり測定機器の状態を確かめ、実地の運用に向けて調整、補正する作業であり、ここから実験結果などを外的条件を考慮に入れて調整する、という意味にも用いられる。ここでは自分自身の信念や知識の「精度」や信頼性を自分自身で測定し把握するという自己検証の過程を指している。
[131]「推理（reasoning）」については訳注 4 および 61 も参照。
[132]「質的」とも訳される「定性的（qualitative)」は、「量的、定量的（quantitative)」の対義語で、量的尺度にではなく質的差異にもとづく調査などを指す。第 2 章の〈期待効用〉の理論で言えば、〈期待効用〉の数値を確定させて意思決定の合理性を評価する手法（pp. 23–31）に対し、意思決定の形式的公理との一致不一致によってその合理性を判定する手法は定性的手法であり、そこで用いられる公理は定性的原理であると言えよう。

判断は〈ヒューリスティック〔発見法的〕な〉近道[133]をとることがあり、そのような近道は基本的な確率論の諸原理から体系的な仕方で逸脱している、という内容であった。彼の研究は経済学と財政学の新世代の研究者たちを鼓舞し、人間固有の動機づけへの認知心理的洞察を利用した、より豊かな経済理論の構築を促した」。要するに、カーネマンとトヴェルスキーの研究は、人間がいかにして選択し、またいかにして確率を見積もるのかを論ずるものであった（Kahneman & Tversky, 2000 参照）。彼らの研究では、〈道具的合理性〉（第2章）も〈認識的合理性〉（本章）も共に扱われている——つまり、人々が適切な行為を行っているかどうかも、証拠（エビデンス）に対してうまく〈較正〉（キャリブレイト）された信念をもっているかどうかも、共に扱われている。1970年代にカーネマンとトヴェルスキーが創始した研究プログラムは（Kahneman & Tversky, 1972, 1973; Tversky & Kahneman, 1974）、**ヒューリスティクスとバイアス研究プログラム**（*heuristics and biases research program*）と名付けられた。ここで**バイアス**という用語は人々が行為を選択し確率を算定する際に犯す体系的な誤りを指し、**ヒューリスティック**[134]という用語は、人々が**なぜ**そのような誤りをしばしば犯すのかの理由に関わっている——その理由とは、人々は多くの問題を解くために心的な近道（ヒューリスティック）を用いる、ということにある。わたしたちは第5章でこうした心的近道についての心理学理論を論じ、第4章ではこれらの発見に対する代替解釈（オルタナティブ）〔別様の解釈〕を論じる。本章で論じるのは〈認識的合理性〉が成り立つために要求される事項と、人々はなぜ時にそのような要求事項を果たし損なうのか、という問題である。〈認識的合理性〉が要求する事項の多くは、確率についての推理（リーズニング）にかかわっており、従って本章はこの問題にとりわけ焦点を合わせることになる。

ベイズの定理

　人が〈認識的合理性〉を獲得するためには、証拠（エビデンス）に対して正しいやり方で確率的に〈較正〉（キャリブレイト）された信念をもたねばならない。この型の確率的推理（リーズニング）の〈規範

---

[133]「近道（shortcut）」はカーネマンの学派による「ヒューリスティック」の最も典型的な特徴づけであり、過重な演算の負荷を逃れ、演算の負荷が軽く容易に得られる解決法に飛びつく、という人間の心の働きを示している。訳注59参照。

[134] 学派の名称に含まれている「ヒューリスティクス」は複数形で、単数形（形容詞も同形）は heuristic である。

モデル〉[135]の１つに、**確率計算**（*probability calculus*）と呼ばれるものがある。確率の値は数学的に一定の諸規則に従うのであるが、それらの規則は〈主観的確率（subjective probability）〉の算定にとって最も重要な〈規範モデル〉となるのだ。例えば、わたしたちが〈認識的に合理的〉であるためには、わたしたちによる確率の算定は客観的確率（objective probability）の諸規則に従わなければならない。客観的確率の規則のほとんどはごく直観的に把握できるものである。以下に最も重要な規則をわずかばかり挙げておこう。

　　確率は０と１の間の色々な値を取る。したがって $0 \leqq P(A) \leqq 1$ であり、ここ
　　で P(A) とは事象 A の確率を指す[136]。
　　もしある事象が生じることが確実ならば、その事象の確率は１である。した
　　がって、A が確実であるときの P(A) は１である。
　　もしある事象が生じないことが確実ならば、その事象の確率は０である。し
　　たがって、A が生じないことが確実であるときの P(A) は０である。
　　もし事象 A と事象 B が同時に生じることがありえないならば、両者は相互排
　　他的（mutually exclusive）であると言われる。事象 A と事象 B が相互排他的
　　であるとき、一方**または**他方の生起の確率は両者の確率の和である。すな
　　わち、$P(A \text{ or } B) = P(A) + P(B)$

　条件付き確率とは、ある事象が生起したとする場合の他の事象の確率について言われる。条件付き確率は P(A/B) のように表記され[137]、さまざまな言い方で表現される。例えば「B が与えられた場合の A の確率（the probability of A given B)」、「B の生起を条件としたときの A の確率（the probability of A conditional on the occurrence of B)」、「B が生起したとする場合に A が生じる確率（the probability of A happening given that B has occurred)」などである。
　A と B が相互排他的である〔同時に生起することがない〕とき、$P(A/B) = 0$ である。なぜならもし B が生起しているならば A は生起しえないからである。一

――――――――――

[135]〈規範モデル〉と〈記述モデル〉の区別については p. 22–3 参照。
[136] P は「確率（probability)」の頭文字であろう。
[137] 条件付き確率の記号を、垂直線「|」を用いて、「P(A|B)」のように表記する記法も広く用いられているが、本書では斜め線「/」で「P(A/B)」のように表記される。なお、「/」が単独で用いられている場合は一般の慣用通り割り算または分数を表す。例えば A / B は「A 割る B」または「B 分の A」を意味する。

方、AとBが相互排他的ではない〔同時に生起する場合もある〕ときの条件付き確率は次の式で表される[138]。

P(A/B) = P(A and B) / P(B)

注意すべきは、一般的に言ってP(A/B)は必ずしもP(B/A)と同じではないということである。というのも後者は分母を異にする次の式で表されるからである。

P(B/A) = P(A and B) / P(A)

とはいえ、一方の条件付き確率の式を他方の式にもとづいて書き直すことは可能である。そしてその書き直しをするための単純な代数学の知識に従うとき、わたしたちは意思決定理論における最も有名な定理の1つである〈ベイズの定理（Bayes' theorem）〉——時に〈ベイズの規則（Bayes' rule）〉とも呼ばれる——にたどりつく。だが、その話に進む前に、一度歩みを止め、この後に登場する数式について二、三の話をしておく必要がある。まず言うべきことは、この後の数ページは本書の中でも最も数学的で専門的な部分だということである。だが、重要なのは数学ではなく**概念**であり、それらの概念は、たとえ数学恐怖症の、数値や数式を見ずに済ませたいと思う読者にも、この後の議論全体を通じて明らかになるはずのものである。これは肝要な点だ。読者のみなさんがベイズ的思考を行えるようになるためには、ある1つの考え方——言葉で語られるいくつかの規則——を身につけるより以上のことは必要ないのである。形式的なベイズ統計学には計算が含まれているのは言うまでもないが、確率をとりまく思考の誤りを回避するために必要とされるのは、確率にかんする思考がどのように働くかの**概念的**論理を学ぶことだけでよいのである。

以上に留意してもらうことにして、〈ベイズの定理〉を示すと、次の通りである、

$$P(A/B) = \frac{P(A) * P(B/A)}{P(A) * P(B/A) + P(\sim A) * P(B/\sim A)}$$

---

[138] 以下の「P(A and B)」は「同時確率」と呼ばれ、「P(A∩B)」とも表記される。

第3章 判断　95

この規則の中ではじめて登場する記号はただ1つ、~A のみであり、これは「非A」を意味する。したがって P(~A) は〈A 以外の何らかの事象が生起する確率〉であることになる。

　先ほど、確率論の単純な規則をいくつか概述しておいたが、意思決定理論の研究者たちは、これらの単純な規則に従わないときに生じる厄介な帰結を示してきた（それらの帰結は、前章で論じた〈マネーポンプ〉の例〔pp. 31–3〕とよく似たものだ）。あなたが、次のスーパーボウルでニューイングランド・ペイトリオッツが勝つ確率は 25% であり、シカゴ・ベアーズが勝つ確率が 10% だと思うとしたら、ペイトリオッツ**または**ベアーズが勝つ確率は 35% だと考えるべきである。（P(A or B) = P(A) + P(B) という先ほどの方程式を思い出してもらいたい。）この厳密な方程式に違反した場合、あなたは〈認識的に合理的〉〔p. 12〕ではないことになり、これらの確率にもとづいてなされるあなたのどんな行為も最適にならないことになる——つまりその行為はあなたの〈期待効用〉を最大化しない。

　確率にかんする規則はどれも重要であるが、〈ベイズの規則〉は判断と意思決定にとってひときわ重要である。18 世紀イギリスのタンブリッジウェルズの牧師であったトマス・ベイズ（Stigler, 1983, 1986）が発見したこの数式は、ある条件付き確率 P(B/A) を別の条件付き確率 P(A/B) に変形するという平凡な役割を超えた用途に用いられる。つまりこの数式は、信念の更新（アップデーティング）という重要な課題——ある特定の仮説への信念が、その仮説に関連する新たな証拠（レリバント）の受容を基礎にしてどのように更新されるべきかという課題——を果たすための形式的基準としても用いられるのである。なすべきことはただ、式の中の A と B を 2 つの基本概念——検討の対象である仮説、すなわち焦点仮説（focal hypothesis、H で示される）[139] と、この仮説に関連する（レリバント）、収集された一連のデータ（D で示される）——に置き換えることだけだ[140]。すなわち[141]、

---

[139] focal hypothesis は、本文で述べられている通り、〈ある主体（推論（リーズニング）実験の被験者など）が現在検討し、注目している仮説〉というほどの意味で、〈ベイズの定理〉における「H」を呼ぶための呼称と解してもよい。直訳的に「焦点仮説」と訳する。注目している仮説以外の仮説を指す nonfocal hypothesis は「非焦点仮説」と訳す。（なお、「焦点仮説」の訳語は相馬正史、都築誉史「意思決定におけるバイアス矯正の研究動向」（『立教大学心理学研究』第 56 号、2014 年、pp. 45–58）が採用しており（pp. 53–54）、参考にさせて頂いた。）

[140] H は「仮説（hypothesis）」、D は「（一連の）データ（data）」の頭文字であろう。なお、H はしばしば「仮説」ではなく「原因」としても解釈されるが、この場合も変数名は「H」を用いる。

$$P(H/D) = \frac{P(H) * P(D/H)}{P(H) * P(D/H) + P(\sim H) * P(D/\sim H)}$$

　この式で登場する新しい記号は~H（非H）であり、これは単純に、焦点仮説の代案となる別の仮説（代替仮説、alternative hypothesis）を表している。すなわち、焦点仮説Hが偽[142]であったならば正しいことにならざるをえないような、Hとは相互排他的な〔同時に成立することがありえない〕代 案^{オルタナティブ}である。したがって取り決めによって、1から焦点仮説Hの確率を引いた値が代 替仮説^{オルタナティブ}~Hの確率になる。例えばわたしが、自分の釣り針に食いついた魚がマスである確率は.60であると考えるならば、これは釣り針に食いついた魚がマスではない確率が.40であると言うのと等価である。

　この式が教えてくれるのは、仮説の中の事前の信念を、新たなデータを受け取った事後においてどのように更新^{アップデート}すべきかということである。式の中のP(H)はデータ収集**以前の**、焦点仮説が真である確率の算定値であり、P(~H)はデータ収集**以前の**、代替仮説が真である確率の算定値である〔これらは「事前確率（prior probability）」と呼ばれる〕。これ以外にも、重要な役割を果たす条件付き確率は多い。一例を挙げればP(H/D)と定式化される条件付き確率がある。これはデータの示すパターンが〔仮説の予測するパターンとの一致不一致を調べるべく〕実際に観察された**後で**、焦点仮説が真である確率を表す（時に**事後**確率（*posterior* probability）と呼ばれる）。このP(D/H)は、焦点仮説がもし真であった場合、ある特定のデータのパターンが観察される確率〔代替仮説の〈事後確率〉〕を表している。そして、

---

[141]（前頁）教科書等で「ベイズの定理」として引かれるのは、Hが1つだけの（つまり焦点仮説の確率のみを問題にする）次のような定理であることが多い。

$$P(H/D) = \frac{P(H) * P(D/H)}{P(D)}$$

この式を基礎に、検討すべき仮説を複数化すると、本文中で述べられた形式の「ベイズの定理」になる。本文中の「ベイズの定理」から出発すると、その式の分母に含まれている「P(H) * P(D/H)」「P(~H) * P(D/~H)」は、著者がこの前のところで示した変形に従えば、それぞれ「P(H and D)」と「P(~H and D)」に等しいが、これはそれぞれ「HでありかつDである確率」「非HでありかつDである確率」（同時確率）なので、それを足し合わせた確率は単なるP(D)に等しく、上の式に一致する。

[142]訳注60でも触れた通り、論理学では、ある命題が事実成り立っている、ないし事実に一致することを「真である（true）」と呼び、事実に一致しないことを「偽である（false）」と呼ぶ（名詞の場合は「真理（truth）」「虚偽（falsity）」）。英語の場合は、論理学の術語以外の文脈で用いられる同じ言葉（例えば「本当である」などと訳される）と連続的な語である。

P(D/~H)（これは後ほど見ていくように、非常に重要な数値である）は、代替仮説がもし真であった場合にある特定のデータのパターンが観察される確率を表している。P(D/H) と P(D/~H) が補数**ではない**（足して 1 になる数ではない）ことをはっきり認識しておくことが重要である。焦点仮説と代替仮説を両方とも裏付けるデータが、高い見込みで与えられそうな場合もあれば、両方の仮説について、裏付けとなるデータが与えられそうにない場合もあるだろう[143]。

〈ベイズの規則〉に従って信念を更新（アップデーティング）する、というのは多くの人々が困難を覚える課題である。具体的にこれが何を意味するかは、次節以降で実例に則して説明していこう。とはいえ、繰り返しになるが、筆者が本章で重きを置きたいのは、厳密な数値を確定させることではなく、数値の正しい見積もりの大まかな正しい範囲を概念的に捉えることである。つまり、正確な計算に従うことではなく、むしろベイズ的思考に対する勘どころを身につけることに重きを置きたい、ということである。

確率を扱う上での諸問題——基準率の無視

人々は確率的な情報を扱う際にさまざまな困難をおぼえる。どのような困難があるのかは、大いに研究されてきた 2 つの問題を例にとると明らかになる。1 つ目の問題はタクシー問題と呼ばれ（Bar-Hillel, 1980; Koehler, 1996; Lyon & Slovic, 1976; Macchi, 1995; Tversky & Kahneman, 1982）、20 年以上にわたり研究されてきた。

ある夜、1 台のタクシーが引き逃げ事件を起こした。事故が起きた都市で営業しているタクシー会社はグリーン社とブルー社の 2 社であった。あなたには以下のような情報が提供されている。まず、その都市で走るタクシーの内 85% がグリーン社で、15% がブルー社である。また目撃者の報告では、ひき逃げ事件を起こしたタクシーはブルー社であった。法廷は事件が起きた夜の状況を再現した上で目撃証言の信頼性を検証し、目撃者がその時間帯にグリーンとブルーの 2 色を正しく判別できる確率は 80% であると結論した。引き逃げ事件を起こしたタクシーがブルー社のタクシーである確率は（0% から 100% までのパーセ

---

[143] 2 つの仮説の確率が足して 1 になる関係にあれば、一方が確証される確率が大きければ他方が確証される確率はその分だけ小さくなり、その逆も成り立つ。しかし 2 つの仮説はそのような関係にはないので、両方の仮説が同程度に確証される場合も、両方とも反証される場合もありうる。

ンテージで表すと）どのくらいだろうか？

　正解の背後にある論理を説明する前に、もう1つの問題に取り組んでもらおう。次に紹介するのはタクシー問題と同じ論理を共有しているが、医療上のリスクの算定という、より日常に即した問題で、やはり重要な研究の主題になってきた（Casscells, Schoenberger, & Graboys, 1978; Cosmides & Tooby, 1996; Sloman, Over, Slovak, & Stibel, 2003; Stanovich & West, 1999）[144]。この中には医療関係者についてなされた研究も含まれている。

　XYZというウィルスが、1,000人中1人が罹患する深刻な病を引き起こすと想像されたい。また、この病を診断する検査法があって、実際にXYZを保有している人物を検査すれば常に正しくそれを示す、とも想定しよう。最後に、この検査では5%の確率で偽陽性の反応が出てしまうとも想定しよう。つまりウィルスを保有していない人を検査して、5%の確率でその人がXYZを保有しているという誤った検査結果を出してしまう、ということだ。任意にある人物を選び、検査を行ったところ、陽性の反応が出た（つまりその人物がXYZ陽性であるという検査結果が出た）とする。この結果以外、この個人の経歴や医療の履歴については何も知らないとした上で、この個人が実際にXYZウィルスを保有している確率は（0%から100%までのパーセンテージで表すと）どのくらいだろうか？

　この先を読む前に、両方の問題に実際に取り組んでみてもらいたい。答えを厳密に計算しなければ、と思う必要はない（できると思う場合はぜひやってほしいが）。自分なりに精一杯のあて推量[145]をしてもらえば十分である。肝心なのは正確な答えを得ることより、自分の答えがおおまかな正解の範囲に入るかどうかを確認することだ。多くの人々の答えは、その範囲を外れてしまうのである。

　タクシー問題から始めよう。〈ベイズの定理〉は、このような問題で確率を見積もるため、どんな計算をすべきなのか教えてくれる。つまり〈ベイズの定理〉は、この問題で与えられている以下の2つの情報を、最も適切に組み合わせる方法を提供してくれる。すなわち、

---

[144] 類似の事例の紹介と解説は『心理学をまじめに考える方法』（誠信書房、2016年）pp. 200–2 でもなされている。

[145] 原語は guessimate で guess（根拠の乏しい推測、憶測）と estimate（見積もり）を組み合わせた言葉である。

第3章 判断　99

1.　全体の 15% のタクシーがブルー社である
2.　正答率 80% の目撃者が、問題のタクシーをブルー社だと証言している

　この 2 つの情報の最適な結合を、何の苦もなく自然に見つけだす人はほとんどいない。実のところ、事故を起こしたタクシーがブルー社のタクシーである確率は .41 であって、目撃証言にもかかわらず、事故を起こしたのがグリーン社のタクシーである確率の方がブルー社である確率よりも大きい（グリーン社である確率は .59、ブルー社である確率は .41）ということを知ると、多くの人々はびっくりする。確率がこうなる理由は、タクシーがグリーン社のものである〈一般的確率（general probability）〉ないし〈事前確率（prior probability）〉[146]（85%）が、タクシーはブルー社だったという目撃者の信頼度（80%）よりも大きい、ということにある。ベイズの式を用いなくとも、この .41 という確率にどうやってたどりつくかを見ていくことはできる。同様の事故が 100 件あったとすると、その内 15% がブルー社によるものであり、目撃者はその内の 80% をブルー社であると識別する（12 台）。さらに、同様の事故が 100 件ある内、85% がグリーン社によるもので、目撃者はその中の 20% をブルー社だと識別する（17 台）。したがって 29 台のタクシーがブルー社のものだと識別されるのだが、その内で本当にブルー社に属しているタクシーはたった 12 台なのだ。つまりブルー社だと証言されたタクシーの中で実際にブルー社であるタクシーは、割合で言うと 29 分の 12、すなわち 41% なのである。

　次に掲げる表は、事態を描き出すための別のやり方を示している。表を上から下に見ていこう。最初の段を見れば、同様の事故 100 件中 85 件がグリーン社のタクシーによるもの、15 件がブルー社のタクシーによるものであろうことが分かる。次の段を見ると、事故を起こした 85 台のタクシーについて、目撃者は 68 台をグリーン社だと証言し、17 台をブルー社だと証言することが分かり、

――――――――――

[146] これまでに登場した「事前確率（prior probability）」および「事後確率（posterior probability）」は、この後登場する「尤度（likelihood）」と共に〈ベイズの定理〉に関連して用いられる用語で、以下のように定義される。
　事後確率 P(H/D)――データ D が与えられたときに、それを説明する仮説（または原因）が H である確率
　尤度 P(D/H)――仮説 H が成り立っている（または原因 H が働いている）ときにデータ D が得られる確率（〈尤度〉にかんしては事後確率の確率判断を論じる次節で詳しく論じられる）
　事前確率 P(H)――（データ D を得る前の）仮説 H が成立する（または原因 H が働いている）確率（この後「基準率（base rate）」と呼ばれるものと同じ）

また事故を起こした15台のブルー社のタクシーについては、目撃者は12台をブルー社、3台をグリーン社だと証言することが分かる。一番下の段を見ると、ブルー社だと証言されたタクシーは総計で29台あるが、その内で実際にブルー社のものであるタクシーはたった12台のみであることが分かる。

100件のタクシーが事故が起きる			
85台がグリーン社		15台がブルー社	
目撃者がグリーン社だと証言する数は68台	目撃者がブルー社だと証言する数は17台	目撃者がブルー社だと証言する数は12台	目撃者がグリーン社だと証言する数は3台
	タクシーの29台がブルー社と識別されるが、実際にブルー社であるタクシーは12台のみ		

〈ベイズの規則〉を用いた場合、計算は以下のようになる。

$$P(H/D) = P(H)P(D/H) / [P(H)P(D/H) + P(\sim H)P(D/\sim H)]$$
$$P(H/D) = (.15)(.80) / [(.15)(.80) + (.85)(.20)] = .41$$

この問題を出された被験者の内、.20–.70までの値を答えた人々は半数を下回った。ほとんどの被験者は80%前後と回答した。要するに、人々は目撃者の証言は正確そうだという見かけに頼って回答し、見かけの正確さを割り引くことをしなかった。だが〔正確な目撃証言が適用されるべき〕〈事前確率〉（.15）が非常に低い値である以上、本来彼らはそのような割り引きをすべきだったのである。言い換えれば、ほとんどの人々はタクシーがブルー社である確率に対して大幅な過大評価を行った。目撃者の識別力に重きを置きすぎる一方で、タクシーがブルー社であるという見込みの**基準率**（base rate）または〈事前確率〉については軽んじすぎていた。これは、具体的で鮮明な個別事例の情報を重んじすぎる傾向の一例であり、この場合本来その情報は、それよりも抽象的な確率情報に結びつけられねばならなかったはずなのである。

同様の、〈基準率〉という形をとる〈事前確率〉を軽んじる傾向は前述のXYZウィルス問題についても実証されている。最も普通の回答は、ウィルス保有の

第3章 判断　101

確率は95%である、というものだったが、なんと確率ほぼ2%というのが正答なのだ！　人々は、陽性反応が実際にXYZウィルスの保有を示す場合の確率を極度に過大評価するのであり、これはタクシー問題で見たのと同様、個別の事実の情報に重きを置き、〈基準率〉の情報を軽んじるという傾向に由来している。この問題についても、〈ベイズの規則〉を用いて正しい答えを計算できるが、その前にちょっとした論理的推理の助けを借りて、〈基準率〉が確率に与える影響の深刻さを解説しておくのがよかろう。わたしたちに与えられていたのは、1,000人中ただ1人だけが実際にXYZ陽性であるという情報であった。もしそれ以外の999人（病気にかかっていない人々）に検査をしたら、その内のおよそ50人（999人掛ける5％）の人々がウィルスを保有しているという不正確な検査結果が出るだろう。したがって陽性の反応が出た受診者が51人いる場合、その内で実際にXYZ陽性であるのはたった1人（ほぼ2％）だということになる。要するに、人々の圧倒的多数がウィルスを保有していない、というのが〈基準率〉のあり方なのだ。この事実が偽陽性の実質的な〔高い〕比率と組み合わさると、絶対数の問題として、陽性反応の出た人々の多数派はウィルスを保有していないはずだ、という結果が確実に導かれる。

　〈ベイズの規則〉を用いると、計算は以下のようになる、

P(H/D) = P(H)P(D/H) / [P(H)P(D/H) + P(~H)P(D/~H)]

P(H/D) = (.001)(1.0) / [(.001)(1.0) + (.999)(.05)] = .001 / (.001 + .04995) = .0198

　ここで見たどちらの問題においても、個別的事実の証拠を過度に重んじ、統計学的な情報を過度に軽んじる傾向が存在する。事実の証拠（目撃者による識別や実験室での検査結果）はほとんどの人々にとって「触知できる」「具体的な」──より鮮やかな──ものに見える。これとは対照的に、確率論的な証拠は、そう……蓋然的なものに見えるのだ[147]！　このような推理はもちろん誤っている。というのも事実の証拠はそれ自体が常に蓋然的〔確率論的〕なものなのだからである。目撃証言が正しい識別を行っているというのは、単にそれがある一定の正確さを備えているということでしかありえないし、医学的検査はある

---

[147] 確率（probability）は元々「見込み」のような意味であり、絶対確実なものではないという含みがある、ということだろう。

一定の確率で病気の有無を誤って判別するのである。

　ここで紹介した2つの問題は、しばしば**非因果的基準率**（*noncausal base rate*）の問題と呼ばれる。つまりその問題がかかわっている〈基準率〉が、〔仮説により〕予測された事象——この事例で言えばタクシーの色および実際の罹患の有無——に対して[148]明らかな因果関係をまったくもたない、ということである。（Ajzen, 1977; Barbey & Sloman, 2007; Bar-Hillel, 1980, 1990; Koehler, 1996; Tversky & Kahneman, 1982）。先ほど論じたタクシー問題は〈非因果的基準率〉問題の一例である。同じ問題の、〈非因果的基準率〉を〈**因果的**基準率（causal base rate）〉に変えたバージョンでは、対応する文章の中の最初の事実が置き換えられて、次のように言われる。「2つの会社はほぼ同規模であるが、その都市で発生する事故の85%がグリーン社のタクシー、15%がブルー社のタクシーによるものだった」（Tversky & Kahneman, 1982, p. 152）。このバージョンでは、〈基準率〉とグリーン社のタクシーが事故にかかわっている確率とより多く関連するものとして現れる。人々が〈因果的基準率〉を用いようとする傾向は、〈非因果的基準率〉を用いようとする傾向よりも大きいのである。

　これまで述べてきたどの問題にも共通しているのは、正しい意思決定に到達するために、事実の証拠（エビデンス）の、証拠（エビデンス）としての確かな診断力（probable diagnosticity）[149]〔の度合いを表す確率〕と〈事前確率〉という、2つの確率を組み合わせねばならない状況がそこに示されている、ということである。これらの確率を組み合わせる仕方には正しいやり方も間違ったやり方もあるが、人々は多くの場合に——とりわけ、事実の証拠の方が〔「蓋然的」証拠（エビデンス）よりも〕具体的だという錯覚を与える場合には——間違ったやり方で情報を組み合わせる。正しいやり方とは〈ベイズの規則〉を用いることであり、もっと詳しく言えば、〈ベイズの規則〉に

---

[148]原文では「〔仮説により〕予測された事象（the event being predicted）」の代わりに「指標とされる行動（criterion behavior）」という言葉が用いられ、その後の具体的な説明の部分もなかったが、内容を原著者に確認したところ、訳出した通りの修正と補足を頂いた。

[149]「診断力」と訳した diagnosticity は形容詞 diagnostic が名詞化したもの。diagnostic はもともと病気の症状などが「診断に役立つ、（何らかの病気の）症状を示す」という意味だが、心理学では特に、あるデータが一定の仮説の確証（仮説が真理であるという証拠を与える）や反証（仮説が虚偽である証拠を与え、仮説をくつがえす）のために有効であることを指す。例えば被験者が実際には diagnostic ではないデータを仮説の確証や反証の判断の根拠にしてしまう場合、それは〈認識的合理性〉（p. 12）にかなっていない判断になる。以下 diagnosticity を「診断力」、diagnostic を「診断力をもつ」のように訳すが、これらは以上のような、証拠を判断する根拠としての有効性一般を指しており、狭義の医学的ないし臨床的な「診断」を指しているのではないことを注意されたい。（ただし、以下で医学的な「診断」の意味で用いられる場合もある。）

第3章　判断　103

もとづく洞察を用いることである。つまり、先にも触れた点だが、ここで強調しているのは〈ベイズの規則〉にもとづく**洞察**、すなわち、〈証拠の診断力は、〈基準率〉に従って重み付けられねばならない〉という洞察である。ベイズ的な推理についてこのように述べたからといって、わたしたちはベイズの式を心に思い浮かべ、明確な数値を当てはめた計算をいつも行っているとか、そうすべきだとかいうことを、ここで言おうとしているとは受け取らないでほしい。ただ、人が定性的〔非数量的〕な[150]意味で「ベイズ的に思考する」ことを学べば——つまり、「ベイズ的本能」と呼べるかもしれないものを身につければ——それで十分なのであり、〈ベイズの規則〉を記憶に刻みつけることは必ずしも必要ではない。例えば単純に、〈基準率〉の重要性に気づくということで十分なのだ。それに気づけば、XYZ問題が具体的な形で示している重要な洞察を飲み込めるようになる——すなわち、ある特定の比率で誤診がなされる検査を、発生の〈基準率〉がごく小さい病気について行う場合、陽性反応の出た人々の大多数は実際には罹患していないだろう、といった洞察である。ベイズ的推理について知っておくべきことはこの点に尽きる（もちろん、さらに深い理解を得られればなおよいだろうが）。人はこのような定性的な理解を得ることで、日々の生活での深刻な誤りをほぼ回避できるぐらいのあて推量ができるようになるのだ。

　要するに重要なのは、人々の確率にかんする自然な判断が——ある度合いの近似値として——〈ベイズの定理〉の命ずるところに従っているかどうか、ということである。論者たちは、人が確率判断を実行している最中に、自然発生的な「あて推量」を行っている、という想定を当然のものとして認めている。彼らの実験が実証的に明らかにしようとしているのは、そのような自然発生的な判断が、〈ベイズの定理〉が確率に対して加えるいくつかの制約を把握しているかどうかである。わたしたちが地面に倒れるとき、わたしたちの身体の運動は、ニュートンの3法則の1つに従ったふるまいとして記述される。わたしたちは転倒の際に意識的にニュートンの法則を**計算**したりはしない——それでもわたしたちは事実、**あたかも**その法則を忠実に守っている**かのように**記述されうるのである。

　現在強調している論点を、ドーキンス（Dawkins, 1976/1989）はこんな風に力説

---

[150]「定性的（qualitative）」については訳注132を参照。

している。

> われわれが実際に対数を利用していると感じずに計算尺をつかえるのと同じように、動物は複雑な計算をしているかのごとくふるまうように、あらかじめプログラムされているのであろう。……ボールを空中にほうりあげて、ふたたびそれを捕えるとき、人はボールの軌道を予言して一連の微分方程式を解いているかのようにみえる。だが、その人が微分方程式のなんたるかを知らず、気にもとめなくとも、ボールを捕える手際にはなんらさしつかえない。意識下のレベルで、数学の計算と等しいことがおこっているのである。(p. 96. 邦訳 pp. 139–40)

　現在論じている問題をこれとの類比で言いかえると、果たして人々の判断は、〈ベイズの規則〉が与える合理的な推理〔リーズニング〕のモデルに従っているという記述を許すものかどうか、という問題になる。人々がベイズの式の知識をもたず、意識的な計算に**一切**気づかないまま、〈ベイズの規則〉と整合的な確率判断を導いている、というのはあってもよさそうな話である。この後も〔実験で課される〕問題を各種取りあげていくが、そのいくつかが教えてくれることがある。これまで、被験者に証拠〔エビデンス〕が示された後で確率判断〔すなわち〈事後確率〉の判断〕が、**正しい方向に**難なく進むのかどうかを調べるために、多くの実験がなされてきた。そしてその研究によれば、人々はその場合 P(D/~H) の無視〔つまり〈ベイズの規則〉への違反〕という、ある決まった推理〔リーズニング〕の誤りを犯し、正しい方向に進まない場合があるというのだ！

P(D/~H) の無視

　前節では、診断力のある[151]証拠〔エビデンス〕を重みづける際に〈基準率〉の考慮を怠ると、どのようにベイズ的推理の誤りに陥ってしまうのかを見てきた。本節で見ていくのは、〈基準率〉〔つまり〈事前確率〉〕ではなく、信念の更　新〔アップデーティング〕〔つまり正しい〈事後確率〉の推定〕をもたらすデータ処理の仕方に問題が含まれる場合がある、ということである。

---

[151] diagnotistic については訳注 149 を参照。ある証拠が仮説の確証や反証のための判断根拠として（客観的に）有効、という意味である。

第 3 章　判断　105

このような思考の誤りがどんなものかを明らかにするために、ここでは〈ベイズの規則〉を——単純な数学的変形によって——前節とは別の形式に直して用いよう。前節で用いたベイズの式は、新たなデータ（D）が与えられた場合の、焦点仮説（H）の〈事後確率〉にかんする式であった。新たなデータ（D）が与えられた場合の、非焦点仮説（~H）の〈事後確率〉にかんする式を書くこともももちろん可能で、次のようになる。

$$P(\sim H/D) = \frac{P(\sim H) * P(D/\sim H)}{P(\sim H) * P(D/\sim H) + P(H) * P(D/H)}$$

こうやって2つの式を分けることで、ベイズの式の理論的に最も見通しのよい形式を手に入れることができる（Fischhoff & Beyth-Marom, 1983参照）——〈オッズ形式〉[152]と呼ばれる、次のような形をとる式である[153]。

$$\frac{P(H/D)}{P(\sim H/D)} = \frac{P(D/H)}{P(D/\sim H)} * \frac{P(H)}{P(\sim H)}$$

この比例式ないし〈オッズ形式〉では3つの比が示されている。左から順に見ていこう。一番左の式は、新たなデータ（D）を受け取った後に、焦点仮説（H）が〔非焦点仮説（~H）と比べて〕どれほど有望かを示す〈事後オッズ〉である。まん中の式は〈尤度比（likelihood ratio）〉〈LR〉と呼ばれており、これは〈焦点仮説が成り立っているとした場合にそのデータが得られる確率〉を〈非焦点仮説が成り立っているとした場合にそのデータが得られる確率〉で割った値であ

---

［152］オッズ（odds）とはギャンブルなどの勝率を指し、確率論では確率 p について p/1-p の値を言う。上記の式では、焦点仮説の各項目の値と非焦点仮説の比が分数の形で示されている。

［153］著者の言う「単純な数学的変形」を蛇足ながら補足しておく。すぐ上で示された P(~H/D) の等式（非焦点仮説の〈事後確率〉と、先ほどの P(H/D) の等式（焦点仮説の〈事後確率〉）は、右辺の分母がいずれも同じ数（さらに言えば、足し合わせると P(D) になる）であり（訳注141参照）、したがって2つの数値の比を問題にする場合には P(D) を共通項として削除できる。つまり、それぞれの等式の両辺に右辺の分母 P(D) を掛けた数の比は、次のようになり、

$$\frac{P(H/D) * P(D)}{P(\sim H/D) * P(D)} = \frac{P(H) * P(D/H)}{P(\sim H) * P(D/\sim H)}$$

この式の左辺の P(D) を約分し、右辺を2つの分数の積の形に直せば、本文に登場する式、すなわち「オッズ形式」の式になる。

る。一番右の式は、〔非焦点仮説と比べて〕焦点仮説がどれほど有望かを示す〈事前オッズ〉である。別々に書けば以下のようになる、

$$\langle 事後オッズ\rangle = P(H/D) / P(\sim H/D)$$
$$\langle 尤度比\rangle = P(D/H) / P(D/\sim H)$$
$$\langle 事前オッズ\rangle = P(H) / P(\sim H)$$

この式から分かるのは、新たなデータを受け取った後で焦点仮説（H）の有望さを示す〔事後〕オッズは、他の2項——〈尤度比〉と、焦点仮説の有望さを示す事前オッズ——をかけ合わせることで得られるということである。すなわち、

焦点仮説の有望さを示す事後オッズ＝〈尤度比〉×〈事前オッズ〉

〔人々の〕推理が、〈ベイズの規則〉が命ずるところから逸れてしまう道筋はいくつかあるが、本節ではもっぱらその内の1つを取り上げる。つまり、証拠の診断力（すなわち〈尤度比〉 $P(D/H) / P(D/\sim H)$）の度合いを評価するとき、人々は〈尤度比〉の分母 $P(D/\sim H)$ の重要性をしばしば評価し損なう。つまり人々は、焦点仮説が**偽であった場合に**[154] その観察されたデータが与えられる確率を評価せねばならない、ということを見逃してしまうのである。

これによって、「反対を考える」作業を怠ると人はなぜ深刻な推理の誤りに陥ってしまうのか、その理由が形式的観点から説明される。証拠 D が、〔焦点仮説が真である場合のみならず〕非焦点仮説が真である場合にどの程度得られそうかの確率——つまり $P(D/\sim H)$ ——を調べ損ねてしまうこのような傾向は、膨大な数にのぼる文献によって、ごく普通に見いだされる心理的傾向であると証明されている。例えば、ドエルティとミナット（Doherty & Mynatt, 1990）は、自分が医師であり、赤い発疹が出ている患者を診断することになったと被験者に想像してもらうという、単純な実験方法を用いた実験を行った。被験者には4つの証拠が提示され、患者が「デジロサ」[155] なる病にかかっているかどうかを決定するために、4つの情報のどれを選択するのか問われる。4つの情報は以下の通

---

［154］「偽である」については訳注142を参照。

第3章 判断　107

りである、

　　デジロサに罹患している人々のパーセンテージ
　　デジロサに罹患していない人々のパーセンテージ
　　赤い発疹が出ている、デジロサに罹患している人々のパーセンテージ
　　赤い発疹が出ている、デジロサに罹患していない人々のパーセンテージ

　各々の情報はそれぞれ、P(H)、P(~H)、P(D/H)、P(D/~H) というベイズの式に含まれる 4 つの項に対応している。P(H) と P(~H) は補数をなす〔従って一方を知れば他方も分かる〕ので、〈事後確率〉を計算するために必要な情報は 3 つである。ところで、P(D/~H) ——つまりデジロサに罹患**していない**人々の中の、赤い発疹が出ている人々のパーセンテージ—— という情報は、〔〈オッズ形式〉の〕ベイズの式の中の〈尤度比〉を確定させるためにけっして欠かせない情報であるため、これを選択対象に加えねばならないのは明らかである。だがそれにもかかわらず、ドエルティとミナット（Doherty & Mynatt, 1990）の研究の被験者の 48.8% が P(D/~H) カードを選び損ねた。したがって、この問題を提示された被験者の多くの目には、赤い発疹が出ているがデジロサに罹患していない人々が重要であるとは映らなかった——つまり、（誤って）瑣末な事柄のように映った——ということになる。

　P(D/~H) が重要だと言われても、直観に反するように思われることが多い。人々は誰かに教わらない限りは P(D/~H) の重要性に気づかず、初期値としてそれを無視するものなのである。これを具体例で検討してもらうため、次のような問題を紹介しよう。以上のように、P(D/~H) の重要性に対する十分な警告を受けていてさえ、この問題から導かれる帰結は依然として奇妙なものに見えるだろう。

　デイヴィッド・マクスウェルなる人物と出会った、と想像してほしい。この後で告げられる情報にもとづき、**この人物が大学教授である確率**を見積もる、というのがあなたの課題である。この課題は 2 つのステップに分かれ、各ステッ

---

［155］（前頁）"Digirosa" は架空の病名のようである。rosa はラテン語で「バラ」、digi- はラテン語由来の接頭辞で「指」「数」またはいわゆる「デジタル」を意味する（ラテン語にさかのぼれば「灌木」の意味にもなる）。

プで情報が提供される。示される情報を、あなたは確率の推定に役立つ情報だと思うかもしれないし、そうは思わないかもしれないが、ともかくその情報にもとづき、デイヴィド・マクスウェルが大学教授である確率を見積もらねばならない。また見積もりを行う際、その時点で受け取っている情報が関連ある情報〔レリバント〕だと思えるなら、その情報をくまなく考察してもらいたい。

　ステップ1——あなたは、デイヴィド・マクスウェルが、25人の男性大学教授と75人の男性ビジネスエグゼクティブ、総計100人が出席するパーティに出席したと告げられる。問い——デイヴィド・マクスウェルが大学教授である確率は何％だと思いますか？　＿＿＿％
　ステップ2——あなたは、デイヴィド・マクスウェルがベアーズ・クラブの会員であると告げられる。ステップ1で述べたパーティの出席者の内、男性大学教授の70%がベアーズ・クラブの会員であり、男性ビジネスエグゼクティブの90%がベアーズ・クラブの会員である。問い——デイヴィド・マクスウェルが大学教授である確率は何％だと思いますか？　＿＿＿％

　この問題はさまざまな研究の中で、人々がP(D/~H)情報を正しく（あるいは正しくかどうかは別に、ともかくも）取り扱えるかどうかを見積もるために用いられてきた（Beyth-Marom & Fischhoff, 1983; Stanovich & West, 1998d）。ステップ1は単純だ。焦点仮説〔「デイヴィド・マクスウェルが大学教授である」〕の確率は.25である。100人中25人が大学教授なのだから。引っかかりやすいのはステップ2である。70%の男性大学教授がベアーズ・クラブの会員であり、この比率は50%よりも大きいのだから、デイヴィド・マクスウェルが大学教授である確率は上がると（今の場合であれば、〈基準率〉25%よりも大きいと判断すべきだと）思えるかもしれない。だがこれはP(D/~H)無視の誤りを犯すことになる。実際には、ビジネスエグゼクティブがベアーズ・クラブの会員であるという見込みの方が**より一層尤**もらしい〔〈尤度〉が大きい〕。ベアーズ・クラブの会員であることは、大学教授であることの診断基準〔ディアグノスティック〕である以上に、ビジネスエグゼクティブの診断基準〔ディアグノスティック〕であり、そして実際にも大学教授である確率の方が**低い**のである。その〈尤度比〉は1よりも小さく(.70 / .90)、したがってベアーズ・クラブにかんする情報を受け取った後では、デイヴィド・マクスウェルが大学教授であることに対するオッズは悪化する——つまり、(.25 / .75)に対する1:3とい

第3章 判断　109

うオッズから、以下に示すオッズに変わる、

〈事後オッズ〉=〈尤度比〉×〈事前オッズ〉
〈事後オッズ〉= (.70 / .90) × (.25 / .75)
〈事後オッズ〉= .175 / .675 = 1 : 3.86

　確率を表示する形式の〈ベイズの規則〉〔p. 97 参照〕で表現すると、ステップ 1 の .25 からステップ 2 の .206（(.70 × .25) / (.70 × .25 + .90 × .75)）への調整が、適正なベイズ調整だということになる。ところが、筆者の研究グループの同じ問題を用いた実験では、確率の見積もりを正しい方向に変化させた（証拠（エビデンス）を受け取った後に 25% より下方に修正した）のは全標本（サンプル）中のたった 42% であった。多くの被験者が証拠（エビデンス）の受容後に確率を上方に修正したのであり、これが示唆するのは、この被験者たちの焦点が相対的に高い P(D/H) の値——.70——に合わされており、それによってその被験者たちはこの条件付き確率を、それよりもさらに高い値をもつ P(D/~H) と共に文脈に組み入れることができなくなっている、ということである。

　次に、これと同じような型の、やはり引っかかりやすいが、その引っかかりやすさの所在が微妙に異なる問題を紹介しよう。この問題もまた、〈尤度比（ゆうどひ）〉が意味するものの理解、特に言えば、P(D/~H) の重要性の理解を問う問題である。

　前の問題と同様、まずはマーク・スミスなる人物と出会った、と想像してもらおう。この後で告げられる情報にもとづき、**この人物が大学教授である確率**を見積もる、というのがあなたの課題である。

　ステップ 1——あなたは、マーク・スミスが、80 人の男性大学教授と 20 人の男性ビジネスエグゼクティブ、総計 100 人が出席するパーティに出席したと告げられる。問い——マーク・スミスが大学教授である確率は何 % だと思いますか？ ＿＿＿%
　ステップ 2——あなたは、マーク・スミスがベアーズ・クラブの会員であると告げられる。ステップ 1 で述べたパーティの出席者の内、男性大学教授の 40% がベアーズ・クラブの会員であり、男性ビジネスエグゼクティブの 5% がベアーズ・クラブの会員である。問い——マーク・スミスが大学教授である確率は何 % だと思いますか？ ＿＿＿%

この問題でもステップ１では、〈基準率〉から .80 という見積もりが帰結する。ステップ２は、〈尤度〉が１よりも相当大きい値（.40 / .05）〔すなわち 8〕であるにもかかわらず、P(D/H) は .50 未満になるように組み立てられている。この P(D/H) の低さは、P(D/~H) を——実は P(D/H) よりもさらに低いのに——無視してしまう人に、マークが[156]大学教授である確率がこのデータによって**減少する**はずだ、と思わせてしまうかもしれない。実際には、ステップ１の .80 からステップ２の .97（(.40 × .80) / (.40 × .80 + .05 × .20)）への〔つまり上方への〕調整が、適正なベイズ調整なのである。ステップ１から２への移行で上方の調整が行われた場合、それは被験者が P(D/~H) に注目したことを示唆する。こうやって正しい方向に思考が進んでいれば、それだけでベイズ的思考ができている証拠になる。ところが、筆者の研究グループの実験によると（Stanovich & West, 1998d）、同じ問題で確率の見積もりを正しい方向に修正した（つまり証拠を受け取った後に見積もりを .80 よりも上に変えた）のは、標本中のたった 30% であった。

　推理において、代替仮説〔~H つまり非 H（の〈事後確率〉）〕——証拠を受け取った後での〈尤度比〉の分母[157]——に注意を向けそびれるというのは、ちょっとした誤りなどとはとてもいえない。何かが観察されたとき、〈〔焦点仮説ではなく〕代替仮説を前提すると、その観察がなされる見込みはどれほどの確率だったのだろう〉という点に注意を払うのは、医療における治療方針の判断やその他応用科学において、決定的に重要な要素である。それゆえにわたしたちは統制群〔対照群〕[158]を利用するのだ。ある特定の変数〔で表される現象〕に関心があるとき、条件を変えてもその変数が不変だった場合はどうなるかについて、知らずに済ませてはならないのはもちろんである。わたしたちがもしただ１種類の群だけを観察し、その群の情報しかもっていないとすれば、医学や科学でなされる推論は致命的な仕方で損なわれるのだ。

　人々が P(D/~H) の処理に対しておぼえる困難のさらなる実例は、ミナット、ドエルティ、ドラガン（Mynatt, Doherty, & Dragan, 1993）らが実験に用いた別の問題が提供してくれる。この実験は人々が証拠を探す際に、合理的な探索戦略〔方略〕を使用しているかどうかを調べる実験で、次のような問題が用いられる。

---

[156] 原文では「デイヴィッドが」とあったが著者の確認を経た上で修正した。

[157] つまり、〈オッズ形式〉で書かれた〈ベイズの定理〉のまん中の項、P(D/H) / P(D/~H) の分母としての P(D/~H)。

[158]「統制群〔対照群〕」については訳注 104 を参照。

第 3 章 判断　111

あなたの姉[159]は2年前に自動車を購入した。購入した車はXまたはYのいずれかだが、あなたはどちらなのか思い出せない。思い出せるのは、姉の車はガソリン1ガロン〔約3.8リットル〕あたり25マイル〔約1.6キロメートル〕走ることと、購入後の2年間で大きな故障を一度も起こしていない、ということである。また、あなたは以下の情報を得ている。

自動車Xの65%は1ガロンあたり25マイルより多く走る

さらに、以下の3つの情報も利用可能であるとする。

1. 1ガロンあたり25マイルより多く走る自動車Yのパーセンテージ
2. 購入後2年間で大きな故障が1度もない自動車Xのパーセンテージ
3. 購入後2年間で大きな故障が1度もない自動車Yのパーセンテージ

被験者に出される問いは次の通りである——3つの情報（1, 2, 3）の内のただ1つのみが入手可能だとして、姉の車がXかYかを決める参考にするために、どれを入手したいと思うでしょうか？

この問題の構造は次のようなものである。2つの仮説——姉の車はXブランドの1つであるという仮説（H1）と、姉の車はYブランドの1つであるという仮説（H2）——があり、2つの仮説は相互排他的である〔つまり同時には成り立たない〕。判別基準として利用しうる指標が2つある——1ガロンあたり25マイル走るという指標（D1）と、購入後2年間で大きな故障が一度もないという指標（D2）である。あなたはすでに1つの情報を入手しており、それはP(D1/H1)という情報——すべてのXブランドの自動車について、1ガロンあたり25マイル走る自動車の比率がいくらであるか、という情報——である。利用可能な〈尤度比〉は2つある。すなわち、

P(D1/H1) / P(D1/H2) および P(D2/H1) / P(D2/H2)

ところが、この2つの情報を両方〔同時に〕手に入れることはできない。とい

———————————

[159]「妹」でもよい。

112

うのもあなたには——P(H1/D1) 以外に——もう 1 つ別の情報を手に入れること
しか許されていないからである。選ぶべきは P(D1/H2) であるのは明白だ。これ
を選べば、少なくとも 1 つの完全な〈尤度比〉——つまり、1 ガロンあたり 25
マイルより多く走る〔= D1〕自動車 Y〔= H2〕のパーセンテージに対する、1 ガ
ロンあたり 25 マイルより多く走る〔= D1〕自動車 X〔= H1〕のパーセンテージ
の比——が得られるのだ。2 つのパーセンテージがもし違っていたら、それは
どちらの車があなたの姉の車かを決める手助けになる。というのもあなたは、
姉の車が 1 ガロンあたり 25 マイルより多く走ることを知っているからである。
この選択は明白なものに見えるのだが、実際には、訓練を受けていない被験者
はこれを選択しない。ミナットら（Mynatt et al, 1993）が見いだしたのは、被験者
の多数派（60.4%）が、大きな故障を起こしていない〔= D2〕X ブランドの車
〔= H1〕のパーセンテージ（P(D2/H1)）を調べることを選択した、ということ
であった。この情報はまるで役に立たない。というのも被験者が P(D2/H2)〔自
動車 Y の故障の情報〕を得ることは不可能だからである。つまり、Y ブランドの車
の故障率が X ブランドの車の故障率よりも高いか低いかを知らなければ、X ブ
ランドの車の何 % が故障しやすいかを知っても、情報として役に立たないので
ある。

　ここで気懸かりな発見を紹介しよう。カーンとドエルティ（Kern & Doherty, 1982）
の調査である。対象はオハイオ州立大学医学部の、クリニカル・クラークシッ
プ〔臨床実習の一種〕[160]に登録している 4 年生であるが、この調査が見いだした
ところによると、調査対象の学生たちは医療上の診断にかんする、今述べた自
動車の課題と同じ構造をもつ課題について、自動車の課題と大差ない遂行結果
（performance）[161]を示したのである。医学部生たちは、患者がかかっている、A
型または B 型の熱帯病の診断を試みる。彼らは、ある症状の発生率について P

---

[160] クリニカル・クラークシップは、実習生が実際に医療チームの一員となって働く臨床実習。
[161] 実験課題（や問題解決一般）に関連して言われる performance は、被験者（ないし行為主体一般）が
当該の課題や問題をどれほど首尾よくこなせたかを指すために用いられる。これはその被験者や行為主体
一般の「能力」を指すものとも見られようが、能力そのものではない。例えば生成文法学派の言語学では
performance は観察可能な「言語運用」を指し、それを生み出した competence すなわち「言語能力」とは
峻別される。実験課題についても、問われているのはあくまで個々の課題において示される課題遂行のあり
方ないし結果そのものであって、その背後の不可視の「能力」そのものが直接に問われているわけではない。
以下、このような概念としての performance を文脈に応じて「遂行結果」「成績」「遂行」などと訳し分け、
ルビを振ることにする。

第 3 章 判断　113

（症状 1/病 A）という情報を知らされた上で、ミナットらの実験（Mynatt et al. 1993）と類比的な情報、P（症状 2/病 A）、P（症状 1/病 B）、P（症状 2/病 B）の中から 1 つを選べますと告げられる。1 番目の情報だけが〈尤度比〉を与えてくれるのは明白である。ところが、この実験に参加した医学部学生の 69.3% が、この問題か、ミナットらが学生たちに課したもう 1 つの問題かのいずれかについて[162]、有益な情報を選ぶことに失敗した。医学部学生たちは、診断基準として無益な情報を選ぶことに固執したのであった。

　心理学者たちは、不可欠の比較情報（統制群〔対照群〕[163]の情報）を無視してしまうという人々の傾向を、幅広い事例にあたって研究してきた。例えば[164]、〈共変動（covariation）[165]〉を見つける力を調べるという、詳しい研究がなされてきた実験方法（パラダイム）がある（Levin, Wasserman, & Kao, 1993; Shanks, 1995; Wasserman, Dorner, & Kao, 1990）。この実験の被験者たちは、ある治療法とそれに対する患者の反応の関係を調査した実験データから得られたという、次のような 2 × 2 の表を見せられる。

	病状の改善が見られた	病状の改善が見られなかった
その治療を行った	200	75
何の治療も行わなかった	50	15

　表の各欄に書かれた数字は人数を表している。詳しく見ておこう。200 人が治療を受け、かつ改善が見られた。75 人が治療を受けたが改善が見られなかった。50 人が何の治療も受けず、病状が改善した。15 人が何の治療も受けず、病状の改善が見られなかった。〈共変動〉を見つける力を調べるこの種の実験では、被験者にこの治療に効果があったかが尋ねられる。多くの被験者はこの例

---

[162] この箇所は文意がややはっきりしなかったので原著者に問い合わせ、指示関係をはっきりさせて訳した。

[163] 「統制群〔対照群〕」については訳注 104 参照。

[164] この実験は『心は遺伝子の論理で決まるのか』（みすず書房、2008 年（Stanovich, 2004））pp. 167–8、および『心理学をまじめに考える方法』pp. 114–5 でも概述されているが、本書の方が詳しい。

[165] 「共変動（covariation）」は「共変」とも訳され、何らかの複数の変化が連動して変化する、あるいはそれらの変化が相関関係（この後の訳注 177 参照）にあることを指す。

を見て効果はあったと考える。彼らの目は治療の結果改善が見られた人々の多さ（200人）に引きつけられている。次に、治療しても改善の見られなかった人々（75人）よりも多くの人々（200人）に改善が見られたという事実に目が向けられる。この確率（200 / 275 = .727〔72.7%〕）は高いように見えるので、被験者たちは治療に効果があったという考えに誘惑される。これは〔この後見るように〕合理的思考の誤りなのだ。

　被験者たちのこのような態度は、治療がなされなかった場合に改善が見られる確率を無視している。こちらの確率はさらに高い（50 / 65 = .769〔= 76.9%〕）ので、この実験で検証されている治療法は完全に効果がないと判断できるのだ。「治療行為なし」の欄に記された結果を無視し、「治療行為あり」・「改善あり」の欄の人数の多さに目を向けるというこの傾向が人々をそそのかして、治療には効果があったと見させるのだ。気懸かりなのは、このように最適に至らない証拠（エビデンス）の扱い方が、医療的診断を下す専門家にも見いだされることである（例えば医療関係者についての研究として、Chapman & Elstein, 2000; Groopman, 2007; Wolf, Gruppen, & Billi, 1985 を参照）。

　〔焦点仮説にのみ目を向け〕代替仮説（オルタナティブ）〔ベイズの定理の~H〕を無視する傾向は、50年以上にわたって心理学者たちが研究してきた、ある有名な効果によっても例証される（Dickson & Kelly, 1985; Forer, 1949; King & Koehler, 2000; Marks, 2001）。それはP・T・バーナム効果と呼ばれる効果である[166]。P・T・バーナムはカーニバルやサーカスを主催する有名な興業師で、「カモにされる愚か者は秒単位で生まれてくる」という文句を考案した人物である。この効果を実演する授業内実験があって、これを心理学の授業の初回に実施するのが一般的になっている。まず講師が出席した学生全員の筆跡の標本（サンプル）を回収する。翌週その標本（サンプル）に、講師が習得した筆跡性格診断の知識にもとづいて作成したという「個人別性格記述」を書き添えたものが返却される。生徒たちは「個人別に」作成された報告を読み、みな一様に、その記述が非常に正確であると認める——学生自身の評価では、10段階中の7–9にあたる正確さであると。だが学生たちは、隣の席の学生に配られた結果を見るように指示されると、戸惑い、また（願わくば）筆跡性格診断のような擬似（ぎじ）科学について、何事かを学ぶことになる。というのも彼ら

---

［166］P・T・バーナム効果（または単にバーナム効果）については、『心理学をまじめに考える方法』pp. 83–4にも、別の例を用いたより簡略な解説が載っている。

第3章 判断　115

はそこで、全員にまったく同じ性格記述が配られていたことを知るに至るのだ
——例として、1つの段落を丸ごと引いておこう、「あなたは時に外向的で、愛
想よく、社交的になることがありますが、またある時には慎重で控え目にふる
まいます」。

　ここでめざましく実証された効果がP・T・バーナム効果である。この効果の
めざましさは、ある種の文や言い回しをほとんどの人が自分に当てはまると見
なしてしまう、という事実にもとづいている。心理学者たちはその種の言い回
しを数多く研究してきたが、その種の言い回しがもたらすのは、誰もが自分自
身を個人別心理学的「分析」の「受診者（クライアント）」と見なしかねない、という結果だ。
そうやって自らを受診者（クライアント）と見なした者は通常、同じ「性格判断」が全員に配ら
れていることを知らずに、それが個人別に作成された正確なものだという強い
印象を受ける。この効果、すなわちバーナム効果が、人が手相占い師や占星術
師を信じる基礎として働いているのは言うまでもない。

　ここで生じたことをもっと注意深く検討すれば、そこで出会うのがおなじみ
の顔——すなわちP(D/~H)の無視——であることが分かるだろう。バーナム効
果の実演に引っかかってしまった学生たちは、「あなたは時に外向的で、愛想よ
く、社交的になることがありますが、またある時には慎重で控え目にふるまい
ます」が自分に当てはまる確率を暗黙の内に評価し、その確率が高いことを認
める。ほんの少し専門的（テクニカル）に言い換えれば、学生たちは次のような確率が高いと
考えている、ということだ。すなわち、

　　P(外向的、愛想よい、慎重……/この記述はわたしに格別に当てはまる)

　だがもちろん、これは〈尤度比（ゆうどひ）〉ではない。これは単なるP(D/H)〔〈尤度比（ゆうどひ）〉
の分子——前掲の〈オッズ形式〉の〈ベイズの定理〉を参照〕である。〈事後確率〉を正
しく計算するには、〈尤度比（ゆうどひ）〉の分母——P(D/~H)——を考慮に入れなければな
らない。この例でいうとそれは何に当たるだろう？　答えは単純だ。「あなたは
時に外向的で、愛想よく、社交的になることがありますが、またある時には慎
重で控え目にふるまいます」がランダムに抽出された人物に当てはまる確率で
ある。もちろんであるがわたしたちは、こちらの数値の確率も同じように高い
ことを即座に見抜くことができる。「時に外向的で、愛想よく、社交的になる
ことがありますが、別の時には慎重で控え目にふるまいます」のような言い回し

116

は非常にとりとめがなく、多大な解釈の余地がある。それゆえ事実上誰でも、それが自分に当てはまるのは非常に尤もなことだ、と思うようになるのだ。したがって、〈尤度比〉にかんして言えば、たとえ分子が.90もの確率である（それは実際にわたしに当てはまっている）としても、恐らく分母の方も同様に.90ぐらいの確率がある（それはほとんど誰にでも当てはまる）のだ。

したがってこの事例の〈尤度比〉（LR）は、2つの大きな数値同士の比になる。つまりその〈尤度比〉は以下のようになる。

P(外向的、愛想よい、慎重……/この記述はわたしに当てはまる)
　　割る、
P(外向的、愛想よい、慎重……/この記述はランダムに抽出された人物に当てはまる)

分母が高い数値（恐らく90%？）であるので、たとえ分子が高い数値だと判断されたとしても、LRがそれほど高い数値になることはありえない（たとえ分子が1.0だと判断されたとしても、〔分母は最大で1.0で、その場合でも100%割る100%なので〕LRが1より大きな値になることはありえないはずだ）。ここで等式全体をおさらいしておくと、それは以下の通りであった。

〈事後オッズ〉＝〈尤度比〉×〈事前オッズ〉

「データ」収集前のオッズがいくらであったとしても、それが大きく修正されることはありえない。というのもLRが1にごく近い値だからだ。学生に与えられた〔性格診断の〕予測について、その予測の正確さの証拠だと称されていたものは、実のところ偽の証拠であったということになる。それは診断力ある証拠では全くなかったのである——そして、P(D/~H)に注目を向けさえすれば、それが無価値だと即座に気がつくのだ。

知識較正に対する過信

本節のはじめに、みなさんの〈知識較正〉[167]の能力についてちょっとしたテストを行おう。それぞれの〔いずれも数値を問う〕設問について推定値の上限

第3章 判断　117

と下限を書き入れるのだが、ただしその際に、正しい答えが上限と下限の範囲内に収まると90%確信できるように推定値を決めるのである。自分なりの答えを書き入れてほしい[168]。

1. マーティン・ルーサー・キングが死亡した年齢は、＿＿歳から＿＿歳までのどこかであると90%確信している。

2. 旧約聖書の巻数は全部で＿＿巻から＿＿巻までのどこかであると90%確信している。

3. ヴォルフガング・アマデウス・モーツァルトの生年は＿＿年から＿＿年までのどこかであると90%確信している。

4. アジアゾウの妊娠期間の長さは、＿＿日から＿＿日までのどこかであると90%確信している。

5. 現在知られている海底の最も深い地点の深さは、＿＿メートルから＿＿メートルまでのどこかであると90%確信している。

6. ナイル川の長さは＿＿キロメートルから＿＿キロメートルまでのどこかであると90%確信している。

7. 石油輸出国機構（OPEC）の加盟国は＿＿ヶ国から＿＿ヶ国までのどこかであると90%確信している。

8. 月の直径は＿＿キロメートルから＿＿キロメートルまでのどこかであると90%確信している。

9. ボーイング747の乗員ゼロの時の重さは、＿＿キログラムから＿＿キログラムまでのどこかであると90%確信している。

10. ロンドンから東京まで飛行機で移動する場合、その距離は＿＿キロメートルから＿＿キロメートルまでのどこかであると90%確信している。

　以上の設問は、人々が確率の見積もりに困難をおぼえるまた別の重要な領域と結びついている。心理学者たちはこの〈知識較正（キャリブレイション）〉と呼ばれる実験方法（パラダイム）を用いて数多くの研究を行ってきた（Fischhoff, 1988; Fischhoff, Slovic, & Lichtenstein, 1977; Griffin & Tversky, 1992; Sieck & Arkes, 2005; Tetlock, 2005k Yates, Lee & Bush, 1997）。こ

---

[167]（前頁）訳注130参照。
[168] 日本の読者が答えやすいように、原文のフィート、マイル、ポンドなどをメートル法に直してある。

の実験方法は、〔この問題のように〕被験者自身の知識への確信を確率判断の形式で判定してもらい、その結果を大量に集める、というやり方をとる。単独の確率判断を評価するのはもちろん不可能だからだ。あなたが、僕のいとこは95%の見込みで1年以内に結婚するだろう、と言ったとして、それが正しいかどうかなど、こちらでどう判断できようか？　だが、この種の判断を大量に集めたものを評価することは可能である。というのも集められた判断の総体は、集合体として一定の統計的基準に従わざるをえなくなるからである。

　例えば天気予報のキャスターが、現在の降水確率は90%ではありますが、晴れており気温も高いです、と言ったとしても、この判断を単独で考察する限り、そこに何ら間違った点はない。このキャスターは利用可能なすべての情報を処理しており、その処理の仕方にも間違ったところはないとしてもおかしくない。単に、この特定の日に予期せぬ晴天が訪れた、というだけのことである。だが仮にこの予報係のキャスターが、2回に1回の割合で、本日の降水確率は90%ですが雨は降っていません、と言い続けたとしたら、このローカル局の天気予報はあてにならないんじゃないか？　という疑問をあなたが真剣に抱き始めても当然だろう。あなたは、この日の降水確率は90%です、とキャスターが言った日の降水確率は90%である、という予期を抱いている。雨が降らない確率も10%残るわけだが、いつその10%が訪れるかをキャスターが知らないことを、あなたは受け入れている（さもなければキャスターは100%確実ですと主張するはずだ）。とはいえ、1年の内で、予報係が「90%雨です」と予報した日が50日あれば、その内の45日は雨であろう、という全体的な予期をあなたは抱くのである。

　人々が自分の知識をどの程度適切に較正しているかの〔実験による〕算定は、ここで天気予報係を評価するのとまったく同じやり方で進められる[169]。人々は選択肢から選ぶ方式か○×式の質問に答え、それぞれの質問について自分の答えが正しいのは主観的確率としてどのくらいか答えるというやり方で[170]、自己の確信についての判断を実験者に示す。これにより、それぞれの質問について、それへの回答に対する〔被験者自身の〕〈較正〉が1つずつ対応すること

---

[169] 対応関係が少々ややこしいが、〈天気予報係が・自らの予報（雨天）の精度について下す（90%という）判断（知識較正）を・わたしたちが評価する〉というのと類比的に、〈人々が・自らの知識の精度について下す判断（知識較正）を・心理学者が（実験を通じて）評価する〉ということである。

になる。かくして〈較正（キャリブレイション）〉がすべてなされると、そこでようやく〔本章の主題である〕〈認識的合理性（epistemic rationality）〉〔p. 12〕が判明する——一連の回答に付された主観的確率が.70であれば、正答率は70%であるはずであり、一連の回答に付された主観的確率が.80であれば、正答率は80%であるはずであり、以下同様である。〈知識の較正（キャリブレイション）〉が適切になされているとはこのようなことを意味する。ある意味でそれは、人は自分が何を知っているかを知っていなければならないのと同じく、自分が何を**知らない**のかも知っていなければならない、ということだ。このような厳密な〈較正（キャリブレイション）〉が果たされていない場合、その人は〈認識的に合理的〉だとは言えない。というのもその人は自分の信念の世界への対応づけ（マップ）に、ある重要な点で失敗しているからである。このような認知的〈較正（キャリブレイション）〉の失敗は最善の行為の選択を不可能にする。なぜならその場合、未来の〈世界状態〉についての確率的推測が不正確なものになってしまうからである。

　さまざまな形式での〈知識較正（キャリブレイション）〉実験の中で、標準的結果として見いだされたのが、〈過信（overconfidence）〉という現象である。つまり、〔自分の回答の正答率の〕主観的確率の見積もりが、結果得られた正答率のパーセンテージよりも一貫して高かったのである。たとえば人々が「自分は100%正しいと確信している」と言っているとき、実際の正しさはおおむね88%あたりにとどまる。あるいは「自分は95%正しい」と言っている場合、実際の正答率は75%である、等々。実際にはまったく当てずっぽうで回答している——つまり○×式の問題を問う実験方法（パラダイム）で正答率（パフォーマンス）が50%に留まっている——場合に、「回答に70–80%確信がある」と言う場合すらしばしばある。

　〈知識較正（キャリブレイション）〉に見られるこのような過信効果は、わたしたちの次のような傾向を少なくとも1つの源泉にしている、と考えられている。すなわち、まず心に浮かんだ回答を心の中で固定し、次に自分はその回答の「所有者」だと想定する。するとそれ以後の思考の中で、その回答が「自分自身の」回答として特権化される。それによりわたしたちは心的なコストを削減するのだ。被験者は最初に浮かんだ回答を焦点仮説（フォーカル）〔検討中の仮説〕[171]にして、以降は焦点仮説に

---

[170]（前頁）このように被験者は（1）問題そのものへの回答と、（2）その回答の正答率に対する主観的確率の見積もり、という2つの回答を実験者に示すわけだが、本節冒頭の問題の場合、答えの見積もりの上限と下限を答えることで、「問題への回答そのものの見積もり」と「その回答に対する〈較正（キャリブレイション）〉の正確さの見積もり」を同時に実験者に示す設定になっている。

120

注意を集中させる。そしてそれにより、非焦点的仮説としての他の回答には注意が向かなくなるのだ。要するに「人が不当に高い確信を抱く1つの理由は、自分がさまざまな理由から誤りに陥るかもしれない、と考えることを怠ることにある」（Baron, 2008, p. 144）。人は、自己の確信についての判断を裏づけるために、複数の回答の候補すべてについて証拠を探し集める（retrieved）[172]。ところが被験者たちは、自分がかき集めた証拠に〈バイアス〉がかかっていることに気づかない――つまり、その証拠が自分の気に入った回答のためだけに集められたということに気づかない。その結果、被験者は自分の回答に過度に大きな確信を抱いてしまうことになるのだ。

　本章末尾に、この節の冒頭に掲げた問題の解答を収録してある。〈過信〉という現象の影響を受けていないかどうか、自分の回答と照らし合わせてほしい。注意すべきは、「知識 較 正 に対する〈過信〉」という本節の表題によって、〈過信〉の現象に対する事前の警告はしっかりなされているということだ。あなたは、正解を捉えていると 90% 確信できる範囲を〔設問の指示どおりに〕設定したのだから、確信した設定範囲内に真の数値が含まれる確率は 90% であるはずである。つまり、正解が設定範囲内に入らないケースは 10 回につきわずか 1 回のみだということだ。そして回答した問題がぴったり 10 題である以上、うち 9 題までは、設定した範囲内に正解が含まれるはずである。だがこの主題にかんする過去の研究成果によれば、あなたが確信した設定範囲内に正解を収め損ねた問題は、1 題よりも多い見込みが大きい。そしてそうだったとすれば、それはあなたもほとんどの人々と同様、（「過信」を扱うという表題の警告にもかかわらず）確率判断が〈過信〉という性格を帯びてしまっていることを示すものである。

　〈過信効果〉は、〈知識 較 正 〉の実験においてだけでなく、知覚と運動の諸領域においても見いだされてきた（Baranski & Petrusic, 1994, 1995; Mamassian, 2008; West & Stanovich, 1997）。それは単に実験室の中だけの現象ではなく、実生活のさ

---

[171]（前頁）訳注 139 参照。
[172] 訳注 73 でも触れたように、retrieve はこの後、〈人が自分の記憶を調べ、必要な情報を探り当てる〉という意味にほぼ限定して用いられ、それについては「検索する」という訳語を当てる（p. 132, pp. 178–81）。ここでの叙述は実地の情報収集の活動をも含むかもしれないが（そしてその場合にも、ここで言われる〈バイアス〉が働くことがありうるが）、少なくとも〈知識較正〉の実験について言えば外的な情報が利用不可能である以上、被験者は記憶の中から証拠となる情報を収集するはずである。

第 3 章 判断　121

まざまな領域に見いだされてきた現象である。例えばスポーツの試合結果の予測（Ronis & Yates, 1987）、自分の行動の結果や将来の人生についての予測（Hoch, 1985; Vallone, Griffin, Lin, & Ross, 1990）、経済の先行きの予想（Åstebro, Jeffrey, & Adomdza, 2007; Braun & Yaniv, 1992; Tetlock, 2005）、などである。〈過信〉が明白な形で明らかになる現象として、**計画の誤謬**（*planning fallacy*）と呼ばれているものがある（Buehler, Griffin, & Ross, 2002 参照）──これは、わたしたちがしばしば、計画（卒業論文や、確定申告の作成や、建築計画など）の所要時間を過小に見積もる、という事実を指す。

　〈知識 較 正〉（キャリブレイション）の〈過信〉が現実世界にもたらす帰結は多い。自分が本当に知っていることよりも多くを知っていると考える人々は、さらなる学びや、自分の知識の基礎にある誤りの訂正への動機づけが少なくなりがちである。自分が運動の技能または知覚の技能について卓越していると考える人は、他の人々の出した遂行結果（パフォーマンス）には厳しい批判を向けるのに、自分の行動には批判を向けない。例えば、さまざまな調査が一貫して示すところでは、ほとんどの人々は自分の自動車運転技術を平均よりも上だと考えている。例としてカナダの安全審議会の調査を見てみよう。この調査によればドライバーの75%が、運転中に携帯電話で話す、ものを食べる、ひげを剃る、メイクをする、のいずれかをしてもよいと考えていたという（Perreaux, 2001）。奇妙なことに、この同じ人々の内の75%もの人々が、他のドライバーがものを食べたり携帯電話で話しているのを見て苛立ったりぞっとしたりしたことがある、と言ったというのである！　同様に、何千もの人々が、自分ならば運転中に携帯電話で話しても運転に支障が出ることはない、という〈過信〉を抱いている。これらは（現実に対応する信念をもつという）〈認識的合理性〉の基準を満たし損ねている事例である。テクノロジーの発展によりドライバーの注意が散漫になる事例が増え、それによる不注意運転の事故が増えるにつれ、〈認識的合理性〉に反するコストが大きくなる、という見通しは日々説得力を増しつつある。たとえハンズフリー機能の使える機種であっても、携帯電話の使用は運転能力を損ない、事故の確率を実質的に増加させる（McEvoy et al., 2005; Strayer & Drews, 2007; Strayer & Johnston, 2001）。このように、適正な確率的〈較 正〉（キャリブレイション）がなされずにいる状況は人間の認知的な〈不合理性〉の実例であり、広範囲に見いだされ、多方面におよぶ影響をもたらす事態である。例えば医師の間に見いだされる〈過信〉は、幅広く浸透した危険な問題である（Groopman, 2007）。

確率推理をめぐるその他の問題

連言の誤謬[173]

次に〈リンダ問題〉と呼ばれる、やはり認知心理学の文献ではよく知られた問題を取りあげよう[174]。リンダ問題にはじめて取り組んだのはトヴェルスキーとカーネマン（Tversky & Kahneman, 1983）である。本書で論ずるほとんどの課題にかんする研究と同様、この問題の関連文献も厖大に存在する（例えば、Dulany & Hilton, 1991; Girotto, 2004, Mellers, Hertwig, & Kahneman, 2001; Politzer & Macchi, 2000）。

リンダは31歳で独身。率直な物言いをする、非常に聡明な人物である。哲学科を卒業している。学生時代に差別問題と社会正義の問題に深い関心を抱き、他方で反核デモにも参加していた。さて、以下の言明のそれぞれがどれほど事実でありそうかの確率を考え、最も見込みの大きいものを1、最も見込みの小さいものを8として、ランクづけして下さい。

a.　リンダは小学校教師である＿＿＿

b.　リンダは書店で働きヨガ教室に通っている＿＿＿

c.　リンダはフェミニズム運動に積極的に加わっている＿＿＿

d.　リンダは精神医学のソーシャルワーカーをしている＿＿＿

e.　リンダは女性有権者同盟のメンバーである＿＿＿

f.　リンダは銀行の窓口係をしている＿＿＿

g.　リンダは保険会社のセールスパーソンをしている＿＿＿

h.　リンダは銀行の窓口係をし、かつフェミニズム運動に積極的に加わっている＿＿＿

ほとんどの人々はこの問題に対して「連言[175]の誤り（conjunction error）」を犯す。選択肢 h（リンダは銀行の窓口係をし、かつフェミニズム運動に積極的に

---

[173]「連言の誤謬」の原語は conjunction fallacy。「連言錯誤」と訳されることも多い。以下も fallacy には「誤謬」、類義語の error には「誤り」の訳語を当てる。著者自身は「連言の誤謬（conjunction fallacy）」を「連言の誤り（conjunction error）」と言いかえて用いることが多い。（なお、「連言（conjunction）」についてはこの後の訳注 175 を参照。）

[174]「リンダ問題」については『心は遺伝子の論理で決まるのか』p. 98 および pp. 102–3 にほぼ同内容の紹介がある。

第 3 章 判断　123

加わっている）は選択肢 c と選択肢 f の連言〔命題〕であるため、選択肢 h の確率が、選択肢 c（リンダはフェミニズム運動に積極的に加わっている）と選択肢 f（リンダは銀行の窓口係をしている）のいずれかよりも高くなることはありえない。すべてのフェミニストの銀行窓口係は銀行窓口係でもある以上、選択肢 h の確率が選択肢 f よりも大きくなることはありえない――ところが、さまざまな研究で、80% という高い割合の被験者が、選択肢 h は選択肢 f よりも見込みが大きい、というランク付けを行い、〈連言の誤り〉を示した。被験者がこの問題に不正確な回答を行う理由は、多くの場合、彼らが〈属性代用（attribute substiotution）〉[176]〔という〈ヒューリスティック〉〕を使用してしまっていることにあった（Kahneman & Frederick, 2002, 2005参照）。〈属性代用〉とは、ある人物が属性 A を評価せねばならない場合なのに、A を評価するよりも（属性 A と相関[177]している）属性 B を評価する方が容易であることに気づき、それゆえ A の代わりに B を用いてしまうことである。単純な言葉で言い換えれば、難しい問いをより容易な問いに置き換えることが〈属性代用〉である。現在の場合で言うと被験者は、リンダ問題を慎重に考え、それを確率論的予測の集まり[178]として捉える代わりに、それよりも単純な見積もりとして、類似の度合いの見積もりにもとづいて回答するのである（つまり、フェミニストの銀行窓口係という項目は「銀行窓口係」という別の項目〔予測〕よりもリンダの記述とより一致するように見える〔類似の度合いが大きい〕）。だがもちろん論理に従えば、確率判断が問題である場合、類似性の見積もりではなく、下位集合（フェミニストの銀行窓口係）‐上位集合（銀行窓口係）の関係〔下位集合が上位集合を上回ることは論理的にありえない〕が勝るべきなのである〔つまりそれこそが考慮されねばならない〕。

---

［175］（前頁）連言（conjunction）とは英語の and、日本語の「かつ」や「および」によって複数の命題を結び付けて作られる表現を指す。論理学では論理積と呼ばれ、命題を「・」や「∧」で結び付けた形式で表現される（「P・Q」、「P∧Q」など）。連言命題は要素の命題すべてが真である場合のみ真になる。

［176］友野典男氏の訳では「属性の置き換え」（『行動経済学――経済は「感情」で動いている』光文社新書、2006 年、p. 98）。

［177］「相関する（correlate）」とは 2 つの変数（変量）の増加や減少が連動していること。共に増加する場合は「正の相関」、一方が増加し他方が減少する場合には「負の相関」と呼ばれる。

［178］原語は probabilistic scenario。scenario には「予想、仮定、一連の事柄」という意味があり、ここでの用法に当てはまりそうなので「予測の集まり」と訳した。「シナリオ」や「筋書き」と訳すと意味がずれそうである。

条件付き確率の逆転

　確率的思考の誤りの中でも、現実世界での意思決定に影響する帰結を多くはらんでいる誤りとして、〈条件付き確率の逆転（inverting conditional probabilities）〉の誤りがある（Gigerenzer, 2002）。確率の推理（リーズニング）において〈条件付き確率の逆転〉を犯すとは、〈B である場合に A である確率〉と〈A である場合に B である確率〉は同じものだと考えることに当たる。この 2 つの確率は同じではないのだが、同じものであるかのように扱われることが非常に多い。示される問題の内容によっては、2 つの確率の違いが容易に見て取れる場合もある。例えば、〈性交渉があった場合に妊娠する確率〉と〈妊娠した場合に性交渉があった確率〉が違う、というのは明白である。だが、示される問題の内容によっては、2 つの確率の違いが明らかではない場合があるのだ。

　先に行った議論を思いだそう。そこで述べたように〔p. 95〕、条件付き確率はいずれも以下に示すような仕方で、条件となる事象が成り立つ確率に依存している。すなわち[179]、

　　P(A/B) = P(A and B) / P(B)
　　P(B/A) = P(A and B) / P(A)

　条件となる事象 A が成り立つ確率が、条件となる事象 B が成り立つ確率よりもずっと大きい場合、P(A/B) は P(B/A) よりもずっと大きくなる。例えばドーズ（Dawes, 1988）は、カリフォルニア新聞に掲載されたある記事を紹介している。その記事の見出しは、〈学生たちへの調査により、マリファナの使用はハードドラッグ〔ヘロインやモルヒネのような中毒性の強い麻薬〕の使用につながることが判明した〉といった内容だった。つまりその見出しによればその調査は、〈かつてマ

---

[179] 以下の式で「条件となる事象」は事象 B、下の式で「条件となる事象」は事象 A である。すぐ前の例に当てはめて「性交渉があった」を事象 A、「妊娠した」を事象 B とすれば、P(A/B) は「妊娠という事象の成立を条件とした場合に、性交渉という事象が生起していた確率」、P(B/A) は「性交渉という事象の成立を条件とした場合に、妊娠という事象が生起する確率」である。そしてこの式によれば、P(A/B) つまり「妊娠した場合に性交渉があった確率」は「妊娠した確率」（P(B)）を分母とし、「性交渉があり、かつ妊娠した確率」（P(A and B)）を分子とする分数として、また、P(B/A) つまり「性交渉があった場合に妊娠する確率」は、「性交渉があった確率」（P(A)）を分母とし、「性交渉があり、かつ妊娠した確率」（P(A and B)）を分子とする分数として、それぞれ求められる。P(B/A) はかなり大きな値になり（性交によらない妊娠もあるので1/1 つまり 100% には達しないだろうが）、P(A/B) は恐らくそれよりも小さい値になろう。

第 3 章 判断　125

リファナを吸ったことがある学生が、ハードドラッグを使用するようになる確率〉を明らかにするものだった、ということになる。ところが実際には、該当の論文はそれとは逆の確率、つまり、〈ハードドラッグを使用している学生が、かつてマリファナを吸ったことがあるかどうかの確率〉を報告していたのである。これは問題である。2つの確率の間にはとてつもない違いがあるからだ。〈マリファナを吸ったことのある学生がハードドラッグを使用したことがあるという確率〉は、〈ハードドラッグを使っている学生がかつてマリファナを吸ったことがあるという確率〉よりもずっとずっと小さい。というのも、マリファナを吸っている人のほとんどはハードドラッグを使用していないが、ハードドラッグを使用している人のほとんどはマリファナを試したことがあるからである。条件としての「マリファナを吸った」という事象は、条件としての「ハードドラッグを使用した」という事象よりもはるかに確率の高い事象なのであり、それゆえ、P(マリファナを吸った/ハードドラッグを使用した) が確証される見込みは、P(ハードドラッグを使用した/マリファナを吸った) よりもずっと大きいということになる。状況を次のような図で考えてみよう。

	ハードドラッグを 使用した	ハードドラッグを 使用していない
マリファナを吸った	50	950
マリファナを吸っていない	10	2,000

ごくわずかの人々しか（3,010 人中の 60 人、2% 未満）ハードドラッグを使用していない一方、ほぼ 33% 〔(50 + 950) / 3,010〕がマリファナを吸ったことがあることが分かる。ハードドラッグを使用したことがある人がマリファナを吸ったことがある、という確率はきわめて高く、次の数値になる。

P(マリファナを吸った/ハードドラッグを使用した) = 50 / 60 = .83

ところが、マリファナを吸ったことがある人がハードドラッグを使用したことがある、という確率はきわめて低く、次の数値である。

P(ハードドラッグを使用した / マリファナを吸った) = 50 / 1,000 = .05

　〈条件付き確率の逆転〉が非常に多く生じる領域として重要なのが、医療における診断である（Eddy, 1982; Groopman, 2007; Schwartz & Griffin, 1986）。〈一定の症状が出ている場合の、病気に罹患している確率〉と〈ある病気に罹患している場合に、一定の症状が出ている確率〉を同じだと思ってしまう〈条件付き確率の逆転〉は、患者でも、医師でも、時折犯しうる誤りである（あなたが患者である場合、関心があるのは前者の確率だろう）。例えばわたしが「がんの検査の結果、あなたは陽性でした」と告げたとしたらどうだろう？　さらに「この検査の診断率は 90% です――つまりがんが存在している場合、90% の割合でこの検診は陽性の診断を下します」と告げたら？　これ以上ないほど動転してしまうことも十分ありえよう。だがもし同じ結果を、「あなたががんにかかっている見込みは 20% 未満です」という言い方で伝えたとしたらどうだろう。それほど動転してしまうことはないのではないか。だが陽性と診断された検査の診断精度が 90% だというのに、どうしたら「がんの見込みは 20%」という結果になるのだろう？　検査の受診者人 1,000 人を対象にした調査が行われ、かつ、その内の 100 人が実際にがんにかかっている、と想像しよう。得られた調査結果は以下の通りだとする。

	がんにかかっている	がんにかかっていない
検査結果が陽性	90	500
検査結果が陰性	10	400

　この表からは、この診断が 90% の正確さをもつことが読み取れる。つまりがんにかかっている人 100 人中、90% の人が検査を受け陽性と診断されたということだ。だが、すぐに気づくであろうが、この 90% という確率はあなたにとって関連ある数値ではない。90% という数値は、〈誰かががんにかかっている場合、その人に陽性の反応が出る確率〉、つまり、P(陽性反応 / がんにかかっている) という確率である。ところがあなたに関心がある数値はこれを逆転させた確率、つまり〈検査結果が陽性であった場合、あなたががんにかかっている確率〉すなわち P(がんにかかっている / 陽性反応) である。そしてこちらの確率は

第 3 章　判断　127

わずか 15.3%（90 割る 590）にとどまる。

　残念ながら、実験用に想像された事例以外にも、同様の事例は存在する。ドーズ（Dawes, 1988）はある医師の実例を論じている。その医師は、〈診断で陽性反応が出た場合にがんにかかっている確率〉を〈がんにかかっている場合に陽性反応が出る確率〉と混同した上で、それを理由にある種の予防的措置を患者に奨めていたという（p. 73）。その予防的措置とは乳腺切除の一種であった。ここからしても、確率の推理におけるこの種の誤りがいかに深刻であるかは容易に理解できよう。

確実性効果

　カーネマンとトヴェルスキー（Kahneman & Tversky, 1979）は、意思決定の〔〈規範理論〉ではなく〕〈記述理論〉[180] としての〈プロスペクト理論〉を打ち出した有名な論文の中で、〈確実性効果（certanty effect）〉と呼ばれる効果の実例をいくつか紹介している。それらが示すのは、人々は自分が確実だと思っている結果を、単に蓋然的〔確率的〕であるような結果に比べて[181] 過大評価するものだ、ということである。実例の 1 つを紹介しよう。

　あなたが次の 2 つの選択肢から 1 つを選ばねばならないとしてみよう。自分の〈選好〉に一致すると思える方を選んでもらいたい。

A.　33% の確率で 2,500 ドル手に入り、66% の確率で 2,400 ドル手に入り、1% の確率で何も手に入らない
B.　確実に 2,400 ドル手に入る

ここでさらに、次の 2 つの選択肢から 1 つを選ばねばならないとしてもらおう。自分の〈選好〉に一致すると思える方を選んでもらいたい。

---

[180] 意思決定の〈規範モデル〉と〈記述モデル〉の区別については pp. 22–3 参照。〈規範モデル〉〈規範理論〉は〈選択の諸公理〉（p. 31、訳注 19 および 39 参照）のような「あるべき」意思決定のあり方を論じ、〈記述モデル〉〈記述理論〉は現実になされている意思決定のあり方を正確に捉える（記述する）ことを目指す。
[181]「確実な（certain）」と「蓋然的な（probable）」は日常語では「非常に見込みが大きい」という近い意味の言葉だが、ここでは（日常語とも連続した意味として）「確実な」は確率 100% または 0% の見込み、「蓋然的な」はそれに近いがそれには至らない見込みを指す、という対照的な意味で用いられている。

C. 33% の確率で 2,500 ドル手に入り、67% の確率で何も手に入らない

D. 34% の確率で 2,500 ドル手に入り、66% の確率で何も手に入らない

　カーネマンとトヴェルスキーはこの実験の被験者の 82% が最初の選択問題では選択肢 B を選んだことを見いだした。このような〈選好〉は、単独で見る限りは、何ら間違ったものではない。問題なのは、被験者の 83% が第 2 の選択問題で選択肢 C への好みを示したことである。ここには実際、問題が**ある**。というのも、ここで C への〈選好〉を示すのは、最初の選択問題で示された B への〈選好〉に対する、あからさまな不整合となるからである。理由を説明しよう。

　第 1 の選択問題で B を選好するとはすなわち〈2,400 ドルの〈効用〉は、.33 の確率の 2,500 ドル、プラス、.66 の確率の 2,400 ドル、という〈効用〉よりも大きい〉と見なしていることを意味する。数式を用いれば次のようになる〔左辺が B、右辺が A である〕。

$$u(\$2,400) > .33u(\$2,500) + .66u(\$2,400)$$

この式の両辺から .66u($2,400) を引くと、次の式が得られる。

$$.34u(\$2,400) > .33u(\$2,500)$$

　だが 2 番目の選択を見ると分かるのは、これがまさに C と D の間の選択に相当すること〔左辺が D、右辺が C〕であり、そしてほとんどの被験者が C を選好したということは、第 1 の選択に対する完全な矛盾を意味する。というのも、C を選択するとは次の式に相当するのであるから。

$$.34u(\$2,400) < .33u(\$2,500)$$

　この不整合の理由は、カーネマンとトヴェルスキー（Kahneman & Tversky, 1979）の論証によれば、確実な〔100% の〕見込み付近の値をもつ確率には過大な重みづけがなされてしまう、ということにある。2 番目の選択（C 対 D）では、2,400 ドルを得るための追加の 1% の確率は、単純に .33 の確率から .34 の確率への移行である。だが 1 番目の選択では、この同じ 1% の確率は〈99% の確率で支払

第 3 章 判断　129

いを受けること〉から〈確実に〔100% の確率で〕支払いを受けること〉への移行である。〈選好〉におけるこのような不整合が明らかにしたのは、異なった確率をもつ 2 つの選択肢があり、一方の選択肢から他方の選択肢への移行が〈不確実〉〔100% 未満〕から〈確実〉〔100%〕への上昇である場合、この 2 つの選択肢の確率間の差には相対的に大きな重みが与えられる、ということである。つまり、〈確率加重関数（probability weighting function）〉のグラフ〔図 3.1〕で表されるその 2 つの確率間の重みづけの差は、グラフ上の、それらと同じ差をもつ他の 2 つの〔100% からより遠い〕確率間の重みづけの差よりも大きい。同じく、カーネマンとトヴェルスキーはゼロ近辺の確率にも過大な重みづけがなされていることを明らかにした——つまり〈不可能〉〔0%〕から〈可能〉〔0 より大きい確率〕への移行もまた、格別に際立って見える〔すなわち過大評価される〕ということだ。記述の問題として〔つまり、あるべき規範ではなく事実の問題として〕、わたしたちは確率の重みづけを本来なすべき仕方で（つまり現実の値にもとづいて直線的に）行ってはおらず、むしろカーネマンとトヴェルスキーが〈プロスペクト理論〉において提起した、図 3.1 で示される加重関数にもとづいて行っている、ということになる[182]。この例はまた、第 2 章〔pp. 44–6〕で論じた（この例と類比的な）アレのパラドクスの原因を、確率加重という観点から量的に考える方法を提供してもくれる。

確率判断において選言を「展開する〔アンパッキング〕」際の諸問題

　少し前の箇所〔「リンダ問題」の議論、pp. 123–4〕では、人々による連言命題（conjunction）[183]の取り扱い方にどんな問題があるかを見てきた。リンダ問題に出てくる連言という〔論理的〕関係を、ほとんどの人々が意識していない[184]見込みはも

---

[182]（客観的な）確率（横軸）が一様に増加するのに応じて、（主観的な）確率への重みづけ（加重）の度合い（縦軸）が非線形的に変動する（つまり 100% 近辺と 0% 近辺で確率の重みの過大評価がなされる）、というのがこの関数を特徴づけている「確率加重（probability weighting）」という言葉の意味である。〈プロスペクト理論〉は、図 2.1、図 2.2 の価値関数と、ここでの図 3.1 で示される〈確率加重関数〉という 2 つの関数の仮定からなる（したがって本書の分類では、同理論は〈道具的合理性〉と〈認識的合理性〉の双方にまたがる理論であることになる）。

[183] 以下 conjunction は単に「連言」（命題間の論理的関係としての）と訳す場合と「連言命題」（「A でありかつ B である」のような命題全体）と訳す場合がある（訳注 175 も参照）。

[184]「連言という論理的関係を、ほとんどの人々が意識していない（most people are not conscious of the conjunction relationship）」と訳した箇所は、もともとの原文では「連言〔命題〕が直接に経験されることが決してない（the conjunction is never directly experienced）」となっていた。この言い方だと、〈論理的関係

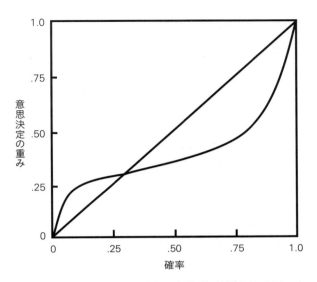

図3.1 〈プロスペクト理論〉にもとづく〈確率加重関数〉

ちろん大きい——すなわち、この問題で人々は〈属性代用（attribute substitution）〉を行い、それによって問題を確率的な観点から考えないという結果になる見込みが大きいのだ（Kahneman & Frederick, 2002, 2005）。つまり被験者はリンダ問題を確率的な予測の集まりとしては見ず、その代用として〈類似性を見積もる〉というより単純な手段〔〈ヒューリスティック〉〕にもとづいて答えを言う（それにより、「フェミニストの銀行窓口係」が「銀行窓口係」よりもリンダの記述に一層合致するように見えてくるのだ）。とはいえ、人々が問題のある扱い方をするのは連言に限られない。〔連言と並ぶ論理的関係としての〕選言（disjunction）[185]を人々が取り扱う場合にも問題が見られるのであり、これはとりわけ、選言命題[186]

である連言はそもそも直接的感覚経験の対象になりえない〉のような意味であるようにも思われたので著者に確認したところ、訳出したように言いかえるように、という返答を頂いた。
[185]「選言（disjunction）」については訳注60参照。そこで述べたように、選言命題は要素の命題のいずれか1つが真である場合に真になり、したがって要素の真偽は相互排他的（同時に真ではありえない）ではなく、相互排他的な「または」に対しては、「排他的選言」または「排他的論理和」と呼ばれる論理学的に異なる表現が対応する。ただし、ここで著者が考えている事例は「排他的選言」の例と見なす方が適切かもしれない。
[186] conjunction同様（訳注183参照）、disjunctionも文脈に応じて「選言」と訳す場合と「選言命題」と訳す場合がある。

を構成する要素がはっきり示されず、単に含意されている場合に顕著になる。

　トヴェルスキーとケーラー（Tversky & Koehler, 1994）はかつて次のような研究を公表した。アメリカにおける自然原因による死亡の比率について、第1の被験者のグループは58%という見積もりを行った。第2のグループはがんによる死亡、心臓発作による死亡、「その他の自然原因による死亡」の確率を見積もった。この第2のグループの見積もりは、それぞれ18%、22%、33%であった。当然ながら、がんによる死亡と心臓発作による死亡と「その他の自然原因による死亡」を合計すれば、自然原因による死亡と同じ値になる。だがここに、つじつまの合わない何かがあることに注意しよう。第2のグループが〈すべての自然原因による死亡〉について見積もった値を合計すると73%（18% + 22% + 33%）になるが、この値は、〈すべての自然原因による死亡〉という同じ項目の内容をはっきり展開（unpacking）せずに直接に見積もったグループの値〔58%〕よりも微妙に高い。

　この「自然原因による死亡」の例は、内容が明確に示されていない選言命題を評価する場合に典型的に生じる例である。（〈すべての自然原因による死亡〉のような）選言を評価するとき、被験者は〈劣加法的（subadditive）〉[187]になる──つまり、あるカテゴリー全体〔この例では「自然原因による死亡」〕の〔確率の〕見積もりが、そのカテゴリーに属する個々の要素〔の確率〕の見積もりの合計よりも低いことがしばしばあるのだ。人々は選言的な判断を行う場合に認知的な努力を最小化する。つまり、カテゴリーの中身を見えるように展開せずに済ませるのである。こうしてカテゴリーを展開せずにいた人々が、その後で改めて個別の要素に注意を向ける場合、その個別の要素の1つ1つがその都度、証拠検索（retrieval of evidence）の引き金を引き、結果、その要素の〔証拠としての〕尤もらしさが示唆される。そして、検索の〔引き金を引く〕手がかりとして、カテゴリー全体を単一の手がかりとして用いる場合に比べると、カテゴリーに属する要素を別々に考察する場合の方が、検索される手がかりの数はずっと多くなる〔したがって尤もらしい証拠が示唆される回数も増す〕のである[188]。

---

[187]「劣加法性（subadditivity）」とは関数について言われる概念で、数学や経済学において厳密に定義されているが、単純な例に即して言うと、分割して生産するよりもまとめて生産した方が費用が安くなる（か少なくとも同額になる）、あるいは、まとめ買いの方が同数の商品をバラで買うよりも価格が安くなる（か少なくとも同額になる）、といった場合にあてはまるような性質である。対義語は優加法性（superadditivity）。

ギャンブラーの誤謬[189]

次の2つの問題に答えてもらいたい。

問題A——公平なコイン（つまり、表と裏の出る見込みが五分五分であるコイン）を投げ、表が続けて5回出たとする。6回目についてあなたはどう考えるか。

_____表よりも裏の方が出そうである。

_____裏よりも表の方が出そうである。

_____6回目のコイン投げで表が出るのも裏が出るのも等しい見込みがある。

問題B——人々がスロットマシンで遊ぶとき、10回に1回の割合で勝ちが出る。ところがジュリーは最初の3回のプレイすべてで勝ちが出た。ジュリーの次のプレイで勝ちが出る確率は、_____回中_____回である。

この2つの問題は、人が**ギャンブラーの誤謬**（gambler's fallacy）と呼ばれる誤謬——実際には相互に独立である過去の事象〔出来事〕と未来の事象〔出来事〕の間につながりを見いだす傾向——に陥りやすいかどうかを探るものである（Ayton & Fischer, 2004; Burns & Corpus, 2004; Croson & Sundali, 2005）。何か2つの結果が生じたとき、その2つが独立であるというのは、一方の生起が他方の生起に影響を与えないという場合である。運のゲーム（game of chance）[190]のほとんどは、適正な道具を用いてプレイされるならば、このような性質をもつ。例えばルーレットのホイール上のどの数字が当たりになるかは、それに先立つ諸結果〔前回までの当たり〕とは独立である。ホイール上の数字の内の半分は赤、半分は黒であり

---

[188]（前頁）この後、「検索（retrieval, retrieve）」と、検索のための（したがってまた検索の引き金を引くものとしての）「手がかり（cue）」という用語が互いに関連づけられてしばしば登場する。内容的には、判断や意思決定の際に、必要な情報を探す（特に自分の記憶内で）場面がretrievalであり、その際に用いられる手がかりがcueである、とまとめられよう（訳注73および172も参照）。

[189] 本節と同タイトルでほぼ同内容の節は『心理学をまじめに考える方法』のpp. 204–8にも収録されている。（語句や参照文献の多少の異同があり、本書の方がやや詳しい。）

[190]「運のゲーム（game of chance）」とは勝ち負けが運に左右されるゲームで、勝ち負けがプレイヤーの腕前に左右される「技能のゲーム（game of skill）」の対義語である。「ギャンブル」とおおむね同義だが、「ギャンブル」（あるいは「賭け事」「博打」「賭博」）のように金品を賭けることを必ずしも含意していない。子供向けのすごろくなどはギャンブルならざる「運のゲーム」の例であろう。

第3章 判断　　133

（単純化のために、緑色の 0 および 00 は無視する[191]）、したがってどのスピン〔ディーラーがボールを投じること〕についても、赤の出るオッズは五分五分（.50）である。だが、5 回か 6 回赤が出続けると、プレイヤーの多くは、そろそろ黒が出そうだと考えて賭ける目を黒に切り替える。これが〈ギャンブラーの誤謬〉である——過去の結果と次の結果は独立しているのに、まるで過去の結果が次の結果に影響を与える場合のようにふるまうのだ。このようなプレイヤーは、抱いている信念に誤りがある。ルーレットのホイールは過去に何が起きたかの記憶をもちはしない。たとえ赤が連続で 15 回出続けたとしても、次のスピンで赤が出る確率は依然として .50〔五分五分〕なのである。もちろん、これが成り立つのはあくまで個々の事象〔この例では当たりの数字〕が、それぞれ**真**に独立である場合（つまり「歪めた」ルーレットホイールや、おもりの入ったサイコロや、インチキコインが使われていない場合）に限る、ということは強調すべきである。

　前述の問題 A で、5 回表が続いた後には、表なり裏なりが出やすくなると考える人々がいて、〈ギャンブラーの誤謬〉と呼ばれる思考法の実例を示すものだ。6 回目のコイン投げで表が出るのも裏が出るのも等しい見込みがある、というのが正しい答えである。同様に問題 B でも、「10 回に 1 回」以外のあらゆる回答は〈ギャンブラーの誤謬〉を示すものである。

　〈ギャンブラーの誤謬〉は経験の浅い素人に限られるものではない。研究によると、〈運のゲーム〉を週 20 時間以上プレイする習慣的ギャンブラーも、やはり〈ギャンブラーの誤謬〉を信じる態度を示しているという（Petry, 2005; Wagenaar, 1988）。実際、研究によれば、病的なギャンブル依存で治療を受けている人々は、統制群〔対照群〕[192]の被験者に比べて〈ギャンブラーの誤謬〉に陥ってしまう傾向が大きいという（Toplak, Liu, Macpherson, Toneatto, & Stanovich, 2007）。

　〈ギャンブラーの誤謬〉が〈運のゲーム〉に限定されるものではないことに気づくのは重要である。偶然〔運〕が実質的な役割を果たすあらゆる領域で、要するにほとんどすべての領域において、その誤謬は生じる。生まれてくる赤ん坊の遺伝的構成〔ここでは特に性別〕はその一例である。心理学者、医師、それに

---

[191] ウィキペディアなどの解説にあたると、現在主流のルールには緑色が 0 のみのヨーロピアンスタイルと、0 と 00 の 2 つのアメリカンスタイルがあるということであるが、ここではアメリカンスタイルが論じられていると言えよう。
[192] 統制群（対照群）と訳される control については訳注 104 を参照。

結婚相談員は、すでに女の子供が2人いるカップルが「男の子が欲しい。そして、次は男の子が産まれるに決まってる」という理由で第3子をもうける計画を立てているのを頻繁に目にする。もちろんこれは〈ギャンブラーの誤謬〉である。男児をもうける確率（約50％）は、2人の女児を産んだ後でも、1人目に男児をもうける確率（ほぼ50％）とまったく同じだ。女児がすでに2人いるとしても、3番目が男児でありそうだという度合いが大きくなっているわけではないのである。

　人々が偶然の事象の確率を考える際に犯す誤りのいくつかは、以上見てきた〈ギャンブラーの誤謬〉と結びついている。1つの誤りとして、もしある過程が真にランダムであるならば、その系列の中に──たとえそれが（コインを6回投げるといった）ごく短い系列であっても──、連続[193]やパターンが現れるはずがない、という信念が挙げられる。人々は通常、ランダムな系列の中に連続（表表表表）やパターン（表表裏裏表表裏裏表表裏裏）が現れることの尤もらしさ〔尤度〕を過小評価する。それゆえに人々は、真にランダムな系列を作り出そうと試みても、作り出すことができない。人々がそうやって作り出した系列には、連続やパターンがあまりに少なすぎる結果になるのだ。というのも、その系列を作ろうとしているとき、人々は当然現れるはずの構造〔同じ目の連続や規則性〕をことごとく崩そうという誤った努力をして、本来ある以上に変化が多い系列を選択してしまうことになるのである（Nickerson, 2002; Towse & Neil, 1998）。

　自分には超能力が備わっていると自称する人物が、人々のこうした傾向につけ込むのは容易である。心理学の授業で時折なされる実演を取り上げよう。1人の学生に、1・2・3の数字をランダムに選んで延々200文字並べたリストを作るように、という指示がなされる。できあがったリストは教師の目の届かないところに置かれる。次いでその学生には、リストの1文字目の数字を念じるようにという指示が出される。そして教師はその数字が何かを推測しようと試みる。教師は推測した数字を学生に告げ、学生は他の学生たちと教師に向けて、正しい答えを告げる。教師の推測が当たりだったか外れだったかは記録される。同じ手順が繰り返され、最終的には200文字すべてに教師が行った推測につい

---

[193]「連続」の原語はrun。統計学の専門用語としては「連」と訳され、「観測値の系列中で、ある同じ値の1個以上の連続」を指すとされる。（専門用語としての用法については、『心理学をまじめに考える方法』p. 206の訳注から学んだ）。

第3章　判断　135

ての当否の全記録ができあがる。この一連のやりとりに先立ち、教師は、これから自分は実験中の被験者の心を読む「超能力（サイキック・パワー）」の実証を行いますと告知していた。教室の学生たちには、どのくらい高い成績──「当たり」のパーセンテージ──が出れば超能力（サイキック・パワー）の確かな経験的証拠（エビデンス）になりますか、と問いかけられる。通常は統計学の科目を履修している学生が進み出て、純然たる偶然にもとづく場合には 33% の当たりが出ると予期されますから、先生に超能力（サイキック・パワー）があるという主張を信じるためには、先生は少なくとも 40% より多い比率で正解しなければならないでしょうね、といった具合に見積もりを言ってくれる。他の学生は通常これを理解し、その論拠に納得する。かくして実演がなされると結果は 40% よりも大きな値となり、多くの学生は驚く。

　以上の実験で学生たちは、ランダム性というものについて、また超能力（サイキック・パワー）を詐称（さしょう）することがいかに容易であるかということについて、教訓を学ぶ。この教員は単に、人々は同じ数字の連続を十分に多く作り出さないものだという事実──つまり「ランダムな」数字の並びを作り出す際に、数字の入れ替えをやりすぎるという事実──を利用しているだけである。数字が真にランダムに並んでいるとして、2 が 3 回続いた後に 2 が来る確率はいくらになるはずだろうか？答えは 3 分の 1 であり、これは 1 または 3 が来る確率と同じである。だがほとんどの人々がそのような並びを作り出す場合、これが当てはまらなくなる。たとえごく短い連続の後であっても、いかにもそれらしい系列を作ろうと、違う数字を書く傾向が人々にはあるのだ。かくして、この実験の各回の試行で教員がすることはただ、学生が 1 つ前の試行で選ばなかった 2 つの数のいずれかを選ぶことだけ、ということになる。例えば、学生が 1 つ前の試行で 2 を選んだならば、教員は次の試行で 3 か 1 を選ぶ。前の試行で学生が書いていた数字が 3 だと分かれば、教員は次の試行で 1 か 2 を選ぶ。この単純な手続きで、通常は 33% よりも大きな的中率を確保できる──超能力（サイキック・パワー）を手がかりとせずに、偶然よりも大きな正確さが得られるのである。

　系列がランダムならば、そこにはどんな連続もパターンも現れないはずだ、と信じる人々の傾向を例証した、非常に愉快な実例がある。2005 年に加熱した iPod の「シャッフル」機能をめぐる論争である（Levy, 2005）。この機能を使うと、iPod 内にロードされている楽曲がランダムに再生される。今しがた述べた研究を知っている心理学者と統計学者の多くが、密かにほくそ笑んだのは言うまでもない。それは当然起きるべくして起きた論争だったからだ[194]──つま

136

りユーザーたちは、同じアルバムや同じジャンルの楽曲の系列が何度も出てきたことを理由に、シャッフル機能がランダムなはずがないと文句をつけ始めたのだ。技術ジャーナリストのスティーヴン・レヴィ（Levy, 2005）もこの出来事を経験し、その様子を報告している。彼のプレイヤーは一見、最初の1時間以内に決まってスティーリー・ダンを好んで流すように見えた、というのである！だがレヴィには専門家の説明を受け入れるだけの賢明さがあった。つまり専門家の説明によれば、真にランダムな系列が人々の目にはランダムなものに見えないことはしばしばあり、これはすべてのものにパターンを押しつけてしまうわたしたちの傾向に由来する、というのである。レヴィは自分の調査を記事にまとめ、記事を次のように結んだ──「人生は実際にはランダムなものなのかもしれないし、iPod がランダムに曲を選んでいるのは多分間違いない。だがわたしたち人間はいつでも、自分自身の物語やパターンによって混沌を支配下（コントロール）に置こうとする。欠陥がもしもあるとすれば、それはシャッフル機能にではなく、わたしたち自身にあるのである」（p. 10）。

確率マッチング──臨床的予測と保険数理的予測

〈ギャンブラーの誤謬〉を理解しそれを回避することは、確率にかんする概念的教訓──多大な一般性をもつ非数学的な教訓──の1つである。そしてこの教訓は、わたしたちがこの世界で目にする出来事〔事象〕のほとんどすべては〈偶然（チャンス）〉と〈組織立った要因〉とが複雑に混じり合ったものである、という事実を深く理解させてくれる洞察に結びついている。事象の多様性の一部がランダムなものである（つまり偶然によって決定されている）ということを理解するのは大事なことである[195]。

世界に生じたさまざまな結果を説明しようとする際に、偶然の役割を認めようとしないでいると、現実世界の出来事〔事象〕を予測するわたしたちの能力が実質的に損なわれてしまうことがある。ある領域[196]に生じる結果が、ある程度偶然によって決定されていると認めるとなると、〔常に偶然が介在する〕未来を100% の正確さで予測することが自分にはできず、したがってその予測には常

---

[194]（前頁）著者はこの言い回しが気に入っているらしく、宝くじの番号をめぐる似たようなエピソードを語る際にも、ほとんど同じことを言っている（『心理学をまじめに考える方法』p. 220）。
[195] 次段落以降の箇所は、『心理学をまじめに考える方法』pp. 223–31 とおおむね同内容であるが、後者の方が段落数が多く、詳しい。

第3章 判断　137

に何らかの誤りがあるはずだ、という事実をも受け入れざるをえないことになる。ところが興味深いことに、こうして予測の正確さが100%に満たないことを認めると、わたしたちの予測の全体的な正確さが実質的に増大することがあるのだ（Dawes, 1991; Einhorn, 1986）。これはごく単純な実験課題を用いて例証されうる。認知心理学の実験室で何十年にもわたって研究されてきた実験である（Fantino & Esfandiari, 2002; Gal & Baron, 1996）[197]。まず被験者は2つのランプ（一方は赤で他方は青）の前に座る。そして被験者は各試行ごとにどちらが光るかを予測し、答える[198]ように求められる。試行は何十回も行われるとも予告される。（他にも、多くの場合、被験者が正しく言い当てた場合には報酬が支払われるとも言われる。）実を言えば実験者により、どちらの色のランプが光るかはランダムに決まるようプログラムされている。ただし、どちらの色にどの程度決まるかの比率は固定されていて、赤い光は70%の割合、青い光は30%の割合で光るという設定である[199]。被験者はすぐに、赤い光の方が頻繁に点灯する事実に気づき、結果、青ランプが光ると予測する回数より、赤ランプが光ると予測する回数の方が多くなる。実に、赤ランプを予測する割合はほぼ70%になるのだ。また被験者は、ランプの点灯には一定のパターンがあるという信念を抱くようになり、点灯の系列がランダムだとはまずほとんど考えない。こう

---

[196]（前頁）ここが初出ではないが、「領域（domain）」は本書で頻出するものの、必ずしも厳密に定義されていないように見える語句である。「脳機能領域」のような意味になる場合もあるため、その語義の有無を原著者に問い合わせたところ、本書でその語義での使用はないということで、少なくとも外的な場所を指していることは確認できている。内容としてはただの場所や空間ではなく、文脈や状況などによって区別され分類されるような場所や場面を指していると思われる。なお、『心理学をまじめに考える方法』の対応箇所では「分野」と訳されている（p. 223）。

[197] 以下の実験と被験者の反応にかんする考察は、『心は遺伝子の論理で決まるのか』pp. 168–9にも、より簡潔な叙述がある。

[198]「予測する」の原語はpredictで、この語は単に内心で予測を見積もるというだけでなく（その意味にもなるが）、予測の内容を告げる、伝える、というところまで意味できる言葉であり、ここではそのような状況が描写されている。ただし「予測を言う」という言い方はややぎこちないので、実験における状況ということを踏まえ、予測を実験家に伝えるという意味で「予測を答える」と訳し、また、状況が十分明らかな場合は単に「予測する」と訳す場合もある。ただし原文では常に、「予測を言う」状態が描写されていることは念頭に置いてほしい。（著者が別の書物で、心理学とは人間（や動物）の「行動」を主題にする学問であると規定していることもここで注記しておこう（『心理学をまじめに考える方法』p. 7）。つまり著者は心理学を「心」ではなく「行動」を対象にする学問だと認識しているということである）。

[199] 喩えて言えば、サイコロを振って1, 2, 3, 4が出れば赤、5, 6が出れば青を光らせる、というのと似た作業が、各試行ごとにプログラムによって（乱数発生器などを用いて）なされている、と考えるとわかりやすいかと思う。

138

して被験者は点灯がランダムだと考えず、むしろ〔パターンがあると信じ〕各回の試行のたびに予測を正確に行おうとして、赤の予測と青の予測の間を行ったり来たりする。結果、各回の予測を集計すると、赤と答える回がほぼ 70%、青と答える回がほぼ 30%、という割合になるのだ[200]。

　この状況の論理を考えてみよう[201]。被験者たちは、ほぼ 70% の割合で赤が点灯するという予測を答え、ほぼ 30% の割合で青が点灯するという予測を答える。また、それぞれのランプは実際に赤が 70%、青が 30% という比率でランダムに点灯しているとする。ではこのとき、被験者が正しい色の予測を答える確率はどのくらいになるだろうか？　この計算を、実験中盤——すでに赤の方が多く点灯し、またしたがってほぼ 70% の割合で赤が光ると予測するようになっている段階——の試行 100 回について行ってみよう。まず 100 回の試行中 70 回は赤が光る。そして被験者はその 70 回の試行のうち 70% で正しい予測を答える（というのも被験者は〔全般に〕70% の割合で赤が光ると予測するのだから）。つまり被験者が赤の点灯を正しく予測するのは、70 回の試行中 49 回（70 掛ける .70）である。また 100 回の試行中 30 回は青が光る。そして被験者はその 30 回の試行のうち 30% において正しい予測を答える（というのも被験者は〔全般に〕30% の割合で青が光ると予測するのだから）。つまり被験者が青の点灯について正しい予測をするのは、30 回の試行中 9 回（30 掛ける .30）である。かくして 100 回の試行の内、被験者の予測が的中する割合は 58%（赤が点灯する試行の内の 49 回と、青が点灯する試行の内の 9 回）だということになる。だがこの成績は、被験者が別の戦略〔方略〕をとっていれば得られたはずの成績と比較すると、みじめなものであることに注意せねばならない。別の戦略〔方略〕とはすなわち、どちらのランプがより多く点灯するかに注目して、多い方の色の予

---

[200] 著者は本文中で明記していないが、このように学習者がある事象の頻度（frequency）を学習して、頻度に応じて複数の異なった反応を示すようになる学習のあり方が、表題に掲げられた「確率マッチング（probability matching）」であり、これはネズミなどの動物の学習にも（恐らく意識的な推測ではなく、無自覚的な学習装置の働きとして）見いだされる現象である（この後の pp. 182–5 では「確率マッチング」の語を明確に用いて同じ現象が述べられている）。なお、probability matching は「確率対応」とも訳される、『心は遺伝子の論理で決まるのか』pp. 168–9 他では「確率照合」という訳が採用されている。

[201] ここが初出ではないが、「○○の論理」は著者が好んで用いる印象的なフレーズで、著書 Robot's Rebellion (Stanovich, 2004) の邦訳タイトルにも用いられている（『心は遺伝子の論理で決まるのか』）。この箇所は、『心理学をまじめに考える方法』では「その状況を論理的に考えてみましょう」と訳されており（p. 224）、ここでの文意を的確に捉えた訳と思われる

第 3 章 判断　139

測のみをすべての試行で答える——この場合で言えば、赤の方が多いことに注目し、赤の予測だけをどの試行でも答える——という単純な戦略〔方略〕である（これを〈100% 赤戦略〔方略〕〉と呼ぼう）[202]。100回の試行のうち70回は赤が点灯するのだから、この戦略〔方略〕をとっていれば被験者はその70回すべてについて正しい予測を答えることになったはずだ。たしかに30回分の青の点灯については、被験者の予測は完全な間違いになったはずだが、それでも、被験者が行った予測全体の正確さは70%になったはずである——この値は、被験者がすべての試行において正しい予測を答えようとして、赤と青の間を行き来した結果として得られる58%という的中率と比べると、〔同じ100回の試行に対して〕差し引き12%分正確さが増すのである！

　したがってこの戦略〔方略〕こそ最適な戦略〔方略〕なのだが、しかしこの戦略〔方略〕をとる限り、青が光る場合すべてについて間違いを犯すはずだ、という帰結が確実に伴う。青色光刺激は少なくとも**いくつかの**試行で生じるに違いない。ならば、その「いくつか」の予測を決して答えないというのは、端的に正しくないことであるように見える。ところがまさにその「正しくない」ように見えることを、正しい確率論的思考は要求してくる。確率論的思考は、青が光る回で確実に犯される誤りを受け入れるようにと要求する。その誤りは、どの回でも必ず赤の予測を答える、という戦略〔方略〕によってのみ得られる、全体としての高い的中率を達成するために必要なのだ。要するに、わたしたちは全体として犯す誤りをより少なくするために、青が光る場合でも赤が光ると答え続ける誤りを受け入れなければならないのだ。

　とはいえ、この〈誤りの数を減らすために誤りを受け入れる〉という戦略〔方略〕の実行が難しいことは、心理学において40年の歴史をもつ〈臨床的予測〉と〈保険数理的予測〉の対立をめぐる研究が証言している。この**保険数理的予測**（*actuarial prediction*）[203]という用語は（個が雑多に集められたものとしての）グ

---

[202] この「100% 赤戦略〔方略〕」は被験者が個別の予測を断念し、すべての試行で「赤が光る」と答えるという戦略〔方略〕である。訳注198で述べたように、この箇所でのpredictは「予測を言う」という意味で用いられており、特にこの戦略〔方略〕については「予測する」と訳すといくぶん奇妙に聞こえてしまう。被験者は全体としての高い的中率ないし正答率を求めてこのこの戦略〔方略〕を採用するのだが、それによって個々の試行での予測を行うことは放棄し、同じ予測を答え続けるのだからである。
[203] 『心理学をまじめに考える方法』では「統計的予測」という訳語が採用されている（p. 223およびp. 225以下）。「保険数理的」は直訳的に過ぎるかもしれないが、語の成り立ちが分かる訳として採用した。

ループの、統計的記録から導き出された趨勢にもとづいて立てられる予測を指す。単純な〈保険数理的予測〉としては、ある一定の特徴を共有するすべての個人に同じ結果が生じると予測する、という形式の予測がある。したがって、喫煙しない人の寿命は77.5年であり、喫煙する人の寿命は64.3年である、という予測は〈保険数理的予測〉の一例であることになる。これより正確な予測は、グループに共有される特徴を複数考慮に入れることで可能になる（これには重回帰〔分析〕のような統計的手法を用いる[204]）。例えば、喫煙し、太りすぎで、運動をしない人々の寿命は58.2歳であるという予測は、複数の変数の組み合わせ（喫煙行動、体重、運動の量）にもとづく〈保険数理的予測〉の一例である。このように複数の変数を組み合わせた予測はほぼ常に、ただ1つの変数だけにもとづく予測より正確である。こうした〈保険数理的予測〉を共有している分野としては、経済学、人材〔の開発や管理〕、犯罪学、ビジネスとマーケティング、医学、それに心理学のほとんどの下位分野（認知心理学、発達心理学、組織心理学、パーソナリティ心理学、社会心理学など）が挙げられる。これとは対照的に、職業的に臨床に当たっている臨床心理学者[205]のいくつかの下位集団の中には、自分たちはグループ全体を対象とした予測を超えて、各個人ごとにどんな結果が生じるのかを正確に予測することができる、と主張する人々がいる。彼らが主張する予測は〈臨床的予測（clinical prediction）〉、あるいは事例〔症例〕予測（case prediction）[206]と呼ばれている。〈保険数理的予測〉と対比されるものとしての〈臨床的予測〉に携わる場合、

――――――――――

[204]「重回帰（multiple regression）」は市場調査などでも用いられる手法で、説明すべき現象（目的変数）に影響を与えている複数の要因（説明変数）の影響の度合いを分析できる。これによりたとえば、商品の売れ行きにどの要因がより多く影響したかの分析を試みることができる。

[205] 原語は clinical psychological practitioners。clinical psychology は「臨床心理学」、practitioner は、開業して専門業務を営む弁護士や医師を指し、医師については「開業医」と訳される。だがここでは狭義の「開業医」というより、次々訳注で取りあげる「職業的心理学者」と同じく、心理学的な治療、カウンセリング、セラピーなどに職業的に携わっている人々を一般的に指していると思われる。したがって以下では practitioner を clinitcian と区別せずに「臨床家」と訳す（この訳はスタノヴィッチ『心理学をまじめに考える方法』p. 226 以下を参考にさせていただいた。なお、同書の別の場所（p. 245 以下）では「実践的心理学者」ないし「実践家」という訳語も採用されている）。

[206] case は「個別の事例」全般を指すことができるが（「事例研究（case study）」など）、医療関連では「症例、症状」ないし「患者」を特に指すこともある。case prediction について言えば、ウェブで検索した限り例えば法律関係で用いられる例も見つかり、どの程度一般的な意味なのか確定できなかった。スタノヴィッチ『心理学をまじめに考える方法』では「ケース予測」と訳されている（p. 226）。

第 3 章 判断　　141

職業的心理学者[207]は、自分たちは個々人について、〔単なる〕「人々一般」（あるいはさまざまなカテゴリーに分けられた人々）についての予測を超越した予測を行うことができる、と主張する。……職業的心理学者が他の心理学者と異なるのは、単独の個人を、統計的に一般化できるグループの一部としてではなく、むしろ比類なき存在として理解できる、という主張である。彼らの主張によれば、彼らは何が「一般に」真理であるかを述べるのではなく、むしろ個人の人生において「何が何の原因になったか」を分析することができる、ということになる。（Dawes, 1994, pp. 79–80）

〈臨床的予測〉は〈保険数理的予測〉に大いに役立つ補足情報を与えてくれそうに思われよう。だが問題が１つある。〈臨床的予測〉はそもそも役に立たない、ということだ。

〈臨床的予測〉が有益な補足情報となるには条件がある。受診者とのかかわりから得た経験や、いつも用いている受診者の情報から引き出される予測が、単純な形式にコード化され、統計学的に処理された受診者の情報から引き出される予測——数量的データを最適化された仕方で組み合わせて処理することで得られる予測——よりも優れた予測をもたらさねばならないのである。要するにこうした心理学の臨床家たちは、過去の研究が解きほぐしてきた諸関係の集合体を、自分の経験を頼りに飛び越すことができる、と主張しているのだ。だとすれば、〈臨床的予測は有効である〉という主張は容易に検証できる主張であることになる。そして残念ながら、この主張はすでに検証されており、その結果反証されてしまっている。

〈臨床的予測〉対〈保険数理的予測〉、という問題についての研究結果は一貫している。1954年に刊行されたポール・ミール（Paul Meehl）の古典的著作『〈臨床的予測〉対〈統計的予測〉』（Clinical Versus Statistical Prediction）以来40年間なされてきた研究は100件以上にのぼるが、それらの研究が示したのは、〈臨床的予測〉がなされるほぼすべての領域（サイコセラピーの成果、仮釈放時の行動、大学の卒業成績、電気ショック療法への反応、犯罪の常習性、精神科病棟への入院期間、その他多数）において、〈保険数理的予測〉は〈臨床的予測〉よりも優れているということである（Dawes, Faust, & Meehl, 1989; Goldberg, 1959, 1968, 1991;

---

[207] 大学の研究者も心理学の職業的専門家であるが、訳注 205 で触れたように、ここで professional psychologists と呼ばれているのは、職業的に治療に携わっている臨床心理学者を指しているようである。

Swets, Dawes, & Monahan, 2000; Tetlock, 2005)。

　臨床にかかわる領域はさまざまだが、どの領域でも常に、〔統計学的〕方程式
が臨床家の予測に勝利する。つまり臨床家に受診者の情報を提示し、受診者が
どう行動するかの予測を求めると、統計学的方程式による数量化と処理から得
られた予測——保険数理的関係にかんする過去の研究をもとに立てられた方程
式が導く予測——の方が臨床家の予測に勝る結果になる。つまり〈保険数理的
予測〉は〈臨床的予測〉よりも正確なのだ。実のところ、たとえ臨床家に利用
可能な情報が、保険数理的方法で用いられる情報よりも多い場合ですら、保
険数理的方法が勝る。つまり、臨床家が受診者との個人的接触やインタビュー
から情報を得ると共に、同じ情報を保険数理的方程式にかける作業もあわせて
行った場合でも、臨床家の予測は正確さの点で保険数理的方法におよばないの
だ——「臨床家の判断は、たとえ情報量において勝っている場合ですら、保険
数理的方法をしのぐには至らない。実のところ、2つの方法のギャップを埋め
るために追加の情報にアクセスしても、何の効果もないことが多い」(Dawes et
al., 1989, p. 1670)。言うまでもなくその理由は、そこで用いられる方程式が、情報
を正確かつ整合的に統合するという点にある。この整合性という要因は、臨床
家が形式性を欠いた手法でかき集めた情報に、情報としてのどんな利点があろ
うとも、その利点をしのぐものなのだ。

　〈臨床的予測〉・〈保険数理的予測〉を扱った文献に載っているテストとして最
後に紹介したいテストがある。このテストは、まず実際に臨床家たちに保険数
理的方程式にもとづく予測を提示し、それからこの予測を、受診者とかかわっ
た個人的経験にもとづいて修正するように臨床家に求める、という手続きで進
められる。実際にどうなったかといえば、臨床家たちが〈保険数理的予測〉に
修正を加えた場合には、予測の正確さが減少したのである (Dawes, 1994 参照)。
これは「誤りを減らすために誤りを受け入れる」ことに失敗している実例であ
り、この実例については、前述の光の色を予測する実験との類比が見事に成り
立つ。色の実験の被験者は〈赤い光がより多く点灯する〉という〈保険数理的〉
情報に依拠して毎回赤だという予測を述べる (それによって 70% の正確さを得
る) ことをしなかった。むしろ、毎回正確な予測をしようとして赤の予測と青
の予測を適宜切り替え、それにより正確さが〔同じ 100 回の試行に対して〕差し引
き 12% 分落ちる結果に終わった (つまり 58% の正確さしか得られなかった)。
これと類比的に、この研究で取り上げられた臨床家たちは、自分の経験は「臨

第 3 章 判断　143

床的洞察」をもたすのだから、受診者のファイルを数量化して得られる予測よりも優れた予測ができるのだ、と信じていた。だが実際には彼らの言う「洞察」は架空の存在だった。そしてその「洞察」に導かれて、公式の保険数理的情報のみに依拠していたならば行えたはずの予測よりも劣った予測をするに至ったのだ。なお、保険数理的な予測のこのような優位性は心理学の分野に限定されるものではなく、他の臨床科学全般で同じことが広く当てはまることに注意すべきだ——医療における心電図の読み取りなどはその例である（Gawande, 1998）。

　ワジェナールとケレン（Wagenaar & Keren, 1986）は、各個人の知識への〈過信〉と統計的情報の軽視が、シートベルト装着を呼びかける安全キャンペーンを——人々が「自分は違う。自分は安全運転をする」と考えることで——どれほど台無しにしうるかを説いた。ここでの問題は、人口の85％を越す人々が、「自分は平均的ドライバーよりも上手に運転する」と考えていることにある（Svenson, 1981）——誰がどう見ても不条理な主張である[208]。

　このように「統計学は個別の事例には適用されない」と信じてしまう誤謬は[209]、慢性的なギャンブル依存を抱えている人々の思考において重要な役割を果たしている。ワジェナールはギャンブル行動にかんする研究の中で、次のような結論を導いた。

　ギャンブラーにかんするわたしたちの議論から十二分に明らかになったことは、ギャンブラーたちも、自分が長期的に見れば負の結果を招いていることを一般的な形では自覚している、ということである。彼らは、自分が勝つより負けることが多いことを知っているし、それが将来においても同じはずだということも知っている。しかし彼らは、このような統計学的考察を次のラウンド、次の1時間、あるいは次の夜に適用するに至らない。彼らはさまざまな種類の〈ヒューリスティック〉を豊富

---

[208] ちなみにゲルト・ギーゲレンツァー（次章以下で論じられる〈パングロス主義者〉として何度か名が挙がる論者）は、少数の危険な運転をするドライバーが平均の事故件数を引き上げているとしたら、この調査結果は必ずしも〈過信〉を示すものではなく正しい自己認識を示していると解釈できる、という指摘を行っている（Gigerenzer, 2002 邦訳 pp. 325–8）。これほど明白に見えるデータの含意についてすら異議が生じうる、という実例として挙げておく（なお、著者は同書を本章の読書案内に挙げており、ここでの強い語調は、あるいは同書への異議を込めたものとも見られるかもしれない）。

[209] 原文に従えば「適用されない」と訳した箇所は "do apply" で「適用される」となるが、前後の文脈にそぐわず、また『心理学をまじめに考える方法』の（原書）では "do not apply" となっているので原著者に問い合わせたところ "do not apply" が正しいとのことであったので、それに従って訳出する。

144

に取りそろえており、その〈ヒューリスティック〉が……統計学は次のラウンドには当てはまらないぞ、次の 1 時間には当てはまらないぞ、と彼らに示唆する。あるいは、自分は次の結果を予測できるぞ、と示唆するのである。(p. 117)

　ワジェナールは、病的なギャンブラーには「誤りを減らすために誤りを受け入れる」ことをしないという強い傾向があることに気づいた。例えばブラックジャックには〈ベーシック〉と呼ばれる戦略があり[210]、これを採用すればカジノ側に支払われるはずの 6% から 8% の金額を確実に 1% 未満にまで減らせるのであるが、ブラックジャックのプレイヤーはこの戦略を拒む傾向があった。この〈ベーシック〉戦略は長期的な視点で成り立つ統計的戦略であるが、病的プレイヤーは「効果的な戦略とは、それぞれ独特な個々の場面ごとに必ず効果を発揮するものでなくてはならない」と信じるため、この戦略を拒む傾向をもつのだ (p. 110)。ワジェナールの研究で取り上げられているギャンブラーたちは、「口をそろえてこう言うのだ——その方法〔ベーシック〕みたいな一般的な方針がうまくいくわけがない。というのも一般的方針というやつは、それぞれ別々な場面ごとの特殊事情を無視してしまうからだ——と」(p. 110)。このようなギャンブラーたちは、何千ドルもの金額を確実に節約してくれるはずの〈保険数理的〉戦略を用いず、代わりに「それぞれ別々な場面ごとの特殊事情」にもとづく〈臨床的〉予測を可能にしてくれる方法を求めて、不毛な探求を続けるのだ。

認識的合理性の他の諸側面——仮説の検証と反証可能性

　人々は代替仮説〔または非焦点仮説、~H〕に照らしてデータを評価することを苦手とするが〔pp. 105-17〕、これとまったく同じように人々は自分の焦点仮説〔H〕を反証(falsify)しうる証拠(evidence)や検証(test)について考えることも苦手である。その代わり、(科学者を含む)人々には、理論を反証するのではなく確証(confirm)することを求める傾向がある[211]。このような人間の傾向〔〈確証バイアス(confrimation bias)〉と呼ばれる[212]〕をきわめて劇的に描き出し

---

[210] basic syrategy。「基本戦略」とも訳される。ブラックジャックは手札と場に出ているディーラーの札の組み合わせごとに最も勝率の大きな手(アクション)が確率的に予測できるので、その組み合わせを覚え、それに従ってプレイする戦略。

第 3 章 判断　145

てくれる問題〔実験課題〕があり、人間の推理に関するこの40年の研究の中でも、最も多く研究されてきた問題の1つとなっている。つまりピーター・ウェイソン（Wason, 1966, 1968）がその課題を考案して以来、何百ではないものの、何ダースもの研究で探求されてきたのだ（Evans, 1972, 1996, 2007; Evans, Newstead, & Byrne, 1993; Johnson-Laird, 1999, 2004; Klauer, Stahl, & Erdfelder, 2007; Oaksford & Chater, 1994, 2007; Stenning & van Lambalgen, 2004）。先に読み進める前に自分なりに答えてみてほしい。

　図の4つの四角形はテーブル上に置かれたカードを表している[213]。どのカードにも、一方の面にはアルファベットが、反対の面には数字が書かれている。ここで、1つの規則が検討の対象になる。つまり〈もしもアルファベットが母音であったなら、裏の数字は偶数である〉という規則である。図で分かるように、2枚のカードはアルファベットの面、2枚のカードは数字の面が表になっているが、ここでの課題は、今述べた規則の成否を、カードをめくって調べることである。すなわち、この規則がこれらのカードについて真（true）であるか偽（false）であるか〔つまりカードについて正しい主張を行っているか否か〕を確かめるために、〔最低限〕めくらねばならないカード（一枚かもしれないし、複数枚かもしれない）がどれかを決定するという課題である。めくる必要のあるカード〔だけ〕を指で指してもらいたい[214]。

---

[211]（前頁）ここで言われている「反証（falsify, falsification, disconfirm, disconfirmation）」、「証拠（evidence）」（または「エビデンス」。訳注16参照）、「検証（test）」、「確証（confirm, confirmation）」は、特に科学的な理論や仮説の真偽を、実証的なデータにもとづいて退けたり裏づけたりする際に用いられる用語である。「仮説の検証と反証可能性」という節の表題も示唆するように（「反証可能性（falsifiability）」についてはこの後の訳注217で補足説明する）、以下で取りあげる実験課題も、被験者が仮説や理論を吟味する科学者と似た状況に（実験的に）置かれている、と考えておくと理解しやすくなる。（なお、「確証」と訳される語には他にverificationもある。confirmationは「確実性を裏づける」、verificationは「真理性を裏づける」という意味で、後者の方が強い意味をもちそうだが、実質的な内容において一致することも多い。また「検証」という訳語は、特に「反証」との対比で、test（仮説などの真偽を確かめる作業）ではなくverification（testの結果、仮説が裏づけられること）を指すために用いられる場合もある。）
[212]（前頁）「確証バイアス（confirmation bias）」という用語は本書本文には登場しないが、巻末の索引には「確証バイアス（confirmation bias）」の項目があり、本節全体が参照箇所として挙げられている。
[213]これ以降の〈4枚カード選択課題〉の解説、およびそれがなぜ難しいのかの考察は『心は遺伝子の論理で決まるのか』でも幾分違った仕方でなされている（pp. 97–102）。
[214]この実験課題は非常に抽象的な課題であるが、本節の表題も示唆するように、ウェイソン以来この実験を、〈人々がある所与の仮説をどれほど適切に検証できるか〉を調べるためになされてきた。したがって、訳注211でも述べたように、読者はさしあたりここでの「規則」をある〈提案された仮説〉と見なし、その

K	A	8	5

　この課題は〈4枚カード選択課題〉と呼ばれており、2つの理由によって熱心な探求の対象になってきた――ほとんどの人々がこの問題を間違えるから、というのが第1の理由。そして、なぜ間違えるのかの解明が恐ろしく困難であった、というのが第2の理由である。一見、正解は明らかであるように見える。まず、規則を仮説の形式に直せば次のようになる。〈もしもあるカードのアルファベット面が母音であったならば、そのカードの〔反対側の〕数字面には偶数が書かれている〉。したがって、正解はAと8を選ぶことであると思うかもしれない――Aは母音なので裏が偶数かどうかを調べるためにめくり、8（偶数）は裏が母音かどうかを調べるためにめくる、ということだ。問題は、今述べた回答（回答者の50%はこう答える）が間違いだということだ！　次に多い答えは、Aだけをめくる（裏に偶数が書かれているかどうかを調べるために）、というものだが（この回答は約20%の回答者が選んだ）、これもまた間違いだ！　この他、20%の回答者はやはり不正解である2枚の組み合わせ（例えばKと8）をめくる。

　このように、過去数十年にわたる何ダースもの研究で、回答者の90%が不正解であった〔「Aと8」の50% ＋「Aのみ」の20% ＋「他の正しくない2枚」の20%〕。もしあなたが彼らと同じ部類の人物なら、あなたの回答もまた不正解である。ほとんどの人々がどのように間違いを犯すのか見てみよう。まず、間違えるにしても、KとAについて間違う人は〔ほとんど〕いない。つまりほとんどの人はKを選ばないし〔これは正解〕、またAは選ぶ〔これも正解〕。先の規則は子音の裏がどうあるべきか何も言っていないので、Kは規則と無関連である。これはAについては言えない。Aのカードの裏には偶数が書かれていることも奇数が書かれていることもありえて、偶数であれば規則にかなっているが、奇数が書かれていたならば重大な結果をもたらす――つまり、問題の規則は偽（false）である〔つまりカードについての誤った主張を含んでいる〕ことが証明される。要するに、そ

仮説を必要最小限の検証で判定するための実験を設計する科学者に自分を擬して取り組んでもらいたい。（なお、同じ課題をまったく違った文脈に据える別の実験も次章で紹介されるはずである。）

第3章 判断　147

の規則が偽〔誤り〕でないと示すには、Aがめくられなければならない。ほとんどの人は、この部分にかんしては正解に至る。

　ところが、8と5のカードが厄介だ。ほとんどの人々はこの2枚のカードで間違う。彼らは誤って、8のカードを選ばなければならないと考えてしまうのだ。なぜ8をめくるという誤りに陥るかといえば、その裏に母音以外のアルファベットではなく、ちゃんと母音が書かれているかどうか調べねばならない、と考えてしまうからである。だが、例えば8の裏にKが書かれていたとしても、例の規則が偽だと〔つまりカードに関して誤ったことを述べていると〕示すことにはならない。なぜなら、その規則はたしかに〈母音の裏には偶数が書かれているはずだ〉とは言っていても、〈偶数の裏には母音が書かれていなければならない〉とは言っていないからである。したがって、8の裏に母音以外の字が書かれていたとしても、それは規則の真偽について何も告げないことになる。これとは対照的に、ほとんどの人が選ばない5のカードは絶対に欠かせないカードである。5のカードの裏には母音が書かれている可能性があり、そしてもし母音が書かれていたら問題の規則は偽〔誤り〕であると示される。というのもそれは〈すべての母音の裏には偶数が書かれている〉というこの規則の主張に反しているからだ。要するに、問題の規則が偽ではないということを示すためには、5のカードをめくらねばならないということだ。

　まとめよう。例の規則は「もしもPならばQである」という条件文の形式をしており、この条件文が偽であると示すための唯一の方法は、Pでありかつ非Qであるような事例を示すことである。したがってPであるカードと非Qであるカード（この例で言えばAと5）の2枚のみが、問題の規則の真偽を決定するためにめくる必要のあるカードであることになる。めくった結果、Pでありかつ非Qであるという組み合わせがあると判明すれば、規則は偽〔誤った主張を含む〕ということになる。その組み合わせ〔規則違反の実例〕がなければ、規則は〔この4枚のカードに関して〕真なる主張をしていることになる。

　解説を聞けば簡単なのに、なぜほとんどの人々は誤答してしまうのだろうか？理論は数多くある（Cosmides, 1989; Evans, 2007; Johnson-Laird, 1999, 2006; Klauer et al., 2007; Margolis, 1987; Oaksford & Chater, 1994, 2007; Sperber, Cara, & Girotto, 1995）。中でも、最も古くからある理論に属し、人々の成績（パフォーマンス）の低さの、少なくとも部分的な要因を確実に捉えている理論を紹介しよう。それによれば、人々は問題の規則を確証することに注意を集中させていて、それが低い成績（パフォーマンス）につながるのだとい

148

う。つまり人々は確証〔だけ〕に注目することで8のカードをめくること（裏に母音が書かれていると確認して理論〔規則〕を確証するため）、およびAのカードをめくること（裏に偶数が書かれている、という規則を確証するため）へと促される。人々が促されないのは、〈規則を反証する事例を探す〉という思考パターンである。この思考に促されれば、5のカードの関連性〔重要性〕（つまり5は反証例としての母音を裏に潜めている可能性がある）が直ちに示唆されたはずなのだ。すでに指摘したように、人々の成績の低さを説明する理論は他にも数多くある。だが、それらの〈記述理論〉[215]がこの誤りを説明するとしないとを問わず[216]、この〈反証可能性（falsifiability）〉[217]に注意を向けることで人々の誤りに改善が見られる、というのは疑いのないことなのだ。

　一般的推理において〈反証可能性原理（the falsifiability principle）〉[218]は有益に働くが、その原理が人間にとって自然な戦略〔方略〕ではない、ということを示唆する証拠もまた豊富に存在する[219]。人々が反証（falsification）を取り扱う際に陥る困難を具体的に例証する実験方法としては、〈4枚カード選択課題〉以外にも、〈2-4-6課題〉と呼ばれる、同じくピーター・ウェイソン（Wason, 1960）の考案による、やはり有名な推理問題がある。〈4枚カード選択課題〉と同様、

---

[215] pp. 22-3 で〈規範モデル〉と対比されている〈記述モデル〉と同じ。〈合理的であるためにはどのように行為すべきか〉を定式化する「規範理論（規範モデル）」に対し、多くの人々が合理性の規範から逸脱する、という現実をありのままに捉え、その逸脱をもたらす原因や機構についてモデルないし理論を構築することを目指す。なお、この点をここで強調しているのは、ここで述べられた理論が単なる〈記述理論〉にとどまるものではなく、人々の成績を改善する〈規範理論〉としての性格も備えていることを示唆しているとも見られる。

[216] 先取りしておくと、次章で見るように、この課題に関しては進化心理学的な立場から有力な説明が複数提案されている。著者はそれを念頭に置きつつ、今述べた理論の妥当性、実効性を強調しているのである。

[217] 「反証可能性（falsifiability）に注意を向ける」とはさしあたり前文で「〈規則を反証する事例を探す〉という思考パターン」と呼ばれていたものを言いかえていると解されるが、元来カール・ポパーの科学哲学のキイワードであることも注記すべきであろう。ポパーは適正な科学理論は反証可能性の基準を満たしていなければならないことを主張し、著者スタノヴィッチはこれを受け、『心理学をまじめに考える』の「反証可能性」と題された章（第2章）全体でポパーの立場に依拠し、フロイトの理論を例に、反証可能性を欠く（どんな事例によっても反証されない）説明体系は科学理論として価値がない、という主張を力説している。本節のこれ以下の箇所でも、著者のこの基本思想は随所に顔を出している。

[218] 著者は詳しい定義や説明を与えていないが、この後の叙述からして、訳注217で言及した、科学的な理論や仮説は、〈反証可能性〉の基準を満たさなければならないというポパーの原理、およびそれと関連する、理論や仮説の妥当性を調べるには反証例に目を向けるべきだという方針を指していると見られる。

[219] この論点は『心は遺伝子の論理で決まるのか』pp. 139-45 で、〈4枚カード選択課題〉や、デカルトとスピノザと命題の受容モデルを対比するギルバートの議論などを用いて論じられている。

第3章 判断　149

〈2-4-6課題〉の被験者がなぜ低い成績にとどまるのかについてはさまざまな説明がある（Evans, 1989, 2007; Evans & Over, 1996; Gale & Ball, 2006; Klayman & Ha, 1987; Poletiek, 2001）。〈4枚カード選択課題〉のときと同様、それらの〈記述理論〉がこの課題の成績の低さを説明するとしないとを問わず[220]、研究から明らかに言えることがある。すなわち、〈反証可能性〉に注意を向けることが、課題の遂行[221]を容易にするはずだ、ということである。

　この課題で被験者はまず次のような説明を受ける——実験者はこれから、ある隠された規則にもとづいて作られた3つの整数の組（3つ組）を被験者に告げる。2-4-6という3つ組がそれである。つまりこの数字はその隠された規則に一致している。説明を受けた被験者は、色々と考えついた3つ組を実験者に言ってみるように求められる。そうして被験者が思い付いた3つ組を実験者に告げると、実験者はその3つ組を判定する。つまりその3つ組が実験者の心中に隠された規則に一致する3つ組か、そうでないかを被験者に知らせる。こうして被験者は3つ組を提起し、実験者に判定してもらう、というフィードバックを繰り返す。やがてフィードバックの結果、被験者が、実験者の心中の規則がどんな規則かを突き止めた、と思えるようになったら、被験者は実験者にその規則を説明するのだ[222]。

　実験者の心中に隠された2-4-6課題の規則とは、実を言えば「任意の3つの数が順に大きくなっている」[223]という〔非常に制約が少ない〕規則である[224]。そしてこの規則の発見に多大な困難をおぼえる、というのが典型的な被験者の反応である。というのも、被験者たちが最初に採用する仮説では、隠された規則はそれよりもずっと制約が多いものだとされているからである。〔これがどう困難に結びつくかを説明しよう。〕まず被験者は当初、問題の規則が「偶数が順に大き

---

[220] 先の訳注215と216を参照。

[221]「成績」「遂行」と訳し分けたperformanceについては訳注161を参照。

[222] 著者の説明はここまでだが、この後の叙述を読むと分かるように、被験者が規則の推定に失敗した場合（たいていはそうなる）、実験はそこで終わらず、被験者は3つ組の提起と判定というフィードバックをさらに続けた上で別の規則の推定とその提起を行う、といういわばより大きなフィードバックを何度か繰り返すことになっている（この点は原著者にも確認した）。ウェイソンの論文によれば、この大きなフィードバックは被験者が正しい規則を言い当てるか、制限時間（45分）に達するかするまで続けられることになっている（Wason, 1960, p. 132）。

[223] 忠実に訳すと「3つの増加する数の組み合わせ」のように数列を特徴づける「定義」のようになるが、数列の特徴を叙述する表現の方が直観的に分かりやすいのでこのように訳す。

[224] 反対に、例えば「偶数の自然数が2ずつ増えている」といった規則は制約の多い規則である。

150

くなっている」とか「数が等しい間隔で大きくなっている」のような、正解よりも制約の大きい規則であるという仮説を立てる。そしてその仮説に一致する3つ組（トリプレット）をいくつか作り出しては実験者に提起する。そして〔当然だが〕被験者はそのたびに、それらの3つ組（トリプレット）は正しい、というフィードバックを実験者から受け取る。こうして、〔自己の仮説を確証する〕フィードバックを何度も受け取った被験者は、やがて自ら立てた仮説を告げる。するとその仮説は正しくないと実験者に言われる。ここで多くの被験者はびっくりしてしまうのだ。具体例を挙げよう。被験者が典型的に提起するのは（Evans, 1989 参照）、8–10–12、14–16–18、40–42–44 といった3つ組（トリプレット）である。被験者はこの3つが確証されたのを受けて、「数が2ずつ増えている」という規則を実験者に告げる。その規則は間違いですと言われた被験者は、今度は例えば2–6–10、0–3–6、1–50–99 という3つ組（トリプレット）を作り出す。これまたすべて確証される。すると被験者はそれにもとづき、「前の数と次の数の差が等しいという規則です」のように答える。やはり間違いである。ここには共通の失策がある。つまりここで本来すべきだったのは、自らが立てた仮説に深刻に抵触するような並び、したがって反証されるかもしれない並び——例えば 100–90–80 や 1–15–2 のような——を作ることだったのだ[225]。だが被験者たちはこの作業を怠るという失策を（頻度に幅はあれど）犯すのである。

　このような被験者が、自分の焦点仮説（フォーカル）〔〈ベイズの定理〉の H であり、ここでは隠された規則についての自分なりの推定〕を真剣に反駁（はんばく）しようとはしていないことを示唆する、別の実験がある。課題は同じだが、手順に1つの操作を追加した実験で、その追加により被験者の成績（パフォーマンス）がぐんと向上するのだ。この実験はトゥエニー、ドエルティ、ワーナー、プリスク（Tweney, Doherty, Warner, and Pliske 1980）が行った実験で、実験者は被験者に2つの規則を考えることを求める。1つの規則は DAX と呼ばれる3つ組（トリプレット）の集合に適用され、別の規則は MED と呼ばれ

---

［225］これらは数の減少を含むので問題の規則に一致しない。それを被験者が実験者から知らされれば、「数が増加している」という仮説の裏付けが得られる。他にも、例えば「偶数が増加している」という仮説を立てた場合、被験者はむしろ奇数を含む数列を作って提示する方がよい。その場合、その数列が問題の規則に一致することを実験者から告げられれば、「偶数が増加している」という仮説を棄却せざるをえなくなり、それによって仮説の検証は前進するはずである。ところが多くの被験者は「偶数が増加している」という仮説を思い付くと、この仮説を確証する例をいくつも作り出して提出する。結果、いずれも問題の規則に一致すると実験者から言われて確信を強めるのだが、思い付いた規則を述べる段になるとそれは誤りであると告げられるのである。

第3章 判断　151

る３つ組の集合に適用される。したがって被験者は、思い付いた３つの数字を提起するときに、その数字が DAX なのか MED なのかについても実験者に告げることになる。以上の説明を受けた上で、被験者は 2–4–6 は DAX である、と知らされる。後は先の実験と同じ手順で進む。DAX を定義する規則は、先ほどと同じく「任意の３つの数が順に大きくなっている」であり、MED は「DAX 以外のすべての並び」である。条件をこのように変更すると、被験者はしばしば DAX と MED について確証を得るための肯定的な検証を交互に行うようになり、その結果ずっと容易に問題を解くようになったのである。言うまでもないが、この場合、問題の数列が MED である〔つまり「DAX 以外のすべての並びである」〕ことを確証しようとすると、DAX を反証するための検証を行うことになる。このようにしてこの実験は被験者を〈DAX を反証するための検証〉へと引っぱり込むのであるが、これは肯定的で、目に止まりやすく、鮮やかな仮説（つまり MED）が、焦点を合わせるべき仮説として存在しているからである。この代替仮説〔MED〕は仮説の宇宙〔すべての可能な仮説の集合[226]〕の残りの部分を埋め尽くしており、また、もう一方の焦点仮説だった仮説〔DAX〕とは相互排他的である〔同時に真であることがありえない〕。それゆえ被験者は、一方の確証を目指すたびごとに、同時に他方の反証を目指すことになる。このような仕方で、被験者は通常ならば行わないような作業へ引っぱり込まれる──すなわち、代替仮説〔~H〕に焦点を合わせ、焦点仮説〔H〕を反証するという作業に。もちろん、被験者たちをこのような巧妙な仕掛けでおびき寄せる必要があるという事実は、人は〈焦点仮説が真理ではない〉という思考に焦点を合わせるのが非常に苦手である、という見方をもっぱら補強するものである。

　以上のように、人々が焦点仮説を反証する証拠についての思考を苦手としている、というのは悪い知らせである。だが、このような思考を技能として学習することは可能だ、というのはよい知らせだ。科学者ならば誰もが受けるトレー

---

[226] ウェイソンの論文によく似た表現が登場している。つまりウェイソンは、従来の類似の実験が、被験者は有限の個別事例（instance）から１つを選ぶ、という設定であったのに対し、この実験では被験者が無限の個別事例（無限に多くの３つ組）から１つを選ぶ、という設定になっていることを述べ、従来の実験が「有限な個別事例の宇宙（a finite universe of instances）」の研究であったのに対し、この実験においては「可能な個別事例（数字の３つ組）が原理上無限である」と論じている（Wason, 1960, p. 131）。現在の文脈では、「個別事例」ではなく「仮説の宇宙」だが、発想は似ている。「DAX」（焦点仮説）と「MED」（他のすべての代替仮説）について、非 DAX であれば必ず MED であり、非 MED であれば必ず DAX である、という関係が成り立つので、この２つを合わせれば「仮説の宇宙」がすべて尽くされるのである。

ニングの中には、自分の焦点仮説に反証を試みる習慣を身につける、というトレーニングが含まれている。その結果彼らは、「わたしはここでどんな代替仮説を考えるべきか？」という問いかけの言葉を自動的に思い浮かべるまでになるのだ。

要約といくつかの含意

最善の行為を決定するためには、行為の諸結果の確率をすべて見積もることが欠かせない。その確率の見積もりが誤っていたら、〈効用〉の最大化は果たされない。要するに、〈道具的合理性〉〔p. 12, p. 21〕は〈認識的合理性〉〔p. 12〕に依存している。

最も一般的に言うと、〈認識的合理性〉とは、証拠に対して適切に〈較正〉された信念をもつことを意味する。わたしたちは自分の信念をどの程度確信するかの重みづけを、〈主観的な確率判断〉にもとづいて行う。本章では、人々が最適に至らない〈確率判断〉をしてしまうのがどんな場合であるかを見てきた。〈主観的確率〉を算定するための〈規範モデル〉〔pp. 22–3〕に従うには、〈確率計算〉の規則〔p. 94〕に従うことが求められる。ところが、本章で見てきたように、人々はさまざまな局面でその規則に従うことに失敗する。例えばあからさまに〈連言の誤り〉を犯したり〔pp. 123–4〕、明示されていない〈選言命題〉を展開し損なったりするのである〔pp. 130–2〕。

〔他の同様の失敗を挙げると〕人々は〈ベイズの規則〉として定式化されるいくつかの制約〔pp. 93–8〕に違反する。例えば人々は、診断力のある証拠の〈基準率〉〔あるいは〈事前確率〉〕にもとづいた重みづけに失敗することがある。人々のこの傾向がとりわけ強まるのは、そこでの〈基準率〉が、目下の仮説と何の明らかな因果関係ももたない、無味乾燥で抽象的な統計的情報として提示される場合である〔p. 103〕。他にも、P(D/~H)、すなわち代替仮説〔~H〕を所与とした場合のデータ〔D〕の確率を過小評価するか、完全に無視するという、至るところに見いだされる傾向が挙げられる〔pp. 105–17〕。最後の例を挙げると、人々は世界についての自分の仮説を積極的に検証せよという課題を求められても、その課題への正しい取り組みを示さない——これは通常人々が、すでに抱いている信念を反証する証拠をこそ探さねばならない、という必要性を十分自覚していないためである〔pp. 145–53〕。

〈ヒューリスティクスとバイアス〉研究プログラムは、ある結論を導き出しているように見える。すなわち、人々は〈道具的合理性〉に関係するさまざまな推理（リーズニング）の誤りを犯すし、またそれとまったく同じく、〈認識的合理性〉に関係する推理（リーズニング）の誤りを過剰なまでに犯す、ということである。合理的思考のあらゆる領域で人々が陥る思考の誤りのリストを作成したら、驚くほど長いものになりそうだ。いったい、人間の推理（リーズニング）は、本当にここまでお粗末なものであるのか？実のところこのリストがあまりにも長いため、実験で観察される反応が正しく解釈されていないのではないか、という疑問を抱く研究者が現れている。そのような研究者たちは、人間の不合理な思考がこれほど広くはびこっているという〔〈ヒューリスティクスとバイアス〉研究が示唆する〕結論を疑問視し、彼らなりのさまざまな解釈をその代案（オルタナティブ）として提起している。次章ではそれを見ていこう。

さらなる読書案内

ギーゲレンツァー、ゲルト『リスク・リテラシーが身につく統計的思考法——初歩からベイ
　ズ推定まで』吉田利子訳、早川書房、2010 年 Gigerenzer, G. (2002). *Calculated risks: How to
　know when numbers deceive you.* New York: Simon & Schuster.

ギロヴィッチ、T.／グリフィン、D.／カーネマン、D.（編）『ヒューリスティクスとバイアス
　——直観的判断の心理学』Gilovich, T., Griffin, D., & Kahneman, D. (Eds.). (2002). *Heuristics
　and biases: The psychology of intuitive judgment.* New York: Cambridge University Press.

ハッキング、I.『確率と帰納的論理の入門』Hacking, I. (2001). *An introduction to probability and
　inductive logic.* New York: Cambridge University Press.

カーネマン、D.「判断と選択への 1 つの見地——制約された合理性をマッピングする」
　Kahneman, D. (2003). A perspective on judgment and choice: Mapping bounded rationality.
　American Psychologist, 58, 697–720.

ケーラー、D. J.／ハーヴェイ、N.（編）『ブラックウェル・ハンドブック、判断と意思決定』
　Koehler, D. J., & Harvey, N. (Eds.). (2004). *Blackwell handbook of judgment and decision making.*
　Oxford: Blackwell.

ムロディナウ、レナード『たまたま——日常に潜む「偶然」を科学する』田中光彦訳、ダイヤ
　モンド社、2009 年 Mlodinow, L. (2008). *The drunkard's walk: How randomness rules our lives.*
　New York : Pantheon.

ニカーソン、R. S.『認知と偶然性——確率推理の心理学』Nickerson, R. S. (2004). *Cognition
　and chance: The psychology of probabilistic reasoning.* Mahwah, NJ: Erlbaum.

ポール、R.（編）『認知的錯覚——思考・判断・記憶における誤謬とバイアスのハンドブック』
　Pohl, R. (Ed.). (2004). *Cognitive illusions: A handbook on fallacies and biases in thinking, judgment
　and memory.* Hove, UK: Psychology Press.

トヴェルスキー、A.『選好・信念・類似性——エイモス・トヴェルスキー著作選集』（E.
　シャフィール編）Tversky, A. (2003). *Preference, belief, and similarity: Selected writings of Amos
　Tversky* (E. Shafir, Ed.). Cambridge, MA: MIT Press.

知識較正問題〔p. 118〕の解答
_{キャリブレイション}

　これらの問題の出典は Plous, 1993 および Russo & Schoemaker, 1989、解答は次の通りである[227]。

　1.＝39 歳。2.＝39 巻。3.＝1756 年。4.＝645 日。5.＝11,033 メートル〔10,911 メートルという数値もある〕。6.＝6,738 キロメートル。7.＝13 ヶ国〔原著刊行 2010 年時点。現在は 14 ヶ国〕。8.＝3,476 キロメートル。9.＝17 万 7,000 キログラム。10.＝9,574 キロメートル。

---

[227] すでに述べたようにメートル法で訳出した数値は、原文ではヤード・ポンド法で表記されており、以下の数値は原文の数値をメートル法に換算した上で、必要に応じて修正を加えた値である。原文での 5, 6, 8, 9, 10 番の解答をそのまま引いておけば以下の通りである。5.＝36,198 フィート。6.＝4,187 マイル。8.＝2,160 マイル。9.＝39 万ポンド。10.＝5,949 マイル。

第4章
わたしたちの意思決定は
どれほど拙いのか？
——合理性大論争

　前の2つの章で見たように、人々が、多くの課題において、規範的と見なされる遂行結果から逸脱した反応を示すことがあるという事実が、多数の研究文献——ほぼ30年にわたってなされた、文字通り何百にものぼる経験的研究——によってしっかり裏づけられている。人々が身につけているさまざまな思考習慣は、〈道具的合理性〉〔p. 12, p. 21〕については）彼らを最適に至らない行為に導き、〈認識的合理性〉〔p. 12〕については）彼らを最適に至らない信念に導く。例えば人々は確率の見積もりにおいて不正確であり〔pp. 98–145〕、仮説の検証において不十分であり〔pp. 145–53〕、〈効用理論〉の諸公理に違反し〔pp. 31–82〕、信念の確かさの度合いを正しく〈較正〉せず〔pp. 117–22〕、無関連な文脈の影響を受けた選択を行い〔pp. 46–67〕、データを評価する際に代替仮説を無視し〔pp. 105–17〕、その他、数多くの情報処理上の〈バイアス〉を呈する（Baron, 2008; Evans, 2007; Kahneman & Tversky, 2000）。このように人間行動の〈記述的説明〉が〈規範モデル〉から逸脱している[228]ことの証明こそ、〈ヒューリスティクスとバイアス〉研究プログラムの主要テーマであったことを、これまでは見てきた。

　〈ヒューリスティクスとバイアス〉の伝統内で研究を行ってきた研究者たちは、一般に**改善主義者**（*Meliorists*）と呼ばれる（Stanovich, 1999, 2004）。この立場の論者は、人間の推理の巧みさは達しうる水準に及んでおらず、したがって人間の思

---

[228]「記述的説明（descriptive accounts）」は〈記述モデル〉に同じ。人間行動の〈規範モデル〉と〈記述モデル〉については pp. 22–3 参照。

第4章 わたしたちの意思決定はどれほど拙いのか？　157

考は改善されうるものであろう、と想定する。「ディクショナリー・ドットコム（Dictionary.com）」の定義によれば、〈改善主義（meliorism）〉とは「世界は改善に向かっているか、あるいは人間の努力で改善されうるという説」であるとされている。したがって〈改善主義者〉が想定するところでは、人々は教育と情報の提供により、今より合理的な存在になる——目的をより効果的に推進し、現実の世界により一致した信念を抱くようになる——ということになる[原注3]。こういう風に表現すると、〈改善主義〉というのは楽観主義的（optimistic）な学説であるように見えるし、また実際にある意味ではそれは楽観主義的である。だが〈改善主義者〉のメッセージの中のこの楽観主義の部分は、合理的反応のための〈規範モデル〉と、人々の現実のふるまいについての〈記述モデル〉[229]との間に、〈改善主義者〉が大きなギャップを見いだしているという事実に発している。そしてこのギャップを強調するということは、〈改善主義者〉が人間の認知に大きな不合理性を認めている、ということをもちろん含意している[230]。

　読者の中には、〈改善主義者〉のように、人間の不合理性をここまで広くはびこっているものと見なす立場は、人々を侮辱するものだ、という思いを抱く

[原注3] 人間の意思決定の遂行のあり方（performance）を改善するために、〈改善主義者〉は2つの異なった方法を認めている。それぞれ、**認知的変化**（*cognitive change*）と**環境的変化**（*environmental change*）と呼ぶことができそうな方法である。まず、人々にもっと優れた推理（リーズニング）の戦略〔方略〕を教え、役に立つ意思決定の諸規則を学んでもらうことが可能かもしれない（Stanovich, 2009を見よ）。これは成功すれば〈認知的変化〉の例と見なされよう。第2章と第3章で私は、まさにその意思決定の戦略〔方略〕と規則を教えるという試みを行っている。だがこれに加えて、研究が示すところによれば、環境に変化を加えることで人間の自然な推理（リーズニング）戦略〔方略〕が誤りに導かれないようにすることが可能である（Gigerenzer, 2002; Thaler & Sunstein, 2008）。例えば（第2章〔p. 85–8〕で見たような）意思決定で参照される初期値（デフォルト）として正しい内容を選ぶ〔つまり合理的な選択を初期値に据える〕というのは、〈環境的変化〉の一例であろう。要するに環境に変化を加えることによって、（〈認知的変化〉と同じく）人間が合理的思考について抱えているさまざまな問題を遠ざけておくことが可能になるのだ。例えば、たとえ人々に正しい認知戦略〔方略〕を教えることが難しい場合も、環境に変化を加えて意思決定の誤りが起きにくくすることであればもっと簡単にできる、ということはあってよいのである。

[229] 訳注228参照。

[230] 著者は（1）人間の認知の改善可能性という楽観主義と、（2）現状の人間の不合理性という厳しい現実認識をペアにして〈改善主義〉という立場としてまとめているが、この内の（2）を認めつつ（1）を否定する極めつけの悲観主義はありえないだろうか。例えば〈ヒューリスティクスとバイアス〉研究（p. 93、訳注21参照）の創始者の1人カーネマンは『ファスト＆スロー』（ハヤカワ文庫、2014年）の結論（下巻pp. 330–1）でそれにいくぶん近い認識を告げているようにも見える（ただしカーネマンは個別の「改善」策も多数提起するし、また友野典男氏は『ダニエル・カーネマン心理と経済を語る』（友野典男監訳、山内あゆ子訳、楽工社、2011年）「監訳者解説」などで、カーネマンを後述の「弁明論者」（この先の訳注238参照）に分類されうるような立場だと見なしている。この後の訳注442と443も参照）。

人もいるかもしれない。このような懸念に含まれている反エリート主義的姿勢を支える動機は正当なものであるし[231]、またその懸念の中には疑いなく、人間の自尊心に対する漠然とした懸念も入り込んでいる[232]。このような懸念は、第2章と第3章で概観してきた研究に、これまでとは別の観点からの考察がなされるべき1つの理由である。そしてそれよりも重要な経験的、理論的な理由もまた、いくつか存在する。

〈ヒューリスティクスとバイアス〉研究プログラムがもたらした数々の発見に対し、1つの代替解釈〔同じ発見についての、発見者とは別の解釈〕が、過去20年間にわたって熱心に支持されてきた。この代替解釈を提出してきたのは進化心理学者たち、適応主義モデルを構築する研究者たち、生態学的理論の支持者たちである[233]（Anderson, 1990, 1991; Cosmides & Tooby, 1992, 1994, 1996; Gigerenzer, 1996a, 1996b, 2007; Oaksford & Chater, 2001, 2007; Todd & Gigerenzer, 2000）。彼らは古典的な〈ヒューリスティクスとバイアス〉実験のほとんどすべての実験で最もありがちだった反応（modal response）〔最も多くの被験者が示した反応。以下単に「ありがちな反応」と訳す〕[234]を、被験者の側に備わった、最適な情報処理を行うための適応[235]のあらわれとして解釈する。このような研究者たちが論ずるところでは、〈ヒューリスティクスとバイアス〉の伝統に属する研究は、人間の不合理性を

---

[231] エリート知識人が一般の人々を「愚民」扱いすることへの警戒心であろう。

[232] ほぼ同じ一節は『心は遺伝子の論理で決まるのか』（みすず書房、2008年（Stanovich, 2004））p. 225 にも登場しており、そちらの前後を読むと「自尊心に対する漠然とした懸念（inchoate concern）」の内実はもう少し明らかになる。同書は（原書副題 "Finding Meaning in the Age of Darwin" にもあるように）「ダーウィン時代」における人間の自尊心の行方を1つの主題にした本だからである。

[233] 原語を示しておくとそれぞれ evolutionary psychologists, adaptationist modelists, ecological theorists である。呼称は少しずつ違うが、いずれもダーウィンの自然淘汰による進化の理論を人間の認知研究に適用しようとする立場として共通点がある。進化心理学については訳注22、「適応主義」については訳注12およびこの後の訳注236も参照。

[234] modal（名詞 mode の形容詞型）は「最頻値の、並数の（つまり最も頻度が大きい）」を指す統計学用語。厳密に訳すなら「最頻値（並数）をとる反応」ないし「最頻反応」となろう。以下の議論ではもっぱら〈ヒューリスティクスとバイアス〉の研究者の実験における最頻反応が問題とされており、その反応が〈ヒューリスティクスとバイアス〉の研究者たちの主張するように合理性の規範を逸脱したものだったのかどうかが問われる。（なお『心は遺伝子の論理で決まるのか』p. 155 では、古典的な〈ヒューリスティクスとバイアス〉実験におけるほとんどの最頻反応が合理性の規範を逸脱したものだった、という著者の叙述が「モーダル反応」の「定義」であるかのように訳されているが、「モーダル」という言葉単独でそこまでの含意はないように思われる。）

[235] 本書で用いられる「適応（adaptation）」が常にダーウィン的進化の産物としての生物学的適応を指すことについては訳注12参照。

証明したなどとはまったく言えない、ということになる。このグループの論者たちは——人間の完璧な合理性という想定こそ、本来採用すべき初期値（デフォルト）の見方であるという彼らの断言ゆえに——〈パングロス主義者（Panglossians）〉と呼ばれてきた。この〈パングロス主義者〉というのはヴォルテールの『カンディード』の登場人物にちなんだ名称であり、この人物は、ありとあらゆる、どう見ても災厄（さいやく）にしか見えない目に遭い続けた末に、わたしたちは実際にすべての可能な世界の中で最善の世界に生きているのだ、と論じる人物である[236]。この立場は、人々の遂行結果（パフォーマンス）について〈記述モデル〉と〈規範モデル〉〔pp. 22–3〕を

---

[236]「パングロス博士」が『カンディード』に登場する滑稽な楽観主義者ないし現実世界最善論者（哲学者ライプニッツの戯画だと言われる）であり、「パングロス主義」がそれにちなんでいるというのは著者の述べる通りであるが、現代の進化生物学、社会生物学、それに進化心理学などが論じられる局面でこの用語を提起し広めたのはグールドとレウォンティンの論文「サン・マルコのスパンドレルとパングロス主義パラダイム——適応主義プログラムへの批判」（S. J. Gould, & R. C, Lewontin,. "The Spandrels of San Marco and the Panglossian Paradigm: A Critique of the Adaptationist Programme". in *Proceedings of the Royal Society B: Biological Sciences*. 205 (1161), 1979, pp. 581–98）であり、ここでの呼称もこの論文と無関係ではないと思われる（同論文にかんしては、例えば吉川浩満『理不尽な進化』（朝日出版社、2014年）終章他を参照）。グールドとレウォンティンがこの論文で提起した主張は現代進化生物学の主流派の手法としての「適応主義プログラム」への異議であり、この異議の背景には、人間社会生物学（や後の進化心理学）のような適応主義的な生物学的説明を直ちに人間の行動や心理に適用することへの批判（社会生物学批判）が存している。

ただし、グールドとレウォンティンが用いている「パングロス主義」とここで著者スタノヴィッチが用いている「パングロス主義」の内実が単純に重なり合うものでもないことには注意すべきである。グールドとレウォンティンは同論文で進化生物学全般における指導原理としての適応主義（彼らの言う「ウルトラダーウィニズム」）を「パングロス主義」の名で疑問視しているが、スタノヴィッチは（グールドらの論文以後の適応主義プログラムの明らかな「勝利」と浸透を恐らくはその背景として）生物学一般における、さらに言えば石器時代に形成された人類の心理に対する、適応主義的説明（グールドらの言う「パングロス主義」）の妥当性は積極的に認めており、あくまで、その説明を基礎に現代の文明社会の中での人間の思考の完璧な合理性を主張する立場に限定して「パングロス主義」の名を冠し、批判しているからである。つまり2種類の「パングロス主義批判」は現代人の心理の進化論的説明についてよく似た結果に至るとはいえ、批判の射程を異にしている。（著者にこの点をメールで問い合わせたところ、グールドらの「パングロス主義」が「動物界でわたしたちの観察するあらゆる形質が進化的適応であるという、わら人形的な〔実際には誰一人支持していない非現実的な〕進化上の立場」である一方、認知科学での〈合理性大論争〉における「パングロス主義」は、「ある問題に対する人間の〔現実の〕遂行結果（human performance）と、その問題に対して規範的に指令される反応（the normatively response）との間のあらゆる差異を、説明の過程で取り除いてしまおうとする（try to explain away）立場」である、という有益な説明を頂いた。）

なお、『心は遺伝子の論理で決まるのか』で Panglossian は「楽天的な立場」（p. 155 他）ないし「楽観論（者）」（p. 220 以下）と、普通名詞的に訳されている。見慣れない固有名を避ける配慮は理解できるが、スタノヴィッチ自身の「改善主義」からの楽観主義（optimism）にも同じ「楽天的」の訳語があてられているため（p. 394. p. 246 も参照。本章でもこの点は明言されていた（p. 158））、著者の立場が幾分不鮮明になるというマイナス面も指摘されよう（普通名詞的に訳すなら「超楽観論者」のような訳がいいかもしれない）。

分けない。というのも、この立場によれば、人間がなし遂げることは何であれ実際に規範にかなっていることになるからである。

　だが、本章に先立つ2つの章で取り上げてきたさまざまな発見に——とりわけ、人間が示す遂行結果（パフォーマンス）が合理性の〈規範モデル〉から逸脱することを実証した多くの実験に——照らし合わせるとき、どうやったら〈パングロス主義〉の〔底抜けに楽観的な〕立場が維持できるというのだろうか？　この問いに対する〈パングロス主義〉の論者たちの回答はいくつかあるが、その内でも特に次の2つが有力である。1つ目の回答は、被験者は実験で提示される課題に、実験者が意図した解釈とは異なった解釈を与えており、それゆえ従来の〔〈ヒューリスティクスとバイアス〉研究で〕適用されてきた〈規範モデル〉は適切なモデルではなかったのだ、と主張する。2番目の回答は、課題に対するありがちな（モーダル）〔不合理とされてきた〕反応は、進化論的な観点から見ると申し分なく有意味だと言える反応である、と主張する。本章では、〈パングロス主義〉のさまざまな論者が、本書第2章と第3章で紹介したさまざまな実験の遂行結果（パフォーマンス）が示すパターンを〔特にその合理性に関して〕どのように再解釈するのかを見ていく。

合理性大論争

　〈パングロス主義者〉と〈改善主義者〉という対照的な立場は、認知科学において**合理性大論争**（Great Rationality Debate）[237]と名付けられてきた論争——人間の認知にどれほどの不合理性を認めるべきかという論争——で対立する両極の立場である（Cohen, 1981; W. Edwards & von Winterfeldt, 1986; Gigerenzer, 1996a; Jungermann, 1986; Kahneman & Tversky, 1996; Stanovich, 1999; Stein, 1996）[238]。本書の「はじめに」で言及したが〔p. 9〕、テトロックとメラーズは（Tetlock and Mellers, 2002）、「人間

----

[237]『心は遺伝子の論理で決まるのか』第6章では「合理性をめぐる大論争」。本書では登場回数の多さもあり、より簡潔な訳語にした。
[238] 本書ではもっぱらこの「両極」の対比のみが論じられるが、『心は遺伝子の論理で決まるのか』pp. 223–4 他では両者の中間に位置する「弁明論者（Apologist）」という立場も両者とは区別される立場として取り上げられている。この立場は人間の認知が事実不合理であることは改善論者（〈改善主義者〉）と共に認めつつ、その不合理性は人間の脳の認知資源（cognitive resource）の制約に由来するものであるという点で「改善」への展望には消極的な立場である。本書でこのような立場としての「弁明論者」は取り上げられないが、その論拠となっている（同書第6章原注10）脳の認知資源に関するサイモン、ハーマン、スティッチらの研究（Simon, 1956, 1957; Harman, 1995; Stich, 1990）はこの後で取り上げられる（本書 pp. 232–4）。

第4章 わたしたちの意思決定はどれほど拙いのか？　161

の合理性をめぐる論争は、原初的な政治的・心理学的な諸偏見を燃料に、あっという間に炎上しかねない、賭け金の大きな論争である」（p. 97）と指摘している。

　人間の合理性にかんするこの〈大論争〉が「賭け金の大きな論争」であるのは、それが、わたしたちが他の人間の行動を理解するために用いる、経済学、道徳哲学、それに個人個人が抱く理論（民間理論[239]）の根底にある、人間本性（human nature）のモデルそのものを巻き込んだ論争だからである。例えば〈パングロス主義〉陣営の中でも影響力が特に大きい一派を代表しているのは、学問分野としての経済学の主流派である。彼らは、人間の合理性にかんする強い仮定〔すなわち、人間の合理性を非常に大きく見積もる諸々の仮定〕を基本的なツールとし、そこから次のような遠大な展望を強く打ち出していることで有名である――すなわち「経済的行為者――企業であれ、世帯であれ、個人であれ――は合理的かつ自己利益を追求するように行動すると推定される……彼らの行動様式は、たとえ不完全な情報しか利用できない状況でなされる場合ですら、非常に込み入った計算〔効用計算〕の解に一致するのだ」（Davis & Holt, 1993, p. 435）。人間の合理性にかんするこのような強い仮定は、近代経済学の多くの研究にとって本質的な仮定である。〔特に〈ヒューリスティクスとバイアス〉の伝統に属する〕心理学は人間の重大な不合理性を示唆してきたのであるが、今述べた事情を考慮すれば、そのような心理学上の発見に経済学者たちが向ける敵意を、ある程度理解できるようになる。

　認知心理学者の研究は経済学者の間に敵意を呼び起こしたが、その理由は、人間行動についての経済学者の見方の背後にある仮定〔経済学が仮定する「合理的経済人」の仮定。p. 47〕の非現実性を、心理学者たちが暴き出したことにあった。例えば[240]『ニューヨーク・タイムズ』紙は、ほとんどの人々は退職後に彼らが望んでいる生活を送るに足るだけの蓄えをしていないという証拠を挙げ、これは経済学主流派の〈人々は合理的に、最適な貯蓄を行っているはずだ〉という仮定と真っ向から対立する、と指摘した上で、こう述べていた――「人々は十分

---

[239]「民間理論（folk theories）」とは学問的な理論とは別に民衆の間で抱かれている理論のこと。訳注11で解説した「民間心理学（folk psychology）」の他、「民間物理学（folk physics）」などもしばしば議論の主題になる。「民衆語源」「語源俗解」などと訳される folk etymology（「波は水の皮」の類）も民間理論の一種である。

[240] 以下の例の紹介は『心は遺伝子の論理で決まるのか』pp. 221–2 でもなされている。

162

な貯蓄をしていない、という現実に直面した経済学主流派は、人々は合理的なのだ、だから彼らの貯蓄がいかほどであろうと、その貯蓄額こそが彼らにとっての十分な額なのだ、と繰り返す以外の何の解決ももち合わせていないのである」(Uchitelle, 2002, p. 4)。とはいえ、経済学者の間にすら〈パングロス主義〉からの離反者は存在するし、現在ますます増えつつある。シカゴ大学の経済学者リチャード・セイラー (Thaler, 1992) は、『ニューヨーク・タイムズ』紙掲載の同趣旨の記事への応答の中で、憤りを込めてこう弁明している。「〔経済学主流派の主張とは〕別の可能性もあることは間違いない――つまり人々は単純に間違いを犯している、という可能性だ」(p. 2)。

　人々が「単純に間違いを犯している」か否かという問題は、政府の介入の是非をめぐる公共政策の議論における、重要で根本的な争点の1つである。一例を挙げよう[241]。〈パングロス主義者〉と〈改善主義者〉との相違を物語る生の声を捉えた、雑誌『エコノミスト』に掲載された記事である (Author, 1998, 2月14日[242])。この記事の小見出しは次のように問いかけている――「〈経済学者たちは、〈人々は自分の本当に望むものを知っている〉という仮定に立って世界を読み解く。広告業者たちは、〈人々は自分の本当に望むものを知らない〉と仮定する。正しいのはどちらだろうか?〉」。〈改善主義者〉は、正しいのは広告業者の方だと考える――人々は、自分が本当に望んでいるものを知らないことがしばしばあるし、自分自身の〈効用〉よりも広告業者の利益を最大化するように影響されることもありうる。これとは対照的なのが、〈パングロス主義者〉の、〈市場における完璧な合理性〉という見方である。この見方に立つ場合〈人々が広告から受け取るものは、もっぱら彼らの〈消費効用〉[243]を最大化するものに限られる〉という見方を弁護することがどうしても必要になるだろう。こういう見方は広告業者にとって、一定種類の広告を禁じる政府の統制をはねのけようとする際に使える大変有用なツールである。これと対照的に、〈改善主義者〉は、消費者が、広告業者からの情報を、(広告業者とは対立する) 消費者の利益を最大化するような仕方で扱うだろうとは仮定しない。それゆえ〈改善主義者〉は、広告を規制する政府の試みに対してずっと大きな共感をおぼえる。と

---

[241] 以下の箇所は『心は遺伝子の論理で決まるのか』pp. 222-3 に同内容の紹介がある。

[242] 念のため原著者にも確認したが、Author (著者、記者) は新聞や雑誌の無署名記事の著者を指す。巻末文献表にはこの名で書誌情報が記載されている。

[243] 訳注 36 参照。

第4章 わたしたちの意思決定はどれほど拙いのか?　163

いうのも〈改善主義者〉の目から見ればこのような規制は、全体としての人々の〈効用〉の増大につながるように働きうるからである。これは、〈合理性大論争〉が重大な政治的含意をもつ状況のほんの一例にすぎない。

　人々が「端的に誤りを犯している」というのは、本書第2–3章で論じた、認知心理学における〈ヒューリスティクスとバイアス〉研究者たちの初期の研究の多くでは暗黙の前提とされていた見方である。しかし〈パングロス主義者〉の論者たちは〈ヒューリスティクスとバイアス〉の研究文献で最もよく知られたいくつかの課題を取り上げ、その課題に対する被験者の一般的反応を別の仕方で解釈する〔すなわち代替解釈を与える〕ことで、その前提に疑いを投げかける。以下、それがどのようになされるのかを紹介していこう。

4枚カード選択課題の成績に対する代替解釈

　前章〔pp. 145–9〕で論じた、ウェイソン（Wason, 1966）の〈4枚カード選択課題〉を検討しよう。被験者の目の前のテーブルには4枚のカードが置かれている。2枚にはアルファベット、2枚には数字が書かれている（K、A、8、5）。被験者には、どのカードにも一方の面には数字、もう一方の面にはアルファベットが書かれていること、そして実験者は4枚のカードについて、次に述べる（「もしもPであるならば、Qである」タイプの）規則が成り立っていると考えていることが〔被験者に〕告げられる——「もしもカードの一方に母音が書かれていたら、その裏側には偶数が書かれている」。典型的な結果として、〔この規則の真偽を検証するための〕正しい選択としてのAのカード（P）と5のカード（非Q）——例の規則の反証（falsification）が可能なのはこの2枚のみである——を選ぶのは10%未満である[244]。被験者による最も一般的な不正解例は、Aのカードと8のカード（PおよびQ）か、Aのみ（P）を選ぶというものである。

　この課題の成績はなぜこれほど低いのか。最も古くからあるのは、仮説の検証において反証の可能性を想定するという態度を、大多数の人々がとれていないことによるのだ、という説明である。一方、オークスフォードとチェイター

---

[244] 既出の課題であり説明がかなり概略的なので、必要に応じて pp. 145–9 を再読してほしい。要点を言えば、規則を反証（falsify）する可能性がある（つまり規則が虚偽（false）であると証明する可能性がある）カードを調べなければ、規則の正しさを証明することができないということである。

164

(Oaksford & Chater, 1994) は、課題の遂行結果〔成績〕に対する1つの代替解釈を提出している[245]。この解釈によれば、ある決定的に重要な仮定を受け入れさえすれば、典型的な被験者はこれまで考えられてきたよりもずっと合理的な仕方で仮説検証を行っていると見なされる——つまり、被験者は実験者から与えられた指示の中に、実際の指示内容を超えた多くのものを読み込んでいる、という仮定である。詳しく言えば、オークスフォードとチェイターはカード選択課題を分析するために、次の〔2つの〕仮定を立てる。すなわちまず被験者は、この課題を、データ選択の中で帰納[246]を行う問題であると見なして取り組んでいる〔第1の仮定〕。またその際、被験者はカードのさまざまなクラス〔同類のグループ〕（すなわち母音と偶数）が相対的に稀なクラスであると想定してもいる〔第2の仮定〕。ということは、実際には、実験者は単に4枚のカードのみについて指示を与えているにもかかわらず、この分析によれば、被験者は自分が4種類のクラスから標本を抽出していると[247]（つまり、母音カードの山、子音カードの山、等々から標本を取り出していると）考えている、ということだ[248]。ここで「家畜の胃袋[249]を食べたならば、その者は病気にかかるだろう」という言明が現実世界で成り立っているかどうかを自分が検証中である、と想像されたい。この場合はもちろん、「家畜の胃袋を食べた人々」というクラスの中の標本を、その言明を確証ないし反証するために調べようとするはずだ。だが、「病気でない人々」というクラスから標本を抽出して調べる人はいるだろうか？いないことはほぼ間違いない。なぜなら、このクラスは〔調べるには〕大きすぎ

---

[245] 〈4枚カード選択課題〉についてのオークスフォードとチェイターの研究や他の研究は『心は遺伝子の論理で決まるのか』pp. 165–6 でも解説があるが、全般に本節の方が詳しい。

[246] 「帰納（induction）」とは単純に言えば個別の事例から一般法則（一般命題）を引き出すこと。経験的な一般化は典型的な帰納である。この場合のより詳しい意味はこの後の訳注 248, 250 を参照。反意語は「演繹（deduction）」で、一般的な命題から特殊な命題を論理的に引き出すこと。

[247] 「標本（sample）」については訳注 74 参照。ここで「クラス」と呼ばれているのは、その訳注で言えば「母集団」に相当する。つまり「日本に住む 20 歳の人物全員」がここでの「クラス」で、直接の調査対象になる、その部分集合としての個々の人物が「標本」である。

[248] 整理すれば以下のようになる。(1) 被験者は例の「規則」が単なる目の前の4枚のカードのみを対象とした「規則」ではなく（これが実験者の意図）、母音、子音、偶数、奇数という4つのクラスに一般的に当てはまる「規則」であり、4枚のカードはもっと多く存在するカードの山からたまたま抽出された標本だと考えている。(2) さらに被験者は、この4つのクラスの内、「母音」と「偶数」は相対的に稀な（カードの山の中では少数派の）クラスであると考えている——以上のような仮定がなされているということである（(2) に関しては次段落で検討される）。

[249] 原語は tripe で、ウシ・ヒツジ・ブタなど反芻動物の第1・第2胃（食用になる）を指すが、意訳した。

第4章 わたしたちの意思決定はどれほど拙いのか？　165

るからである。だが、「病気である人々」のクラスの標本を、その中に家畜の胃袋を食べた人がいるかどうかを確かめるために調べる、という人がいたとしてもまったくおかしくない。

　実験課題の〔実験者からの〕指示説明は、このようなアプローチを保証していない。指示説明の中に、クラスについての言及はまったくないのだ——あくまで、4枚のカードへの言及があるだけである。だが、オークスフォードとチェイター（Oaksford & Chater, 1994）が〔従来の説明の〕代替案として提起した説明は、被験者たちがカードのクラスからの標本抽出にもとづいて思考していると仮定する。しかもオークスフォードとチェイターの、実験の遂行結果の独特なモデルでは、多くの被験者が選んだクラス〔母音と偶数〕は相対的に稀なクラスである、という暗黙の仮説を被験者たちが抱いているとも仮定されている。つまり被験者たちは、述べられた規則で言及されているクラス〔つまり「母音ならば偶数」という規則の「母音」と「偶数」は稀なクラスだと仮定しているというのである。さらに、実際の実験者からの指示は〔規則についての〕真理と虚偽を確定させよと〔つまり規則を確証または反証せよと〕言っているにもかかわらず、オークスフォードとチェイターの見方では、ほとんどの被験者はこの点を無視し、その代わりに帰納的確率[250]にもとづいて思考しているとされる。実験課題の指示説明をこのような代替案にもとづいて読み替える、というのが果たして保証された読み替えなのかどうかは別の問題なのだが、ともかく、オークスフォードとチェイターが示しているのは、その読み替えを受け入れさえすれば、それにもとづいてPおよびQを選択するというのは、従来よりずっと合理的な選択に見えて

---

[250]「帰納的確率（inductive probability）」はデータにもとづいて未知の事象の生じる確率を推定する場合の確率概念で、一般に第3章で紹介された〈ベイズの定理〉を用いて算定される。実際、オークスフォードとチェイターの論文（Oaksford & Chater, 1994）は、〈4枚カード選択課題〉に対する被験者の典型的反応を、〈ベイズの定理〉を用いて分析する議論を重要なパートとして含んでいる。

　また「帰納的（inductive）」は「演繹的（decutive）」の対概念であるが（訳注246参照）、この点も含め、同じ主題を解説している『心は遺伝子の論理で決まるのか』の次の一節は、この箇所の理解に役立つと思う（訳語や訳文は本書の方針に合わせて一部変更した）——「たとえば、オークスフォードとチェイター……によると、被験者の多くはこの課題を（実験者の意図に沿って）演繹的推理（deductive reasoning）の課題だとは思わず、確率についての仮説を検証する帰納的課題と解釈した、という。オークスフォードとチェイターは、課題が帰納的なものだと解釈したという前提に立って最適なデータ選択（optimal data selection）をすれば（彼らはこの最適なデータ選択を、ベイズ的分析を用いてモデル化している）、PとQを選ぶのが予想どおりの反応であることを示している」（p. 165）。付言すれば、この最後の点にもとづき、オークスフォードとチェイターの理論は「最適データ選択理論」と呼ばれている。

166

くる、ということだ。

〈4枚カード選択課題〉の遂行結果《パフォーマンス》についての、オークスフォードとチェイター（Oaksford & Chater, 1994）のこのような説明が妥当な説明かどうかについては、未だに論争が続いている（Evans, 2007; Johnson-Laird, 1999, 2006; Klauer et al., 2007; Stenning & van Lambalgen, 2004）。肝要なのは、もしも実験課題に対するこの代替《オルタナティブ》解釈をわたしたちが受け入れるとしたら、その場合被験者がもたらした遂行結果《パフォーマンス》〔成績〕は従来よりもずっと合理的なものに見えてくる、という点である。

進化心理学者たちが示したのは、人々が難しいと感じる問題〔実験課題〕の多くは、ある種の文脈化《コンテクスチュアライゼーション》によって易しい問題に転ずることができる、ということである。つまり、抽象的な形で示されればなかなか正答できなくなる問題も、ある種の文脈の中に問題を置き直して〔文脈化して《コンテクスチュアライズして》〕示せば——とりわけ、進化的に適応した特定の〈モジュール（module）〉[251]が使用する表象に沿った文脈に問題を置き直せば——容易に正答できる問題になる、ということだ。このような進化心理学者の研究の中には、〈4枚カード選択課題〉を取り上げたものがいくつかある。例を挙げよう。まずはこの課題の研究史の初期の時代にさかのぼる[252]。当時真っ先に考えられたのは、母音／数字という規則の内容

――――――――――

[251] 人間の心（ないし脳）に複数の「モジュール（module）」が組み込まれている（「モジュール性（modularity）」を備えている）という見方はジェリー・フォーダーが主張し（Fodor, 1983. 邦訳書誌情報は文献表参照）、その後の認知科学や進化心理学で広く受け入れられた。スタノヴィッチの『心は遺伝子の論理で決まるのか』p. 52 でのまとめによると、フォーダーの元々の〈モジュール〉概念は以下の性質を備えている――「(1) 処理速度がきわめて速い（fast）、(2) 強制的である（mandatory）、(3) 領域特異的である（domain specific）、(4) 情報が外部から遮断（カプセル化）されている（informationally encapsulated）、(5) 内部を認知することができない〔不透明である〕（cognitively impenetrable）、(6) 固有の神経機構をもつ（subserved by specific neural architecture）、(7)〈モジュール〉に不都合があったとき、特有のやり方で崩壊する（subject to idiosyncratic pathological breakdown）、(8) 個体発生の筋道が決定されている（定まった順序で発生する）（ontogenetically deterministic (undergo a fixed developmental sequence)）」。しかしスタノヴィッチによれば〈モジュール〉の概念を受け入れる論者もこの特徴をすべて受け入れるかどうかについては見解を異にしている。またスタノヴィッチが指摘するように、進化心理学者はフォーダーが〈モジュール〉に認めた周辺知覚のような知覚プロセスだけではなく、より上位の概念処理のプロセスを担う〈モジュール〉を多く提起し、それをダーウィン的進化による適応に結び付ける。この箇所で言われているのはその一例であり、つまり一定の社会的な状況で適切な反応を計算し出力することに特化した〈モジュール〉は生存に有利に働き、自然淘汰によって保持されたはずである、ということである。

[252] 特に原文にそって読むと分かりにくいが、ここから7段落後（p. 170）までは進化心理学の研究ではなくその前史の紹介である。8段落後のコズミデスの研究でようやく、予告された進化心理学的研究の実例が紹介される。（ちなみにコズミデスらの4枚カード選択実験（Cosmides, 1989）は非常に有名であり、著者としてはウェイソン以降のその前史を詳しく紹介する必要性を感じたのかもしれない。）

が抽象的であるために人々は困難を覚えるのであり、より実生活に即した、あるいは「主題特定的（thematic）」で抽象度の低い問題であれば実験成績はずっと向上するのではないか、というアイデアだった。研究者たちが例として試みたのは、乗り物の行き先にかんする次のような規則を用いた実験である――〈旅券の一方の面に「ボルティモア」と書かれていれば、もう一方の面には「飛行機」と書かれている〉。被験者に見えているカードの面には次のように書かれている。

　　　行き先――ボルティモア
　　　行き先――ワシントン
　　　交通手段――飛行機
　　　交通手段――鉄道

　この4枚のカードはそれぞれ、「もしもPならばQである」〔という規則〕に対するP、非P、Q、非Qという選択肢に対応している。驚くことに、内容としてこの種の具体例を取り入れても、成績はまったく改善しなかった（Cummins, 1996; Manktelow & Evans, 1979; Newstead & Evans, 1995）。ほとんどの人々はやはりPおよびQのカードを選ぶか、Pのカードのみを選ぶかのいずれかであった。圧倒的多数は、P（ボルティモア）と非Q（鉄道）を選ぶという正しい回答を選ばないままだったのである。
　この種の主題特定型の課題で被験者の成績を飛躍的に向上させたのは、グリッグスとコックス（Griggs & Cox, 1982）が実験で用いた1つのバージョンが初であった。この結果はその後他の研究者による実験でも確認された（Cummins, 1996; Dominowski, 1995; Newstead & Evans, 1995; Pollard & Evans, 1987）。筆者の研究グループが、グリッグスとコックス（Griggs & Cox, 1982）が用いた規則の中でも格別に易しいバージョンを用いた実験を行っているので、紹介しよう（Stanovich & West, 1998a）。問題を自分で解き、どれほど易しいかを体験してほしい。
　自分が勤務中の警官で、ある田舎の酒場を巡回していると想像してもらいたい。飲酒にかんする法律が酒場でちゃんと守られているかどうか、確認するのが任務だ。もしも一定の行為を行っている人物を見かけたら、法律に照らして、その行為に必要な条件がすでに満たされているかどうかを確かめる[253]。法律の条文の中にはこういうものがある。「もしもある人物がビールを飲んでいたら、

168

その人物は 21 歳以上[254]でなければならない」。さて、テーブル上に 4 枚のカードがある。どのカードにも人物にかんする 2 つの情報が書かれている。カードの一方の面には、人物がビールを飲んでいるか否かが書かれている。もう一方の面には人物の年齢が書かれている。2 人の人物について、あなたは年齢を見ることができるが、飲み物が何かを見ることはできない。別の 2 人の人物については、何を飲んでいるかは分かるが、年齢は分からない。あなたの課題は、先に述べた法律が酒場の中で破られているか否かを判定することである。法律が破られているか否かを判定するために、どうしてもめくる必要のあるカード〔だけ〕を選んでほしい。どのカードを選んでも構わないし、すべてのカードを選んでもよい。

〈年齢〉——22 歳
〈年齢〉——18 歳
〈飲み物〉——〈ビール〉
〈飲み物〉——〈コーラ〉

ほとんどの人々はこの〈飲酒年齢問題〉に正しく回答し、その中には同じ問題の抽象バージョンでは誤答する人々も多く含まれる。だがこのように正答率に差がある一方、2 つの問題の基底をなす論理構造が同じであることも、たしかに一目瞭然だ。つまりどちらの問題も P および非 Q が正しい回答である——現在の問題では、それぞれ〈ビール〉と〈18 歳〉に相当する。
〈飲酒年齢問題〉の考案によって、研究者たちは 15 年の歳月を経て（つまりグリッグスとコックスの報告（Griggs & Cox, 1982）が発表されるに至って）、ようやく被験者たちがウェイソンの〈4 枚カード選択課題〔のバリエーション〕〉で正答を引き出すことができる方法を発見した。だが喜びは束の間だった。というのも、研究者たちは間もなく、抽象的なバージョンでの正答を導く推理過程 <ruby>推理過程<rt>リーズニング</rt></ruby>

---

[253]（前頁）この箇所は直訳すれば「もしも一定の行為を行っている人物を見かけたら、法律は一定の条件があらかじめ満たされていなければならないと指定する」だが、分かりにくいので意訳した。
[254] 21 歳はアメリカ合衆国全州の、法的に許される飲酒最低年齢。（なお、著者スタノヴィッチが在住しているカナダ・トロント州では 19 歳、本書の版元イギリスでは 18 歳（ビールは 16 歳から可）だが、本書の出版地はニューヨークであり、ここに限らず、本書はアメリカの読者を念頭に置いていると見られる箇所が多い）。

第 4 章 わたしたちの意思決定はどれほど拙いのか？　169

と、〈飲酒年齢〉バージョンでの正答を導く推理過程（リーズニング）との間に類似性はまったくないのではないか、という疑問を抱き始めたからである。つまり2つの規則は表面上の類似にもかかわらず、実際には根本的に異なった推理メカニズム（リーズニング）を誘発する（タップ）[255]のではないか、と研究者たちは考え始めたのである。例えば、先に挙げた〈行き先〉規則は**叙実的規則**（indicative rule）——世界について述べられた言明が真理かどうかを問題にする規則——と呼ばれている[256]。これとは対照的に、〈飲酒年齢〉規則は**義務的規則**（deontic rule）と呼ばれている。〈義務的推理（リーズニング）〉は、人間の行動を導くために用いられる規則——何が「なされるべきか」ないし「なされねばならないか」についての規則——にかんする思考を問題にする[257]。カミンズ（Cummins, 1996）は〈義務的規則〉に対して「ある一群の状況において、人が何をしてよいか、すべきか、してはならないか」についての規則である、という規定を与えている（p. 161; Manktelow, 1999; Manktelow & Over, 1991 も参照）。多くの論者が、〈義務的規則〉と〈叙実的規則〉には異なった心的メカニズムが働いているという論証を提案してきた。

　そのような提案の中で最も有名なものが、コズミデスによる、大きな影響力をもった論文（Cosmides, 1989）であった。この論文は心理学において進化論的な理論を確立するという、1990年代に心理学界を席巻した運動の旗印となった論文の1つである（Cosmides & Tooby, 1992, 1994）。彼女が提起したのは、進化は人間同士のかかわりの中でも、もっぱら社会的交換だけに関心を向ける処理システムを組み立てたのだ、という主張である（彼女はその処理システムを〈ダーウィン的アルゴリズム群〉と名付ける）。このアルゴリズム群は「もしも利益を得るならば、コストを支払わなければならない」という基本規則を具体化し、格別に敏感な、「ズルいやつ（cheater）検出器」となる——かくしてこのアルゴ

---

[255] 原語は tap。原義は「（容器などに）飲み口をあけて液体を出す」で、本書ではしばしば心理的な反応や脳内のメカニズムの動作などを触発ないし誘発するという意味で用いられる。具象的なイメージを伴った語だが、対応する適切な日本語が見あたらないので「誘発する」と訳す。類似の場面で用いられる、やはり訳しにくい語に、原義として「呼び水を差す」などを意味する動詞 prime がある（この後の訳注 263 参照）。なお、日本語として定着しつつある、タッチパネルを「タップする」は（つづりは同じ tap だが）「軽くたたく」の意味の別の語である。
[256] 〈「ボルティモア行き」の切符の裏には交通手段として「飛行機」と書かれている〉という規則は、世界の事実について言明し、その言明が事実に一致している（真）か、事実に反している（偽）かが問題になる。
[257] 〈21 歳未満の人は飲酒してはならない〉という規則は、事実について言明しているのではなく、人が何をすべきか、何をしてはならないかを指令し、人間の行動を導く。

170

リズム群は、誰かある個人がコストを支払わずに利益を得る場合に強い反応を示すことになる。〈飲酒年齢〉問題の場合、規定の年齢未満でありビールを飲んでいる個人がまさにそれ——ズルいやつ——に相当する。したがって、この基本ルール〔「もしも利益を得るならば、コストを支払わなければならない」〕とのかかわりで、18 歳でありかつビールを飲んでいる（P かつ非 Q）という可能性は非常に際立った見え方をするようになる。そしてこの見え方の違いにより、そこで働く〔利益とコストにかんする〕基本規則が自動的に、ある一定の——たまたま実験課題の正解である——カード〔「18 歳」と「ビール」〕の選択に特別な関心を向けるような、1 つの〈進化的アルゴリズム〉の引き金を引く[258]。もちろん、叙実的規則〔真偽が問題とされる規則〕がこのような〈ダーウィン的アルゴリズム〉の引き金を引くことはない。進化は脳内に叙実的問題を解くための特別の〈モジュール〉[259]を据え付けはしなかった。叙実的問題を解くためのツールは概して文化的発明品であって、その種のツールを支えるための脳の過程は脆弱である。というのもその過程は多大な演算能力を要求するからである（Dennett, 1991; Evans, 2007; Stanovich, 2004, 2009）。

コズミデス（Cosmides, 1989）の仮説は、〈飲酒年齢〉問題に人々が優れた成 績^{パフォーマンス}を示す現象の唯一の説明ではない（Evans & Over, 1996; Manktelow, 1999; Manktelow & Over, 1991）。コズミデスが、社会的交換を統御するための、領域特異的で外部からの情報が遮断された〈モジュール〉[260]を強く主張する点に対しても、他の論者からの異議が投じられている。しかしながら、その代案として出されているさまざまな〔飲酒年齢問題の〕説明も、コズミデスの説（Cosmides, 1989）とある種の家族的類似性[261]を等しく有している。つまりそれらの説明は〈飲酒年齢〉問題を、〈認識的合理性〉というよりもむしろ〈道具的合理性〉の問題と見なす傾向がある。つまり叙実的選択課題は〈認識的合理性〉を誘発^{タップ}する。そのような課題は、人々が世界の実際のあり方にかんする仮説をどのように検証するの

---

[258] この前の叙述に照らせば、「基本規則」は「ダーウィン的アルゴリズム群」と呼ばれている処理システムの中に具体化されており、その処理システムはこの規則への違反者に当たるものを検出するために動作している。〈飲酒年齢〉のカード選択問題においてもそのシステムが働いたのだが、そのシステムが具体化している「もしも利益を得るならば、コストを支払わなければならない」という規則が、ウェイソン課題で判定対象となる仮説（規則）とたまたま同じ論理形式をもっていたため、被験者の成績が向上したということである。

[259] 「モジュール（module）」については訳注 251 参照。ここで言われる「ダーウィン的アルゴリズム群」と呼ばれる処理システムは〈概念処理モジュール〉の一種である。

第 4 章 わたしたちの意思決定はどれほど拙いのか？　171

かを探るのである。対照的に、義務的規則にかかわる課題は〈道具的合理性〉を誘発する。それは諸行為はどのように統御されるべきか、人々は一定の状況下で何をなすべきか、ということにかかわるのである。

連言の誤りに対する代 替解釈

　本章ではこのように、〈ヒューリスティクスとバイアス〉の研究者たちが長い間正しくないと見なしてきたさまざまな反応を、合理的な反応として弁護する論者たちの主張を見ていく。2つ目に取り上げる例は、前章〔pp. 123-4〕で論じた、〔これもまた〕多くの研究の対象になってきた問題としての〈リンダ問題〉（「リンダは 31 歳で、独身で、率直な物言いをし、非常に聡明で……」）についての代 替解釈である[262]。人々はリンダがフェミニストの銀行窓口係である確率を、彼女が銀行窓口係である確率よりも高いと位置づけるという〈連言の誤り（conjunction error）〉を犯していた。トヴェルスキーとカーネマン（Tversky & Kahneman, 1983）によれば、この問題についてなされるべき論理的推理（つまり、すべてのフェミニストの銀行窓口係は銀行窓口係でもある）に、〈代表性（representativeness）〉と呼ばれる性質に依拠する〈ヒューリスティック〉が勝ってしまっている。この問題においてはその〈ヒューリスティック〉が、類似の度合いを見積もることによる回答を誘発する[263]（つまり、フェミニストの銀行

---

［260］（前頁）「モジュール（modules）」については訳注 251 参照。「領域特異的（domain-specific）」と「外部からの情報が遮断された（informationally encapsulated）」はいずれも同訳注で紹介したフォーダーの〈モジュール〉概念の中に含まれている。「領域特異性」およびにそれをめぐる議論に関しては、『心は遺伝子の論理で決まるのか』pp. 54-5 で簡単に紹介されている。「領域特異性」は、「社会的交換」のような特定の環境や社会の領域でのみ活性化するという意味にもなると思われるが、同書のその箇所によればより強い意味としては、（フォーダーの元来の〈モジュール〉概念に忠実に）特定の「脳機能領域」の中だけで完結した動作をする、という意味にもなりうる（同書 p. 51 以下）。コズミデスらが「外部からの情報が遮断された」という特徴づけを与えているのは、コズミデスらが社会的交換を統御するシステムに、元来のフォーダーの〈モジュール〉に近い独立性を認めようとしていることを示唆する。
［261］（前頁）「家族的類似性（family resemblance）」もとはヴィトゲンシュタインが『哲学探究』（第 66-67 節）で使い始めた概念で、互いに部分的に類似しているが、全員に共通する本質的特徴のようなものがないような仕方で結びついたグループの類似性を指す。ここでは、「大幅な多様性をもちつつもゆるく類似しあっている」というほどの意味で用いていると見られる。著者はこの用語を好んで用いるようであり、『心は遺伝子の論理で決まるのか』p. 46 他にも用例がある（同書の訳では「基本的類似性」）。
［262］以下で論じられるリンダ問題の代替解釈も『心は遺伝子の論理で決まるのか』p. 166 で概述されているが、本節の方が詳しい。

窓口係というのは、「銀行窓口係」という別の項目〔予測〕よりも、リンダについての記述とより一致するように見える〔類似の度合いが大きい〕）。だがもちろん論理に従えば、確率判断が問題である場合、代表性〔ここでは類似性〕の見積もりではなく、下位集合（フェミニストの銀行窓口係）-上位集合（銀行窓口係）の関係〔下位集合が上位集合を上回ることは論理的にありえない〕が勝るべきなのである〔つまりそれこそが考慮されねばならない〕。

　ところが、いくつかの研究の示唆するところでは、〈リンダ問題〉でこのように確率論の論理への違反が起きてしまうのは、非論理的な認知のせいではなく、むしろ合理的な実用的〔語用論的〕[264]推理がなされているからなのだという。〔従来の解釈への〕これらの批判を、ヒルトン（Hilton, 1995）は次のような論証としてまとめている。「対話においてなされる推論は帰納的な性格をもつ。これが示唆するのは、これまで誤った推理のせいだとされてきた実験結果の多くが、〔被験者が〕実験者から与えられた情報[265]を合理的に解釈しているものとして再解釈されうる、ということである」（p. 264）。〔従来の解釈への〕この種の批判が言わんとしているのは、要するに、被験者が呈する〈連言の誤謬〉は、社会的な手がかり、言語的手がかり、背景的知識、といったものを適応的に使用することで引き金を引かれる合理的反応である、ということである。

　〈リンダ問題〉に対する、ヒルトンが挙げているタイプの代替解釈の例を挙

---

[263]（前頁）動詞 prime はもともと「（ポンプに）呼び水を差す、（火薬に）導火線をつける」などの準備動作を意味し、訳注 255 で触れた tap と似た局面でしばしば用いられる（生化学で DNA 合成を開始させる分子を指す「プライマー（primer）」もこの動詞に由来する）。適切な訳語がみつからないので tap や elicit（訳注 115）と同じ「誘発する」の訳語をあててルビを振ることにする。（なお、『心は遺伝子の論理で決まるのか』では「先行させる」というやや分かりにくい訳語が採用されている。「プライミング効果（priming effect）」との関連かもしれないが（同書 pp. 78-9）、「プライミング効果」は刺激 A に（実験者が）刺激 B を先行させると、刺激 A への感受性が高まる（つまり刺激 B が刺激 A への感受性を誘発する、ないしそれへの呼び水を差す）という効果であり（中国語ではこの効果を「促発」と訳すらしい）、カーネマンは『ファスト＆スロー』（ハヤカワ文庫、2014 年、上巻 p. 424 原注第 4 章 4）で、それをまさにポンプの準備動作（ただし、吸水管に水を差すのではなく、吸水管の空気を排出する動作）を例にして説明している。

[264] この節で用いられる pragmatic は広い意味では「実践的、実用的」という意味であり、その意味も意図されていると思われるが、同時にまた「統語論（syntactics）」、「意味論（semantics）」、と並ぶ言語学の研究領域としての「語用論（pragmatics）」（つまり言語の実際の文脈での運用のあり方の研究）と結びついた含意もあると思われる（以下で参照されるグライスの研究は現代の語用論研究の大きな基礎とされている）。

[265] experimenter-given information は、この後の叙述からして「実験者〈に〉与えられている（はずの）情報」のように解する可能性もあると思われたが、ヒルトンの論文を見ると、引用箇所の前に何度か "information given by experimenter" や "reinterpret the information given" という表現があったので（p. 264）このように訳した。

第 4 章 わたしたちの意思決定はどれほど拙いのか？　173

げておこう。そこではまずこう想定される——実験者は主題〔リンダ問題〕では
リンダ〕について詳しい情報を与えてくるが、これは実験者がリンダについてか
なり多くのことを知っていることを意味しているのだ——と。この想定に立つ
場合、実験者が「リンダは銀行窓口係である」とだけ述べ、「かつ、フェミニ
スト運動に参加していない」と述べなかったのは、実験者がすでにその事実を
知っていたからなのだ、という考え方が理にかなったものになる。つまり「か
つ、フェミニスト運動に参加していない」という文は実験者にとって言わずも
がなのことであった、というわけである。もしも「リンダは銀行窓口係である」
がこのように解釈されるならば、「リンダは銀行窓口係であり、かつフェミニス
ト運動に参加している」という例の連言命題が「リンダは銀行窓口係である」
よりも大きい確率をもつという回答は、もはや〈連言の誤謬〉とは見なされな
い[266]。

　リンダ問題において確率論の論理への違反がなされているように見えるのは、
そこで実用的〔語用論的〕推論がなされているからなのだ、という同様の提案を
行っている研究者は何人かいる（Adler, 1984, 1991; Hertwig & Gigerenzer, 1999; Politzer
& Noveck, 1991 参照）。このような違反のほとんどは[267]、話し手に聞き手との協
力を求めるという、合理的コミュニケーションにかんするグライス（Grice, 1975）
の規範にもとづいて分析できる（Sperber & Wilson, 1995）——話し手は無用な話を
しないことによって聞き手と協力する、というのはその主要な手段の１つであ
る[268]。この、〈コミュニケーションにかんするグライスの格律〉と呼ばれる規
範を理解するには次の点の認識が肝要である。すなわち、聞き手が話し手の意
味することを理解するためには、単に語られた言葉の意味を把握するだけでは
なく、話し手に協力的な意図があると想定するときに、目下の文脈に何が含意
されることになるのか、ということも把握せねばならない、という認識である。
ヒルトン（Hilton, 1995）は、コミュケーション的認知に認められる合理的側面の
一部をこの格律が構成しているということを、わたしたちに気づかせようと腐

---

[266]「リンダが銀行窓口係である」が言外に「かつ、リンダはフェミニスト運動に参加していない」を含意
しているとすれば、その確率が「リンダは銀行窓口係であり、かつフェミニスト運動に参加している」の確
率より低いという判断は、もはや不合理な判断ではなくなる。
[267] これ以降の「グライスの格律」については『心は遺伝子の論理で決まるのか』第４章原注14（原注
p. 22）でも解説されている（「グライスの公理」と訳されている）。
[268] 先ほどのヒルトンの代替解釈において、被験者が推測したとされる実験者の態度のように。

174

心している。つまりこの格律は合理的な〈ヒューリスティック〉なのであって、〈ヒューリスティクスとバイアス〉の文献で強調される〈最適に至らない近道〉とは正反対のものなのだ、ということである。

多くの論者は、〔人々の〕〈リンダ問題〉の遂行結果についての説明を、〈社会的知性〔知能〕(social intelligence)〉が働く領域における進化的適応に結びつけてきた (Cummins, 1996; Dunbar, 1998; Humphrey, 1976; Mithen, 1996)[269]。このような〈社会的知性〔知能〕〉はそれよりも上位のさまざまな形態を取る知性〔知能〕の基礎になると考えられている。この考えにもとづけば、色々な問題に〔まずは〕社会的な観点〔つまり人間関係にかかわる観点〕から取り組む、というのは初期値の処理様式であることになり[270]、したがって、過大な演算力の負担が〔人間の演算装置に〕求められる場合でも[271]、その処理のために〔負担の少ない〕初期値の処理様式〔としての社会的観点からの取り組み〕を利用することは常に可能である〔それゆえその処理に訴える場合が多く生じる〕、という重要な仮定が導かれる。問題解決、推理、意思決定、という主題についての研究が30年間にわたり証明してきた〈認知的錯覚 (cognitive illusion)〉[272]の数々は、この仮定を支持するように思われる。すなわちまず、この分野の研究は、〈リンダ問題〉や、その前の〈4枚カード選択課題〉と同様の、正しい解に行き着くために、抽象的で脱文脈化されたアプローチをとらねばならない問題で満ちあふれている。しかるにそのような問題は、〔演算資源、つまり演算に必要な処理装置の余裕という点で〕〈高価な (expensive)〉演算力を〔被験者の認知装置に〕要求する[273]。ところが、このような解決法〔課

---

[269]「社会的知性〔知能〕」にかんするより詳しい研究文献は『心は遺伝子の論理で決まるのか』第4章原注13で紹介されている。

[270] 著者自身、人間の脳の自動推論メカニズムに由来するという〈基本的演算バイアス (fundamental computational bias)〉の1つとして「人間関係にかんする手がかりがほとんどない状況でさえ、問題を『社会化』しようとする傾向」を認めており（『心は遺伝子の論理で決まるのか』pp. 160–1）、この後でも示唆されているように、このような主張そのものを退けるわけではない（同書 p. 166 も参照）。少し前の「社会的知性〔知能〕(の領域における進化的適応)」も人間の思考のこのような性格を指していると見られよう。

[271]「演算力の要求 (computational demand)」や類似の概念はこの後、特に第5章でしばしば登場する。例えば脳内の処理システムの内、自動的なシステムは演算力の要求が少なく、注意力を要求する分析的なシステムは〈高価な〉演算力を要求する (computationally expensive)。すなわち、人間の認知システムは有限な時間に有限な情報しか処理できない（演算資源が有限である）ので、少数のサブシステムが短時間で処理（演算）を済ませられる方が「安価」で、多数のサブシステムが長い時間をかけて処理（演算）を要求される場合は「高価な」演算力が要求されているということになる。

[272] 錯視のような知覚的錯覚と類比的に、思考における根深い思い違いを「認知的錯覚 (cognitive illusion)」と呼ぶ。本書で紹介されたさまざまな〈バイアス〉は〈認知的錯覚〉の例である。

第4章 わたしたちの意思決定はどれほど拙いのか？　175

題に対する抽象的アプローチ〕と相並んで、人を惹き付けやすい社会的視点からのアプローチ（「あ！　ははん。この課題を考えた人はリンダについてたくさんのことを知ってるんだな」）が存在している。そうなると、このような〔社会的知性（知能）を用いた〕アプローチは、〔被験者の脳内の演算装置に〕演算の努力をほとんど求めない反応としての、〔抽象的課題の「正しい」解とは〕別の反応を誘発する、というわけである[274]。

基準率の無視に対する代替^{オルタナティブ}解釈

　前章で取り上げた〈基準率の無視（base rate neglect）〉という現象を思い出そう〔pp. 98–105〕。この現象は、タクシー問題（その都市のタクシーの 85％ はグリーン社であり……）と XYZ ウィルス問題（XYZ ウィルスが深刻な病を引き起こすと仮定し……）といった具体例で説明される。人々は事象の〈事前確率〉〔すなわち〈基準率〉[275]〕を無視するものであり、〈事前確率〉が見たところ非因果的な、無味乾燥な統計的証拠^{エビデンス}として提示される場合には特にそうなる。コズミデスとトゥービー（Cosmides & Tooby, 1996）やギーゲレンツァー（Gigerenzer, 1991, 1996a, 2007; Koehler, 1996 も参照）は、わたしたち人類は〈単一事象の確率〉ではなく〈頻度^{ひんど}（frequencies）〉を取り扱うための心的メカニズムを進化させてきた、と論じてきた。このような研究者は、〈ヒューリスティクスとバイアス〉の文献で取り上げられている問題は、〈頻度^{ひんど}〉ではなく〈単一事象の確率〉を被験者に示しているせいで難しい問題になっているのだ、という論拠をそのために挙げる。例として 1 つの問題を取り上げ、2 種類それぞれの形式で分析してみよう。

---

[273]（前頁）訳注 271 参照。

[274] 最後の段落は前段落までで紹介されてきた議論を、それらの議論が批判していた従来の〈ヒューリスティクスとバイアス〉研究（p. 93、訳注 21 参照）の認識に沿った方向へ改めて解釈し直す試みであり、この論調の違いを押さえておかないと論旨を追いにくい。ここで著者が言いたいのは、ヒルトンらが解釈した被験者の思考法において働いているものは無意識的で自動的に働く「社会的知性〔知能〕」だということであり、また従って、リンダ問題のような抽象的な実験課題で多くの被験者が正答に至らないのは、分析的思考を遂行しきれず、〈バイアス〉としての「社会的アプローチ」（〈社会的知性〉が初期値^{デフォルト}として採用する、演算負荷の小さいアプローチ）に流されてしまっていることとして理解できる、ということである。これは、前段落までの議論を伝統的な〈ヒューリスティクスとバイアス〉の説明に沿った仕方で説明し直す試みである。同様の試みは第 5 章で本格的に展開される。

[275]「事前確率」の概念は p. 97 参照。「基準率」と見なされた「事前確率」にかんする議論は pp. 98–105 参照。

人々が困難をおぼえる問題の例から挙げる。

40–50代の、何の症状も現れていない女性たちがマンモグラフィーを用いた検診を受ける。次の情報がこのグループには利用可能である。すなわち、この女性たちの内の誰か1人が乳がんである可能性は1%である。ある女性が乳がんであった場合、その女性のマンモグラフィー検査で陽性反応が出る確率は80%である。乳がんにかかっていない女性がマンモグラフィー検査を受けて陽性反応が出る確率は10%である。ここで1人の女性（40–50代で、何の症状も出ていない）が乳がん検診で陽性反応が出ていると想像されたい。この女性が実際に乳がんである確率はどれほどだろうか？　＿＿＿%

次に同じ問題の別バージョンを挙げる。同じ問題なのに、こちらはもっと簡単になる（Gigerenzer, 1996b から引いた）。

40–50代の、何の症状も現れていない女性たちがマンモグラフィーを用いた検診を受ける。次の情報がこのグループには利用可能である。すなわち、このような女性1,000人中、10人が乳がんにかかっている。この乳がんにかかっている10人中の8人がマンモグラフィーで陽性反応が出る。残り990人の乳がんにかかっていない女性の内の99人が、マンモグラフィー検査を受けて陽性反応が出る。ここで、この女性たち（40–50代で、何の症状も出ていない）の内、乳がん検診で陽性反応が出ている女性たちを標本に選ぶと想像されたい。標本の女性たちの内、実際に乳がんである女性は何人だろうか？　＿＿＿人中＿＿＿人

　同じ問題なのに、第2のバージョンでは、確率が、1つのクラス〔同類の集団〕に属する個別事例〔の数〕を表している、ということがずっと分かりやすくなっている。つまりこの第2の例では、マンモグラフィー検査で陽性反応が出た女性は全部で107人（8人足す99人）であり、その内の8人ががんにかかっているだろう、ということが簡単に分かる。したがって陽性反応の出た107人の女性中、実際にがんにかかっているのはたった8人（7.5%）であることになる。ギーゲレンツァーやその他の研究者は問題を〈頻度〉の形式で示すと、実験室にいる被験者にとってのみならず、現場の医師たちにとっても確率的情報の処

第4章 わたしたちの意思決定はどれほど拙いのか？　177

理が容易になることを示した（Cosmides & Tooby, 1996; Gigerenzer, 2002, 2007）。

とはいえ、ここで肝心だと思われるのは、〈頻度〉を用いた〔第2の〕形式が果たしている役割が〈確率は1つのクラスに属する個別事例〔の数〕を表している〉という点を分かりやすく示すことにある、ということである。つまり被験者の成績を改善するために、〈頻度〉を用いた形式がどうしても必要となるわけではないのだ。〈単一事象の確率〉を被験者に提示する場合でも、提示の仕方をより平易なものに変えて理解しやすくする、というやり方もある。それを実証する研究もいくつかあり、〈個別事例〉と〈クラス〉の関係を分かりやすく示し、それによって情報処理をより容易にして被験者の成績を大いに改善するような、確率情報を提示するさまざまな手法を実証してきた（Barbey & Sloman, 2007; Evans, Simon, Perham, Over, & Thompson, 2000; Sloman & Over, 2003; Sloman et al., 2003）

知識較正への過信に対する代替解釈

わたしたちは第3章で〈知識較正〉実験における〈過信効果（overconfidence effect）〉を論じた〔pp. 117–22〕。実験室で広く実施されている実験方法の1つに、被験者がまず〈はい／いいえ〉式の問題に回答し、次にその各々について、自分の回答の正しさに対する主観的確率を被験者自身が判断する、というものがある[276]。この課題で得られる結果（すなわち、問題に対する被験者の実際の正解率よりも主観的確率の方が一貫して高い）は、これまで規範的観点から[277]不適切なものだと考えられてきた。

ところが、ギーゲレンツァー、ホフレッジ、クラインボルティング（Gigerenzer, Hoffrage, & Kleinbolting, 1991; Juslin, 1994; Juslin, Winman, & Persson, 1994 も参照）らが論じたところでは、被験者が状況をどのようなものとして解釈しているのか、という点を見直せば、ある程度の過信は十分に規範にかなったものだと見なされてよいのだ、という。例えば、人々は自分の確信について、記憶を検索して得た、〔目下の問題をめぐる〕確率にかかわる手がかり（probabilistic cues）を基礎にし

---

[276] 訳注170でも指摘したが、この〈知識較正〉問題は pp. 117–8 の問題とは形式が異なり、それぞれの問題につき2つの項目に回答する。つまりまず問題そのものの回答を書き、次にその回答の正しさに対する自分なりの主観的確率（つまり確信の度合い）をパーセント数で記入する、という形式である。
[277] 「規範的観点から（normatively）」とは「規範に照らして」ということだが、特に言えば pp. 22–3 で「記述モデル」と対比される「規範モデル」に照らして、ということである。

て判断している、という説はよく提起される[278]。つまりフィラデルフィアと（オハイオ州の）コロンバスで、人口の多いのはどちらでしょう、と聞かれた人物は、フィラデルフィアには野球のメジャーリーグのチームがあるがコロンバスにはない、という手がかりを、記憶を検索して拾ってくるのではないか、ということである[279]。この手がかりは、アメリカの都市という自然環境の中では[280]一定の妥当性がある（野球チームがある都市とない都市のペアをランダムに選ぶと、50％よりも高い確率で、野球チームがある都市の方が大きい）。

　ギーゲレンツァーら（Gigerenzer et al., 1991）は、人々はこのような確率にかかわる手がかりを、単に問いへの回答を引き出すためだけではなく、〔その回答に対する〕確信の水準を定める〔つまり〈知識を較正する〕ためにも用いているのではないか、という仮説を立てた。そのとき用いられる手がかりの妥当性が大きければ、高い水準の確信が得られるはずである。そしてギーゲレンツァーら（Gigerenzer et al., 1991）は、記憶に蓄えられたさまざまな〈手がかり妥当性（cue validities)〉[281]は現実の環境によく適応している、と想定する——「さまざまな〈手がかり妥当性〉は、さまざまな生態学的妥当性とそれぞれ対応している」（p. 510）。ところが人々が、無作為に集められたわけではない[282]問い〔つまり〈知識較正〉のために選ばれた問い〕に回答した後、このように記憶に蓄えられた——実際に環境内の情報によく適応している——〈手がかり妥当性〉をもと

---

[278] この箇所の原文では「記憶」の部分が「ターゲットとなる判断（target judgment）に関係する記憶」になっていたが、「ターゲットとなる判断」が「較正がターゲットとする判断（個々の回答そのもの）」なのか「実験のターゲットである判断（個々の回答に対する較正判断）」なのかがはっきりしなかったので原著者に問い合わせたところ、この修飾句は訳出しなくてよいとのことであったので、本文のように訳出した。

[279] 本書翻訳時に調べたところでフィラデルフィア（ペンシルヴァニア州）の人口は約157万人、コロンバスは約86万人なので、フィラデルフィアの方が多い。またフィラデルフィアにはフィラデルフィア・フィリーズというメジャーリーグのチームがある。

[280] 「アメリカの都市」が「自然環境」というのはやや奇妙であるが、著者はここで進化心理学者による「（不自然な）実験室の中／自然環境の中」という二分法に沿った語り方をしているということであろう。

[281] 「手がかり妥当性（cue validity)」は統計学の概念で、条件付き確率の一種。ここでは、前述の「野球チームの有無」のような手がかりの、手がかりとしての妥当性、有効性を指している。以下の箇所ではすべて "cue validities" と複数形で使われており、内容的には（記憶に蓄積された）「さまざまな手がかり」そのものを指していると考えても理解できる。

[282] 直訳すれば「無作為標本抽出されたわけではない（have been non randomly sampled）問い」。「野球チームの有無」は無作為抽出された2つの都市を標本にして比較する場合には偶然よりも高い確率で正答を導き、そしてこれはアメリカの都市を取り巻く自然な状況を反映している。しかし実験室で課される特殊な問題は無作為に抽出されたものではなく、自然な環境では有益な手がかりが高い誤答率をもたらし、それが「過信」の原因となる。以下、「野球チームの有無」という手がかりについて、この事情が詳しく例証される。

第4章 わたしたちの意思決定はどれほど拙いのか？　179

に、自分の回答への確信の度合いを導き出そうとすると、過信が生じてしまう。例えば〈野球チーム〉という手がかりは、無作為に選ばれたアメリカの諸都市については高い妥当性をもつが、〈知識較正〉のために通常用いられる二者択一問題の場合には診断根拠[283]になってくれない。この種の実験には、例えば「コロンバスとシンシナティはどちらが大きいですか？」のような問題が選ばれることがほとんどなのだ（そしてこうなると、一般的には妥当であるはずの〈野球チーム〉という手がかりは、かえって判定者を誤りへ導くものとなるのだ[284]）。

　典型的な〈知識較正〉実験は、非典型的な環境[285]を作り出す。そしてこのような非典型的環境においては、典型的な環境におおむねよく適応しているさまざまな〈手がかり妥当性〉を信頼し、それをあてにして自分の判断に確信を抱くことが、知識の評価〔すなわち〈較正〉〕における過信をもたらしてしまう[286]。ギーゲレンツァーら（Gigerenzer et al., 1991）が一連の巧緻な実験を用いて明らかにしたのは、〈知識較正〉実験における〈過信効果〉のいくつかは恐らく、この種の実験が用いる非典型的な刺激のせいで生じる——このような刺激には、被験者が〔記憶に〕蓄積してきた、環境に最適な仕方で調整された〈手がかり妥当性〉が適合しない——、ということであった（ただし、Brenner, Koehler, Liberman, Tversky, 1996 を参照）。だが、彼らのこのような論証に対して、〈改善主義者〉〔pp. 157–9〕ならば間違いなくこう応じるはずだ——〈手がかり妥当性〉〔の値〕が変化〔低下〕してしまう環境に突如放り込まれることは、現実生活においても数多くあるのだ、と。こう考えるとき、次の〔2つの〕ことが決定的

──────────

[283] diagnostic については訳注 149 参照。diagnostic はもともと「診断に役立つ、（何らかの病気の）症状を示す」という意味の形容詞で、本書の文脈の中では証拠一般について「診断力がある」のように訳してきたが、ここではその形容詞が名詞的に使われているので「診断根拠」と訳した。

[284] シンシナティはコロンバスと同じオハイオ州に属し、シンシナティ・レッズというメジャーリーグ球団をもつが、人口は約 39 万人でコロンバスの半分以下である。このように、おおまかな推量が使えず、実際に正確な知識が問われる問題が厳選されるということだろう。

[285] すなわち、通常ならば有効に働く手がかりが通用しない（むしろ不正解につながってしまうこともある）環境。

[286] 実験室の外の現実の環境では、〈手がかり妥当性〉と〈環境の妥当性〉は対応し、したがって蓄積された手がかりにもとづく判断を対象とする、〈手がかり妥当性〉にもとづく自己評価はおおむね正しいことになる。しかし実験室の中では〈手がかり妥当性〉と〈環境の妥当性〉の一致が人工的に崩されて正答率が低下するので、〈手がかり妥当性〉にもとづく自己評価は「実際には低い正答率に過大な自己評価を与える」という「過信」になってしまう、ということである。

に重要になる。すなわち〔第1に〕このような〔手持ちの手がかりが妥当性を失う〕状況に対するメタ認知的な自覚[287]であり、また〔第2に〕手がかりに自動的に反応してしまうことで生じる不正確な確信に対し、その確信を正しいと判断してしまう前に抑制する諸戦略〔諸方略〕である（このような抑制については、次章で〈二重過程〉モデルを取り上げる際に論じる）。プロの音楽家になることを熱望する高校生音楽家たちは、大学生になり、生まれてはじめて自分以外の才能ある音楽家たちを目にするとき、〈較正のし直し〉を迫られる。彼らがもしも自分の確信に対するそれまでの判断を変えまいとし続けたとしたら、変更してしかるべきであった専攻を変更しない、という〔誤った〕選択をしかねない。実生活には、何かを成し遂げることで新たな環境が生み出され、時にはその新たな環境が以前よりも厳しい遂行成果を要求してくる、といった状況があるが、そのような状況の多くには、やはりこれ〔音楽大学の例〕と同じ論理が見いだされる。資本主義経済における競争的環境の中でわたしたちが「つめ車式の上昇」[288]を果たすときに置かれる状況はいつも、〈知識較正〉実験において非典型的な事柄について過信を抱いてしまう、という状況とそっくりなのである[289]。〈改善主義者〉であれば、そのような状況で過信を和らげる戦略〔方略〕をあらかじめ学ぶことが重要だと論ずるはずだ。それゆえ過信は——たとえそれが、非典型的な題材を取り上げる実験方法の中で示されるものである場合であっても——やはり重要な問題なのである。

---

[287] 「メタ認知的自覚」の原語は metacognitive awareness。「メタ認知的」とは何らかの対象についての認知（認識）をただもつだけではなく、その認知そのものを対象にした認知をもつ（自覚的な認知、認識をもつ）ということ。この場合でいえば要するに、人間の〈知識較正〉は過信に陥りやすい、という事実を、（その事実についての進化心理学的な説明も踏まえつつ）自覚する、ということである。（meta- という接頭辞の付く用語に関してはこの後第6章の訳注509と535も参照。）

[288] つめ車ないしラチェット（ratchet）は、一方向に進める（ないし回す）ことはできても、逆方向に戻すことができない（「歯止め」がかかる）構造の歯車を指す。ここでは比喩として、上昇は（どれほど緩慢でも）可能だが、ひとたび上昇すれば下降はしない過程を指すために用いられている。『心は遺伝子の論理で決まるのか』p. 234 では cumulative ratcheting（「累積的なつめ車式の」）が「歯車がひとこまずつ回っていくのに似た」と訳されており、不可逆性という含みが幾分読み取りにくい。

[289] 先ほどの例で言えば、受検（競争）を勝ち抜いて音楽大学に入学したことで（つめ車式の上昇）、それまでの「正しい自己認識」を無反省に維持し続けると「過信」に陥ってしまうような状況に置かれるようになった、ということ。正しい自己認識を得るにはそれ以前の基準を見直さねばならないが、新しい基準は以前の基準からすれば「非典型的な」ものであったはずである。

第4章 わたしたちの意思決定はどれほど拙いのか？　181

確率マッチングに対する代替解釈

　心理学では、確率的な偶然（probabilistic contingency）[290]にかんするさまざまな種類の実験があり（Gal & Baron, 1996; Tversky & Edwards, 1966）、このような実験では〈確率マッチング（probability matching）〉[291]の現象が生じる。前章で紹介した実験方法はその例である〔pp. 137-40〕。この実験方法では、70 : 30 の比率で赤か青のランプが発光する〔赤70、青30 の確率で毎回ランダムに光る〕のを見せられた人々が、予測可能性を最大化してくれるはずの〈最も見込みの大きい色〔この場合は赤〕を毎回選ぶ〉という行動は取らず、むしろその比率への〈マッチング〉を行う〔すなわち行動を刺激の頻度に合わせて調整する〕のであった。

　〈確率マッチング行動〉は、選択状況〔被験者が選択を行う状況〕が異なる多くの実験の中で、人間と動物の双方について観察されてきた（例えば Estes, 1964; Galistel, 1990）。人間に見いだされる〈確率マッチング〉を解明しようとする研究の場合、ある一定の選択状況でなされる確率学習の〈強化頻度〉[292]を推定するために、膨大な数の試行を検討しなければならないことがしばしばある。エスティーズ（Estes, 1964）はこの型の研究に属する目立った研究を 80 件あまり検討し、〈確率マッチング〉は普通に見いだされる現象であるという報告を提出した。エスティーズが検討した研究のほとんどは同じ手続きでなされている。す

---

[290]「確率的な偶然」に著者は詳しい説明を与えていないが、複数の可能な結果（さいころの目など）の内のどの結果に決まるのかが確率的にしか予測できない場合、その結果はここで言われる「確率的な偶然」によって決まる、と説明されよう（スタノヴィッチ『心理学をまじめに考える方法』p. 212 で、サイコロの目などについて、たとえ原理的に事前に結果を特定できる（不確定（indeterminate）ではない）場合でも、今のところ結果が未確定（indeterminable）であればそれは「偶然」と呼んでよい、と述べている）。これはおおよそは日常的な「偶然」の概念（の少なくとも大きな部分）に重なると考えてよい。確率論（probability theory）はもともと、このように理解された偶然を取り扱うための数学的手法として生み出された体系であり、この意味の偶然を前提にした上での「ありそうな見込み」が「蓋然性＝確率（probability）」ということになる。

[291]「確率マッチング」については訳注 200 参照。節のタイトルには掲げられていたが（p. 137）、本文中ではここが初出である。内容的にはここで再説されるように、pp. 137-40 で紹介された、ランプの色を予測しようとする被験者に生じる現象、すなわち、ランプのパターンを学習した被験者の複数の反応（予測を述べる行動）の頻度が、複数の刺激（赤か青のランプの発光）が与えられる頻度に一致する（つまり「〈赤7〉対〈青3〉」の刺激に対し、「〈赤の予測7〉対〈青の予測3〉という反応が学習される」）という現象と同じ型の現象で、人間にも他の動物にも生じる。

[292]「強化（reinforcement）」は行動心理学の用語で、学習によって特定の反応の頻度が増大することを指す。「強化頻度（reinforcement frequency）」は多くの学習を通じてある反応の強化が生じる頻度ということなので、反応頻度そのものの増大が生じる頻度ということになる。

なわちまず、被験者が2つの選択肢の一方を答えるように求められるが、〔正解は各試行ごとに新たに決定されるものの〕選択肢のどちらが正答になるかの確率は事前に固定されている。そして被験者は回答するたび、どちらの選択肢が正解であったかのフィードバックを直ちに受け取る[293]。他にも、人間における確率判断を調べるための、〔他の動物にはできない〕別の手続きも伝統的に採用されてきた（Kahneman & Tversky, 1971）。つまり、被験者に言葉で問題を示し、答えを求めるという手法である。この手法の場合、被験者には最初から、いくつかの結果が一定の頻度で生じるという仮想的状況が直接語られるか、あるいは簡単に推測できる形で語られる（Gal & Baron, 1996 など）[294]。

　選択状況における〈確率マッチング〉は最適な、あるいは合理的な行動を反映したものであろうか？　ガリステル（Gallistel, 1990）は、餌を探索する生物の視点に立てば〈確率マッチング〉は完全に有意味な行動である、という指摘を行い、この指摘によって、〈確率マッチング〉を最適化された行動だと見なす陣営に加わる。自然環境の中で餌を探し回る動物の多くについて言えば、餌の豊富な場所で探索を行った後、その場所がいつまでも餌の豊富な場所であり続ける見込みは少ない、という方が自然なのだ。ギーゲレンツァーもまた（Gigerenzer, 1996a）[295]、〈確率マッチング〉が状況によっては適応的でありうると指摘するために、同様の主張を行っている――「仮にすべての個体が、ある餌場がかつて餌が豊富だったという経験にもとづき、その同じ餌場で餌を探し回る、という選択をする場合、同じ選択をした個体すべてがわずかの分け前にしかありつけない、ということが生じうる。……個体間の競争がある場合には、〈最大化戦略〉[296]は常に〈進化的に安定な戦略（evolutionary stable strategy）〉[297]であるわけではないのだ」（p. 325）。ギーゲレンツァーの論証を要約すれば、〔〈最大化戦

----

[293] ランプの色を予測する実験はまさにこの型に属する。すなわち被験者は赤か青のどちらが光るかの予測を答えるが、実験全体において赤が正答になる（光る）か青が正答になる（光る）かの比率は（7対3に）固定されている。また予測を告げるとどちらかのランプが点灯し、回答の成否は直後に明らかになるが、これは「正答が直ちにフィードバックされること」に相当する。

[294] つまり動物実験と同様に、被験者を確率的に調整された刺激に直接さらすのではなく、同様の仮定的な状況を被験者に言葉で説明し（例えば「赤が4面、緑が2面のサイコロを繰り返し振り続ける」という状況（Gal & Baron, 1996, p. 54））、その状況についての予測やその状況内での適切なふるまいについて、被験者に言葉による回答を求めるのである。

[295] 以下のギーゲレンツァーによる〈確率マッチング〉の進化心理学的再解釈は『心は遺伝子の論理で決まるのか』p. 169 でも紹介されているが、本節の紹介の方が詳しい。

第4章 わたしたちの意思決定はどれほど拙いのか？　183

略〕ではなく〕〈確率マッチング〉が、いくつかの状況では実際に〈進化的に安定な戦略〉である、ということである（その具体例は Skyrms, 1996 が多数挙げている）。ギーゲレンツァー（Gigerenzer, 1996a）は理論生物学から〈適応的コイン投げ〉という概念（Cooper, 1989; Cooper & Kaplan, 1982）を借用して自らの主張の支えにしている。〈適応的コイン投げ〉とは、「遺伝子型内部でなされる戦略の混合であり[298]……これは、その遺伝子型の個体における表現型が、その個体自らの選択をランダムに行うことで、遺伝子型にとっての淘汰的な利益となりうるという事例である[299]」（Cooper, 1989, p. 460）。このような〈適応的コイン投げ〉の機能は、投資におけるリスク分散の戦略によく似ており、いつ起きるか分からない確率の低い事象が現実に起きてしまう、という破局的事態の可能性に備えて安全網（セーフティ・ネット）を設けておくという役割を果たす。クーパー（Cooper, 1989）はまた、個

---

[296]（前頁）ここでは「最大化（maximize, maximization）」は〈効用〉や予測効率を最大化するという一般的な意味だけでなく、ランプ点灯実験における「100% 赤戦略（方略）」のように〈頻度（ひんど）の最も高い事象に対応する反応を毎回選択する〉という（〈確率マッチング〉戦略に勝る）最適戦略を指している。

[297]（前頁）「進化的に安定な戦略（evolutionary stable strategy）」（しばしば「ESS」と略称される）は進化生物学、特に進化論的動物行動学の用語で、動物の遺伝的行動をゲーム理論を用いて分析する研究の中で提起された概念。ある（遺伝的な）行動戦略をすべての個体がとっている個体群中に、別の戦略をとる個体が（突然変異や他所からの移住によって）現れても、その別の戦略が常に不利になって排除され、元々の戦略が自然淘汰によって常に温存される場合、その安定した戦略を「進化的に安定な戦略」と呼ぶ。ここでの例の場合、同一戦略をとる個体同士が「共倒れ」になる状況下では、他の戦略（例えば賭場をランダムに選ぶなど）を（遺伝的に）採用する個体が現れれば、そちらが優勢になるかもしれない。そしてもしそうなるなら、（100% 赤戦略（方略）のような）最大化戦略は〈進化的に安定な戦略〉ではないことになるだろう。

[298] 訳注 297 の続きであるが、単一の〈進化的に安定な戦略〉が存在しない場合も、複数の戦略が混合された状態が〈進化的に安定な状態（evolutionary stable state）〉として維持される場合がある。例えば〈自力で餌を集める〉戦略と〈同じ個体群の他の個体から餌を横取りする〉戦略はいずれも単独で〈進化的に安定な戦略〉にはならず、この 2 つの戦略がある比率で混合し均衡を保っている（ないし拮抗している）状態が〈進化的に安定な状態〉として維持される、というように。ところで、この個体群における〈戦略の混合〉は、異なった遺伝子型の併存という形を取る場合もあるが、同一の遺伝子型をもつ個体群の各個体が、2 つの戦略をある比率で（「赤 7：青 3」のように）ランダムに使い分けることで実現される場合もある（「遺伝子型（genotype）」については訳注 299 参照）。ここでギーゲレンツァーが想定しているのはそのような状態（＝「遺伝子型内部でなされる戦略の混合（intra-genotypic strategy mixing）」）であり、つまり同一個体が〈最大化戦略〉と〈それ以外の戦略〉を（赤／青のランプのように）ある比率でランダムに使い分けているのではないか（＝「適応的コイン投げ（adaptive coin-flipping）」）、と主張しているのである。

[299] 訳注 298 ですでに登場した「遺伝子型（genotype）」は、ある個体の遺伝情報の総体（ゲノム）を指し、「表現型（phenotype）」はその遺伝情報がコードしているものとしての個体の形質（身体の構造や行動様式など）を指す。この場合、個体が（その脳を用いて）〈適応的コイン投げを用いて複数の選択をランダムに使い分ける〉という遺伝的に指令された行動（＝表現型としての行動）を取ることが、めぐりめぐって「遺伝子型にとっての淘汰的な利益（selective advantage of the genotype）」（すなわちその遺伝子型が自然淘汰によって保持され、生き延びるという効果）をもたらす、ということである。

人の〈選好〉の序列の不安定さという、その個人の〈効用〉最大化の失敗をしるしづけているものを[300]、これと同じ仕方で弁護する。クーパーがそのために挙げる理由は次のようなものだ——「あるいは、観察されたこのような〔〈選好〉の〕不安定さのいくつかは、適応としての戦略混合に帰されるのかもしれない。だとするなら、その不安定さは再評価されなければならない——誰かが自らの遺伝子型の代理人として行為しているとき、その行為が時に健全な戦略である、ということもありうるのだ」（p. 473）[301]。

　ギーゲレンツァー（Gigerenzer, 1996a）もクーパー（Cooper, 1989）も、長期的な時間尺度でなされる遺伝子の保存が、ある種のランダムなメカニズム〔〈適応的コイン投げ〉としての〈確率マッチング〉〕の存在によってなされると論じる。このようなランダムなメカニズムが働いていることで、すべての個体〔個人〕が一致して同じ選択をすることはなくなるし、また、同じ人物が同一状況でいつも同じ反応をとる、ということもなくなる——たとえ、そこで選ばれる複数の反応の内のただ1つだけが、その人にとっての〈効用の最大化〉につながるのだとしても[302]。要するに、〈確率マッチング〉の戦略〔方略〕は、たとえ〈効用の最大化〉に貢献しないとしても、進化的な観点からは意味のある戦略〔方略〕かもしれない、という主張がさまざまな研究文献において、いくつか異なった仕方で論証されているのである。

三段論法推理における信念バイアスに対する代 替 解釈

　前章では論じなかった〈認識的合理性（epistemic rationality）〉〔p. 12〕の一側面がある。知識のネットワークの中での信念間の整合性にかかわる側面である。

---

[300]〈選好〉の序列の不安定さが〈効用最大化〉の失敗（つまり不合理性）につながるという論点は pp. 31–3 の「マネーポンプ」の例などを参照。著者はここで「……失敗をしるしづけている（signal the failure）」と留保抜きで断定しており、クーパー（やギーゲレンツァーら）との対決姿勢を明瞭にしている、と見ることも可能であろう。

[301] 訳注 300 で示唆したクーパーとの対立姿勢は、この箇所ではこれ以上明確に打ち出されていない。しかし『心は遺伝子の論理で決まるのか』では、「遺伝子の利益」と「個人の利益」の間に区別を立てないようなクーパーの発言を厳しく批判する箇所がいくつか登場している（p. 38, pp. 197–9 他）。

[302] つまり「100% 赤戦略（方略）」のような戦略（方略）は常にその個人の〈効用〉を最大化するが、〈適応的コイン投げ〉のような長期的な遺伝子の保存につながるメカニズムのために、最適な戦略以外の戦略もランダムに採用される仕組みが生物としての人間には備わっている、ということである。

第4章 わたしたちの意思決定はどれほど拙いのか？　185

人は、その人が現在抱いている一群の信念から、その論理的帰結であるような、さらなる信念を推論できなければならない。そのような〔論理的帰結関係にかなった〕推論が不整合をきたす場合、それは通常、その人の知識ネットワークをつくり上げているさまざまな信念の内に、現実を正確になぞっていない信念〔つまり〈認識的合理性〉に反する信念[303]〕が混じっていることのしるしである。したがって論理的になされる推理（リーズニング）は〔〈認識的合理性〉に違反する信念を検出することで〕〈認識的合理性〉を支援する役割をもつことになる[304]。論理的推理（リーズニング）を全面的に取り上げて論ずるのは本書の守備範囲を超えることになる（Evans et al., 1993; Johnson-Laird, 1999, 2006）。とはいえ、論理的推理（リーズニング）におけるある特定の〈バイアス〉は論ずるに値する。というのもその〈バイアス〉は〈ヒューリスティクスとバイアス〉の研究で詳しい検討の対象になってきたからである。これは**信念バイアス**（belief bias）と呼ばれ、論理的必然性ではなく、信じやすさにもとづいて帰結を受け入れる傾向を指している。

　次の三段論法（syllogism）[305]を考察しよう[306]。妥当な三段論法かどうか——帰結が 2 つの前提から論理的に帰結するかどうか——を自分で考えてみてほしい。

　　前提 1——すべての生物は水を必要とする
　　前提 2——バラは水を必要とする
　　ゆえに、バラは生物である

---

[303] p. 12 の定義によれば〈認識的合理性〉とは「信念が世界の現実の構造をどれだけ適切に写像するのかという合理性」とされている。

[304] 本書 pp. 13–6 では論理的推理に従うことが「合理性」のすべてではなく、論理学も本書で理解される合理性のツールであるに過ぎないことが強調されたが、今や論理的推理がどのような意味で〈認識的合理性〉を支援するツールであるかが位置づけられたことになる。つまりそれは世界を忠実に写像していない信念の所在を、他の信念との論理的な齟齬（そご）によって警告するツールである。以下も、論理的推理に関する認知心理学的な考察が全面的に展開されるわけではなく、あくまで合理性を支援するツールとしての論理的推理能力（の問題点）が検討されることになる。

[305] 三段論法（syllogism）はヨーロッパの伝統的な形式論理学における推理の基本形式。最も典型的なのは「モドゥス・ポネンス（modus ponens）」と呼ばれる三段論法で、次の形式をとる。
　P であるならば Q である（大前提。例「すべての人間は死すべき存在である」）
　P である（小前提。例「ソクラテスは人間である」）
　ゆえに、Q である（結論。例「ゆえににソクラテスは死すべき存在である」）

[306] ここ以下の三段論法の事例の紹介は『心は遺伝子の論理で決まるのか』pp. 157–8 でもほぼまったく同じ形でなされているが、それ以降の論述展開はそれぞれの書物で異なっている。

どう思うだろうか？　読み進める前に、結論が論理的に妥当かどうか判断してもらいたい。

あなたが、この問題を示された大学生の 70% と同じ部類の人物であれば、結論は妥当だと考えるはずだ。そして結論が妥当だと考えたとしたら、その大学生たちと同様、あなたは間違いを犯している（Markovits & Nantel, 1989; Sá, West, Stanovich, 1999; Stanovich & West, 1998c）。前提 1 が述べているのは、〈すべての生物が水を必要とする〉ということであって、〈すべての水を必要とする存在が生物である〉ということではない。それゆえ「バラは水を必要する」という前提〔前提 2〕のみでは、前提 1 から「バラは生物である」という結論を引き出す根拠にならないのだ。これではっきり飲み込めないなら、正確に同じ構造をもつ次のような三段論法を考察すれば、ほぼ間違いなく飲み込めるだろう。

前提 1──すべての昆虫は酸素を必要とする。
前提 2──ネズミは酸素を必要とする。
ゆえに、ネズミは昆虫である。

これなら、2 つの前提から結論が帰結しないことが十二分に明らかであろうと思われる[307]。

論理的に等価な「ネズミ」三段論法についてはこうも簡単に〔「論理的に妥当ではない」と〕正答できるのだとしたら、「バラ」問題ではなぜあれほど難しい〔誤答率が高い〕のだろうか？　1 つのもっともな理由は、結論（バラは生物である）がごく理にかなった（リーズナブル）ものに思えるし、現実世界で真理であることを回答者が知っている、ということである。これは困った事態である。論理学的妥当性は結論の信じやすさの問題ではない──それは、結論がいくつかの前提から必然的に帰結するかどうかの問題なのだ。バラ問題を難しくしているのと同じ事

---

［307］これらの誤謬推理はヨーロッパではすでに中世から人が陥りやすい誤りであることが知られ、「後件肯定（の誤謬）」という名で呼ばれてきた。形式を述べると前述のモドゥス・ボネンスと似ているようで微妙に異なることが分かる。
　　 P であるならば Q である（大前提）
　　 Q である（小前提）
　　ゆえに、P である（結論）
モドゥス・ボネンスは大前提の前件 P の肯定から後件 Q の肯定に進むが、この「後件肯定（の誤謬）」では後件 Q の肯定から前件 P の肯定に進んでいる。

第 4 章　わたしたちの意思決定はどれほど拙いのか？　187

情が、ネズミ問題を易しいものにしている。「ネズミは昆虫である」はわたしたちが住まうこの世界では断じて真理ではない。そしてその事実が、2つの前提からこの結論が論理的に帰結しないことを分かりやすくしていたのであろう。

いずれの問題においても、世界のあり方にかんする事前の知識（バラは生き物であり、ネズミは昆虫ではない）が、内容とは独立になされるべき判断（つまり論理学的妥当性の判断）を複雑化させていた。バラ問題の場合には事前の知識が邪魔をし、ネズミ問題の場合には事前の知識が助けになった、ということだ。このような違いが出てくることが、バラ問題とネズミ問題の双方で——三段論法の**内容**はその論理学的な妥当性に何の影響力ももたないにもかかわらず——事実の知識が影響力をもつことの証である。このような効果を、三段論法推理における**信念バイアス効果**と呼ぶ。バラ問題へのこの効果の影響は大きい。バラ問題については、被験者の大学生の内およそ32%しか正答できなかった〔論証が非妥当だと見抜けなかった〕のに（Sá et al., 1999）、同じ被験者たちが、日常的ではない題材を用いた、論理学的に等価なバージョン（つまり事前の知識が妨害を加えないバージョン）に対しては、78%の比率で正答するのである。

バラ問題が例証しているのは、人間の認知における根本的な演算上（computational）の〈バイアス〉——問題解決に際して、事前の知識を自動的にかかわらせるという傾向——である（Evans, 2002; Stanovich, 1999, 2004）。たとえ被験者があらかじめ、結論が現実世界において信じられるものかどうかは無視するように、とはっきり言い聞かされていた場合でさえ、問題〔課題〕の遂行に対して事前の知識が影響を与えてしまうのだ。このことは、事前の知識に問題の文脈を関連づけようとする傾向がきわめて広範に見いだされ、簡単には切り替えられないものであることの例証である——それゆえに、その傾向は根本的な演算上の〈バイアス〉として特徴づけられるのだ（わたしたちが好むと好まざるとにかかわらず、この〈バイアス〉は事実上すべての思考に浸透している）。もちろん、問題解決の補助として事前知識を利用するこの傾向は、妨害するよりも手助けになることの方が多い。にもかかわらず現代の生活には、このような根本的な演算上の〈バイアス〉を抑止[308]せねばならないという、稀ではあるが重大な状況が存在するのであり、その抑止に失敗してしまえば、現実生活に負の結果を招

---

[308] ここで「抑止（する）」と訳した override について、詳しくはこの後の第5章 pp. 225–8 および訳注 417 参照。

くのである[309]。

　人間の認知は、バラの三段論法の問題で例証されるような性質を備えている。この性質は時に**信念の投影**（*belief projection*）と呼ばれる。自動的な〈信念投影〉は三段論法推理の問題には限定されない。各種の実験が示すところでは、〈信念の投影〉の働きはさまざまな問題解決の領域、さまざまな実験で見いだされる。

　〈信念投影〉の働きが見いだされる実験の中でも、人間の推理を研究する分野で詳しく調べられてきた実験がある。それは、前章で論じた、2×2の分割表[310]で示される情報を評価する課題である。ある一般的な実験方法を例にとると、被験者は、ある適切に設定された科学実験がなされたと想定した上で、その実験にもとづく薬品の評価を求められる。そこで被験者は次のように言われる。

　150人の人々がその薬品を服用し、病状が改善されなかった
　150人の人々がその薬品を服用し、病状が改善した
　75人の人々がその薬品を服用せず、病状が改善しなかった
　300人の人々がその薬品を服用せず、病状が改善した

　この情報にもとづいて薬品の効能を評価するという課題なのだが、ここで被験者はこの薬品に効果がないことを見抜かねばならない。実のところこの薬品は効果がないだけでなく、積極的に有害である。服用して病状が改善した人々の比率はたったの50%（300分の150）であるが、薬品を服用しなかった人々の80%（375分の300）で病状が改善したのである[311]。

　この問題は薬学的な調査という、ほとんどの被験者にとってまったく中立的な文脈を取り上げている。他方、問題の内容をもっと具体的にすると、事前の

---

[309] 本書の表題『現代世界における意思決定と合理性』に通じる主題がここより明確に導入され、この先何度も取り上げられることになる。とりわけ強調されるのは、わたしたちは進化的適応が形成された文脈から隔たった、現代の生活（modern life）や現代社会（modern society）、あるいは現代世界（modern world）に固有の認知的環境の中で意思決定を行い合理的な選択をなさねばならない、という状況の重要性である。

[310] 「分割表（contingency table）」とは2つ以上の変数の関係を記録する表のこと。

[311] 第3章 pp. 114–5 に類似の課題が紹介されていた。但し数値は異なっており、こちらの例の方が薬効のなさが分かりやすくなっている。

第4章 わたしたちの意思決定はどれほど拙いのか？　189

知識や事前の信念の〔投影への〕引き金を容易に引くようになる。例えばある研究において、筆者ら（Stanovich & West, 1998d 参照）は被験者に、兄弟姉妹がいることと社交性の間には結びつきがあるか否かを検証する実験結果の評価を求めた。被験者に示された両者の結びつきは、次のように薬品の実験と同じ数値だった。

150 人の子供が兄弟姉妹がおり、社交的ではなかった
150 人の子供が兄弟姉妹がおり、社交的であった
75 人の子供が兄弟姉妹がおらず、社交的であった
300 人の子供が兄弟姉妹がおらず、社交的ではなかった

　ところがこの実験の被験者のあるグループ（グループとして、社交性と兄弟姉妹がいることの間に結びつきがあると考えている）は、このデータが、兄弟姉妹がいることと社交性とが相反する関係にあることを示す、ということを納得することがなかなかできなかった。バラの三段論法問題と同様、事前の知識ないし事前の信念が自動的に、データの評価を色づけてしまうのである。これは数値を用いる実験方法（パラダイム）であり、三段論法推理（リーズニング）が属する言語的推理（リーズニング）の領域とは領域をまったく異にしている。この事実は、この現象が広い一般性をもつことを示すものである。

　各種の統制された[312]研究（Broniarczyk & Alba, 1994; King & Koehler, 2000; Levin et al., 1993; Nisbett & Ross, 1980 他）によって、人はあらかじめ 2 つの変数間につながりがあると信じている場合、たとえデータ上ではまったくつながりがなくとも、そこにつながりを見いだすことが明らかになっている。残念なことだが、ここで発見された現象は現実世界のいくつかの状況にも認められるのであり、そのような状況で人々の生活によくない影響を与えている。例えば[313]多くの心理学

[312]「統制された（controlled）」とは、統制実験（または対照実験、訳注 104 参照）などを用いて実験の条件を調整し、検証の対象となる特徴（変数）のみが、他の条件（余剰変数）とは独立に検証できるように設定されていることを指す。ここでは、（この後での言い換えを使えば）「幻相関（または相関の錯覚、illusory correlation、この後の訳注 315 参照）」と呼ばれる現象が人々に生じるかどうか、また生じているとしてどの程度の強さや頻度で生じるのか、という問題を調べるために、この問題だけを調べられるように諸条件を統制して実験を行った、ということである。（『心理学をまじめに考える方法』（誠信書房、2016 年）pp. 109–10 も参照。）
[313] ロールシャッハテストについての同じ考察は『心理学をまじめに考える方法』pp. 215–6 にも登場する。

の臨床家たちは未だにロールシャッハテストの有効性を信じ続けている。有名な、インクのしみを使うテストである。このテストでは、受診者〔クライアント〕は白い紙についたしみの模様に対して何らかの応答〔反応〕[314]を返すことになっている。インクのしみは構造を欠くので、この理論によれば、ある人のインクのしみへの反応〔応答〕は、その人があいまいなものに対して示す典型的な反応〔応答〕なのであり、そしてそのような反応〔応答〕は「隠された」心理学的な特性を露わにするものなのだ、とされる。この一連の説明の中には、ある問題点がある。すなわち、ロールシャッハテストが何か積極的な診断上の有効性をもたらすという証拠〔エビデンス〕は、一切存在しないのである（Dawes, 1994; Lilienfeld, 1999; Wood, Nezworski, Lilienfeld, & Garb, 2003）。ロールシャッハテスト〔の有効性〕への信念は、幻相関〔相関の錯覚〕（illusory correlation）という現象である[315]。臨床家たちは反応〔応答〕パターンの中にさまざまな関係性を見いだす。だがこれは、見いだされたものが本当にそこにあることを示しているわけではなく、見いだされたものがそこにある、という彼らの信念を示しているにすぎない。

現代社会には、証拠〔エビデンス〕に〈事前の信念を投影する〉のではなく、証拠〔エビデンス〕をあるがままに捉えて検討する方が有益である状況が確実に存在する（例えば陪審員裁判などがそうだ）。だが、〈〔事前の〕知識の投影〉[316]は機能不全をもたらす〈バイアス〉である、という論点ばかり強調することは、〈知識の投影〉は、全体として見れば〔人間の〕認知に備わった有利な特徴であるという基本的事実をあいまいにしてしまう、と論じる論者が数多くいる。〔例えば〕哲学者のヒラリー・コーンブリス（Kornblith, 1993）は、次の点への注目をわたしたちに促している。

　誤った信念とは、〈信念の頑強さ（belief perseverance）〉の結果としてもたらされるも

---

[314]「応答する」は respond で、名詞形は response。本書で、特に心理学に関係する文脈で用いられる場合、これらは総じて「反応（を示す）」と訳して問題ないが、この場所は臨床心理学者の質問に「応答している」様子を述べている。とはいえ次の文での response は「反応」と訳す方が適切である。なので、「応答〔反応〕」や「反応〔応答〕」のようなやや変則的な訳し方をする。

[315]「幻相関（相関の錯覚 illusory correlation）」は『心理学をまじめに考える方法』p. 215 によれば、「2つの事柄が一緒に起こることが多いと信じているときには、たとえ2つの重要な事柄が無作為に〔ランダムに〕起きていた場合でも（他の事柄との組み合わせと比べて、起こりやすいわけではない場合でも）、その事柄が一緒に起こることが非常に多いと考える傾向」。（なお「相関（corrleration）」については訳注 177 参照。）

[316]前述の「信念投影」とおおむね同じ。例えば「すべての生物は水を必要とする」のような知識を、本来利用すべきでない局面でも利用してしまう（投影してしまう）こと。著者はこれ以降、「信念の投影」ではなく「知識の投影」を主に語るようになる。

第4章 わたしたちの意思決定はどれほど拙いのか？　191

のであり、新しいデータを知覚する際に、そのデータを〔誤りで〕汚染してしまう。
ところが、以前から抱いていた信念が正確なものである〔つまり事実と正確に一致して
いる〕場合には、同じ理由から、新しいデータを知覚する際、〈信念の頑強さ〉がそ
のデータに〔豊かな情報という〕彩りを与える[317]。……もしも、わたしたちの信念
生成メカニズムが、全体として見れば、世界についてのかなり正確な描写を与えて
くれるものだとしたら、その場合、〈信念の頑強さ〉という現象は、わたしたちの理
解を歪める以上に、世界についての豊かな情報をもたらすものでありうる。(p. 105)

　ここで打ち出されているのは、わたしたちの事前の信念のほとんどが真であ
る〔つまり世界を正確に描写している〕ような自然環境[318]においては、自分の信
念を新たなデータに投影することは知識の蓄積を速めることにつながる、とい
う〔この論者なりの〕論証であり[319]、推理課題を研究する分野全体にわたり、〔さ
まざまな論者によって〕同じ論証は繰り返し提起されている。例えば、アロイとタ
バクニック (Alloy & Tabachnik, 1984) による、人間と他の動物における〈共変動
(covariation)〉[320]の検出を扱った研究文献のレビュー論文〔その分野の現状の諸見
解を総説する論文〕の中でも、やはり同じ論証が繰り返されている——「個人〔個
体〕による予期が、自然環境の中で遭遇する偶発事を正確に反映している場合
には、……事象間の〈共変動〉について手に入れた情報を、その〔正確な〕予期
の方に一致させる、というのは不合理なことではない[321]」(p. 140)。もちろん、
アロイとタバクニックは、〈知識の投影〉が有利に働くためには、その投影がお

---

[317] 原語は to color。本文中の少し前の箇所では、同じ動詞 color が「評価を色づけする」、つまり評価に先
入見ないし〈バイアス〉を加える、という否定的な意味合いで用いられていたが、この引用文では「汚染す
る (taint)」(これも「色をつける」だが「汚い色をつける」という意味になる) との対比で、明らかに肯定
的な意味で用いられている。内容的には、少し先で言われる「豊かな情報をもたらす」、つまり与えられた
データに豊かな背景的知識を添える、という意味であろう。
[318] natural ecology は、ここでは natural environment (自然環境) と同じような意味で用いられていると
思われる。environment は「取り囲むもの」としての「環境」だが、natural ecology の場合、人間を組み込
んだ自然生態系としての「環境」を指している、という含意の違いはあるかもしれない。
[319] 「すべての生物は水を必要とする」という事前知識を例に取れば、その知識が自動的にデータに投影さ
れる (つまりデータからの推理やデータの解釈に無自覚的に利用される) という心理現象は、たとえ実験室
での〈三段論法妥当性判定課題〉での誤りを誘発するとしても、実生活や科学的探求などにおいては有益に
働くことの方がはるかに多いはずだ、ということである。
[320] 訳注 165 を参照。
[321] つまり通常は獲得した情報にもとづいて予期を行うはずだが、その逆の、正確な予期の方に獲得した情
報を一致させる (assimilate to) という「知識の投影」が言われている。

おむね正確な信念の集合にもとづいている必要があることを強調している。不正確な信念の海の中では、状況はまるで違ったものになるのだ。

　エヴァンズ、オーヴァー、マンクテロウ（Evans, Over, & Manktelow, 1993）は三段論法推理で働く〈信念バイアス〉に規範的な地位[322]を認めており、このような彼らの考察に、これまでとは異なった〔彼らなりの〕論証を与えている。彼らは、〈信念バイアス〉の現象を〈選択的精査（selective scrutiny）〉という観点から説明する理論をいくつか取り上げ、その当否を検討している。これらの理論によれば、被験者は論理的な推理に一切取り組まずに〔三段論法の〕結論を受け入れるのであり、ただ信じがたい帰結に直面した場合に限り、前提〔大前提と小前提〕についての論理的な推理に取り組むのだという。エヴァンズら（Evans et al., 1993）は、このような処理戦略〔方略〕が、当の個人の目的達成に役立つという意味で合理的でありうるか否かを検討し、合理的でありうるという結論を引き出す。彼らの論証によれば、成人した人間であれば誰もが、相互に複雑な仕方で絡まり合っている、膨大な数の真なる信念を抱いている見込みが大きい。そのように絡まり合った信念のたった１つを改訂することでも、信念ネットワークの他の場所では多くの相互作用が引き起こされる。ゆえにそのような改訂は演算上のコストが大きいものでありうる。エヴァンズら（Evans et al., 1993）が論ずるところでは、〔信念ネットワークの〕このような状況を踏まえるなら、自分が抱いている諸信念に矛盾するような結論は「可能な範囲でできるだけ詳しく精査し、およそ反駁が可能な限りは反駁すべきである」ということになる（p. 174）。ここでもやはり、この論証が首尾よく成り立つには条件がある。すなわち、〈選択的精査〉というこの戦略〔方略〕がある領域に適用されるとき、〈選択的精査〉を実行するメカニズムが利用する、その領域を対象とする信念の下位集合が、おおむね真なる信念である必要があるのだ。

　最後に、エドワーズとスミス（Edwards & Smith, 1996）による、論証の評価における〈反証バイアス（disconfirmation bias）〉の発見を紹介しよう。事前の信念と両立しない論証は、事前の信念と両立する論証よりも〔信念の持ち主により〕厳しく分析されるという〈バイアス〉である。エドワーズとスミス（Edwards & Smith,

---

[322]「規範的（normative）」については pp. 22–3 の〈規範モデル〉と〈記述モデル〉の区別を参照。その区別に関連させれば、これまでの叙述からすると意外に思われようが、ここでは〈信念バイアス〉を合理性の規範にかなったもの、すなわち合理的なものとして正当化することが目指されている。

第 4 章　わたしたちの意思決定はどれほど拙いのか？　193

1996）はこの効果について、エヴァンズら（Evans et al., 1993）が三段論法推理について打ち出した説と同様の〈選択的精査説〉を打ち出した[323]。だがエドワーズとスミス（Edwards & Smith, 1996）はまた、先ほど述べたのと同じ注意事項を強調することも怠ってはいない——つまり〈選択的精査〉が首尾よく進むには、その条件となるわたしたちの事前の信念が真なる信念である必要がある、という注意事情である。すなわち、

> ここまでの検討が示すのは、〈反証バイアス〉は規範的に正当化されうるということである[324]。とはいえわたしたちは読者に、わたしたちの実験の被験者の行動があらゆる面で合理的なものだという印象を残したくない。それが全面的に合理的であると立証するためには、被験者の行動に含まれている事前の諸信念（ある論証がそれらと両立するか否かを決定する諸信念）それ自体が、〔その都度〕規範にかなった過程を経て獲得されたものである、という前提が必要である。この前提が常に成立しているという見込みはまずないと思われる。……つまり、人が証拠を反証するために行う探索をつぶさに調べると、さまざまな不合理性が明るみになるものなのだ。（p. 22）

　ここにあるのは、またもや前述の落とし穴である——人が〔データに対して〕投影する〔事前の〕信念の中の、〔そのデータに関係する領域に関わる〕下位集合に、もしも相当程度の虚偽の情報が含まれていたとしたら、〈選択的精査〉は正しい情報の獲得を妨げるものとなるのだ。とはいえ、本節の要点は、すべての〈信念バイアス〉を規範にもとるものとして扱うのは避けるべきだ、ということの強調にあった。すなわち、人々が事前の信念を〔目の前の証拠に〕投影することが、完全に合理的である場合もあるということだ。

---

[323] すなわち、この後の引用で示されているように、エヴァンズらと同様、〈反証バイアス〉を〈選択的精査説〉にもとづいて規範的なものとして正当化できる〈バイアス〉として位置づけたということである。（訳注 322 も参照。また「規範的（normative）」については pp. 22–3 参照。）
[324] 訳注 323 を参照。なお、「規範的に（normatively）」については pp. 22–3 の「規範モデル」と「記述モデル」の区別を参照。

フレーミング効果に対する代替解釈

〈フレーミング効果（framing effect）〉〔pp. 46–67〕もまた、得られた実験結果について代替解釈が提起されている研究領域の例である。第 2 章〔pp. 47–50〕で論じた〈疫病フレーミング〉を思いだそう。そこで人々は、次に引く「意思決定 1」においては、〈確実な事柄〉[325] の選択肢（200 人を確実に救済する）を選好したのであった。

意思決定 1　アメリカ政府が、ある稀な、600 人の生命を奪うと予測される疫病の突発的流行への対策を準備中であると想像せよ。この疫病に対抗する計画の候補は 2 つ提案されている。仮定上、計画の帰結に対しては科学的に正確な見積もりがなされており、それは以下の通りであるとする。計画 A が採用される場合、200 人の生命が救われる。計画 B が採用される場合、3 分の 1 の確率で 600 人の生命が救われ、3 分の 2 の確率で 1 人の生命も救われない。あなたなら、計画 A と計画 B のどちらをよしとするだろうか？

ほとんどの人々はこの計画を示されると計画 A——200 人の生命を確実に救う——を選好する。これは「利得」の〈フレーミング〉であり、この場合人々は〈リスク回避的（risk averse）〉になる。他方で人々は次のような別の問題に対してこれと不整合な反応を示すのであり、このような不整合が〈フレーミング効果〉を定義する。

意思決定 2　アメリカ政府が、ある稀な、600 人の生命を奪うと予測される疫病の突発的流行への対策を準備中であると想像せよ。この疫病に対抗する計画の候補は 2 つ提案されている。仮定上、計画の帰結に対しては科学的に正確な見積もりがなされており、それは以下の通りであるとする。計画 C が採用される場合、400 人が死亡する。計画 D が採用される場合、3 分の 1 の確率で誰 1 人死亡せずに済み、3 分の 2 の確率で 600 人が死亡する。あなたなら、計画 C と計画 D のどちらをよしとするだろうか？

---

[325]「当然原理（sure-thing principle）」で「当然」と訳された sure-thing と同じ語だが、ここでは結果が 100% 確実な（つまり確率的な要素がなく、〈リスク回避的〉な）選択肢を指している。

第 4 章　わたしたちの意思決定はどれほど拙いのか？　195

計画の結果は意思決定2でも同一であるが、こちらは「損失」の〈フレーミング〉になっており、この場合人々は〈リスク追求的（risk seeking）〉になる。つまり人々はプログラムD——3分の1の確率で誰1人死亡せずに済む——を選好する。この〈フレーミング効果〉——被験者の〈選好〉が、選択肢を〔内容は変えずに、ただ記述の仕方として〕利得（gain）[326]として述べるか、損失（loss）として述べるかという、単なる言い換えにもとづいて反転する効果——は、〈記述不変性（descriptive invariance）〉〔pp. 46–67〕という、〈道具的合理性（instrumental rationality）〉〔p. 12, p. 21〕の最も基本的な枠組みの基底に位置する原理に違反している。ところが、マッケンジーとネルソン（McKenzie & Nelson, 2003）は、〈記述不変性〉に違反する〈フレーミング効果〉を呈する被験者を弁護するための分析を提起している。そこでの論証によれば、〈フレーミング〉は、明示的に（explicitly）言明されている以外の、**非明示的な**（*implicit*）情報を追加で提供するという。彼らは例として、人々が〈脂身25%〉と書かれている牛肉よりも、〈赤身75%〉と書かれている牛肉の方がより赤身が多いと判定した、という先行研究を紹介する。これを不合理な〈フレーミング効果〉だと見ることは可能かもしれない。ところがこれとは対照的に、マッケンジーとネルソン（McKenzie & Nelson, 2003）は〔同じ研究で〕、〈脂身25%〉という牛肉の記述は、**ほとんどの牛肉**が25%よりも脂身が少ない場合において理にかなった<ruby>もの<rt>リーズナブル</rt></ruby>となる記述である、と論じる。したがって、牛肉〔のラベル〕にこのような記述を与えること〔〈赤身75%〉ではなく〈脂身25%〉と記述すること〕が、追加の情報をもたらすと考えられてもおかしくないのである。

　彼らは同様の効果を別の実験で実証している。その実験で彼らが明らかにしたのは、ほとんどの人々が、「半分空の」と書かれたコップを、それ以前に一杯に満たされていたコップであると解釈した——他方で「半分まで満たされた」[327]と書かれたコップは、それ以前には空であったと解釈した——ということであった。マッケンジーとネルソンの主張の要点は、「半分空の」と「半分まで満たされた」という2つの〈フレーミング〉は、表面的に見れば、形式上等価な〈フレーミング〉と見なすことが可能かもしれないが、しかしこの見方

---

[326]「利得」と訳している gain については訳注71参照。

[327] より自然な日本語は「一杯に満たされた」「半分まで満たされた」ではなく、それぞれ「一杯に注がれた」「半分まで注がれた」のような言い方であろうと思われるが、この言い方は「注ぐ」行為が先立つことを明示的に述べているので現在の例を訳すには適切でない。

はこの状況についての視野の狭い見方にとどまる、ということだ。つまり「半分空の」は〈それ以前に満杯だった状態〉を、また「半分まで満たされた」は〈それ以前に空だった状態〉をそれぞれ含意する。そして、これらの〈それ以前の状態〉が適切な関連性をもつ状況も存在しうるのだ。例えば、改善か、それとも劣化か、という点に人々が敏感である場合、〈それ以前の状態〉について〈フレーミング〉が含意しているものが、何らかの適切な関連性をもつかもしれない。

　マッケンジーとネルソン（McKenzie & Nelson, 2003）の論証によれば、〔本節冒頭の〕有名な〈疫病問題〉は、非明示的な情報にもとづいて解釈されている可能性がある。詳しく言えば、選択肢 A——200 人が救われる——には、〈それ以前には誰 1 人救われていなかった〉という非明示的な示唆が含まれている可能性があり、他方で選択肢 C——400 人が死亡する——には、〈それ以前には誰 1 人死亡していなかった〉という非明示的な示唆が含まれている可能性があるということだ。もしこれが事実なら、その場合、このように含意された〈以前の状態〉を起点として選択肢 A が進んでいく軌道〔事態の進展する方向〕は、選択肢 C が進んでいく軌道よりも望ましい〔つまり人命が客観的に多く救われる〕軌道だ、ということになる。そしてそれぞれの選択肢にこのような含意が込められているなら、そこから従来なされてきた発見と整合的な〔被験者の〕選択が導かれるだろう——すなわち、問題 1（利得フレーミング）には〈リスク回避的〉になり、問題 2（損失フレーミング）にはリスク追求的になる、という選択である。とはいえ肝要な点は、〈フレーミング〉は非明示的な情報をもたらし、その情報は状況ごとに別のものでありうる、というマッケンジーとネルソン（McKenzie & Nelson, 2003）の見方が正しいとしたら、〈記述不変性〉の不成立は、必ずしも不合理性をしるしづけるものではない、ということである。

　従来、〈埋没費用の誤謬（sunk-cost fallacy）〉[328]の実証実験は、一定の研究者により、〈フレーミング効果〉の実例であると論じられてきた（Frisch, 1993; Sieck & Yates, 1997）。標準的な経済学理論の命ずるところでは、すべての意思決定は未来指向的であるべきであり、言い換えれば、わたしたちの意思決定は、過去

---

[328]「埋没費用（sunk-cost）」とは投資した後に回収不能になった費用のこと。「埋没費用の誤謬」は本書では初出の〈認知バイアス〉で、詳しい内容はこの後叙述される。「コンコルドの誤謬（Concorde fallacy）」と呼ばれる誤謬と同じである（「コンコルド」は超音速旅客機の名で、開発や運用に過大な費用を要した）。

に起きてしまったことではなく、未来における帰結に向けられるべきである。〈埋没費用の誤謬〉として知られる誤謬は、〔経済理論のこのような規範に反して〕未来の事柄にかんする意思決定の中で、過去の経済的な経緯（つまり何に投資したか）に重きを置いてしまうことを指す。研究文献中でよく用いられる埋没費用問題の例を挙げよう。

　意思決定1　あなたは休暇でホテルに滞在している。テレビをつけると映画をやっている。5分後にあなたは退屈し、この映画はひどくつまらないと感じる。さて、あなたなら映画を見続けるか、やめるか、どちらにするでしょうか？
　　a.　見続ける
　　b.　テレビを消す

　筆者の実験室で得た結果では（Stanovich & West, 1998b）、この説明を聞いて映画を見続けると答えた被験者は標本中のたった7.2%であった。ここで、同じ研究で用いた別のバージョンを考えてみてほしい。

　意思決定2　あなたは休暇でホテルに滞在している。あなたは6.95ドル支払ってテレビで映画を見る。5分後にあなたは退屈し、この映画はひどくつまらないと感じる。さて、あなたなら映画を見続けるか、やめるか、どちらにするでしょうか？
　　a.　見続ける
　　b.　テレビを消す

　この状況は、映画に代金を支払った、という点以外は正確に同じである——過去に支払った費用は過去に属する——いわゆる「橋からこぼれた水」〔日本語の「覆水盆に返らず」ないし「後悔先に立たず」〕であり、取り戻しようがない。伝統的な経済学理論によれば、ここでの唯一合理的なふるまいは、いかなる行為が最善の帰結をもたらすのかを知るために、未来に目を向けることである。意思決定1への回答（見続けようという人は7.2%しかいなかった）は、被験者が未来における最善の行動として何を見いだしたかを教えている。にもかかわらず、意思決定2への反応においては、ほとんどの被験者に〈埋没費用効果〉 [329]

198

が見いだされる。わたしたちの実験について言えば、標本中62.5%が、代金を支払ってしまったならば映画を見続けるだろう、と回答した。〔この回答によれば〕彼らは、自分のこの先の幸福を**減らす**はずの行為を続けることになる。彼らの行為は、過去にお金を使ってしまったからという的外れ〔無関連〕な理由にもとづいている。このように見ていくと、〈埋没費用の誤謬〉は不合理な〈フレーミング効果〉の１つであるように思われる。

しかしながらキーズとシュワルツ（Keys & Schwartz, 2007）の指摘によれば、この例のような埋没費用問題は、ある重要な点で、〈フレーミング効果〉が成り立つための前提条件の１つに反している。第２章で論じたように、〈フレーミング効果〉の最も分かりやすい例では、**被験者自身が**、自分が正反対の選択肢を選ぶ原因となった文脈的特徴〔フレーミングで変更された特徴〕について、〔実験後に説明を受ける中で〕無関連な特徴であることを認めるものである[330]。ところが、多くの埋没費用問題においてはこれが当てはまらない。つまりフリッシュ（Frisch, 1993）およびスタノヴィッチとウェスト（Stanovich & West, 1998b）がそれぞれ発見したところでは、〔「映画が無料」と「映画が有料」という〕２つの問題を並べて被験者に提示しても、２つの問題が同じ選択を表していることに同意しない被験者が多数派を占める。筆者らの研究について言えば、意思決定１と意思決定２でそれぞれ規定されている選択状況は同じものだと返答したのは標本中のたった35.4%にすぎなかったのである。驚くことではないが、この〔少数派の〕35.4%の被験者の中には、〈埋没費用の誤謬〉を回避する者が圧倒的に多かった。他方、筆者らの被験者の33.9%は、この２つの意思決定は主観的に異なったものであると考え、さらに被験者の30.7%は、２つの意思決定は**客観的に**異なっていると考えた。そしてこの２番目と３番目を合わせた被験者グループの2/3について、〈埋没費用の誤謬〉が見いだされた。

キーズとシュワルツ（Keys & Schwartz, 2007）の指摘では、意思決定２で映画を見ずに過ごせば代金を支払ったことを思い出すだろうし、その記憶は、映画鑑

---

[329]（前頁）「埋没費用効果（sunk-cost effect）」は「埋没費用の誤謬」の別称。
[330] 例えば〈疫病問題〉でAとDを選択した被験者に、「200人の確実な生存」と「400人の確実な死亡」は同じことを指していると説明すると、納得し、自分の選択肢の一貫性のなさと、〈フレーミング〉の内容への無関連性を自ら認める（p. 50, p. 80）。このように、文脈との関連性／無関連性の基準の設定は意思決定の主体に委ねられている（それでもなおその基準はしばしば違反される、という点については、p. 34およびp. 59などを参照）。

賞の代わりに何をすると決めるにしても、その行為に負の影響をもたらすだろう、というのは筋の通った考え方である。この観点からすると、意思決定2での「テレビを消す」の帰結は、意思決定1での「テレビを消す」の帰結と同じではないと被験者が考える、というのも理解可能だ。人々は2つの意思決定の文脈的な差異（映画に代金を支払ってしまったか否か）を重要なものだと見なすのである——たとえ経済学理論がそれを否定するとしても。それでもなお、〈改善主義者〉〔pp. 157–9〕ならば次のように論じるかもしれない——このような場合に生じる後悔は、わたしたちの未来の意思決定に度を超した影響を与える。つまりその種の後悔は、未来において何かを選択し、それを享受しようとするときに、不必要な落胆の思いをもたらす（意思決定2について言えば、テレビを消し、映画視聴を中断した後でも、別の楽しみを後悔が汚染してしまう）——と。このような〈改善主義者〉は、さらに、わたしたちは長期的戦略〔方略〕として、自分の感受性を変化させる手だてを身につけ、後悔ゆえに〈埋没費用の誤謬〉を犯してしまうような状況で、後悔を感じないように自らを変えることを望んでもよいのだ、とも論じるかもしれない。これに対して、この例のような〔映画を見続けるという〕断固とした選択を考慮するとき、埋没費用の誤謬を犯す人を不合理だと断罪するのは難しい、と考えるのが〈パングロス主義〉〔pp. 159–61〕である。

改善主義の見地とパングロス主義の見地の比較検討

　本章ではこれまで、第2章と第3章で優勢だった見地の偏りを正す試みを行ってきた[331]。第2章と第3章で紹介したのは、〈ヒューリスティクスとバイアス〉の研究者たちによる、〈道具的合理性（instrumental rationality）〉と〈認識的合理性（epistemic rationality）〉の双方[332]について、〈記述モデル（descriptive model）〉と

---

[331] 原文は have balanced.「釣り合わせる、埋め合わせる」とも訳せる。ここで用いられている動詞 balance は本節のいわばキイワードとして頻出するが、固定した訳語をあてにくい言葉である。事柄としては、表題が示す通り、すべて〈改善主義者〉（pp. 157–9）と〈パングロス主義者〉（pp. 159–61）という対立する立場をどう捉えるかという問題にかんしてこの言葉が用いられており、大きく分けると、(1) それぞれの長所や短所を「比較考量する」（つまり「天秤にかける」）という意味と、(2) どちらかを盲目的に支持するのでなく「釣り合いを取る、偏りをなくす（バランスを取る）」という意味で使われている。2つの意味は無関係ではなく、双方の利点と欠点を明確に認識し、偏りのない態度で2つの立場を検討していこう、というのが本節全体のさしあたりの目標である。

〈規範モデル（normative model）〉[333] の間にギャップがあることを証明するための、さまざまな手法であった。このグループの研究者たちは、このギャップが実在するギャップであり、人間の認知を特徴づける不合理な反応パターンに由来しているのだと解釈している。ただし彼らは〈改善主義者〉[334] であって、このギャップは埋められるという見方をとる。彼らの考えによれば、人々は、適切な合理的思考の戦略〔方略〕を訓練して身につけ[335]、確率的思考と科学的な推論という領域の知識を用いることで、よりよく考え、よりよく反応できる[336] ことができるようになる。〈改善主義者〉は、人々は総じて〔現状では〕完全に合理的な存在ではないが、しかしより合理的な存在になることができる、と考えるのだ。

　他方、本章では同じ課題の多くについて、平均的な被験者の遂行結果〔成績〕は従来考えられてきたよりも合理的であると解釈できることを見てきた。これは〈パングロス主義者〉〔pp. 159–61〕たちが採用するアプローチである。本章で論じてきたような代替解釈を受け入れる場合、それらの課題に対して被験者の多くが示した反応パターンはずっと合理的なものに見えるようになる。〈改善主義者〉や〈パングロス主義者〉の見解は、時に〈メタ理論的アプローチ（methatheoretical approach）〉と呼ばれることがある。この呼称は、**個別の**課題と結びついた理論ではなく、むしろわたしたちの結論全体を〔2 つの立場の〕どちらかの方向へ偏向させるような、広い枠組みを意味している[337]。この 2 つの〔メタ理論的〕アプローチのどちらにも、それぞれに固有であり、かつ相互補完的

---

[332]（前頁）この 2 種類の合理性概念に関しては p. 12 参照。

[333] 人間の合理性をめぐるこの 2 種類のモデルについては pp. 22–3 および訳注 29 参照。なお、「ギャップ」が指摘されるように「合理性の記述モデル」とは、より正確に言えば「合理性からの逸脱の記述モデル」と呼びうると思う（上記参照箇所では「意思決定の〈規範モデル〉と〈記述モデル〉」と言われていた）。

[334]〈改善主義者（Meliorist）〉と〈パングロス主義者（Panglossian）〉の対立については pp. 157–64 参照。

[335]「適切な合理的思考の戦略〔方略〕」とは、具体的には「選択の諸公理」（p. 31、訳注 19 および 39）のような合理性の規範モデル（訳注 333 参照）を指す。そのような規範を知り、それにもとづいて意思決定や判断を行えるようになる、ということである

[336] 原文の can . . . respond better とは心理学的な意味での「反応（responce）」がより合理的なものとなる、という意味であると解される。事柄としては、より合理的な行動（behavior）をとることが可能になる、ということで、行動主義的な心理学の語彙を受け継いだ表現と見られる（訳注 198 も参照）。

[337]「メタ理論的（methatheoretical）」とは個々の検証可能な理論や仮説を超えたところに立ち、それらの理論や仮説そのものを対象にするアプローチや関心、というほどの意味である（meta- という接頭辞のより詳しい説明はこの後の訳注 509 および 535 も参照）。

第 4 章 わたしたちの意思決定はどれほど拙いのか？　201

な、利点と欠点がある。

アドラー（Adler, 1991）がある論文で、偏りのない、単純化を排した[338]立場から論じているところでは、推理課題を課された人は、異なった目的の集合の間で比較考量し、〔それらの目的が要する〕さまざまな現実的なコストの間で取引を行っている〔すなわちいずれかの目的のために他の目的を断念する〕、と見るのが最も適切であるという。つまりアドラーの指摘では、古典的な問題の多くは人々に対して、〈予測の正確さ〉と〈説明の整合性〉の間のトレードオフ[339]を求める。例えばリンダ問題では、被験者が〈連言の誤謬（conjunction fallacy）〉を呈する場合は、予測の正確さが失われる——〈リンダが銀行窓口係である確率〉よりも〈リンダがフェミニストの銀行窓口係である確率〉の方が大きいという回答を支持するのは、〔正確な予測のためには〕うまい手とはいえない、ということだ。そしてこのようなまずい手を回避するには、リンダの性格記述を無視しなくてはならない。他方、人がリンダの一貫した全体像を組み立てることに焦点を合わせているならば——それは、リンダの将来の行動にかんするさまざまな予期を組み立てることに役立つかもしれない——、その場合は性格記述に詳しく注意を払い、それを重視する方が、この目的に役立つように思えるだろう。このように、説明の一貫性に焦点を合わせるとまずい手を打つように導かれてしまうが、反面、予測の正確さに焦点を合わせると、説明の一貫性を犠牲にすることになるのである。

アドラー（Adler, 1991）は〈改善主義者〉にこう警告する——実験者が定めた、問題ごとに完結する固定した目的〔実験課題の正解〕に近視眼的に焦点を合わせることは、人がその課題〔作業〕を用いて適正な[340]長期的目的〔上述の、リンダにかんする「正確な予測」など〕を果たすかもしれない、という可能性を無視してしまう恐れがある——と。同じくアドラーは、〈パングロス主義者〉に対しても警告する——「ある種の目的〔「予測の正確さ」など〕を別種の目的〔「説明の一

---

[338] nuanced は直訳すれば「ニュアンスに富んだ」だが、「言外の含みが多い」ということではなく、〈改善主義〉と〈パングロス主義〉という単純な二極化で見えにくくなってしまう、両者の間の「微妙な陰影や色調の違い、グラデーション」という意味での nuance を見失わずに考察できている、というほどの意味である。

[339] trade off は「相殺取引」とも訳され、（妥協案として）2つのものについて、一方を得る代償として他方を手放さなければならない関係を指す。「比較考量する」という意味の balancing の類義語である。

[340]「適正な」は legitimate の訳。ここでは何らかの観点から正当化可能（論理的推理の形式的規範によってであれ、他の何らかの基準によってであれ）、というほどの意味で用いられている。

202

貫性」など〕以上に支持していることが事実であっても、その事実によって、そこで適正な認知的目標〔目的〕[341] が犠牲にされている、という事実が帳消しになるわけではない」（p. 274）。したがって、例えば本章で紹介した発見、すなわち、ある問題を〈頻度主義的に〉[342] 表現する方が、〈単一事象の生起確率〉として表現するときより、被験者の成績がしばしば向上するという発見[343] によって、単一事象の生起確率を取り扱わねばならない場合に不正確な結果が生じる、という事実が帳消しになるわけではない。アドラー（Adler, 1991）はこのような偏りを排した立場から、両陣営に次のような警告も発している。

　たとえ被験者の回答が誤っていたとしても、その誤りは、回答が他の適切な〔関連性ある〕評価軸において有効な回答であることを妨げない[344]。これと相関するが、たとえ被験者の回答が正当化される適正な枠組みが存在し、被験者がその枠組みを用いているのだとしても、それによって被験者が免責されるというわけではない[345]。判断と推理の研究は、数多くの評価軸に沿って理解されるのが最も望ましい。（p. 274）

　アドラーが論じているのは、〈改善主義〉－〈パングロス主義〉の対立の基本的な弱点は、これらの立場をただ１つの評価軸に還元しようと試みる点にある、ということである。
　したがって、これまでよりも単純化を排した論争がなされるなら、〈合理性〔大〕論争〉の両陣営に、それぞれの強みとそれぞれの盲点があることが自覚さ

---

[341] テキストでは「適正な目標（legitimate objectives）」だったが、アドラーの論文にあたると「適正な認知的目標（legitimate cognitive objectives）」になっていたので、念のため著者にも確認した上で欠落箇所を補った。
[342]「頻度主義的（frequentist）」とは、確率の計算を〈頻度〉の問題として解釈するという伝統的な考え方で、しばしばベイズ主義的な見方（〈頻度〉ではなく単一の事象の生起の確率を考える）と対比される。
[343] 本書 pp. 176–8 参照。例えば〈乳がんに罹患している１人の女性が検診を受けたとき、検査結果が陽性になる確率〉のような形式（単一事象の生起確率）よりも、〈乳がんに罹患している 1,000 人の女性が検診を受けたとき、検査結果が陽性になる女性の数〉のような形式（同じ確率の〈頻度形式〉での表現）の方が成績（遂行結果）が向上するという発見。
[344] 被験者の回答が〈選択の諸公理〉（p. 31、訳注 19 および 39）や論理的推理のような合理性の形式的規範から見て「誤った」ものであっても、進化論的適応やグライスの格律などの「他の適切な評価軸」にその回答を位置づければ有効でありうるということ（本書で言う〈改善主義者〉への警告）。
[345] 被験者の回答が「他の適切な評価軸」ないし「他の適正な枠組み」から正当化可能だとしても、合理性の形式的規範から見た「誤り」が免責されるわけではないということ（本書で言う〈パングロス主義者〉への警告）。

第 4 章 わたしたちの意思決定はどれほど拙いのか？　203

れるようになるはずだ。〔たしかに〕これまでも、両陣営は人間の合理性にかんする理論的かつ実践的な論争を展開してきた。〈パングロス主義者〉たちは進化論的説明の力を証明し、また、刺激表象（stimulus representations）を、進化によって形成された認知に〔本来〕対応づけられている対象と一致させる必要があることを証明してきた（Cosmides & Tooby, 1996）[346]。〈改善主義者〉たちは、認知的変化の可能性〔つまり人間の認知には改善の可能性があること〕を支持し、人間の認知傾向と、テクノロジー社会で求められる思考への要求との間に存在するミスマッチ〔不適合〕からさまざまな悲惨な帰結が生じるという警告を発してきた[347]。

しかしながらこれに応じて次のことも成り立つ。まず、〈改善主義者〉たちは人間の推理の欠陥を性急に言い立てるあまり、行動の改善に利用できたかもしれない人間の認知の本当の強さを、しばしば見落してしまう[348]。また〈パングロス主義者〉たちも、テクノロジー社会においては、人間の認知装置に進化的に適応していない表象がつきつけられる場合に、正真正銘の認知的無能力が生じてしまう、ということを時に認め損なう[349]——そして、表象の柔軟性は教育によって増大しうる、ということを時に強調しそびれる[350]。そして〈パ

---

[346]「刺激（stimulus）」は生物に何らかの反応（response）をさせる作用や状況一般を指す。したがって「刺激表象」は人間の認知装置が「表象（representation）」として処理する刺激、つまり外部の何かを指し示すものとして処理される刺激を指す。ここで言われているのは、人間の認知装置が適切に働くには、認知装置に与えられる刺激表象として、その認知装置が進化した状況で与えられる刺激表象と同じものを入力として与える必要がある、という進化心理学の理論である。例えばウェイソンの〈4枚カード選択課題〉と同じ論理構造を「違反者の検出」という現実的状況に関連づけたり（pp. 170–2）、確率を〈頻度〉の形式で表現したりすることで（pp. 176–8）被験者の成績が向上するのは、人間の認知装置がそのような現実的状況で適応的な行動をとるために進化したからだ、と説明される。

[347] ここでの〈改善主義者〉の主張は訳注 236 で見た、著者の言う〈パングロス主義者〉と同じ理論を共有した上で、その別の面を強調していると言える。「人間の認知傾向（human cognitive tendencies）」とは、ここでは人間の認知装置が通常の（自然な）働きをするときの動作様式を指していると思われるが、ここで〈改善主義者〉はその動作様式が進化論的に定められたものであることを前提している。しかしテクノロジー社会は人間の脳が進化した時代にはなかった要求を人間の認知装置に課し、そこから「悲惨な帰結」が生じる、と警告しているのである。詳しくは次章の pp. 237–49 参照。

[348] 例えば進化心理学が明らかにする認知装置の進化的適応に由来する反応を「不合理」と切って捨てると、そのような精巧な適応を認知的改善に応用する可能性もふさがれてしまうかもしれない。

[349] これが著者の言う「パングロス主義」の名の由来であり、ヴォルテールのパングロス博士さながら、（神ならぬ）進化的適応の産物から「無能力」が生じることを無視ないし軽視しがちだということである。

[350] 進化心理学は人間の認知機能を進化的に固定配線された〈モジュール〉（訳注 251）の組み合わせで説明し、後天的に獲得しうる柔軟性を軽視しがちである（『心は遺伝子の論理で決まるのか』p. 56, p. 61 など）。

ングロス主義者〉たちはしばしば、対処しえたはずの認知的誤りの訂正の機会を見落とす[351]。

　論争の両陣営は行動にかんする同じ事実を〔事実として〕認めているが[352]、そのさまざまな事実の内の何を前景に置き何を背景とするかの選択が異なっている[353]。〈改善主義者〉たちの目には、世界は一見して明らかに、衝撃的なまでに恐るべき出来事で満ちている、と見えており——マルチ商法〔ピラミッド販売〕がもたらす「破綻」と金銭的苦境、メディアの注目を集めるホロコースト否定主義者[354]、いんちき医療行為に毎年注ぎこまれ続ける百億ドルものお金、〈創造説〉[355]支持を公言する著名な物理学者たち、金融機関の明らかな自己破滅行為、何十億ドルもの税金の無駄遣いなど——、そして、人間の認知にはこの大混乱を引き起こす元となった、何らか根本的な間違いがあるに違いない、と考える。このように〈改善主義者〉が背景に置くものを、〈パングロス主義者〉たちが前景に据えるのは言うまでもない——つまり〈パングロス主義者〉は、人間が驚くべき巧みさで遂行する、認知的離れ業のすべてを前掲に据えるのだ。〈パングロス主義者〉の陣営にとって、人間がとびきり優秀な〈頻度検出者〉であること〔pp. 176-8〕、他者の意図をほとんど超自然的と言える容易さで推論すること[356]、貧弱な入力から複雑な言語的解釈枠組みを獲得すること[357]、信じがたい正確さで三次元空間を知覚すること、これらは驚異の業である（Levinson,

---

ここで言われているのは「表象の柔軟性（representational flexibility）」、つまり人間の認知装置が、進化的に適応している対象以外の表象のために転用されうる余地のことであろう。

[351] 上で見た特徴づけにしたがえば、〈パングロス主義者〉は、（1）認知的誤りの存在そのものの否定（ないし軽視）か、（2）認知的誤りの訂正の可能性を否定（ないし過小評価）かのいずれか一方、または両方を主張することがあるので、「認知的誤りの訂正の機会を見逃す」ことが多くなるのも理解できる。

[352] ここで言う「事実」には（適正になされた）実験や観察のデータだけではなく、それらのデータにかんする、適正に確証された解釈つまり理論もある程度含まれる。少なくとも著者スタノヴィッチに関しては、進化心理学が提起してきた実験データの進化論的解釈の多くを積極的に認めた上で、〈改善主義〉の立場を打ち出している。

[353] この後の訳注 490 も参照。

[354] ナチス・ドイツのユダヤ人大量虐殺（ホロコースト）の史実性を否定する「歴史修正主義者」のこと。

[355] ここでの「創造説（creationism）」は聖書の記述を信仰し進化論を否定する思想のこと。20 世紀以降特にアメリカで、有力な政治運動として公教育などに影響を与え続けてきた。

[356] 他者の意図を素早く推測する能力が、進化的に獲得された演算装置によるものであろうという考察は例えば『心は遺伝子の論理で決まるのか』pp. 161-2 で解説されている。この考察は、自閉症を「マインド・ブラインドネス」（心を読み取る機能の欠如）として位置づけるダーウィン進化論的な研究と結びついて発展した（サイモン・バロン＝コーエン『自閉症とマインド・ブラインドネス』（新装版）長野敬、長畑正道、今野義孝訳、青土社、2002 年）。

1995; Pinker, 1994, 1997）。

〈改善主義者〉と〈パングロス主義者〉のいずれの陣営も明白に、自分たちの立場にコストも便益[ベネフィット]もあることは認めている。しかし、コストを招く確率や便益が得られる確率の計算が、両陣営では異なるのだ。例えば両陣営は、進化的に適応したメカニズムが、このテクノロジー社会に特有の状況の多くで現実に求められる表象[358]にどのぐらいうまく対応できるかの見込み[確率][プロバビリティ]において、強い不一致を示す。〈改善主義者〉たちの考えではそのような状況は数多く存在するはずであり、たとえ人間の認知メカニズムはそれらの状況に適合しておらず、用いる対象さえ変えれば驚異的な有効性をもつのだ、などと言われても何の慰めにもならない[359]。一方〈パングロス主義者〉たちの考えでは、その種の状況は少ないし、しかもそれらに対処する人間の能力は、人間に執拗に不合理性を帰属させたがる〈改善主義者〉たちによって引き下げられている[過小評価されている]。要するに両陣営の不一致は、脳内に蓄えられている認知的表象[360]が、どの程度まで生態学的な適合性（ecological match）を備えているのか[361]についての、推定の違いにあるのだ。

あるいは[362]、認知的矯正[きょうせい]（cognitive remediation）[つまり、認知能力を（合理性の点で）より優れたものへ変えること]に対して両陣営はあらかじめ一定の〈バイアス〉を抱いており、その〈バイアス〉が動機の一部となって、〈ヒューリスティ

---

[357]（前頁）ここで言う「言語的解釈枠組み」はいわゆる「文法」を指していると思われる。つまり幼児が、断片的な言語刺激（「貧弱な入力」）にさらされることで文法にかなった文を発語できるようになる（「複雑な言語的解釈枠組みを獲得する」）ということである。チョムスキーの生成文法の理論は、このような現象はそれを可能にするための何らかの生得的な基盤（普遍文法）によって説明される、という考え方を提起し、後にこの考え方は（チョムスキー自身の意向には反してだが）ダーウィン主義的な認知理論や言語理論の中に位置づけられるようになった（Pinker, 1994. 特に第Ⅰ章、第Ⅸ章など）。著者もここでこのようなダーウィン主義的な見方に依拠して論じている。

[358] 例えば、著者がこの後挙げる例を借りれば、現代人の脳は祖先の時代には存在しなかったはずの「自動車保険の契約」のような状況について適切な表象を形成し、それを適切に処理せねばならない。

[359] 同じ痛烈な皮肉は、『心は遺伝子の論理で決まるのか』p. 180、および本書 p. 246 でも発されている。

[360]「知識」や「信念」は典型的な「認知的表象」であるが、それ以外にも、いわゆるサブパーソナルなレベルの（つまり人物ないし個人という単位より下のレベルでの）無意識的な情報処理の中で用いられる外界の表象も含まれると思われる。

[361]「生態学的適合性（ecological match）」は詳しい説明をされていないが、現代社会という現実の環境の中で、表象と環境（ecology については訳注 318 参照）との間に、適切な行動を導きうるような一致が成り立っていることを指していると思われる。

[362] 以下 4 つの段落とほぼ同じ議論が『心は遺伝子の論理で決まるのか』pp. 224–6 でもなされている。

クスとバイアス〉研究に属する改革者たちには〈改善主義者〉の立場〔「矯正は可能」を支持する立場〕をとらせ、〈パングロス主義者〉の陣営には、彼らを批判する立場〔「矯正は不可能かつ不要」を支持する立場〕をとらせた、というのもありそうなことだ。同様の〈前理論的バイアス〉[363]は違う理由からも生み出される。すなわち、人間の合理性はそもそもどのようなものか、という問いをめぐってはさまざまに異なる仮定が立てられるが、それらの仮定の相対的なコストと便益をどう重みづけするか、という点の違いから、それぞれの〈前理論的バイアス〉が生み出されるのだ[364]。例えば、仮に〈パングロス主義者〉が結局のところ誤った仮定を支持していたとしよう。この場合わたしたちは、〔人間の認知の最適性を信じてしまったために〕人間の推理を改善する機会を逃してしまうことになるかもしれない。反対に、〈改善主義〉を正当化抜きで支持することにも、同様のコストが伴う。〔〈改善主義〉が目指す〕認知的矯正にいくら努力を注ぎ込んでも、無駄に終わるかもしれないのだ。あるいはわたしたちは〔パングロス主義〉を退けることで〕、人間の認知が自力でも驚嘆すべき実効性を発揮できることを評価し、賞賛することを怠ってしまうかもしれない。あるいは〈改善主義〉の行き過ぎによって、認知のあり方を変える〔改善する〕ことばかりに目を奪われ、環境を変えた方がより容易に遂行結果の増進を達成できる〔p. 158原注3、および、pp. 85–8 参照〕という可能性を無視しがちになるかもしれない。

　この論争〔合理性大論争〕に加わっている論者の中には、〈改善主義者〉のように、人間の不合理性をここまで広くはびこっているものと見なす立場は、人々を侮辱するものだ、という思いを表明する者もいる。〔侮辱に反発する〕このよう

---

[363]「前理論的」は pretheoretical。理論に先立って、またはその背後で理論の方向性を暗黙裏に定めている（がそれ自身は明確な理論になっていない）、というほどの意味である。前の文で両陣営の動機の一部と目されているのは、人間の認知能力、あるいは人間本性といったものを改善（矯正）することができるものかどうか、また、改善（矯正）が必要なものかどうか、といった基本的な人間観、人間についての（形而上学的な？）思い込み（にもとづくバイアス）である。このような思い込みは合理的な正当化が難しい反面、データとの一致不一致や論理的整合性のような基準での検証も難しいという意味で、「前理論的バイアス」と呼ばれよう。つまり、両陣営の対立は純理論的なものではないかもしれない、という指摘である。なお、〈改善主義〉と〈パングロス主義〉をある種の〈バイアス〉として特徴づける考え方は、両者を「メタ理論的アプローチ」と特徴づける箇所で示唆されていた（p. 201）。
[364] 続く文ではその「さまざまな仮定」が例示され、その仮定を重視／軽視した場合の（つまり「異なった重みづけ」をした場合の）、望ましくない帰結や望ましい帰結（つまり「コストと便益」）が示される。そこから〈前理論的なバイアス〉が生み出される、というのはつまり、このような長所と短所の検討は前理論的な態度決定に属する問題である、ということなのかと思うが、この点はこれ以上詳しく述べられていない。

第 4 章 わたしたちの意思決定はどれほど拙いのか？　207

な心情が示しているのは、研究成果の〔〈改善主義〉的な〕解釈は民間心理学[365]
や社会に対して〔負の〕影響をはらんでいるのではないかという、〔そのものとし
ては〕賞賛すべき懸念である[366]。他方で論者の中には「人間に不合理性を認め
る」と聞けばすぐに「それはよくないことだ」と考えるようなわたしたちの反応
がそもそも、やや性急な反応なのかもしれない、という疑問を感じている人々
もいる。つまり世界は人間の行為を原因とする破局で満ちている。そして〔こ
のような論者すなわち〕〈改善主義者〉たちは、そのような破局のいくつかは〔たし
かに現状での人間の不合理性に由来するが〕、人々を教育し、人々が不合理な判断や行
為に傾きにくくなることで、回避できるかもしれないと考えるのだ。

　〈改善主義者〉の立場に対して、どのような代案があるだろうか？　〈改善主
義者〉が誤っていると仮定しよう。わたしたちが抱えている、戦争、経済的破
綻、技術関連の事故、マルチ商法、テレフォン・マーケティング〔電話勧誘販売〕
詐欺、宗教的熱狂、心霊詐欺、環境破壊、結婚の破綻、住宅ローン危機、これ
らすべてが、不合理だが改善可能な思考のせいではまったくない、という〔〈パ
ングロス主義〉の〕見方は、不安をかき立てる見方ではあるまいか？　もしもこれ
らが人間の不合理性に起因するのでないとしたら、それ以外の何のせいだとい
うのか？　実を言えば、代案となる説明は存在する。1つの代案は、このよう
な災厄の原因は、有名な〈囚人のジレンマ（Prisoner's Dilemma）〉のような、さら
に厄介な社会的ジレンマに存するに違いない、という説明である（Colman, 1995;
Hardin, 1968; Komorita & Parks, 1994）。これらのジレンマについては第6章で論じ
よう〔pp. 272-6〕。

　仮に、厄介な社会的ジレンマが原因ではなかったとしておこう。実を言えば、
この場合も第3の説明がある。とはいえそれは、さらに受け入れ難い説明であ

---

[365]「民間心理学（folk psychology）」については訳注11を参照。
[366] この論点は詳しく展開されておらず、十分明瞭とは言えない。ただ、訳注231と232で指摘したよう
に著者は本書pp. 158-9および『心は遺伝子の論理で決まるのか』p. 225で以上とほぼ同じ指摘を行ってお
り、それらの箇所と併せ読むとこの「懸念」の内実はもう少し明確になるかもしれない。それらの箇所では
この種の懸念に含まれる「反エリート主義的姿勢」と「人間の自尊心に対する漠然とした懸念」が評価され
ているが、とくにこの内の2番目の論点がここではかかわりそうである。すなわち、民間心理学やそれを基
礎に成り立っている人間社会は人間の合理性をある程度前提しているが、〈ヒューリスティクスとバイアス〉
研究のような科学的研究が人間の合理性に疑問を投げかけることで、そのような従来の前提、あるいは価値
体系が掘り崩されるのではないか、という懸念である。とはいえ〈改善主義〉は合理性に高い価値を置くと
共に、人間が潜在的により合理的になりうることを否定しない立場であり、この点が「賞賛」につながるの
かもしれない。

る。〈道具的合理性（instrumental rationality）〉とは何であったかを思い出してほしい。つまり〈道具的合理性〉とは、最も有効な手段を用いて自分の目的を──それがどんな目的であるかにかかわらず──達成することを意味するのだった〔p. 12, p. 21〕。ここでもし、（〈パングロス主義者〉が考えるように）誰もが自分の目的を合理的に追求しているにもかかわらず、世界は破滅的な出来事で満ちており、しかもそこに社会的ジレンマもかかわっていないとしたら、残るのは最も陰鬱な選択肢（オルタナティブ）のみであるように思われる。すなわち、相当な数の人々が、人間として、真に邪悪な欲求を追求しているに違いない、ということだ。〈薄い合理性理論（thin theory of rationality）〉の問題点は第 1 章で論じた〔pp. 17-8〕。そこで指摘したのは、この種の〈薄い合理性理論〉が、〔目的や欲求そのものを評価の対象から外すために〕ヒトラーを合理的な人物と見なすことも十分ありうる、ということであった。世界には数多くの「合理的なヒトラー」が存在する、と想定することは、人間の合理性にかんする〈パングロス主義〉的な仮定〔「人間はすべて、現実に合理的にふるまっている」〕と、人間を原因とする莫大な数の破局が日々生じているという観察を調停する 1 つの方法である。〔「人間の合理性」をあくまで肯定した結果として〕このような結論に直面すると、〔〈改善主義者〉のように〕人類にある種の不合理性を帰するというのは、前にそう思われたような徹頭徹尾悩ましい脅威ではない、と思えてくるし、他方でまた、皮肉なことだが、〈人間は完全に合理的である〉という〈パングロス主義〉の仮定は当初そう見えたように人間を褒めそやすもの[367]ではなかった、ということになる。もしわたしたちが〔人間は不合理だと主張する〈改善主義者〉による〕人々への侮辱に対して心安からぬ思いを抱いたとしても[368]、人々は邪悪であるとか、見下げ果てた利己的存在である、と言うよりは、人々は不合理である、と言う方が侮辱の度合いが低いと思われるのである。

　以上で取り上げてきたような〈メタ理論的〉関心[369]が、人間の合理性をめ

---

[367] 原語は warm fuzzy で、直訳すれば「温かく、ふわふわしたもの」（これを「ふわふわさん」と訳した心理学童話もある）だが、俗語として「ほめ言葉、慰めの言葉、お世辞、お愛想」を指す。〈パングロス主義〉による「人間は完全に合理的だ」はよく検討すればほめ言葉になっていない、ということである。
[368] 訳注 232 参照。
[369] 〈改善主義〉と〈パングロス主義〉を「メタ理論的アプローチ（metatheoretical approach）」と呼んでいた箇所（p. 201）および訳注 337 を参照。なお、この 2 つの立場が、別の場所では「前理論的バイアス（pretheoretical biases）」に動機づけられている、とも言われているのは興味深い（pp. 206-7）。

第 4 章　わたしたちの意思決定はどれほど拙いのか？　209

ぐる大論争を煽り立ててきた。だとしても[370]、これらの論争を調停する、より経験的な〔つまり経験科学の枠内で可能な〕手段はないものだろうか、と問いかけることも理にかなっているように思える。あるいは、論争の解決とは別に、2つの見地——〈改善主義〉と〈パングロス主義〉という2つの枠組み——を統合する道があってもいいのではないだろうか？ 実のところ、次章で筆者が提起するのは、まさにその統合を試みる理論である。だがその理論を取り上げる前に、一群の注目すべき証拠を検討しておく必要がある。次章で述べる理論は、これらの証拠ゆえに大きな関心を呼び起こしてきたのである。

合理的思考の個人差

第2章と第3章では、〈ヒューリスティクスとバイアス〉の伝統に属する30年間の研究成果を取り上げてきた。これらの研究は前述のさまざまな手法を用い、人々が多くの種類の課題に対して、規範的だと見なされている反応から逸脱することを、無数の事例において実証してきたのだ。また本章ではこれまで、このような〔実験における〕〈規範的なもの〉と〈記述されたもの〉とのギャップ[371]が生じる理由をめぐって、未だに激しい論争が続いていることを見てきた。だが、ごく最近まで[372]論争のどちらの陣営も、人々の遂行結果のある1つの側面を、総じて見逃してきたのである。

総じて見逃されてきた側面とは何か。たしかに、古典的な〈ヒューリスティクスとバイアス〉実験の平均的な被験者は、〈過信効果〉を呈し、〈基準率〉を十分利用せず、P(D/~H) を無視し、〈連言の誤謬〉を犯し、等々の反応を示す[373]。ところがいずれの実験についても、一定数の人々は基準にかなった規範的反応を示す。このような個人差（individual differences）が、これまでは見逃されてきたのである。例えば[374]、〈知識較正〉の研究では〔pp. 117–22〕、たしかに標本

---

[370] 前文は、論争が経験的な理論を超えた（あるいはそれに先立つ）関心に導かれていることを含意するが、それでもなお、ということである。

[371] 合理性の〈規範モデル〉と〈記述モデル〉（pp. 22–3）のギャップ、すなわち、従うべき合理性の規範と、現実にあるがままの人々のふるまい（の記述）とのギャップを指す。

[372] 具体的には、この後紹介される著者スタノヴィッチ自身の研究『合理的な人とは何者か？——推理における個人差の研究』(Stanovich, 1999) や、その前年のウェストとの共同研究の公刊以前は、ということだと思われる（実際、以下で引かれる文献の大半は彼らの研究の公刊後になされている）。

[373] それぞれ、pp. 117–22, pp. 98–105, pp. 105–17, pp. 123–4 を参照。

全体の中の凡庸なレベルの成績〔遂行結果〕は、〈過信〉を指し示す〈較正〉曲線を描く。だが、それでもほとんど常に、ほぼ完全な〈較正〉を行ってみせる人々が一定数存在する。同様に確率の見積もりでも、たしかに被験者の多くは〈非因果的な基準率〉を無視するかもしれない[375]。しかしながらその情報を、まさしく〈ベイズの定理〉〔pp. 93–8〕が定める通りに利用する被験者が少数ながら見られる、という実験も多いのだ。難しいことでよく知られる抽象的な選択問題にすら、数は少ないが正答する人々は存在する（Evans et al., 1993; Stanovich & West, 1998a, 2008）。第 2 章と第 3 章で論じた他のどの課題についても同様である。たしかに、ありがちな反応[376]を示した被験者たちは、規範的に適切だと伝統的に解釈されてきた反応[377]から逸脱した反応を示すかもしれないが、〈道具的合理性（instrumental rationality）〉および〈認識的合理性（epistemic rationality）〉〔p. 12〕の諸々の〔規範的な〕制約に正確に沿った反応をとる被験者も少数ながら存在する、ということである。

　要するに一定の〔少数の〕人々は、伝統的に規範的と見なされてきた[378]反応を示すが、それ以外の人々は示さない、ということだ。このように、どんな課

---

[374]（前頁）以下の、実験結果の個人差の問題は『心は遺伝子の論理で決まるのか』pp. 169–71 でも、やや角度を変えて簡略に論じられている。

[375]〈基準率（base rate）〉または〈事前確率〉の無視全般については pp. 98–105 参照。人が〈非因果的基準率〉を特に見落としやすいという点はその中の p. 103 参照。

[376] 訳注 234 に記した通り、「ありがちな反応」は modal response の訳で、より正確に訳せば「最頻値の反応」ないし「並数の反応」。

[377] 第 2 章や第 3 章の実験が〈規範モデル〉（pp. 22–3）と目してきたのは〈選択の諸公理〉（p. 31）に代表される合理性の諸規範であるが、p. 31 の叙述や参考文献が示すように、これらは 1950 年代前後に提起された概念をもとに、「合理的経済人」（p. 47）を前提とする〈期待効用（expected utility）〉の理論の中で整備されてきた。〈ヒューリスティクスとバイアス〉研究はこの伝統に異を唱え、合理性の〈規範モデル〉からの現実の人間（〈記述モデル〉）の逸脱を実証したが、そこで合理性の規範の規範性そのものはむしろ前提されている。（〈改善主義〉は人間をその規範に近づけようとする。）これに対し、その後に現れた進化心理学的な研究は、これらの諸規範の規範性そのものに異を唱えようとしていると見ることもでき、ここでの「伝統的に規範と見なされてきた」という留保付きの言い方は、その構図を示すものとも見られよう（実際、スタノヴィッチは『心は遺伝子の論理で決まるのか』p. 155 では、進化心理学者コズミデスとトゥービーの "Better than rational"（「合理性を超えた優れたもの」）という論文名を引いてこの点をより明確に述べている）。そしてその限りでは、進化心理学（パングロス主義）の方が〈ヒューリスティクスとバイアス〉研究（改善主義）よりもよりラディカルに伝統に異議を唱えている、という見方もできる。しかし著者スタノヴィッチは、経済学の伝統的な「合理的経済人」モデルと進化心理学の人間観とを共に、現状の人間の合理性を肯定し、その改善の必要性（ないし可能性）を否定する立場として〈パングロス主義〉にくくり、両者を自らの〈改善主義〉に対立させるのである。

[378] 訳注 377 を参照。

題への反応にも〔統計学で言う〕〈ばらつき（variability）〉[379]が存在しているので、ただ１つの実験で、〈人々は一般に、特定の不合理な思考パターン、ないし反応パターンをとる〉という結論を実証することはできない。実証できると言えそうなのはただ、〈平均的な人々──恐らくはありがちな反応を示した人々──は最適に至らない思考を示すが、それ以外の──しばしばごく少数者であるに違いない──人々は、そういう思考を示さない〉ということにとどまる。では、この〈ばらつき〉から何か重要な知見は得られるだろうか？　答えは〈ばらつき〉が何らかの点で体系立ったものであるかどうかによる。つまりまず、理論上は、この〈ばらつき〉が単なる〈誤差分散（error variance）〉[380]に過ぎないこともありうる。つまり合理的思考を問う問題がいくつかあり、まずその中のどれか１つについて、たまたま〔まぐれで〕正答できた人が一定数出てくる。次にまた別の問題で、それとはまた別の人々が当て推量を行い、運よく規範的に正しい回答に行き当たる。こういう具合に進んだのかもしれない。これが事実なら、反応における〈ばらつき〉はこの事実以外のいかなる変数の相関項でもない〔つまり、それ以外の事実を反映していない〕ことになる。それが実情なのか、それとも、このような個人差を決定する、より興味深い何かが存在するのだろうか？

　研究者たちはこの〈ばらつき〉を、それが何らかの〈認知的洗練（cognitive sophistication）〉と相関している〔それを反映している〕[381]かどうかという観点から検討してきた。より込み入った〔つまり洗練された〕認知を示す人々は、伝統的に規範的と見なされてきた[382]反応を示すのかどうか？　というのがそこでの問いである。あるいは、非常に興味深い別の問いとして、より込み入った〔洗練された〕認知を示す人々は、それらの課題に対してありがちな反応──〈パングロス主義者〉たちが好む代替解釈が正当化する反応──を示す傾向があるのかどうか？　という問いもある。実際、これらの個人差の相関項に関する示唆的なデータは存在している。

　研究文献では、〈認知的洗練〉における個人間の差異に対して、３つの指標が

---

[379]（統計学的）ばらつき（ちらばり、変動性）（variability）とは、統計において測定値などが平均値などの周囲に不規則に分布する状態を指す。
[380] 誤差分散（error variance）とは繰り返し観察された誤差の〈ばらつき〉の指標。
[381]「相関する（correlate）」については訳注 177 参照。
[382] 訳注 377 参照。

割り振られている。1つ目は発達の程度（developmentality）である。つまり、青年期の若者[383]は幼い子供[384]よりも認知的に洗練されており、また青年期の若者よりも成人の方が〈認知的洗練〉が進んでいる、という率直な仮定がなされている。問題になるのは、年齢を指標とする認知的発達〔発展〕のレベルと、合理的思考を問う課題の成績（パフォーマンス）との間に相関はあるか、という点である。また、被験者集団が同年代の人々からなる場合は[385]、知能テスト（intelligence test）の成績（パフォーマンス）が認知能力の自然な指標になる。この場合の問題は、知能を指標とする認知的発展〔発達〕のレベルが[386]、合理的思考を問う課題の成績（パフォーマンス）と相関するかどうか、という点である。

　だが、知能とは認知機能の包括的尺度ではない。難点の1つは、知能テストが〈メタ認知的戦略〔方略〕（cognitive strategies）〉および〈認知スタイル（cognitive style）〉——〈反省力のある心（reflective mind）〉とも呼ばれる——という重要な要因を誘発（タップ）するようには働かないことにある（Stanovich, 2009; Sternberg, 2003）。これらの名で呼ばれる認知的要因は、心理学において他にもさまざまな名で呼ばれ、広く認められている。さまざまな名の中でも最も広く用いられているのが「思考性向（thinking dispositions）」[387]と「認知スタイル」という名であり、本書ではこの「思考性向」という名を用いることにする。この〈思考性向〉にはさまざまな種類があり、その内の多くは信念、信念の構造、それに信念形成と信念変化という重要な要素に対する態度のあり方にかかわっている——この種の思考性向は〈認識的合理性〉〔p. 12〕のさまざまな面を誘発（タップ）すると言える。それ以外に、個人が抱く目的や諸目的の階層関係にかかわる思考性向もある——この種の思考性向は、〈道具的合理性〉〔p. 12, p. 21〕のさまざまな面を誘発（タップ）すると言える。心理学者たちが探求してきた思考性向の例としては、〈認知欲求（need for cognition）〉（すなわち多くのことを思考する傾向）、能動的な開かれた思考、

---

[383] 原語は adolescents。思春期から成人の手前までの若者。『ランダムハウス英和大辞典』によれば、主に十代の大部分をいい、法律上は成人（majority）に達すると終わる。

[384] 原語は young children。幼児、小児、と呼ばれる時期の子供。

[385] 厳密な年齢別の調査というより、幼児・青年・成人という3つの区分中の同一集団内部での（特に言えば成人についての）調査、ということである。

[386] developmental level は、ここでは狭義の「発達」のレベル（3つの指標の内の第1に相当）ではなく、知能指数や、後述する「思考性向」をも含む〈認知的洗練〉の発展度、という広い意味で用いられているようである。

[387] 『心は遺伝子の論理で決まるのか』p. 213 以下では「思考態度」。

第4章　わたしたちの意思決定はどれほど拙いのか？　213

未来の諸帰結への考察、〈完結欲求（need for closure）〉[388]、迷信的思考、教条主義、などがある。このような〔思考性向と呼ばれる〕認知のさまざまな側面について問題となるのは、さまざまな思考性向を指標とする認知的な発展〔発達〕レベル[389]が合理的思考課題の成績（パフォーマンス）と相関するかどうか、という点である。

これらの関係、すなわち合理的思考課題の成績（パフォーマンス）と、年代・知能・思考性向との間の相関関係について、データは何を語るであろうか？　データが最も充実しているのは知能にかんしてである。知能は、〈ヒューリスティクスとバイアス〉研究で用いられてきたさまざまな課題で示される合理的思考と正の相関[390]を示すが、すべての課題について相関が見られるわけではない（Stanovich & West, 2008）。つまりいくつかの課題については、相関はまったくない。ただし、負の相関が現れることはけっしてない——すなわち、〈パングロス主義者〉が弁護する非規範的反応（その例は本章でいくつか示した）を示す被験者たちの知能が、規範的反応を示す被験者たちの知能よりも高い事例はけっして存在しない、ということである。

これまでに見いだされた関係をいくつか、手みじかに例示しておこう。知能はおおよそ（絶対量にして）35%–45% で三段論法推理（リーズニング）における〈信念バイアス〉〔pp. 185–94〕と相関し、25%–35% で〈因果的基準率〉の使用〔p. 103〕と相関し、20%–25% でさまざまな〈共変動検出〉〔pp. 114–5〕と〈仮説検証〉〔pp. 145–53〕の課題と相関し、15%–20% で同一被験者内で測定された[391]〈結果バイアス〉〔pp. 80–2〕と相関し、20%–40% で〈4 枚カード選択課題〉〔pp. 145–9〕の成績（パフォーマンス）と相関し、5%–15% でさまざまな〈過信〉の指標〔pp. 117–22〕と相関していた（Bruine de Bruin, Parker, & Fischhoff, 2007; Handley, Capon, Beveridge, Dennis, & Evans,

---

［388］「完結欲求（need for closure）」は「認知的完結欲求（cognitive need for closure）」とも呼ばれ、少し前に挙げられている、「より多くを知ろうとする傾向」としての「認知欲求（need for closure）」とは対照的な（ただし両立しないわけでもない）傾向であり、「問題に対して確固たる答えを求め、曖昧さを嫌う傾向」とされる（鈴木公基／桜井茂男「認知的完結欲求——情報処理および対人関係性からの検討」『筑波大学心理学研究』第 23 号、2001 年、pp. 153–60）で引かれている Kruglanski と Webster の定義による）。知覚心理学で「閉合」と訳される、欠けた像を主観的に補う働きとしての closure が元々の意味と思われる（ちょうど通常の錯覚との類比で言われる「認知的錯覚」（訳注 272）のように）が、認知的完結欲求を単に closure と呼ぶ場合もある。

［389］訳注 386 参照。

［390］正の相関（positive correlation）および負の相関（negative correlation）については、訳注 177 参照。

［391］「同一被験者内（within subjects）」実験と「複数被験者間（between subjects）」実験の対照とそれぞれの説明については p. 49 参照。

214

2004; Klaczynski & Lavallee, 2005; Kokis, Macpherson, Toplak, West, & Stanovich, 2002; Newstead, Handley, Harley, Wright, & Farrelly, 2004; Parker & Fischhoff, 2005; Stanovich & West, 1998c, 1998d, 1999, 2000, 2008; Toplak & Stanovich, 2002）。ここで認められた相関の度合いは、〈中程度の相関〉から〈相関はあっても弱い〉までの範囲にすべて収まるが、いずれについても〈より知能の高い人が〔合理性の〕規範によりかなった反応を示す〉という一致した傾向がある。また、〈ヒューリスティクスとバイアス〉の研究文献が明らかにしてきた認知的な誤りの内、上に挙げたもの以外については、知能との相関がほぼまったく示されなかった。例えば〈非因果的基準率の利用〉〔p. 103〕、〈埋没費用効果〉〔pp. 197–200〕、〈確実性効果〉〔pp. 128–31〕、などである（Stanovich & West, 2008）。

〈思考性向（thinking disposition）〉〔3つ前の段落を参照〕にもとづくデータは、おおむね知能と平行関係にある。先に言及したさまざまな思考性向は、〈ヒューリスティクスとバイアス〉研究で用いられてきたさまざまな課題で示される合理的思考と正の相関を示すが、すべての課題について相関が見られるわけではない。つまりいくつかの課題については、相関はまったくない。ただし、負の相関が現れることはけっしてない——すなわち、〈パングロス主義者〉が弁護する非規範的反応を示す被験者たちが、規範的反応を示す被験者たちよりも有効な思考性向をより高く示す事例はけっして存在しない、ということである（Bruine de Bruin et, al., 2007; Klaczynski & Lavallee, 2005; Kokis et al., 2002; LeBoeuf & Shafir, 2003; Parker & Fischhoff, 2005; Smith & Levin, 1996; Stanovich & West, 1999; West, Toplak, & Stanovich, 2008）[392]。

他方、発達による方向性にもとづく〔つまり合理的思考と発達の相関についての〕データはそれほど整っていない（Stanovich, Toplak, & West, 2008 参照）。〔合理的思考と〕発達の比較研究は、知能や思考性向の比較研究よりも数が多くない、というのがその理由の一端である。年齢と〈因果的基準率〉の使用は相関する（Jacobs

---

[392]『心は遺伝子の論理で決まるのか』第6章では、知能は「アルゴリズムレベル（algorithmic level）」の能力にかかわり、合理性は行為の目的を問題にする「意図レベル（intentional level）」の能力に関わるとした上で（intentional は「志向的」とも訳すことができ、この場合「他の何かに向けられてある」ような心のあり方を指すことになるが、著者自身が同書第6章原注3でこれを通常の「意図的」の意味で解すべきという注記を行っている）、後者が問題になるレベルをここで言う「思考性向」と端的に結び付けている。本書のここでの議論はその議論と相容れないわけではないが、同書よりも慎重な論じ方をしているとは言えるかもしれない。

& Potenza, 1991; Kokis et al., 2002)。他方、〈フレーミング効果〉〔pp. 46–67〕についての発達研究はまったくの混乱状態にある。〈フレーミング効果〉について発達の方向性〔発達との相関〕を見いだすことに失敗した研究がいくつかあり（Levin & Hart, 2003; Levin, Hart, Weller, & Harshman, 2007）、〈フレーミング効果〉の影響が年齢と共に増大する場合がある、という発見もいくつか実際になされている（Reyna & Ellis, 1994）。これとは対照的に、〈信念バイアス〉は年齢と共に弱まっていく（Kokis et al., 2002）。〈ギャンブラーの誤謬〉〔pp. 133–7〕も同様である（Klaczynski, 2000, 2001; Klaczinsky & Narasimham, 1998）。〈4枚カード選択課題〉の成績は年齢と共に改善する（Overton, Byrnes, & O'Brien, 1985）。

　知能、思考性向、〔狭義の〕発達に関するデータは方向性において一枚岩的なものではないし、多くの課題についてはいまだ乏しいデータしか揃っていないが、それでも既存のデータはある一定の方向を示しているように思われる。全般的に言って、本書第2章と第3章で紹介したのと同様の標準的な課題解釈によって定義されるような合理的思考は、〈認知的洗練（cognitive sophistication）〉が進むと共に増大する傾向がある。要するに、〈ヒューリスティクスとバイアス〉のさまざまなテストに対する反応には〔統計学で言う〕〈ばらつき〉が存在し、この〈ばらつき〉は体系立ったものであって誤差分散（error variance）ではない、ということである。〔〈改善主義者〉と〈パングロス主義者〉という〕〈合理性大論争〉の各陣営には、それぞれの立場を動機づける基本的な洞察があるのだが、次章で見るように、両陣営が人間行動におけるこの〈ばらつき〉を十分に認めるならば、それらの洞察を調停することは可能になるのである。

さらなる読書案内

コーエン、L. J.「人間の不合理性は実験的に証明されたのか？」Cohen, L. J. (1981). Can human irrationality be experimentally demonstrated? *Behavioral and Brain Sciences*, 4, 317–370.

コズミデス、L.／トゥービー、J.「社会的交換のための認知的諸適応」、J. バーコウ／L. コズミデス／J.トゥービー（編）『適応的な心』所収　Cosmides, L., & Tooby, J. (1992). Cognitive adaptations for social exchange. In J. Barkow, L. Cosmides & J. Tooby (Eds.), *The adapted mind* (pp. 163–228). New York: Oxford University Press.

コズミデス、L.／トゥービー、J.「人間は結局のところ優れた直観的統計学者なのだろうか？——不確実性の下での判断にかんする研究文献が引き出した諸結論の見直し」Cosmides, L., & Tooby, J. (1996). Are humans good intuitive statisticians after all? Rethinking some conclusions from the literature on judgment under uncertainty. *Cognition*, 58, 1–73.

ギーゲレンツァー、ゲルト『なぜ直感のほうが上手くいくのか？——「無意識の知性」が決

めている』小松淳子訳、インターシフト、2010年 Gigerenzer, G. (2007). *Gut feelings: The intelligence of the unconscious.* New York: Viking Penguin.

キーズ、D. J.／シュワルツ、B. 「『漏出する』合理性——行動上の意思決定の研究はいかにして合理性の規範的基準に異議を唱えるか？」Keys, D. J., & Schwartz, B. (2007). "Leaky" rationality: How research on behavioral decision making challenges normative standards of rationality. *Perspectives on Psychological Science, 2,* 162–180.

マッケンジー、C. R. M. 「理論としての——基準としてではない——行動の合理的諸モデル」McKenzie, C. R. M. (2003). Rational models as theories—not standards—of behavior. *Trends in Cognitive Sciences, 7,* 403–406.

オークスフォード、M.／チェイター、N. 『ベイズ的合理性——人間の推理に対する確率的アプローチ』Oaksford, M., & Chater, N. (2007). *Bayesian rationality: The probabilistic approach to human reasoning.* Oxford: Oxford University Press.

サミュエルズ、R.／スティッチ、S. P. 「合理性と心理学」、A・R・メレ／P・ローリング（編）『オックスフォード・ハンドブック／合理性』所収 Samuels, R., & Stich, S. P. (2004). Rationality and psychology. In A. R. Mele & P. Rawling (Eds.), *The Oxford handbook of rationality* (pp. 279–300). Oxford: Oxford University Press.

スティーン、E. 『まともな理由〔理性〕を欠いて——哲学と認知科学における合理性論争』Stein, E. (1996). *Without good reason: The rationality debate in philosophy and cognitive science.* Oxford; Oxford University Press.

トッド、P. M.／ギーゲレンツァー、G. 「環境がわたしたちを賢くする——生態学的合理性」Todd, P. M., & Gigerenzer, G. (2007). Environments that make us smart: Ecological rationality. *Current Directions in Psychological Science, 16,* 167–171.

第5章
判断と意思決定の合理性にかんする論争の解決
——二重過程による説明

　第2章と第3章では、〈ヒューリスティクスとバイアス〉の研究で取り上げられるさまざまな課題に〈規範 - 記述〉のギャップが存在していることを見た。つまり人々が実際に何かを遂行（パフォーム）する際のあり方の〈記述モデル〉は、何らかの理想的な合理的反応を指令（prescribe）する〈規範モデル〉から逸脱している、ということである[393]。わたしたちはまた、この〈規範 - 記述〉ギャップが2つの仕方で記述されてきたことを見てきた。つまりまず、初期の〈ヒューリスティクスとバイアス〉研究プログラムにおいて、このギャップは——第2–3章で論じた観点から——人間の認識には体系的な不合理性が存していることを示すものだと見なされていた。

　そして第4章では、このギャップに対する代替（オルタナティブ）解釈のいくつかを紹介した——その多くは、被験者が課題に対して、従来思われていたのとは別様（オルタナティブ）の解釈を与えている、という想定にもとづくものであった。また、これら第4章で紹介した論証のいくつかは、規範から外れた被験者の反応を、別の課題に対する合理的な反応と見なして弁護するものであった。つまり、被験者は実験者が意図した課題とは別の課題に対する合理的反応を示しているのだ、と主張されていたのだった。このような〔実験者が本来求めたのとは〕別様（オルタナティブ）の〔合理的だと言われる〕反応はしばしば、ありがちな〔最頻値の〕反応——被験者たちが示す中で最も普通の反応——であったのだから、第4章で論じた、〔ありがちな反応に対する〕

---

[393]「規範モデル（normative model）」と「記述モデル（descriptive model）」については本書 pp. 22–3 参照。また両者の間のギャップに関しては第4章の冒頭以下で説明されている（pp. 157–64）。

代替解釈は、合理的な解釈だと見なされるべきだ、という論証が可能かもしれない。しかしこの種の論証は、第４章の最後で論じたデータパターン——すなわち、データに含まれる個人差が示すパターン——を無視している。つまりこれらの課題では、多くの被験者が規範から外れた反応を示すとはいえ、中には規範的な反応を示す被験者もいて、しかもこの〈ばらつき〉は体系立ったものである〔つまり規則性ないしパターンがそこに見いだされる〕のだ。

〈規範－記述〉ギャップの度合いは、常にではないが、それでもある種の一貫性をもって、〈認知的洗練（cognitive sophistication）〉の度合いと反比例する。これは言いかえると、〈規範的反応〉は〈規範から外れた反応〉と対比されるとき、知能・思考性向・発達レベルを指標とする〈認知的洗練〉の相関項となる、ということである。本章では、この２つの優勢なデータパターン——ありがちな反応パターンと、さまざまなもの〔認知的洗練の指標〕が個人差と相関しているというパターン——の調停を試みる。進化心理学者や〈最適データ選択論者〉[394]は、非常に多くの〈ヒューリスティクスとバイアス〉課題でのありがちな反応を正確に予測する[395]。このように、すべての事例において、適応主義的なモデル[396]はありがちな反応〔第１のデータパターン〕を非常に的確に予測するのは事実なのだが、それにもかかわらず、〔同じ実験結果に含まれている〕個人差を分析すると、そこには説明を要する相関〔少数の反応と認知的洗練との相関〕が存在していること〔第２のデータパターン〕も同様に実証されるのだ[397]。本章で展開する概念設定は、この２つのパターンを共に説明するのみならず、〈改善主義者〉

───────────────

[394]「最適データ選択理論（optimal data selection theory）」とは、本書では〈４枚カード選択課題〉の代替解釈の１つとして紹介されたオークスフォードとチェイターが提起した理論を指す。pp. 164–7 および訳注250 参照。

[395] 正確な予測であることは、それらが適切な〈記述モデル〉（pp. 22–3）であることを含意する。

[396] 訳注 12 で述べたように、本書における「適応（adaptation）」はもっぱらダーウィン的進化（自然淘汰）による（生物学的な）環境への適応を指し、また「適応主義的モデル（adaptationist model）」はダーウィン主義的な仕方で現象を説明する進化心理学者たちのモデルを指す。（なお、グールドとレウォンティンが批判の的とした元々の「パングロス主義」はすなわち「適応主義」（またはその戯画）であったが、著者は適応主義プログラム（グールドらの言う「パングロス主義」）の妥当性、有効性を全面的に承認した上で、人間の認知に対する適応主義的モデルから人間の合理性にかんする一定の帰結を引き出す立場に「パングロス主義」という呼称を割り当てている。詳しくは訳注 236 参照。）

[397] 規範にかなった反応を示す少数の被験者の方が各種の〈認知的洗練〉の度合いが大きい、という相関の事実は、ありがちな反応こそより合理的な反応である、という適応主義的モデル（著者の言う〈パングロス主義〉）では説明が難しく、ありがちな反応は不合理な反応である、という〈ヒューリスティクスとバイアス〉の研究者たち（〈改善主義者〉）の説明をより支持する。

220

と〈パングロス主義者〉という相反するメタ理論上の立場を調停するための、理にかなった方法をも提供する。その概念設定とは、〈二重過程理論（dual-process theory）〉として知られる枠組みである。

二重過程理論[398]

　認知神経科学と認知心理学から得られた証拠は、ある１つの結論に向けて収束する[399]。すなわち、脳の機能の仕方は２つの異なったタイプの認知によって特徴づけられ、各タイプの認知はそれぞれ異なった機能を果たし、それぞれの長所と短所をもつとされる（Evans, 1984, 2003, 2006, 2007; Evans & Over, 1996, 2004; Sloman, 1996, 2002; Stanovich, 1999, 2004）。多様な専門領域（認知心理学、社会心理学、認知神経科学、意思決定理論が含まれる）に属する論者たちが、脳内には〈タイプ１〉と〈タイプ２〉という２つの過程が共に働いている、と提起してきた事実は、この結論に収束していく多様な証拠が存在していることを指し示している（Brainerd & Reyna, 2001; Feldman Barrett, Tugade, & Engle, 2004; Haidt, 2001; Metcalfe & Mischel, 1999; Smith & DeCoster, 2000、など）。〈タイプ１〉の処理は速やかで自動的な〈ヒューリスティック処理〉である。〈タイプ２〉の処理は、ゆるやかで、分析的で、要求される演算力が高価な（computationally expensive）[400]な処理である[401]。

---

[398] 本節の主題のより詳しく包括的な解説は『心は遺伝子の論理で決まるのか』（みすず書房、2008年）第２章で展開されている。

[399]「収束証拠の原則（principle of converging evidence）」については『心理学をまじめに考える方法』（誠信書房、2016年）の第８章（特に pp. 161–81）で解説され、その重要性が説かれている。それによれば、何らかの理論的仮説が、設定や限界や目的等を異にする多様な実験（やその他の証拠）によって反証されず、むしろ支持される場合（さらに言えば、それらの証拠によって有力な対立仮説が反証される場合）、証拠がその仮説に向けて収束した（have converged）と言われ、その仮説は強い説得力をもつことになる。

[400] 演算力を（有限な演算資源との関連で）「高価（expensive）」と呼ぶときの含意については訳注271 およびこの後の叙述を参照。

[401] カーネマンの著作の表題『ファスト＆スロー』（原題 Thinking fast and slow、ハヤカワ文庫、2014年）はこの２つのシステムの動作様式を指し、スタノヴィッチの別の研究での呼称を借り受け、「システム１」と「システム２」と呼んでいる。スタノヴィッチ自身は『心は遺伝子の論理で決まるのか』では「タイプ１」に当たる（無数の）システムをまず「システム１」と名指し、その上で、それに TASS（The Autonomous Set of Systems すなわち〈自律的システムセット〉）という呼称を与え（p. 51 など）、本書で「タイプ２」と呼んだシステムをまず「システム２」と名指し、それに〈分析的システム（Analytic System）〉という呼称を与えている（p. 62 など）。同様の〈二重過程〉的なシステムを呼ぶための他の呼称については後述の『心は遺伝子の論理で決まるのか』の表 2.1（pp. 47–8）参照。

第5章 判断と意思決定の合理性にかんする論争の解決　221

実のところこの〈二重過程〉という見方は〈ヒューリスティクスとバイアス〉研究プログラムの草創期に書かれた著作で、明示的ではないかたちで含意されていた（Kahneman, 2000, 2003; Kahneman & Frederick, 2002, 2005; Kahneman & Tversky, 1996; Tversky & Kahneman, 1974, 1983）。現在では同様の〈二重過程〉モデルが認知科学の至るところで用いられている。『心は遺伝子の論理で決まるのか』の表2.1には、23件を越すさまざまな〈二重過程〉モデルの一覧を挙げてある[402]。〈二重過程理論〉は多様でありその細部や用語法は異なっているが、いずれもある家族的類似性[403]を等しく有している。〈二重過程〉という概念設定を支持する神経生理学的研究は増加し続けている（Bechara, 2005; Goel & Dolan, 2003; Liberman, 2003; McClure, Laibson, Loewenstein, & Cohen, 2004; Prado & Noveck, 2007）。

　〈タイプ1〉の処理を定義する特徴は〈自律性（autonomy）〉である。〈タイプ1〉の過程が自律的と呼ばれる理由は、（a）実行が素早く、（b）引き金となる刺激（triggering stimuli）に遭遇すると強制的に実行され、（c）中枢の処理能力に大きな負荷をかけない（つまり、意識的な注意を要求しない）、（d）高いレベルの制御システムに依存しない、（e）〈タイプ1〉の処理間の相互の介入も、〈タイプ2〉の処理からの介入も受けずに、並列的に（in parallel）動作できる、ということにある[404]。〈タイプ1〉の処理がかかわっているものとしては感情による行動の調整、進化心理学者が提起してきた、特定の〔進化的に〕適応的な問題を解くための、〔情報的に〕外部から遮断された〈モジュール〉[405]、暗黙的学習[406]、

---

[402] Stanovich, 2004, pp. 35–6（邦訳の『心は遺伝子の論理で決まるのか』では pp. 47–8）。そこでは計23件のモデルについて、そのモデルを提起している文献（著者名と刊行年）と、各文献での、本書で言う「タイプ1」および「タイプ2」それぞれの呼称が一覧になっている。参照されている論文数はモデルの数より多い（24件）ので「23件を越す」という書き方になったのかと思われる。

[403]「家族的類似性（family resemblance）」については訳注244参照。

[404] 注意すべきだが、ここで定義される〈タイプ1〉処理の「自律性（autonomy）」は、人間のある下位システムが他の助けなしで自動的に一定の動作を行う、という意味であり、したがって行為主体としての個人全体からすれば、下位システムの自動運動に引きずられて特定の行動を強いられる、という意味で「他律」と呼ばれそうな状態に置かれるということである（例えばカント倫理学において、理性的であるべき自己が自然的ないし生物的な「傾向性」に屈する状態はまさに「他律」の典型である）。ただしもちろん、行為主体としての人間全体が合理的に自己決定を行うことを「自律」と呼ぶこともまったく間違ってはいない（例えば本書 pp. 65–6, pp. 83–4 などにおける「個人の自律（パーソナル）」など）。

[405]「モジュール（module）」については訳注251参照。また特に、進化心理学者が〈モジュール〉に「（情報的に）外部から遮断された（encapsulated）」という性格を付与してきた点については訳注260も参照。

[406]「暗黙的学習（implicit learning）」は「潜在学習」とも訳され、厳密な定義については論議がなされているというが、おおよそ、注意や意識が向けられないままで進む学習を指す。なお、同じく「潜在学習」と

過剰学習[407]によって形成された連想を自動的に破棄する働き、といったものが挙げられる。

　〈タイプ1〉の処理にはさまざまな種類があり、そのいずれについても多くの研究がなされてきた（Buss, 2005; Foder, 1983; Lieberman, 2000, 2003; Ohman & Mineka, 2001; Pinker, 1997; Willingham, 1998, 1999、等）。〈タイプ1〉に属する諸々の過程は、認知科学で多種多様な議論の的になってきた〈構成概念〉[408]としての、自動性[409]、〈モジュール性〉[410]、〈ヒューリスティック処理〉、という複数の性質を結び合わせた過程である（e.g. Bargh & Chartrand, 1999; Barrett & Kurzban, 2006; Carruthers, 2006; Coltheart, 1999; Samuels, 2005, 2008; Shiffrin & Schneider, 1977; Sperber, 1994）。

　〈タイプ1〉の処理は演算上容易であるため、処理における一般的な初期値（デフォルト）となっている。〈タイプ1〉の過程は〈適応的無意識〉という名で呼ばれることがあるが（Wilson, 2002）、これは〈タイプ1〉の過程がきわめて多くの有用な〔つまり生物として適応的な〕働き——顔認識、固有覚[411]、言語的曖昧さの解決、奥行きの知覚、その他諸々——を、いずれも意識を越えたところで成し遂げる、という特徴を強調するためである。〈タイプ1〉の処理は、しばしば**ヒューリスティック処理**という名でも呼ばれる——速やかで自動的で安価な演算力しか要さず、〔検討中の行為がもたらしうる〕すべての可能性の詳しい分析に携わることがない処理、ということである。「**ヒューリスティクスとバイアス**」という名称[412]に含まれている**ヒューリスティック**[413]という用語はもともと、さまざまな〈バイアス〉をもたらす多様な種類の〈タイプ1〉の処理を指していた——

訳される latent learning は明確な強化（reinforcement）（つまり与えられた刺激の学習を促す要因）なしで進むとされる学習を指す。

[407] 過剰学習ないし過学習（overlearning）とは、本来学習すべきこと以外の副次的、付随的な特徴まで学習により身につけることを指す。

[408] 構成概念（construct）とは、心理学において観察結果を理論枠組みに関連づけるための構成モデルを指す。

[409] 「自動性（automaticity）」ないし「自動的（automatic）」という用語の多様な含意にかんしては訳注58参照。

[410] 「モジュール性（modularity）」については訳注 251 参照。『心は遺伝子の論理で決まるのか』で明確に論じられているように、ここで「タイプ1」（同書では「TASS（自律的システムセット）」）と呼ばれる処理は、フォーダーの提起した「モジュール」の性質を備えている。ただしそのすべてではなく、「処理速度が極めて速い」ことと「強制的であること」という、フォーダーの〈モジュール〉概念の中でも比較的異論の少ない性質を中心的な性格としているとされる（pp. 52–4）。

[411] 固有覚（proprioception）は「固有受容覚」「自己受容覚」等とも訳され、身体各部位の状態などを自ら知る働き。「深部感覚（deep sensation, bathyesthesia）」とも呼ばれる。

第 5 章 判断と意思決定の合理性にかんする論争の解決　223

それらの〈バイアス〉が原因となり、合理的思考の課題の多くで規範的な反応からの逸脱が生じるということだ。〈タイプ1〉の処理（すなわち〈ヒューリスティック処理〉）というものが存在するからこそ、カーネマンとフレデリック（Kahneman & Frederick, 2002, 2005）は**属性代用**（*attribute substitution*）という用語を考案してその処理の1つ——人々が認知的負担を軽くするために用いる一般的な方策〔p. 124参照〕——を名指すことができたのである[414]。〈属性代用〉がなされるのは、人が属性Aの評価を要求されているが、（属性Aの相関項である）属性Bの評価の方が認知的にたやすいと気づき、Aの代わりにBを用いて評価を行うような場合である。単純な言葉で言い換えれば、〈属性代用〉とは、難しい問いをやさしい問いに置き換えることに相当する。

　〈タイプ2〉の処理は、〈タイプ1〉の処理を定義づける決定的な性質のすべてについて、〈タイプ1〉とは対照的な性質で定義づけられる処理である。〈タイプ2〉の処理は相対的にゆっくりで、高価な演算力を要する——つまりそれはわたしたちの注意の焦点となる〔ことを求める〕。そして、わたしたちが注意を向けるもの——気づくもの——は限られている。わたしたちがそれを「注意を**払う**（*paying* attention）」と呼ぶのには理由がある——注意とは有限な資源なのであり、〔有限な〕演算能力を〔ある時点で〕どれほど利用可能かという点について、コストが大きい〔つまり多くの演算能力を要求する〕ものなのである[415]。〈タイプ1〉の

[412] （前頁）トヴェルスキーとカーネマンの画期的論文「不確実性下における判断——ヒューリスティクスとバイアス」（Tversky & Kahneman, 1974. 邦訳は巻末文献表参照）の副題であると共に、同論文を旗印にして形成された研究プログラムの名称でもある（p. 93および訳注21）。他にも、同名の大部の論文集（Gilovich, Gliffin & Kahneman, 2002）も刊行されている。

[413] （前頁）この箇所は原文では論文副題、および研究プログラムの名称と同じく heuristics だが、訳注134でも述べたように heuristics は（もう一方の biases 同様の）複数形であり、語形として複数形を要求する語ではないので、翻訳の慣例として単数形を表示する。

[414] 「用語」や「名称」を取り上げる本段落の叙述はやや分かりにくいが、著者の意図は、「二重過程理論」の基本的な着想が〈ヒューリスティクスとバイアス〉研究の当初から気づかれていたことの証明にあるのではないかと思われる。つまり（やや大げさに言えば）同学派のための、この着想の先取権の立証の試みということである。（ただしその前の「適応的無意識」への言及は、進化心理学的な発想と〈二重過程理論〉とのつながりを他方で示唆するものである。）

[415] カーネマン『ファスト＆スロー』にも同じ比喩が登場し、分かりやすい解説を補っているので引いておく——「『注意を払う』とよく言うが、これはまさに当を得た表現である。というのも、注意は限度額の決まった予算のようなものだからだ。この予算はさまざまな活動に配分できるが、予算オーバーは失敗につながる。努力を要する作業の場合、多数の活動が互いに邪魔し合うという特徴があるため、同時にこなすのは難しく、ときには不可能である。たとえば混んだ道路で右折しながら 17×24 を計算するのはまず不可能だろうし、そもそも絶対にやるべきではない」（上巻 p. 46）。

224

過程では多くの過程が同時に、並列的に（in parallel）進むことができるが、〈タイプ2〉の思考の場合、ただ1つ（またはごく少数）の思考が一度に〔複数ある場合はそれぞれ〕ただ1つのことを実行できるだけである。つまり〈タイプ2〉の処理は直列的（serial）である。〈タイプ2〉の処理はしばしば言語または規則を基礎にしている。それは心理学者たちが**制御された処理**（controlled processing）[416]と呼ぶものであり、わたしたちが「意識的問題解決」のような事柄について語るときには、このタイプの処理が働いている。

　〈タイプ2〉の処理の最も重要な機能の1つは、〈タイプ1〉の処理に取って代わる[417]ことである。〈タイプ1〉の処理は「やっつけ仕事」[418]なので、このような機能が時に必要になるのだ。つまり〈タイプ1〉のいわゆる〈ヒューリスティック処理〉は、問題解決や意思決定の際に、人に大まかに正しい見積もりを与えるために設計されており、きめの細かさを要するタイプの分析をするために設計されているわけではない。そしてこのタイプの分析は、普通ならば生じないような重要な状況で[419]要求されるものなのだ（例えば財政上の〔金融や投資にかかわる〕意思決定、公平性の判断、雇用にかんする意思決定、法的な判断、等々）。〈ヒューリスティック処理〉は〔その処理に〕親和的な（benign）環境に依存している。それは、〔〈ヒューリスティック処理〉に〕阻害的な（hostile）環境ではコストの大きなものになりうるのだ[420]。

---

[416]「制御された処理（controlled processing）」は「自動的な処理（automatic processing）」の対概念で、ここで言われている〈タイプ2〉の処理と〈タイプ1〉の処理に重なる区別だと見られる（訳注58の「自動的（automatic）」の含意も参照）。『心は遺伝子の論理で決まるのか』での訳は「制御プロセス」（p. 49他）だが、「制御をになう処理」というより、「制御されている処理」であることは注意。

[417] override は「〜に優先する」「〜を凌駕する」のような意味だが、工学用語で「（手動に切り替えるために）〜の自動制御を解除する、〜の機能を停止（変更）する」という意味があり、コンピューター用語でも「指定変更」（以前の命令の実行を止める命令）という意味がある。〈タイプ2〉処理の〈タイプ1〉処理に対する介入を「オーバーライド」と表現するとき、まさにこれと似た意味が理解されていると見られる。『心は遺伝子の論理で決まるのか』では一貫して「拒否（する）」という訳語があてられているが、「拒否」にとどまらず、〈仕事を受け継いで実行する〉という意味まで示す必要があるので、本訳書では「圧倒（する）」を基本的な訳語とした上で、文脈に応じて意味を明確にするために適宜「取って代わる」「抑止（する）」とも訳し分け、ルビを振るという方針をとる。

[418] 形容詞 quick and dirty（直訳すれば「素早いが汚い」）は「やっつけの、間に合わせの、応急処置」を指す米俗語（名詞では「安食堂」）。

[419] 原語は situations of unusual importance。恐らく「並はずれた、類い稀なる、重要な」という意味と、「日常ならば生じず、稀にしか生じないが、それでも重要な」という意味が共に込められているが、うまく両方を出すのが難しい。文脈からして、著者が確実に伝えたい点は、「稀にしか生じないが重要な」という含意の方であるが、「並はずれた」という含みも込められていると思われる。

さまざまな種類の〈タイプ1〉の処理（感情統御の過程、各種のダーウィン的〈モジュール〉[421]、連想や暗黙的学習の過程など）はすべて、文脈によっては、〔〈タイプ2〉の処理によって〕取って代わられなければ〔つまり、自覚的で注意深い制御が加えられなければ〕、不合理な反応をもたらしてしまうことがありうる。人々は、見定めやすい[422]属性については、たとえ正確さで劣るとしても、〈属性代用〉に訴えようとするものである——すなわち、見定めやすい特徴を、見定めにくい特徴の代わりに用いるものである。例えば、人々は鮮やかさや目立ちやすさのような〔見定めるために〕努力を要しない属性を、〔見定めるために〕より多くの努力を要する重要な事実を検索するための代用として用いる。しかし、重大なリスク——一定の活動や環境が子供たちにもたらすリスクなど——の見定め〔評価〕を行っている場合、わたしたちは、〈状況に対する注意深い思考〉を〈鮮やかさ〉の属性〔にもとづく容易な判断〕によって代用させたいとは思わない。このような状況でわたしたちが望むのはむしろ、〔自動的に生じる〕〈属性代用〉を食い止めるため、〈タイプ2〉の抑止処理を用いることである。

　メディアがふりまくイメージが、その鮮やかさによって人々を誤ったリスクへ誘導するという事例は、広くはびこっている。例えば[423]わたしたちは糖尿病を発症するかもしれないというリスクに直面しているが、このリスクは院内感染で罹患するリスクほどの不安を人々に引き起こさない。糖尿病を発症するアメリカ人は年間4,500万人もいる一方、院内感染で罹患するアメリカ人は年間たった1,500人に過ぎないというのにである。糖尿病には（食習慣や運動習慣を変えるなど）個人として打つ手がある一方、院内感染には個人として打つ手が何もない、というのが事実だというのにである。とはいえ院内感染を報じる記事は鮮烈だ。だから、わたしたちがこの2つの健康リスクに対して合理的

---

[420]（前頁）〈ヒューリスティック処理〉に「親和的な（benign）」環境と「阻害的な（hostile）」環境についてはこの後の pp. 237–49 とその箇所に付した訳注 467 と 469 を参照。

[421] 進化心理学者により、ダーウィン的進化によって生み出された（つまり環境に適応した）ものとして位置づけられている〈モジュール〉（訳注 251）を指すと思われる。たとえば訳注 259 で述べたように、pp. 170–1 に登場するコズミデスらの「ダーウィン的アルゴリズム（Darwinian algorithm）」は〈概念的処理モジュール〉に帰されており、この〈モジュール〉は「ダーウィン的モジュール」と呼ぶのが適切であろう（訳注 350 も参照）。

[422]「見定める」の原語は evaluate。「価値（value）を判定する」「評価する」の意味だが、特にここでは何かを理解し、それについて（特に善し悪しにかんする）判断を下す、というゆるく広い意味で用いられており、「見定める」というほどの訳が適当と思われる。

[423] 以下と同じ例は『心理学をまじめに考える方法』pp. 79–80 にも引かれている。

226

反応を示すべきであるなら、その〔イメージの〕鮮やかさへの〈タイプ1〉の反応は圧倒（オーバーリドゥン）されなければならないのだ。

〈タイプ2〉の処理は、〈タイプ1〉の処理に取って代わる（オーバーライド）ために、少なくとも2つの相互に関係し合う能力を発揮できなければならない。1つは、〈タイプ1〉の処理に介入し、〈タイプ1〉の処理の反応傾向を抑え込んでおき、その間に〈タイプ2〉の処理がよりよい反応を演算する時間を確保する、という能力である。したがって〈タイプ2〉の処理には、近年の実行機能（executive functioning）[424]にかんする研究が注目しているような抑制（inhibitory）メカニズム（Hasher, Lustig, Zacks, 2007; Kane & Engle, 2003; Miyake, Friedman, Emerson, & Witzki, 2000; Salthouse, Atkinson, & Berish, 2003; Zelazo, 2004）が含まれていることになる。

だが、このように〈タイプ1〉の処理の作業を抑え込む能力は、話の半分に過ぎない。ある反応を抑え込んでも、それに代わるより好ましい反応が利用できなければ無益である。では、このより好ましい反応とはどこからやってくるのだろうか？ それは〈仮説的推理（hypothetical reasoning）〉および〈認知的シミュレーション〉の過程から得られる、というのが1つの答えである（Byrne, 2005; Evans, 2007; Evans & Over, 2004; Oatley, 1999; Suddendorf & Corballis, 2007）。これが〈タイプ2〉処理のもう1つの側面である。わたしたちは仮説的推理（リーズニング）を行うとき、一時的な世界のモデルを作り、シミュレーションされた世界の中でさまざまな

---

[424]「実行機能（executive functioning）」は「遂行機能」とも訳され、複雑な手順を要する作業の達成を支え、制御する機能。ウェブ上の『脳科学辞典』（日本神経科学学会運営／https://bsd.neuroinf.jp/wiki/）では次のように説明されている（注等を一部省略した）――「実行機能とは、複雑な課題の遂行に際し、課題ルールの維持やスイッチング、情報の更新などを行うことで、思考や行動を制御する認知システム、あるいはそれら認知制御機能の総称である。特に、新しい行動パタンの促進や、非慣習的な状況における行動の最適化に重要な役割を果たし、人間の目標志向的な行動を支えているとされ、その神経基盤は一般に前頭前野（prefrontal cortex）に存在すると考えられている」（松吉大輔執筆）。

同義の概念である「実行制御（executive control）」については『心は遺伝子の論理で決まるのか』において、哲学的な観点からの考察がなされている。すなわち、（たしかに脳は身体全体の中枢かもしれないが）脳そのものの中に制御中枢を想定することは「脳の中の小人（ホムンクルス）」のような誤り（その小人の脳を説明するもっと小さな小人（ホムンクルス）を要求し、無限後退に陥る）や、脳の一部に「意識ある自我」が宿るという思想（デネットの言う「デカルト劇場」）を呼び出しやすいため、哲学的に警戒され、脳はむしろさまざまなサブシステムが連係して全体としてさまざまな作業を果たす機関である、という見方が哲学者などの間では重視される。しかし著者はこの見方が根本的には正しいとしても、脳のある部分がある条件下で他の部分に対する（一時的な）制御の役割を果たすという見方に物質的な裏付けを与えることは可能であるし、このようなモデルにもとづく研究も蓄積されていることを指摘し、空想的な「脳の中の小人」と「実行制御」の差異を強調する（pp. 62–6）。本書でこの点は詳しく触れられていないが、〈タイプ2〉処理を例えば「真の合理的な自己」のようなものと取り違えないようにすることは重要である。

第5章 判断と意思決定の合理性にかんする論争の解決　227

行為（あるいは、実際に働いているのとは異なるさまざまな原因）を試運転させるのである[425]。

　本章で概略を述べた〈二重過程〉の枠組みは[426]、さまざまな進化論的／適応主義的モデルの利点である、〈記述モデル〉としての正確さ[427]という印象深い成果のみならず、人間の認知能力は時に、このような適応主義的分析が最適だと見なす反応を遠ざけておくことができる、という事実をも包括する説明を与える。このようなデータパターン[428]は、次の仮定を立てるならば意味をなすものとなる。

1.　ここで概略を述べた性質を備えた 2 つの処理システムが存在すること
2.　2 つの処理システムはそれぞれ異なった状況と異なった目的に向けて最適化されていること
3.　より高い認知能力を備えた個人においては、〈タイプ 2〉の処理が、〈タイプ 1〉の処理によって誘発（プライムド）される反応に取って代わる（オーバーライド）見込みが大きいこと

　ここから、1 つの論証が引き出される。すなわち、これらの問題の多くに対する、自然に備わった処理傾向が〈タイプ 1〉反応——トヴェルスキーとカーネマン（Tversky & Kahneman, 1974）のもともとの論証において、自動的に働く〈ヒューリスティック〉として扱われていた反応[429]——を生み出すのであり、この反応

---

[425] この段落は、数行で『心は遺伝子の論理で決まるのか』の 1 つの節（pp. 70-3）の内容を凝縮しているため、論理展開を追いにくい。整理すれば、人間の脳には仮説的推理（リーズニング）を行いうる能力があり、この能力は「外界の表象から距離を置き、それについて考え、改善の可能性を思いめぐらすことができる」（p. 71）という点で〈タイプ 1〉の自動的な反応だけに従っている場合よりも「より好ましい」反応をもたらしうる。〈タイプ 2〉の処理による〈タイプ 1〉の処理の抑止（オーバーライド）にはこの好ましい反応（これ自体が〈タイプ 2〉反応の一部）のための条件を整えるという側面もあり、それを「もう 1 つの側面」と呼んでいるのである。
[426] 本段落から次段落までと（一部の用語等を除いて）ほぼ同じ叙述は『心は遺伝子の論理で決まるのか』p. 172（第 4 章）でもなされている。
[427] つまり適応主義的／進化論的モデルは、人間の意思決定と判断についての、〈規範モデル（normative model）〉と対比された〈記述モデル（descriptive model）〉（これらについては pp. 22-3 参照）として優れており、すなわちそのモデルは大多数の人々の意思決定や判断を正確に予測し、説明できるという意味で適切に記述している、ということである。
[428] 本章 2-3 段落目で述べられた、2 種類のデータパターン（一方で伝統的基準で「不合理」と見なされる反応がありがちな反応であること、他方で少数者の反応が〈認知的洗練（モデール）〉の高さと相関していること）の調停がこれよりなされようとしている。

が誤った反応を誘発（プライム）するのだ、という論証である。このような〈タイプ1〉反応が進化的に適応的である、という進化心理学者たちの主張が正しいことはほぼ間違いない。そしてこの解釈が正しいにもかかわらず、少数の被験者が示すまた別の〔一様な〕反応[430]（オルタナティブ）が個人レベルで合理的である、という〈ヒューリスティクスとバイアス〉研究者たちの立場が、進化論的解釈によって疑問にさらされるわけではない。たんに、より高度の分析的知能〔知性〕を備えた被験者は、〈認識的かつ道具的に合理的な〉[431]反応を産み出すために、自動的に誘発される〈タイプ1〉の反応を圧倒（オーバーライド）する傾向がより大きい、というだけのことである。

進化的最適化vs.道具的合理性

〈二重過程〉論者が提起している事柄を完全に理解するためには[432]、進化的適応（遺伝子レベルの最適化）と〈道具的合理性〉（ある個人〔個体〕全体のレベルでの最適化[433]）の区別に依拠する必要がある。この区別の中に、人間の認識の欠陥を強調してきた〈改善主義者〉と、人間の認識の最適性を強調してきた〈パングロス主義者〉とが和解する可能性があるのだ[434]。例えば、〈パングロス主義〉の論者の指導的グループの1つ──進化心理学者たち──は、認知機能の最適性を示すことを好む。進化心理学者たちはそのために、例えば、

---

[429]（前頁）参照されているトヴェルスキーとカーネマンの論文には「自動的に働くヒューリスティック（automatic heuristic）」という明確な表現は登場しない（例えば前掲『ファスト＆スロー』下巻 p. 96 では、初期の研究では二重過程モデルは採用していなかった、とも言われている）。同論文による〈ヒューリスティック〉の位置づけは「これらの〈ヒューリスティック〉はきわめて経済的で、おおむね効率的であるが、ときには系統的で予測可能なエラーにつながる」というものである（前掲『ファスト＆スロー』下巻付録 A pp. 34–5）。
[430] alternative はただ「別の」というだけではなく、それに匹敵する、ないしそれに準ずるような、という含みがある（その意味でしばしば「代替の」という訳語が適切になる）。この場合、ありがちな（最頻値の、modal な）反応が1つの統計的にまとまった（一定のデータパターンを示す）群をなしていることに対して、それに準じるまた別の統計的まとまり（データパターン）を示す反応である、ということを指している。
[431]「認識的に合理的（epistemically rational）」および「道具的に合理的（instrumentally rational）」の定義については p. 12, p. 21 参照。
[432] この段落は『心は遺伝子の論理で決まるのか』p. 173 の最初の段落（前節最後の段落に直接続く箇所）と（用語等を除けば）ほぼ同内容である。
[433]「道具的合理性（intrumental rationality）」の定義については p. 12 および p. 21 参照。
[434] それぞれの基本的立場のより詳しい説明は第4章冒頭（pp. 157–61）参照

第5章 判断と意思決定の合理性にかんする論争の解決　229

これまで認知心理学者たちが人間の推理（リーズニング）に特徴的、かつ問題含みの側面として記述してきた一定の推理（リーズニング）の誤りは、実は進化論の観点から論理的に説明されるのだ、ということを示す。彼らはこの種の説明に対する経験的根拠を提供しており、これは彼らの実質的な貢献である。とはいえ、〔ありがちな推理の誤りを進化的適応の産物とする〕このような発見がなされたからといって、必ずしもそこから、〔〈改善主義者〉が目指す〕認知改革（cognitive reform）[435]に関心を抱くのは見当ちがいだ、という帰結が導かれるわけではない。遺伝的目的〔進化的適応の目的〕と人間の目的とは分離可能なのだから、進化的適応は〈道具的合理性〉〔ここでは、誤謬を避けて正しい推理をすること〕を保証しないのだ[436]。

　要するに、進化的適応と〈道具的合理性〉の区別を認めることが決定的に重要である。特に踏まえるべき肝心な点は、〈道具的合理性〉の最適化は個々人のレベルでなされ、進化的適応の最適化は遺伝子のレベルでなされる、というところである。J・R・アンダーソン（Anderson, 1990, 1991）は心理学における適応主義的モデル〔つまり進化心理学的モデル〕についての論考で、この区別をはっきり打ち出すために、〈道具的合理性〉と進化的最適化（すなわち局所的な（ローカル）遺伝的適応度を最大化するものとしての進化）は異なる、という点を強調した。そこでアンダーソン（Anderson, 1990）は、進化的適応（遺伝的適応度（genetic fitness））は人間にとっての完全な（この場合は道具的な）合理性——すなわち生物個体〔としての人間〕の全体に焦点を合わせた合理性——を保証するわけではない、というスティッチ（Stich, 1990）の論証（Skyrms, 1990 も参照）を受け入れている。この帰結として、適応的に最適な処理の〈記述モデル〉が重要な点で〈道具的合理性〉の〈規範モデル〉から逸脱することは十分に生じうる、ということにな

---

[435]「認知改革（cognitive reform）」はこれまで「認知的矯正（cognitive remediation）」やその他の名で呼ばれてきた〈改善主義者〉の課題と同じものを指すと見ていいが、『心は遺伝子の論理で決まるのか』ではこの語（「認識改革」と訳される）が重要な鍵概念となっていることは注記しておく。すなわち同書で「認知（認識）改革」は、人間が「遺伝子のくびき」と「ミーム（文化的複製子）のくびき」を逃れ、個としての自律性を獲得するという、同書の原題ともなっている「ロボットの叛逆」という企図の重要な構成要素となっているのである——「本書では、私たちが複製子の狭量な利益を超えて、独自の自律した目的を明確にするために必要な、進化理論上の洞察と認識改革をひっくるめて『ロボットの叛逆』と呼ぶことにしたい」（p. xiii）。本書で言われる「認知改革」にここまで特定された意味はないとしても、著者の全体的な企図の中でのこの概念の重要性を示す意味で引用しておく。

[436] いわゆる不合理な誤りが進化的適応の産物だと証明されたからといって、それが個人の目的達成を阻害すること（個人にとって合理的でないこと）が否定される訳ではなく、したがって〈認知改革〉の必要性がなくなるわけでもない、ということである。

る（スカームズ（Skyrms, 1996）はただこの一事を証明するために1冊全体を費やしている）。

　この〔〈二重過程理論〉という〕枠組みの主要な特徴は、〈タイプ1〉の処理と〈タイプ2〉の処理とではその処理が果たす目的がいくぶん異なっていることにある。つまり〈タイプ1〉の処理は遺伝子の利益を第1に目指す目的構造[437]に対応し、他方で〈タイプ2〉の処理は、生物個体の利益を第1に目指す目的構造に対応している、という違いがそこにはある（この主張の理論的、経験的〔経験科学的〕基礎については Reber, 1992, 1993 参照）。論者たちの仮説によれば、〈タイプ1〉の処理は遺伝的最適化をより一層目指すようにできており、他方で〈タイプ2〉の処理は柔軟性を備えた目的の階層構造[438]に役立つようにできていて、このような柔軟な目的の階層構造は、生物個体全体のレベルでの目的達成を最大化するように方向付けられている。このように〈タイプ2〉の処理は、〈タイプ1〉の処理よりも〈道具的合理性〉に適したものとなっている。そのため、〈タイプ1〉処理によって引き金を引かれる反応が個人の目的に対立してしまうという、稀に生じる事例においても、〈タイプ2〉の反応は個人の目的の達成を目指すように働くはずである。

　計量心理学的な意味での知能[439]や思考性向は〈タイプ2〉処理の演算能力の尺度である（Stanovich, 1999; 2009）。この見方から予測されるのは、〈タイプ1〉処理が引き金を引く反応と、〈タイプ2〉処理が引き金を引く反応が食い違ってしまう課題において、道具的に最適な反応を示すのは、より高い知能を備えた個人や、より高度の合理的思考へ向かう思考性向を備えた個人であるはずだ、ということである。そして、まさしくこのような状況が成り立っていれば、先に紹介したいくつかの実験結果のパターン[440]は説明されるのである。要するに、

---

[437]「目的構造」の原語は goal structure。『心は遺伝子の論理で決まるのか』でもしばしば用いられているものの、著者自身の明確な定義は出ていないが、個別的な諸目的や、それらの目的 – 手段の連鎖関係などが全体として大きな構造体をなしている、という前提の上で、それらの要素間の構造を指していると思われる。
[438]原語は flexible goal hierarchy。「目的の階層構造（goal hierarchy）」は目的 – 手段の連鎖的な依存関係を指し、「柔軟性のある（flexible）」というのはその階層構造が硬直したものではなく、手段と目的の入れ替えや組み替えの余地がある、ということだと思われる。
[439]原語は psychometric intelligence。計量心理学（psychometrics）とは心理的な特性や能力の測定を目指す学問を指す。ここでは、ただ漠然と「知能（知性）」を指しているのではなく、各種の知能テストによって測定される尺度としての知能（ないし知能指数）を指している、ということを明確にするために psychometric という形容詞を補っている。

第5章 判断と意思決定の合理性にかんする論争の解決　231

より高い分析的知能を備えた被験者は、その知能によって、〈道具的合理性〉に沿った課題解釈へと導かれ、他方で分析的な知能の低い被験者（したがって、〈タイプ1〉処理が優越している被験者）によるそれとは別の〔特定の〕[441]課題解釈は、これらの目的〔〈道具的合理性〉と進化的適応〕が対立する状況において、進化的な適応に沿った〔したがって〈道具的合理性〉に反する〕ものとなる見込みが大きいのである（De Neys, 2006; Stanovich, 2004）。

改善主義の立場とパングロス主義の立場の調停

第2章以降の議論を振り返っておこう。そこではまず〈記述モデル（descriptive model）〉と〈規範モデル（normative model）〉の差異について紹介した〔pp. 22–3〕。〈記述モデル〉は人類の現実の反応パターンを正確に特定するモデルである。経験科学としての心理学のほとんどの研究が最終的に目指すのは、このタイプのモデルである。これとは対照的に〈規範モデル〉は、信念の正確性と行為の有効性の最適化に役立てられるような、行為と信念のさまざまな基準を具体的に特定する。例えば、〈ベイズの規則〉〔pp. 93–8〕に従うことは信念改訂の〈規範モデル〉である〔pp. 22–3〕。

とはいえ、〈規範モデル〉と〈記述モデル〉の隔たりが生じるとして、そのすべてが人間の不合理性を指し示すものではないということを認識しておくのは重要である。これは〈改善主義者〉と〈パングロス主義者〉が共に認める結論である。というのは、ずっと以前にハーブ〔ハーバート〕・サイモンが気づいていたように（Simon, 1956, 1957）、人間の脳、および環境から利用可能な情報には限界があり、人間の理性はその限界に束縛されているからである[442]。サイモ

---

[440]（前頁）本章の冒頭で（p. 220）「第4章の最後で論じたデータパターン」と言われていたものを指す。すなわち〈ヒューリスティクスとバイアス〉実験において大多数の人々が特定の不合理な（形式的合理性の規範に反する）反応を示すが（第1のデータパターン）、どの実験でも合理的反応を示す一定数の人々がおり、その人々は知能や合理的思考傾向の度合いが高い（第2のデータパターン）、ということである。

[441] 訳注430を参照。高い分析的知能の持ち主はある特定の反応（つまり課題に対する正答）を示すが、それに準じる、ないしそれと並ぶ「もう1つの」特定の反応として、大多数の被験者のありがちな（最頻値の）反応が位置づけられている。

[442] 訳注238で紹介したように、『心は遺伝子の論理で決まるのか』第6章では、〈改善主義者〉と〈パングロス主義者〉の中間に立ち、このような認知資源の有限性によって人間の不合理性を弁明する第3の立場が〈弁明論者（Apologist）〉として区別されているが（pp. 223–4）、本書ではこの論点が〈合理性大論争〉の第3の立場としてではなく、両陣営が共に考慮する補足的要因として位置づけられていることになる。

232

ンは**限定合理性**（bounded rationarity）という用語を考案し、これによって、行為と信念の合理性を判断する際には、人間の認知装置に利用可能な資源（リソース）の有限性と、環境からのさまざまな制約とを考慮に入れねばならない、という事実をとらえようとした[443]。ハーマン（Harman, 1995）の説明によれば、「推理は資源（リソース）を要し、また利用可能な資源（リソース）には限界がある。推理主体（reasoners）の注意がおよぶ範囲、記憶力、時間には限界がある。有限な存在にとって、理想的な合理性が常に可能であるわけではない」（p. 178）。スティッチ（Stich, 1990）はよりユーモラスに、こう指摘する——「被験者は推理（リーズニング）が下手だ、という判断は頑迷（がんめい）な判断に過ぎないように思われる。被験者には、脳を気球並のサイズにせよという戦略〔方略〕は利用できないのだから」（p. 27）。

　認知的資源の限界を容認することは、達成すべき基準を〈規範モデル（normative models）〉（リソース）から〈**処方モデル**（*prescriptive models*）〉へと置き換えることにつながる（Baron, 2008; Bell, Raiffa, & Tversky, 1988; Simon, 1956, 1957）。〈処方モデル〉とは、一般的な見方によれば、人間の認知装置の制約と、意思決定の主体が対処せねばならない状況からの制約（例えば時間の切迫）を考慮に入れた上で、信念形成と意思決定の過程をどのように進めていくべきかの方法を定めるモデルである[444]。それゆえ、〈規範モデル〉が人間の脳によって演算可能である場合、そのモデルはまた〈処方モデル〉でもあることになる[445]。一方、〈規範モデル〉が演算可能でない場合には、〈規範モデル〉に最も近似した演算可能な戦略〔方

---

[443] ハーバート・サイモンは認知心理学者としての研究にもとづき「限定合理性」概念を提起し、早い時期に「合理的経済人」モデルに異議を唱えた（1978 年にはノーベル経済学賞を受賞している）。友野典男氏は『行動経済学——経済は感情で動いている』（光文社新書、2006 年）の中で、〈ヒューリスティックとバイアス〉実験の結果から「人は合理的ではない」という結論を導き出す立場は「はっきり言って間違いだということである」と強く退け（p. 61）、それらの実験はあくまで人間が〈限定合理的〉であることを示すものだと主張し、〈限定合理性〉こそが行動経済学の基礎に置かれる概念であると論ずる（p. 61, p. 25 他。なお、行動経済学とは〈経済学と心理学〉とも呼ばれ、ヒューリスティクスとバイアス〉研究や進化心理学の研究成果を経済学に取り入れる研究分野を指す）。このような立場は「弁明論者」（訳注 442 参照）の典型と言えそうである。

[444] 「規範的（normative）」と「処方的（ないし指令的 prescriptive）」は共に「記述的（descriptive）」の対立概念として重なり合う概念であるが、〈規範モデル〉が「何をなすべきか」という、果たされるべき規範をただ掲げるだけなのに対し、〈処方モデル〉は今現在その規範（ないしその近似物）を「いかに実現すべきか」についての具体的な処方ないし指令をも含むモデルである、という区別ができよう。なお、「処方モデル」という訳語は、相馬正史、都築誉史「意思決定におけるバイアス矯正の研究動向」（書誌情報は訳注 139 参照）を参考にした。同論文は意思決定研究に「規範的アプローチ」「記述的アプローチ」「処方的アプローチ」の 3 つを区別する、という整理を提供している。

第 5 章　判断と意思決定の合理性にかんする論争の解決　233

略〕が、標準的な人の遂行（パフォーマンス）にとっての基準（スタンダード）となる[446]。〈改善主義者〉と〈パングロス主義者〉は、この点に関して合意することができる。しかし、人々が推理（リーズニング）の誤りを示す課題の多くは、負担の大きな演算を要求するものではない（例えば、〈フレーミング〉課題や〈基準率〉課題など）。したがって〔演算資源の有限性をめぐる論点での合意が可能だとしても〕、〈改善主義者〉と〈パングロス主義者〉のギャップを完全に埋めるに足る、これ以外の論証がなされねばならないのである[447]。

　〈改善主義者〉陣営と〈パングロス主義者〉陣営のさらなる調停の道は、進化的適応（つまり、〈進化的適応の環境（environment of evolutionary adaptation）〉[448]の中での、遺伝子にとっての最適化）と〈道具的合理性〉（個人〔個体〕にとっての、目下の目的の最適化[449]）という〔前節で確認された〕の区別にある[450]。例

――――――――――

[445]（前頁）つまりこの場合は、与えられた時間、与えられた演算資源の範囲内で従うべき規範を実現できるので、「何をなすべきか」の他に「いかに規範を実現すべきか」を指定する〈処方モデル〉を別個に用意する必要がない。

[446] この場合、〈規範モデル〉を限られた演算資源の範囲内で実現できないため、自らの遂行を〈規範モデル〉に近似させる支援となる処方ないし指令を含む〈処方モデル〉が必要になる。ちなみに訳注 139 および訳注 444 で紹介した相馬、都築両氏の論文は、本書でも参照されているスタノヴィッチの著作（Stanovich, 1999）における、このような〈処方モデル〉を用いた人間の思考の改善を構想する立場を〈技法主義（Technologist）〉というまた別の立場とする分類を採用している。

[447] 整理すれば、演算資源の有限性ゆえに人間が合理性の規範に十分従いきれない可能性は〈パングロス主義者〉も認めうるし、演算資源の限界を超えた改善を求めても不可能であることは〈改善主義者〉も認めうるので、この点で 2 つの立場は合意しうる。しかしこの論点をすべての事例に当てはめることはできず、それゆえ両陣営のギャップは十分には埋まらない、ということである。

[448]「進化的適応の環境（environment of evolutionary adaptation）」とは、自然淘汰によって進化的適応が形成された際の元来の環境を指す。特に、心が備えているさまざまな機能が自然淘汰によって形成されてきたと想定する場合、その機能が適応していた元来の環境がいかなるものであったか、という考察は重要であるため、この概念はしばしば「EEA」と略称され、進化心理学やその他の人間の進化論的な研究において重要な理論的概念として用いられる（『心は遺伝子の論理で決まるのか』p. 131 など参照）。なお、このような概念が重視されるのは、（著者スタノヴィッチが〈改善論者〉として強調する）現代の環境と、現代人の脳が進化した環境（恐らく、石器時代の狩猟社会の環境）とのギャップの問題が、進化心理学そのものの中でも強く意識されていることを反映している、という点は注記しておくべきであろう。

[449]「道具的合理性（intrumental rationality）」の定義については p. 12 および p. 21 参照。

[450] 前節と本節のつながりがやや分かりにくいので、整理しておく。本節は前章冒頭以来対立が論じられてきた〈改善主義者〉と〈パングロス主義者〉の和解、という目標を掲げ、まずは両者のギャップを第 2 章以降の〈規範モデル〉と〈記述モデル〉のギャップという問題と重ね合わせた上で、人間の脳にとって利用可能な演算資源の有限性、という論点（サイモンの「限定合理性」の概念）にその部分的な和解の可能性を認めると共に、その不十分さも指摘してきた。それを受け、本段落以降では、前節末で示唆された〈二重過程理論〉による、両者の立場のより全面的な和解の可能性が検討されるのである。

えば、進化心理学者たちは認知機能の最適性を示すことを好む——そのために、これまで認知心理学者たちが人間の推理（リーズニング）に特徴的、かつ問題含みの側面である、と提言してきた一定の推理（リーズニング）の誤りは、実は進化論の観点から論理的に説明されるのだ、ということを示すのだ（第4章、Brase, Cosmides, & Tooby, 1998; Cosmides & Tooby, 1996; Rode, Cosmides, Hell, & Tooby, 1999）。問題なのは[451]、進化心理学者たちは太古における、遺伝子にとっての進化的目的と、〔現代の〕個人（パーソナル）の目的が一致するような状況を強調しがちだということである。この点で彼らが間違っているというわけではない。というのも、そういう状況は頻発するものだからである。自然界で対象をかわしながら正しい方向に進むというのは、〈進化的適応の環境〉にとどまっている間は適応的なことであったし、現代世界でわたしたちが生を営む際の、さまざまな個人的（パーソナル）目的にも役立つ。他のさまざまな進化的適応についても同じことが言える——その大部分は、現代世界における個人的な目的達成に役立つのだ。だが、以上述べたことは、その一致〔〈進化的適応の環境〉での適応と、現代における個人的目的の一致〕が 100% であることを何ら意味していない。

　産業化以前の時代における生き残りに向けて設計されているメカニズムが[452]、テクノロジー文化の中で不適応なものとなることが時にある、というのは明らかである。エネルギーを蓄積し利用するための人間身体のメカニズムは、脂肪の蓄積が有利に働いていた時代に〔そのための適応として〕進化した。ファーストフード店が[453]街角の至る所に並ぶテクノロジー社会では、もはやこれは役に立つメカニズムではない。多くの〈タイプ1〉の過程も同様の役割を果たす[454]。

　現代社会は[455]根本的な脱文脈化（radical decontextualization）——すなわち、わ

---

[451] 本節のこれ以下の部分は、『心は遺伝子の論理で決まるのか』pp. 173–9 の「現代社会の脱文脈化（decontextualization）の要求」という節と同じ主題を凝縮して論じている。以下の箇所は、同書 pp. 173–4 の段落と同じ内容をやや簡略に述べている。

[452] 本段落は『心は遺伝子の論理で決まるのか』p. 174 後半の段落とほぼ同内容である。

[453] 『心は遺伝子の論理で決まるのか』の対応箇所の原文（Stanovich, 2004, p. 122）では「ファーストフード店」が「バーガーキング」（ワッパーという大型ハンバーガーで有名なチェーン店）になっており、印象がより強烈である（ただし邦訳 p. 174 では「ハンバーガー店」）。

[454] この箇所は「他の多くの〈タイプ1〉の過程も」となっていたが、著者に確認して「他の」は取り除いた（脂肪蓄積のメカニズムは〈タイプ1〉の過程に類似しているがそれ自身が〈タイプ1〉の脳過程ではないので）。

[455] 本段落は『心は遺伝子の論理で決まるのか』p. 174 末尾から p. 176 初めまでの段落の内容を凝縮して論じている。

第5章 判断と意思決定の合理性にかんする論争の解決　235

たしたちの自然な〈タイプ1〉処理への傾向の抑　止——を要求する状況を数多
く創り出している。例えば現代の法体系は、証拠の評　価の過程で、事前の信
念や世界についての知識を差し挟まないことを大いに重視する。陪審員たちが
〔事前の〕知識と個人的経験によってでっち上げた理屈とお話にもとづく、証拠と
は無縁の突拍子もない評決が実際に言い渡され、もっともな憤激が巻き起こる、
といった事態が続いてきた。これが示すのは、文化的状況の中には[456]、超然と
した態度（detachment）と現実から一歩距離を置くこと（decoupling）[457]が要求さ
れる特定の状況があり、そこで人々はそのような要求、つまり脱　文　脈　化
の要求を果たす必要があるにもかかわらず、たとえ法的強制の下にあってすら、
その要求を果たせない場合が多いということである。

　こんにちの社会では[458]、〈タイプ1〉処理へ向かわせる諸傾向の抑　止を基本
的に必要とするような労働現場[459]が数多くある。小売店のサービス部門での
一般的な勧告とされている、「お客様はいつも正しい」という言葉を考えてみよ
う。この勧告はしばしば客が、あきれるほどどぎつい、不当な暴言を吐き出す
場合であっても守るべきものだと解されている。このような感情的な社会的刺
激は、進化論的に説明されるような自己防衛と感情的反応の〈モジュール〉の
引き金を引く。しかしこの事実にもかかわらず、暴言の猛攻を受けているサー
ビス担当の労働者は、礼儀正しく協力的な態度をとるものだとされている。つ
まりこういう場合のサービス担当の労働者は、そこでわき上がるどんな感情も、
客に浴びせたくなるどんな罵言も——つまり〈タイプ1〉処理に属するどんな
基礎的な演算上の〈バイアス〉も——脇にのけておかねばならない。市場経済
にもとづく取引〔つまり商品の売買〕という、この社会的に構成された特殊な領域
では、〈タイプ1〉の演算上の〈バイアス〉に代えて、「お客様はいつも正しい」

---

［456］ここでの「文化的状況」は、現代人の脳が進化した「太古の環境」との対比が暗に意図された規定だと
思われる。

［457］「超然とした態度」と訳したdetachmentは現実から距離を置き、冷静に考察する態度を指す。「現実か
ら一歩距離を置くこと」と訳したdecouplingは「対になっているものを切り離す」という意味だが、『心は
遺伝子の論理で決まるのか』によれば、人間が仮定的な（反事実的な）推理をするために必要な、「ある信念
が表象している外界の状態と、その信念自体の表象を区別する能力」（p. 70）を指すための認知科学の専門
用語であり、いわば「超然とした態度」を支える認知能力である。本文で述べられるように、両者は共に状
況あるいは所与の文脈を相対化するという脱文脈化の能力である。

［458］本段落は『心は遺伝子の論理で決まるのか』p. 176の段落とほぼ同内容である。

［459］原語はwork settingsで、より厳密には「労働環境」などと訳される。

という抽象的規則に訴えねばならないのだ。このような労働者は、自分はこの人物〔客〕と実際の社会的な交流を行っているのではなく、異質な規則が通用している、特殊で、実に不自然な領域にいるのだ、と思い知らねばならないのである。

ヒューリスティックにとって阻害的な環境と親和的な環境

〈パングロス主義者〉たちが示してきたことの要点を言えば、推理の誤りの多くには進化的な基礎があるかもしれない、ということである。だが同じ事柄を〈改善主義者〉の見地から眺めるならば、現代世界は日々刻々と変化しつつあって、進化的基礎をもった反応は、ますます個人にとっての〈道具的合理性〉[460]にかなったものではなくなりつつある、ということになる。これは要するに[461]、現代〔近代〕のテクノロジー社会が発展するにつれ、合理性の要求はより一層厳しく課されるものとなりつつある、ということである。意思決定理論の研究者であるヒレル・アインホーンとロビン・ホガースはかなり以前、次のような警告を発していた——「急速に変化する世界の中では、適切な自然的環境が何であるのかは不明瞭である[462]。それゆえ、たしかに実験室は非日常的な環境であるかもしれないが、しかし非日常的な状況での遂行能力を欠くこと〔つまり実験課題に誤答すること〕は、これまでにはなかった重大性をもつのだ」（Einhorn & Hogarth, 1981, p. 82）。

実験室の課題や標準検査[463]に対して、そのほとんどの内容が抽象的である

---

[460]「道具的合理性（instrumental rationality）」（ここでの原文に忠実に訳せば「道具的に合理的（instrumentally rational）」）の定義については p. 12 および p. 21 参照。

[461] これ以下、次段落末尾まで、『心は遺伝子の論理で決まるのか』pp. 176–7 の 2 つの段落（同書の、前節最終段落に該当する段落の直後の段落）と同内容である。

[462]「適切な」と訳した relevant については訳注 48 参照。ここでは、前述の〈進化的適応の環境〉（environment of evolutionary adaptation ＝ EEA——訳注 448 参照）と「急速に変化する世界」が対比されている。進化的に適応した〈モジュール〉（訳注 251）にとって〈進化的適応の環境〉は適切な関連性を備えた（relevant な）文脈を提供するはずなのは（定義からしても）確かであるが、現代の環境の中でどのような文脈が relevant な環境であるかは不透明である、ということである。また、「自然（的）環境」と訳せる natural ecology は訳注 318 を参照。この natural ecology はここでは、訳注 361 を付した「生態学的適合性（ecological match）」が成り立っている環境として理解できそうである。つまり文明社会を含む広義のさまざまな自然環境の中で、人間の認知や行動と環境との適切な適合（人間の合理性が成り立つような関係）が成り立つような環境、ということであろう。

第 5 章 判断と意思決定の合理性にかんする論争の解決　237

と批判する人々は、まさにこの点で見当違いな批判をしている。とりわけ進化心理学者たちは、アインホーンとホガースの警告の含意を理解し損なっている。つまり進化心理学者たちは決まって〈ヒューリスティクスとバイアス〉研究文献が取り上げる「抽象的な」問題や課題に対する不満を述べるが、この不満には、この種の課題は「現実の生活」とは似ても似つかないものなのだから、人々がそれに満足な結果を出せないとしても気に病む必要はない、という考え方が込められている。だが重要なのは、実験室の課題やテストは「現実の生活」とは似ても似つかない、という彼らの論証が、皮肉にも日々真実から遠ざかりつつあることである。実際には、「生活」はますますテストに似たものになりつつあるのだ！〔国外で〕見慣れない国際ATM端末を使おうとしたり、却下された医療手続きについてHMO〔保健維持機構[464]〕に異議申し立てをしようとする場面を想像されたい。このような状況でわたしたちは例外なく、個人的経験や、感情的反応や、〈タイプ1〉の、社会的公正にかんする直観の[465]、すべてが無価値であることを見いだす。このすべては、電話の向こうで表計算ソフトを開き、空欄の選択肢と条件が分岐図で表示されている画面をじっと見ている担当者を相手に話をする場合には、役に立たない。この担当者のような、現代のテクノロジーを基盤にしたサービスの代理人たちが「規則の適用」に努めるとき、社会的文脈、個々人の独自な経験、個人的な身の上話など——〈タイプ1〉処理の「自然」な諸側面——はすべて捨象されてしまうのだ。

　残念ながら現代世界は、進化的に適応した認知システムが備えている初　期　値のいくつかが、最適にならないような状況を創り出しやすい。現代のテクノロジー社会が日々産み落とすのは、人間たちに情報の脱　文　脈　化を迫る状況である——このような状況では、進化心理学者たちが論じる〈タイプ1〉処理の〈モジュール〉に特徴的な、文脈特定的な仕方で情報を扱うのではなく、抽象的で脱個人化した仕方で情報を扱うことが迫られるのだ。一方、〈ヒューリス

---

[463]（前頁）標準検査（テスト）とは、一定の標本を測定して得た標準的な分布にもとづいて個々の測定値の位置づけを決める検査（テスト）。知能テストや学力テストなどに用いられる（『大辞林』）。

[464] HMO は health maintenance organization（保健維持機構）の略称。民間企業が提供する健康保険制度で、アメリカではこのような機構に加入して保険診療を受けるのが一般的である（著者が在住しているカナダには国民皆保険制度がある。本書が主にアメリカの読者を想定していると見られることについては訳注254参照）。

[465]〈4枚カード選択課題〉の〈飲酒年齢問題〉版についてのコズミデスとトゥービーの解釈は、この種のタイプ1の直観を進化論的に説明するものであった（pp. 170–2）。

ティクスとバイアス〉研究が扱ってきた抽象的な課題は、このような現実生活の葛藤を正確に捉えたものであることが多い。要するに現代世界において合理的であるための**諸要件**は、多くの場合、かつての〈進化的適応の環境〉[466]におけるよりも厳しいものになっているのである。このことにより、〈タイプ1〉反応を圧倒(オーバーライド)できる能力としての〈タイプ2〉処理能力の行使はより有益なものとなる。同様に、市場経済には、自分の利益のために、自動的な〈タイプ1〉の反応につけ込んでくる主体（agents）が存在する（この150ドルの電子機器ですが、「延長保証」をつけるとお得ですよ！）。このこともまた、市場経済の中で他人に付け入る隙を与えてしまう〈タイプ1〉反応は圧倒(オーバーライド)した方が有益である、という結論を導く。

〈ヒューリスティック〉の使用はいつもわたしたちを逸脱へ向かわせる、と結論すべきでないのは言うまでもない。先に論じたように〈ヒューリスティック〉はしばしば、目下の状況での最適な反応にさしあたり近似した有益な反応を、認知能力に負荷をかけずに与えてくれる。実際、〈ヒューリスティック〉がこのように非常に有益なものであるため、影響力ある心理学者の中には、〈ヒューリスティック〉がもたらす利益を大絶賛する一方で、〔本書第2-3章で紹介したような〕形式的な合理性の規則の有益さを、これ以上ないまでに引き下げる論者すらいるのだ（Brandstatter, Gigerenzer, & Hertwig, 2006; Gigerenzer, 2002, 2007; Todd & Gigerenzer, 2000, 2007）。ほとんどの心理学者は、やはり〈ヒューリスティック〉の有益さは認めるものの、上述の大絶賛は行き過ぎた態度だと考えている。なぜそれが行き過ぎかと言えば、わたしたちが認知的負荷を軽減するために〈ヒューリスティック〉に頼る場合、その〈ヒューリスティック〉が有益に働くかどうかは、〔〈ヒューリスティック〉に〕親和的な（benign）[467]環境が成り立っているかどうかに依存しているからである。ここで親和的な環境とは、多様な〈ヒューリスティック〉が利用できる有益な手がかり(キュー)（例えば、感情の引き金を引く

---

[466] 訳注 448 および 462 参照。
[467] 「親和的」と訳した benign は、人について用いられると「親切な、慈悲深い、優しい」、気候や風土については「健康によい、温和な、快適な」を意味する。ここでは、〈ヒューリスティック〉が有効に働くための条件を特徴づけるために用いられている。すなわち、〈ヒューリスティック〉は進化によって組み込まれたものであれ、個人が発見し身につけたものであれ、何らかの利益を得るために使用されるものであり、そしてそれが有益に働くには何らかの条件が満たされねばならない。そのような条件が満たされ、またそれを阻害する要因が不在であれば、その環境はその〈ヒューリスティック〉にとって親和的な環境、その〈ヒューリスティック〉が有効に働きうる環境である。

手がかりや、鮮やかで目に止まる刺激要素など）があるような環境である。また、ある環境が〔〈ヒューリスティック〉に〕親和的な環境として分類されるためには、これ以外の条件もある。つまりその環境には、自分の行動を相手の行動に合わせて調整し、もっぱら〈ヒューリスティック〉のみに依拠してふるまう個人〔個体〕につけこんで、いいように利用するような他の個人〔個体〕がいてはならない、という条件である[468]。

これとは対照的に、〈ヒューリスティック〉にとって阻害的な (hostile)[469] 環境とは、〈ヒューリスティック過程〔処理〕〉が利用できる手がかりが存在していない環境である。また手がかりが存在する場合であっても、環境が阻害的なものに転ずる場合もある。それは、ある人物の〈ヒューリスティック〉の引き金を引く単純な手がかりを他の主体が識別し、その手がかりを自分の利益のために改変し始めるような場合である（例えば広告や、収益を最大化するように巧妙に設定されたスーパーマーケットの店内配置など）。

一例として[470]、ある論集から1つの章を紹介しよう。この章は**再認ヒューリスティック**（*recognition heuristic*）と呼ばれる〈ヒューリスティック〉の有益さを説明しており、「無知はいかにわたしたちを賢くするか」という副題が付されている（Gigerenzer & Todd, 1999）。この表題のような考え方は「無知を基礎にした意思決定」と呼ばれるが、その背景にあるのは〈ある下位集合のいくつかの項目が未知であるという事実は、意思決定を補助するために利用されることができる〉という思想である[471]。要点を言えば、〈はい／いいえ〉の再認反

---

[468] 〈ヒューリスティック〉は演算の負荷を省くために、単純で定型的な反応を反省なしに返す処理であるから、「自分の行動を相手の行動に合わせて調節する」ような個人ないし個体がその定型的な反応につけこむ余地がある。その具体例は次段落以降に登場する。

[469] 「阻害的な」と訳した hostile はもともと国や人について用いられて「敵性の、敵対的な、敵意ある」あるいは「冷淡な、友好的でない」を意味し（買収される企業の意に添わない買収を「敵対的買収（hostile takeover）」と呼ぶのもその延長である）、環境について用いられると、人や物に「好ましくない」や「〜に適さない」を意味する。この場合は、〈ヒューリスティック〉に適さない、あるいはそれに対立的、阻害的に働く環境、ということである。

[470] ここから次の次の段落までは、『心は遺伝子の論理で決まるのか』pp. 195–6 にほぼ同内容の叙述がある。

[471] 参照関係が錯綜しているので注記しておくと、参照先として挙げられているのはギーゲレンツァーとトッドが編んだ論集、『わたしたちを賢くする単純な〈ヒューリスティック〉のさまざま』（*Simple heuristics that make us smart*）であり、紹介されているのは同書の第2章に当たるゴールドスティーンとギーゲレンツァーの共著論考で（Goldstein & Gigerenzer, 1999）、「再認ヒューリスティック——無知はいかにわたしたちを賢くするか」（"Recognition heuristic: How ignorance makes us smart"）と題されている。ちなみに「無知を基

応〔〈見覚えがある／ない〉という自らの反応〕は手がかりとして利用できる、ということである（Goldstein & Gigerenzer, 1999, 2002; Todd & Gigerenzer, 2007）。例えば、なりたてのテニスファンが、今から説明する〈ヒューリスティック〉を用いることで、2003年のウィンブルドンの男子選手全試合についてどちらの選手が勝利したのかを、72%の確率で正しく予測することができたという例がある。その〈ヒューリスティック〉とは、〈対戦する一方の選手の名を知っており〔つまり再認の対象であり〕、かつ、もう一方の名を知らなければ〔つまり再認の対象でなければ〕、知っている方の選手が勝つと予測せよ〉、というものである。この〈ヒューリスティック〉は、ウィンブルドンに精通した人々によるランク付けに匹敵する正確な予測をもたらしたのである。

　ギーゲレンツァーらは、一定の情報的な状況がいかにして〈少なければ少ないほど有効（less is more）〉[472]と言われる事態——つまり、人が状況について知ることが少なければ少ないほど、その状況下での推論上の正確さをより一層示すという事態——をもたらしうるかを、周到なシミュレーションで証明した。この種の文章を読んだ読者が、〈再認ヒューリスティック〉は一定の状況下で確実に有効である、と確信するのは確実である[473]。だが、この〈ヒューリスティック〉が、それに付け込んで何かをさせるように特別に仕組まれた市場環境とどのようにかかわるのだろう、と思いめぐらすやいなや、不安が生じてくる。仮にわたしが、この先の生活で頼れるものが〈再認ヒューリスティック〉だけであったとしたら、次のような選択にたやすく導かれてしまうであろう、

1.　実際には1.25ドルのコーヒーで完全に満足するはずなのに、3ドルのコーヒーを買う

礎にした意思決定」（"Ignorance based decision making"）は同論考が収められている、同書第2部の表題である。同論考によれば、「再認ヒューリスティック」とは「再認の働きがもつ、世界の未知の諸側面について推論を行うための多大かつ効果的な能力を利用する」〈ヒューリスティック〉であり（p. 38）、「もしも2つの事柄の内の一方に見覚えがあり（recognized）他方に見覚えがなければ、見覚えのある対象の方が高い価値をもつと推論せよ」と定式化される（p. 41）。

[472] この一句は本書の「はじめに」にも登場しており、そこでは大学の講義という文脈に合わせて「少なく教えるほど学生は多くを学ぶ」と意訳した（p. 9）。「神は細部に宿る」の言葉でも知られる20世紀の建築家ミース・ファン・デル・ローエ（Mies van der Rohe）を通じて広く知られるようになったという。

[473] 2行ほどの間に certainly が2度、convinced が1度出てきており、この理論に関わるある種の（理論の信憑性以外の）確実性、つまり読者の確信、という反応の確実性を、ややおおげさに語っているのである。

2. 1回の軽食〔間食〕で、1日に必要なグラム数の脂肪分を摂取する
3. 最も高額な銀行の手数料を支払う
4. 現金払いをする代わりにクレジットカードを用いて手数料を支払う
5. 手数料不要の投資信託（no-load fund）よりも、手数料6%の投資信託（mutual fund）を選んで購入する

　以上いずれの行動も、わたしの長期的目的にはまるで役立たない。にもかかわらず、〔見覚えのあるものを高く評価せよと命ずる〕〈再認ヒューリスティック〉はこの種の――何ダースにもおよぶ――行動の引き金を引いて、現代社会の迷路で道を探るわたしに、間違った道を選ばせるのだ。わたしが住む都市の商業的環境は、〔〈ヒューリスティック〉のみに頼り〕認知的な出し惜しみをする者（cognitive miser）にとっては、優しい〔親和的な〕環境ではないのである。

　このような〈認知的出し惜しみ〉の諸傾向が招く危険を示唆すると共に、個人投資という領域で〈タイプ2〉の処理に依拠すべき必要性も示唆してくれる、有名な発見がある。金融商品の購入者の圧倒的多数が、本当の専門家が推奨するコストの低い戦略（例えば、手数料なしの投資信託（no-load index mutual fund）にドルコスト平均法[474]を適用する戦略）に比べて見返りの薄い、コストの大きな商品を購入している、というのである（Bazerman, 2001 参照）。理由は言うまでもない。市場での〈再認可能性〉の点で、高い手数料コストに支えられた商品やサービスは非常に目に触れやすいのに対し、コストの低い戦略は金融関連の本や雑誌、ないし消費者向けの本や雑誌[475]を探し回らなければ見つからないのである[476]。イギリスの新聞〔『オブザーバー』紙[477]〕に掲載されたある記事（MacErlean, 2002）はこの状況を例証するために「人々の70パーセントは間違っている？」と問いかけ、「見たところ、その通りだ」と答えている。この記事によれば、当時イギリスの人々の10人中7人が当座預金口座を利率0.10%であ

─────────────

[474] ドルコスト平均法（doller-cost averaging）とは、資金を分割して、複数の金融商品に一定の金額ずつ定期的に投資する手法。

[475] 原語は financial and consumer publications。この内の後者の一部にあたる「消費者向け雑誌」はこの後にも consumer magazines という名詞で言及される（p. 283）。consumer magazine には「業界誌以外の一般向け雑誌」という広義の用法もあるが、ここでは買い物や投資に役立つノウハウや、消費者の権利保護などを専門的に扱った雑誌を指す。

[476] 以上の事例、および同内容の考察は『心は遺伝子の論理で決まるのか』p. 197 にも登場する。

[477] 『ガーディアン』紙の日曜版に事実上相当する、同紙の姉妹紙となる日曜新聞。

242

る四大銀行のどれか（バークレイズ、HSBC、ロイズTBS、スコットランドロイヤルバンク）に開設していたのだが、有力な消費者向け雑誌類の〈お買い得〉コラムで推奨されている当座預金では、この利率の30倍以上の利子が得られるということである[478]。何百万人もの人々が、得られたはずの利子で、ドルにして何十億もの損失をこうむっていたことになるが、その理由は明らかだ——「四大銀行」が最も目に付きやすい銀行であり[479]、初期値（デフォルト）としての認知的な出し惜しみがそれに反応した、ということである。個人投資家にとって、市場は優しい（親和的（ベナイン）な）場所ではないのだ。

　選択にかんする実験的研究が示すところでは[480]、〈タイプ1〉反応を十分に監視しなかったための誤りは絶えず生じている、と見てほぼ間違いない。ノイマンとポリスター（Neumann & Polister, 1992）は、人々に2つの保険プランから1つを選ぶように求める研究を詳しく述べている。プランAは最大自己負担額〔控除免責金額〕[481]が年間400ドルで、月当たりの支払い額は40ドル。プランBは自己負担額なしで、月当たりの支払額は80ドル。多くの被験者は、もし事故に遭った場合でも自己負担額なしで済むという確実性ゆえに、プランBを選好する。だが、プランBを選んだ人々は〈タイプ1〉の、リスクを回避し確実性を求める傾向性の犠牲になっているのであり、これを理解するには単純な算術しか必要としない（〈確実性効果（certainty effect）〉についての第3章の議論を参照[482]）。たとえ事故が起きた場合でも、プランBがプランAよりも高くつくことはない。なぜならプランAでは、自己負担額全額の支払い（400ドル）に12か月分の手数料（480ドル）を加えた総支払額は880ドルであるが、プランBでは12か月分の手数料が960ドルに相当するのである。したがって、たとえ事故によ

---

[478] 日本では当座預金はほぼ法人向けのサービスだが、欧米では個人で当座預金を解説して小切手を使用するのが一般的である。また日本の当座預金は無利子が原則だが、イギリスでは低額でも利子が発生し、またここに記されているように金融機関による利率の幅もあるようである

[479] 直前で紹介した〈再認ヒューリスティック〉を用いよという〈タイプ1〉的な反応を指しているとも思われるが、p. 124, pp. 223–4 で論じられている、鮮やかさ、目立ちやすさを詳細な検討に代える〈属性代用（attribute substituition）〉を指していると見る方が内容に沿うかもしれない。

[480] この段落と次の段落は『心は遺伝子の論理で決まるのか』p. 182 にほぼ同内容の記述がある。

[481] 原語は deducible。損害または傷害が発生した場合，被保険者の負担となる金額を指す（『ランダムハウス英和大辞典』）。

[482] pp. 128–30。この原理によれば人は結果が確実に（つまり一定の事象の確率が100%または0%だと予測できる（と言われる））選択肢を好み、蓋然的ないし確率的で、それゆえのリスクを伴う選択肢を避ける。プランBは自己負担額を支払うリスクがゼロなので、魅力的に見えてしまうのである。

り最大の自己負担額を支払う場合であっても、プラン A の方がコストが低くなるのである。「大きい損失をこうむるリスクがあれば、それを回避せよ」という論理が自動的な対応の引き金を引き[483]、それが反応に〈バイアス〉を加えて、〔現実には〕経済的であるプラン A に反対させるのである。

現代のマス・コミュニケーションの専門家(テクニシャン)たちは、〈タイプ 1〉反応の初期値(デフォルト)につけこむ技能を大いに進歩させてきた。選挙運動における広告代理店や、場合によっては政府が——例えば宝くじの宣伝などで——、これらの初期値(デフォルト)につけこんでくる。オンタリオ宝くじ代理店（Ontario Lottery Commission）の広告は、「あなたも当選者に！」と盛大に呼びかけてくる——そのために 6/49 と呼ばれるゲーム[484]の、客観的には 1,400 万分の 1 の当選確率を狙う人々の数が増えるのである。

〈タイプ 1〉処理には、容易に処理できた刺激に依拠しようとする傾向があるが、この傾向につけこむことがいかにたやすいかを例証する研究が、シナスール、ヒース、コール（Sinaceur, Heath, & Cole, 2005）によってなされている。彼らは被験者に次のような仮想的状況を提示した——「あなたは夕食を食べ終えたばかりだとする。食べたのは、スーパーで買ってきた牛肉の加工食品である。夕方のテレビのニュースを聞いていると、この加工食品を食べた人はヒト感染型の牛海綿状脳症（bovine spongiform encephalopathy, BSE）にさらされる恐れがあることを知る」。そうして被験者は、次の質問に 7 段階式の回答を求められる——「これを読んで、自分がこれと同じ加工肉の摂取をどの程度減らすと思いますか？」また「自分がどの程度、赤肉[485]を減らし、他の種類の食品の摂取を増やす方向に食習慣を変えると思いますか？」驚くことではないが、この仮想的な状況を聞かされた被験者は、自分が牛肉の摂取を減らすだろうと感じた。だが、最後の数語を除いてまったく同じ筋書きを聞かされた別の被験者のグループでは、自分は牛肉の摂取を減らすはずだ、と返答する傾向がもっとずっと強

---

[483] プラン A には不確定な要素があり、場合によっては多大な自己負担金を支払う可能性もある。このような「大きい損失をこうむるリスク」に敏感に反応してしまうという〈確実性効果〉が働くため、最大の自己負担金を支払うとしてもプラン A の方が支払額が小さい、という事実に目が向かなくなってしまうということである。

[484] カナダの全国規模の宝くじ「ロト 6/49」（Lotto 6/49）を指していると思われる。参加者が 49 個の数字から 6 つを選ぶ方式の宝くじである。

[485] 赤肉（red meat）は調理前に赤味を帯びた肉で、牛肉、羊肉などを指す。対義語は白肉（white meat）で、鶏の胸肉、子牛、豚などの肉を指す

まった。つまりこの2番目のグループでは、「ヒト感染型の牛海綿状脳症（BSE）」の部分が「ヒト感染型の〈狂牛病〉（Mad Cow Disease）」になっていたのである。何が生じているのかは明らかである。〈狂牛病〉が自動的に、動物が媒介するおぞましい病気の想像を喚起するのであり、同じことは「牛海綿状脳症」では生じないのだ。要するにわたしたちが〈タイプ1〉の処理に依拠するとき、この例のように、ちょっとした言い回しの変化で、わたしたちの応答への感情的な誘意性（valence）[486]が変わり、それによって行為と思考が簡単に影響されてしまうことがあるのだ。確実に請け負える予想だが、もしも〈社会保障税（Social Security tax）〉が〈高齢者福祉税（Welfare for the Elderly）〉と呼ばれていたら、税収は今より低下するだろう。

　要するにわたしたちは、〈タイプ1〉の処理だけに依拠する場合、文字通り「自分自身の心をもたない」ことになるのだ。〈タイプ1〉処理装置の反応は、手近の最も鮮やかな刺激、最も順応しやすい事実、あるいは利用可能な中で最も目立った手がかりによって決定される。ラベル貼りをコントロールする者、鮮やかなものをコントロールする者、〈フレーミング〉をコントロールする者は、わたしたちのこの傾向に容易につけこむことができる。〈タイプ1〉による浅い処理[487]への過度の依存が、独立した思考主体としてのわたしたちの自律性をいかに脅かすかについては、第2章で、人々の〈選好〉をころころと切り替え

---

[486] 心理学用語としての valence は「誘意性（誘発性、行動価）」と訳され、何らかの対象や空間内の領域が、そこへと引き寄せる行動を喚起する場合に、その対象や領域に帰される性質を指す。この場合は「引き寄せる力」というよりは「感情を喚起する力」を指すために「感情的誘意性」という言い方がされていると思われる。言い回し（つまり〈フレーミング〉）の変化によってある言葉が以前よりも感情を喚起する強い力（つまり誘意性）をもつようになった、ということである。

[487]「〈タイプ1〉による浅い処理（shallow Type 1 processing）」は何らかの専門的な含意を示唆しているが、詳しい説明は本書や『心は遺伝子の論理で決まるのか』には出ていない。訳注410で紹介したように『心は遺伝子の論理で決まるのか』p. 52 では、本書で「タイプ1」と呼ばれている処理ないしそれを担うシステムを特徴づける際の参照対象として、フォーダーの〈モジュール〉概念の8つの特徴を挙げていたが、例えばウェブ版の『スタンフォード哲学百科事典』（https://plato.stanford.edu/）の項目「心のモジュール性（"Modularity of Mind"）」（記者は Philip Robbins）では、上記に「『浅い』出力（'shallow' output）」を加えた9つの特徴を挙げており、ここでの規定はこれに重なるものと見られそうである。同百科事典によれば、フォーダーの言う「浅さ（shallowness）」が「何を意味するのか、正確なところははっきりしない」とのことであるが、少なくとも言えるのは演算が容易で、情報的に特殊化されていない、という意味で深さに乏しい（重層的ではない）という意味であり、時に（スタノヴィッチがフォーダーについて理解しているように）概念的な処理を含まない、という意味に解される余地があるという（但し記者はこの見方を否定している）。ここからして、本書のこの箇所では、概念的な処理であるとしても重層的でない、単純処理を指していると見られる。

第5章 判断と意思決定の合理性にかんする論争の解決　245

てしまう〈フレーミング効果〉を紹介した箇所や、その他の事例によって見てきた。現代社会が、さまざまな〈タイプ1〉に属する演算上の〈バイアス〉のオーバーリドゥン
圧　倒を要求する局面がますます増加するにつれ、〈タイプ2〉の圧倒機能はパーソナルオーバーライズ
個人の幸せな生にとって一層不可欠なものになっていくであろう。

　したがって[488]、〈パングロス主義者〉と〈改善主義者〉の長きにわたる論争[489]は、〈図と地の反転〉の問題[490]であると見ることができる。〈パングロス主義〉の論者たちの研究結果のほとんどすべてを受け入れつつ、そこから彼らとは完全に異なる教訓を引き出すことは可能である。進化心理学者は例えば[491]、人間の認知装置が石器時代の環境に適応する際に進化が果たした驚嘆すべき業をことさらに喧伝したがる。確かにこれは正当な態度だ。進化のメカニズムというのは、わたしたちの理解が進めば進むだけ、より一層畏敬の念を呼び起こすものだ。しかしまた、〔現代には〕数百万ドル規模の広告産業が存在していて、この産業はある程度まで、〔進化心理学者が賞賛する〕〈タイプ1〉処理〈ヒューリスティック〉の引き金を引く刺激を生み出すことで成り立っているのだが、わオーバーライド
たしたちの大部分はそれに取って代わりうる認知的エネルギーや認知傾向をもち合わせていないと見込まれる。そして、進化のメカニズムへの畏敬の念を抱くと同時に、このような事態に恐怖をおぼえるとしても、そこに不整合はない。〈改善主義者〉にとって、そのように働く〈ヒューリスティック〉がかつては進化的に適応的だった、というのは大した慰めにならないのである。

　本章ですでに触れたように[492]、進化心理学者たちが示してきたのは、いく

---

[488] この段落とほぼ同内容の叙述は『心は遺伝子の論理で決まるのか』p. 180 にも登場する。

[489] それぞれの立場の紹介は pp. 157–61、両者の論争つまり〈合理性大論争〉については pp. 161–4、両者の立場の比較検討については pp. 200–10、著者による論争の調停の試みについては pp. 232–7 をそれぞれ参照。

[490] 「図と地の反転（reversal of figure and ground）」とは、見ようによって図と背景が逆転してしまう絵を指す。心理学者ルビン（Edgar Rubin）による「ルビンの壺」が有名（見ようによって向かい合わせの2つの顔にも壺（盃）にも見える）。本書 p. 205 で「何を前景に置き何を背景とするかの選択が異なっている」と言われていた対立構図のより比喩的かつ明快な表現である。なお、『心は遺伝子の論理で決まるのか』p. 377 では「図地反転」、本段落と対応する p. 180 では「逆さ絵」と訳されている。

[491] ここだけではないが、前章および本章で進化心理学は常に〈パングロス主義〉を代表する立場として位置づけられている。これは『心は遺伝子の論理で決まるのか』でもほぼ同様である。但しこの2つが等しいわけではなく、著者は例えば従来の経済学の「合理的経済人」モデル（本書 p. 47）もまた人間の完全な合理性を全面肯定する立場として〈パングロス主義〉に加える。

[492] 本節を締めくくる本段落と次の段落は、『心は遺伝子の論理で決まるのか』第4章「認知心理実験で見る、自律的脳のバイアス」の最後の2つの段落（pp. 183–4）とほぼ同内容である。

つかの問題〔課題〕は、脳内のさまざまな〈モジュール〉による情報の表象様式と一致するように表象の仕方〔被験者への提示の仕方〕を工夫すると、非常に効率的に解かれるということであった[493]（「人は、人間にとって自然な確率の考え方とかみあった形式の情報を与えられたときには、おどろくほど的確である」（Pinker, 1997, p. 351. 邦訳下巻 p. 107）[494]）。それでも〈改善主義者〉は、世界の仕組みは、わたしたちの進化的に設計されたメカニズムが扱う表象が、いつでもそのメカニズムに合わせて〔都合よく〕最適化された表象となっている、という具合にはできていないのだと警告する。わたしたちはテクノロジー社会に住んでおり、その中でどの保健維持機構[495]に加入するかを決定し、自動車保険の自己負担金〔控除免責額〕の設定をどのタイプにするかをはっきりさせ、自分の車を下取りに出すか自分で販売するかを決定し、どの型の住宅ローンを組むかを決定し、車をリースで使用するか自分で買うかを決定し、退職後の資金をどう配分するかを考え、読書クラブに入会してお金を節約すべきかどうか決定する——これらは、現代における過剰なまでの意思決定と選択の中からランダムに選んで並べたものだ。しかも、このすべての意思決定を下すために依拠すべき情報は、わたしたちの脳が適応していないようなやり方で表象されている。わたしたちが個人的経験にもとづき、〈頻度〉の情報を個別にコード化したような事例は[496]、その中には１つもない。このすべての領域においてわたしたちが合理的に推理するためには（すなわち、わたしたちの個人的な〈効用〉を最大化するためには）、〈頻度主義的〉ではない仕方で表象された確率的情報[497]を取り扱わねばならない——つまり進化心理学者の解明によれば、〈頻度〉の情報を取り扱うために適応しているという、わたしたちの〔脳内の〕アルゴリズムとは異質の情報を取り扱わねばならない——ということだ。

　これまで、進化的に適応した〔情報処理の〕過程が〈道具的合理性〉〔p. 12, p. 21〕

---

[493] 〈飲酒年齢問題〉に対するコズミデスらの解釈が典型的な例である（pp. 170–3 参照）
[494] 〈頻度形式〉で与えられる確率情報の検出についての進化生物学的見方は本書 pp. 176–8 も参照。
[495] 訳注 464 参照。
[496] わたしたちが自分の経験を脳内の適応的な「頻度検出器」に与え、検出器に解読できるように個々の情報をコード化していれば、適応的な検出器は有効に働いていたはずだが、そのような事例は上記の例には１つも含まれていない、ということであろう。
[497] pp. 176–8 にしたがえば、「〈頻度主義的〉ではない仕方で表象された」というのは、〈ベイズの規則〉を適用できるような〈単一事象の確率〉として（「××人中×人」ではなく、「ある１人の人について×％」のように）表象〔表現〕されている、ということである。

第５章 判断と意思決定の合理性にかんする論争の解決　247

を達成しない可能性があるような、少数の状況の重要性を特に選んで強調してきた。だが、これによって、進化的な目的と個人的な目的が一致する事例の方が大多数を占める、と指摘する進化心理学者たちの正しさに異議を申し立てようというわけではない。日常生活のミクロな出来事〔事象〕について言えば、純然たる量的な尺度において、彼らの指摘が真理であることは疑いない。わたしたちは1日を通じて〈頻度〉の検出を何百回も行い、顔の識別を何十回も行い、〈言語モジュール〉を繰り返し使用し、他人の思考を絶え間なく推論し、その他諸々のことを行う[498]——そのいずれもが適応的であるし、個人の目的達成に役立っている。にもかかわらず、〈タイプ1〉の諸傾向の圧倒を求めるような少数の事例が、普通ならば生じない重要性を帯びる[499]ことはありうる。先に論じたいくつかの事例が明らかにしているように、市場経済というものは、〈タイプ1〉の、最適に至らない反応につけ込む方法を見つけだした人々が、〔それにつけ込むことで、他の人々の〕最適に至らない行動傾向から自分の利益を非常に効率よく引き出すことを可能にする。最も想像しやすい例を挙げれば、ある消費者がいて、もっともらしいパンフレットを理由に、広告されていない、手数料（販売手数料）なしのインデックス・ファンド〔投資信託の一種〕ではなく、同じ金額の、自己負担金（販売手数料となる5%）を支払うミューチュアル・ファンド〔やはり投資信託の一種〕で1万ドルの株を購入するとしたら、その消費者は単純計算で、販売員および負担金の受け取り先である投資信託会社の株主たち[500]に対して——およそ想像しうる限り直接的な仕方で——500ドル支払うことを選択した、ということになる。この種の〈タイプ1〉の罠[501]は、現代の市場経済の至る所に散らばっているし、潜在的コストの大きな状況であればあるだけ、罠の数も多くなることが多い（思いつくものとしては自動車の購入、投資信託（mutual fund）への出資、住宅ローン決済のコスト、保険、などがある）。現代世界は〈ヒューリスティック〉への無批判な依拠にとって、ますます阻害的な環

---

[498] 2番目（顔の識別）以下は『心は遺伝子の論理で決まるのか』p. 60 の表2.2 の「過去20年間にわたって心理学的文献で論じられてきた認知モジュールの例」に記載されている。

[499] 原語は of unusual importance。訳注419参照。

[500] 原語は equity owners で、正確には「持分所有者」。

[501] 類似概念の「システム1」はあくまで脳内の処理を担うシステムを指すが、「タイプ1」は「処理」や「反応」や「過程」など、いわゆるシステム1（タイプ1処理を担当するシステム）に由来するさまざまな事柄に形容詞として冠されている。ここでは "Type 1 traps" と、「罠」に「タイプ1」が冠されており、意味をとれば「タイプ1処理のせいで陥ってしまう罠」ということになるだろう。

境となりつつあるのだ。

要約と結論

　本章では、人間の認知を理解するための〈二重過程〉という枠組みを紹介した。〈二重過程〉について提案されているさまざまなモデルの細部にかんしては、現在も継続中の論争が数多く存在するが（Carruthers, 2006; Evans & Frankish, 2009）、とはいえこれらのモデルには、〈パングロス主義〉の論者と〈改善主義〉の論者[502]の洞察を統合する枠組みを提供するのに役立つ、という重要な機能がある。〈合理性大論争〉[503]とのかかわりで言えば、2つの陣営の論者たちが打ち出している重要な論点は、たとえ多くの場合にそう見えるとしても、実際にはそれほど大きく対立しているわけではないのである。

　〈合理性大論争〉にとって格別に重要なことは、〈タイプ1〉の処理と〈タイプ2〉の処理の目的構造が異なっている、という点である。その理由は、〈タイプ1〉の処理が遺伝的束縛がきつい（genetically short-leashed）処理であり（それは作業中に働き、刺激反応的である）、進化的に適応した環境により緊密に結びつけられている[504]。対照的に、〈タイプ2〉の処理はより長期的な目的に向けられたものとして備わっており、直接の環境に対してよりも、個人の巨視的な状況に対して用いられることに、より一層適している。したがって、この2タイプの処理が衝突する少数の事例において、人々が〈タイプ1〉の処理によって引き出される反応の圧倒をやりおおせたならば、その場合人々は総じて、より賢明にふるまうことになるはずである。

　ほとんどの〈タイプ1〉の処理は進化的に適応的である、という進化心理学

---

[502] それぞれいかなる立場であったかは pp. 157–61 参照。

[503] 何をめぐる論争であったかは pp. 161–4 参照。

[504] 遺伝的な「束縛がきつい」と訳した short-leashed は直訳すれば「引き綱が短い」であり、「束縛がゆるい」「引き綱が長い」ないし「ロングリーシュの」と訳される long-leashed と対比される。本書は詳しく論じていないが、『心は遺伝子の論理で決まるのか』pp. 16–8 ではこの対概念を主題的に取りあげ、詳しく論じている。例えばリアルタイムで操作されるラジコン飛行機は「ショートリーシュの」制御を受けている。しかし火星探査機を地球から操作しようとすると通信に数分かかってしまうため、臨機応変な対応を地球側から直接指令することができない。この場合、リアルタイムである程度臨機応変な対応を取れる仕組みを探査機にあらかじめ埋めこみ、探査機に「自己操縦」を委ねるしかなくなる。このような制御のあり方が「ロングリーシュの」制御である。

第 5 章 判断と意思決定の合理性にかんする論争の解決　249

者たちの主張が正しいことは確かである。そしてこの解釈が正しいにもかかわらず、少数の被験者が示すまた別の〔一様な〕反応[505]が個人レベルで合理的である、という〈ヒューリスティクスとバイアス〉研究者たちの立場が、進化論的解釈によって疑問にさらされるわけではない。たんに、〈認知的洗練〉の度合いが非常に大きい被験者は、認識的かつ道具的に合理的な反応を産み出すために、自動的に誘発される〈タイプ1〉の反応を圧倒する傾向がより大きい、というだけのことである。

さらなる読書案内

バーベイ、A. K.／スローマン、S. A.「基準率の尊重——生態学的合理性から二重過程へ」Barbey, A. K., & Sloman, S. A. (2007). Base-rate respect: From ecological rationality to dual processes. *Behavioral and Brain Sciences*, 30, 241–297.

デ・ソウザ、R.「論理学と生物学——感情的推論と推理における感情」、J. E. アドラー／L. J. リップス（編）『推理——人間の推論とその基礎の研究』所収 de Sousa, R. (2008). Logic and biology: Emotional inference and emotions in reasoning. In J. E. Adler & L. J. Rips (Eds.), *Reasoning: Studies of human inference and its foundations* (pp. 1002–1015). New York: Cambridge University Press.

エヴァンズ、J. St. B. T.『仮説的思考——推理と判断における二重過程』Evans, J. St. B. T. (2007). *Hypothetical thinking: Dual processes in reasoning and judgment*. New York: Psychology Press.

エヴァンズ、J. St. B. T.「推理、判断、社会的認知の二重過程的処理による説明」Evans, J. St. B. T. (2008). Dual-processing accounts of reasoning, judgment and social cognition. *Annual Review of Psychology*, 59, 255–278.

エヴァンズ、J. St. B. T.／フランキッシュ、K.（編）『2つの心で——二重過程とその先にあるもの』Evans, J. St. B. T., & Frankish, K. (Eds.). (2009). *In two minds: Dual processes and beyond*. Oxford: Oxford University Press.

カーネマン、D.／フレデリック、S.「代表性再訪——直観的判断における属性代用」、T. ギロヴィッチ／D. グリフィン／D. カーネマン（編）『ヒューリスティクスとバイアス——直観的判断の心理学』所収 Kahneman, D., & Frederick, S. (2002). Representativeness revisited: Attribute substitution in intuitive judgment. In T. Gilovich, D. Griffin, & D. Kahneman (Eds.), *Heuristics and biases: The psychology of intuitive judgment* (pp. 49–81). New York: Cambridge University Press.

サミュエルズ、R.／スティッチ、S. P.「合理性と心理学」、A. R. メレ／P. ローリング（編）『オックスフォード・ハンドブック、合理性』所収 Samuels, R., & Stich, S. P. (2004). Rationality and psychology. In A. R. Mele & P. Rawling (Eds.), *The Oxford handbook of rationality* (pp. 279–300). Oxford: Oxford University Press.

---

[505] alternative の含意については訳注 430 を参照。この前後の文は同訳注を付した箇所とほぼ同じ文章である。

シャフィール、E.／レブーフ、R. A. 「合理性」Shafir, E., & LeBoeuf, R. A. (2002). Rationality. *Annual Review of Psychology, 53*, 491–517.

スタノヴィッチ、K. E. 『知能テストが見落としているもの――合理的思考の心理学』Stanovich, K. E. (2009). *What intelligence tests miss: The psychology of rational thought*. New Haven, CT: Yale University Press.

第6章
メタ合理性
——優れた意思決定戦略は自己修正的である[506]

　合理性とは文化的に達成された成果である。合理的な信念および行為はわたしたちの生物学的な装置の一部ではなく、むしろ文化的発見の産物であるような戦略〔方略〕と知識に支えられている。確率論、経験論的諸概念、数学、科学的推論、論理学といったものの何世紀にもわたる発展が、信念の形成と改訂、および行為にかんする推理を支援する概念的ツールの数々を人類に提供してきた。わたしたち〔人類〕はより合理的に行為し思考するために概念的なツールを利用し、1つの文化的な営みとして、このツールへの批判的な吟味[507]を前進させ続けてきた[508]。第4章で筆者が行ったのはそのような〔人類の文化的営みとしての〕批判的吟味の一例である。そこでは、合理的モデルの実際の適用にかんして、いくつかの論争が生じていることを見た。こういう論争は望ましい。合理的思考の諸原理というのは、石に刻まれた永遠不変のものでははない。実のところ、最善の意思決定戦略〔方略〕とは自己修正的なものだろう。それを、〈メ

---

[506] または方略（strategies）。

[507]「批判的な吟味」は critique の訳。「批判」でもよいのだが、例えば『心理学をまじめに考える方法』（誠信書房、2016 年）の訳者が「批判的思考（critical thinking）」についての訳注で述べているように、日本語の「批判」には「相手を咎めたり揚げ足を取ったりする」という含みもあるので（p. iii、訳注 1）、意味をはっきりさせるために「吟味」を付した。ちなみに、このような「批判的吟味」を意味する critique の顕著な例として思い浮かぶのはカントの言う「理性批判」の「批判（critique / Kritik）」であり、実際にもカントの「理性による理性自身の批判」という構想は、筆者がこのすぐ後で提起する「メタ合理性」（訳注 509 参照）とよく一致しそうに思うのだが、筆者が何らかの点でカントを意識している形跡はなさそうである。

[508] 訳文中に補足したように、文脈上、「わたしたち」は前の文の「人類」を受け、人類の集合的な営みの一環として概念的ツールの批判的吟味がなされてきた、というのがこの文のさしあたりの意味であるが、次の文で示されるように、筆者はまた人類の中でもこの批判的吟味に直接携わってきた研究者の 1 人でもあるので、「わたしたち」の内容が同時に、筆者を含むより限定された範囲の人々を指すことも意図されている可能性はある。

タ合理性（metarationality）〉[509]への洞察と呼ぶことができるかもしれない——すなわち、すべての推理の原理は、たとえそれが合理性そのものにかかわる原理であったとしても、批判的吟味を受けなければならない、という洞察である。

　前章までは合理的思考の一般的な枠組みの概略を追ってきたが、本章では、その枠組みに対するさらなる批判的吟味を目指す考察をいくつか試みる。第1章で、本書の大部分〔すなわち、前章まで〕で論じる合理性のモデルは、いずれもエルスター（Elster, 1983）が〈薄い合理性の理論〉と呼んだモデル〔pp. 17–8〕に相当する、と述べたことを思い出してほしい。これらは手段‐目的モデルであり、人々が、自分であらかじめ抱いていた欲求および目的を達成するための、効率よい手段を使用しているか否かを判定する。〈薄い理論〉は信念と欲求を所与と見なす理論であり、それゆえ単純に〈人々の信念と欲求が**すでに与えられているとき**、〔この前提のもとで〕その人々が正しい行為を選択するかどうか〉だけを問う。特筆すべきは、この理論は欲求の内容の価値を問題にしないということだ。このような〈薄い合理性理論〉がもつ力はよく知られている。例えば、合理性の概念を〈薄い理論〉の枠内に限定する場合、多くの強力な形式的規定（例えば、第2章で論じた意思決定理論の諸公理など[510]）が、最適な行動の基準（スタンダード）として利用可能になる。しかしながらわたしたちは第1章でこのような〈薄い理論〉の弱点に言及した。例えば、ヒトラーは合理的であると定義するような〈薄い合理性理論〉があるかもしれない。ほとんどの人々はこれを、その〈薄い理論〉がはらむ受け入れがたい帰結だと見なす。〈メタ合理性〉はこの〈薄い理論〉よりも高い地点から、〈道具的に合理的な〉手段[511]によって求

---

[509] 著者は「メタ合理性」という言葉そのものの説明を与えていないが、「メタ」という接頭辞を、現在一般的に用いられる用法に沿って使用していると思われる。すなわち、もともと「メタ」は「後に」や「超えた」を示す接頭辞であるが（「自然学（physics）」を超えた主題を扱う学問を「形而上学（metaphysics ＝メタ自然学）」と呼ぶなど）、現代ではとりわけ数学などで用いられる「対象言語（object language）」と「メタ言語（metalanguage）」の区別になぞらえてこの接頭辞を理解することが多い。メタ言語とは何らかの言語（対象言語）について語る言語を指し、したがってそれは対象言語より一階上の（それを「超えた」）論理階型（logical type——この後の訳注 535 参照）に属する言語であると共に、「言語自身を対象にする言語」という自己言及的（self referential）な性格をもちうる。常にではないが、現代「メタ」の接頭辞を用いる場合、同様の自己言及性をも含意するのが普通であり、ここでも、〈合理性そのものについての合理的な吟味や反省〉という自己言及性を含んだ営みが意図されていると見られる。
[510] 〈推移性〉の原理（pp. 31–4）、〈無関連な選択肢間の独立性（イレリバント）〉の原理（pp. 34–8）、〈優越性〉の原理（または〈当然原理〉）（pp. 39–43）、〈独立性公理〉（pp. 43–6）、〈記述不変性〉原理（pp. 46–67）、〈手続き不変性〉原理（pp. 70–3）、〈規則性〉原理（pp. 73–7）などが挙げられていた。

められる欲求の内容を判定する。**広い合理性の理論**〔p. 18〕と呼ばれるのは目的と欲求の評価を目指す理論であり、本章〔の最初の2節〕ではそのような〈メタ合理的〉な視点をもつことが何を意味するかを論ずる。

適切な意思決定のために、〈合理性についての狭い見解〉[512]への批判的態度が求められる領域は、これ以外にもある。それは〈囚人のジレンマ（Prisoner's Dilemma）〉や〈共有地のジレンマ（commons-dilemma）〉といった、協調行為（coordinate action）を求めるような状況[513]である（Colman, 1995, 2003; Hardin, 1968; Komorita & Parks, 1994）。このような状況の論理は本章の後の方〔第3の節〕で説明する予定であるが、合理性は自分自身を監視せねばならないということ〔つまり〈メタ合理性〉の要求〕を〈囚人のジレンマ〉をはじめとする、さまざまな種類の〈共有地のジレンマ〉[514]は示している。

最後に〔第4の節で〕論じるのは、〈狭い合理性〉がわたしたちの要求を満たすためにどれほど有効であるかは、文脈依存的かもしれないということである。それゆえ〈メタ合理性〉はわたしたちに、（狭い意味で）合理的にふるまうことは、どんな場合に合理的であり、どんな場合に合理的ではないかを問いかけよ、と求める。〈メタ合理性〉のこの側面を論じて本章〔本書〕を締めくくろう。〔まとめると、本章で〕最初に論じるのは、手段の評価に加えて、追求されている欲求を批判的に検討する〈広い合理性〉のいくつかの理論である。次に、集合的行為の問題を論じる。そして最後に、ある無関連な文脈要因が、〈メタ合理性〉からの規定を適用すると、実はそれほど無関連ではない場合がある、という議論を行う。

意思決定を評価する──価値および意味の役割

哲学者ジョン・サール（Searle, 2001）は合理性を論じた書物の冒頭で、有名なチンパンジーたちと彼らが演じる妙技の紹介を行った[515]。チンパンジーたち

---

[511]（前頁）〈道具的合理性（instrumental rationality）〉（p. 12, p. 21）にかなった手段。

[512]「薄い（thin）合理性の理論（概念）」と同じ。この後「狭い（narrow）合理性」とも言いかえられる。

[513]原文は situations of coordinate action。訳注24参照。

[514]詳細はこの後解説されるが、先に〈囚人のジレンマ〉と〈共有地のジレンマ〉を2種類の別のジレンマのように語ってきたものの、実際には前者はより広いグループをなしている後者の一種と見なすことができる。

第6章 メタ合理性　255

は心理学者ヴォルフガング・ケーラー（Kohler, 1927）[516]が研究したテネリフェ島に住むチンパンジーであり、彼らが問題解決において披露した数多くの妙技は、教科書に載る定番の話題となった。それによると、ある状況では、1匹のチンパンジーに箱と棒、それに手の届かない高所に据えられた1房のバナナが差し出された。そこでチンパンジーは、自分がバナナの下に箱を置くべきであり、それに上るべきであり、棒を使ってバナナを引き下ろすべきである、という解決法を見いだしたのである。サール（Searle, 2001）は、チンパンジーのこのような行動が、いかにして〈道具的合理性〉のためのすべての基準（クライテリア）を満たしているかを指摘した——すなわちこのチンパンジーは自分の目的を達成するために効果的な手段を用いた。つまり、バナナを手に入れたいという第1の欲求が、適切な行為の実行によって満たされたのである（Jensen, Call, & Tomasello, 2007 参照）。

　サールは、ケーラーのチンパンジーが示した〈道具的合理性〉を引くことにより、〈人間の合理性はチンパンジーの合理性の拡張に過ぎないのか？〉という挑発的な問いを提起する。エルスター（Elster, 1983）による、合理性についての〈薄い理論〉と〈広い理論〉の区別に訴えれば、この問いに答えることができる。もしも〈薄い合理性理論〉が、人間としてのわたしたちが切実に求めるすべてだとしたら、人間の合理性は実際にチンパンジーの合理性とまったく同列のものとなるだろう。つまりどちらの場合でも、〈合理的選択〉の評価は同じ仕方でなされることになる。そしてどちらの場合でも、一定の行為の集合が、〈選択の諸公理〉〔p. 31〕に従っているかどうか〔だけ〕が問われることになるだろう。だが、ほとんどの人々は〈薄い合理性理論〉で立ち止まることを望んでいない、と考えることを許しかるべき理由は十二分に存在している。つまりほとんどの人々は、自分がなす選択や自分が求める目的に対して、一歩距離を置く。それらの選択および目的はしばしば、〔人々自身によって〕外的基準（クライテリア）による評価の対象とされるのである。つまり選択についての評価は、選択を行った当人にとっての、その選択の意味（meaning）[517]にもとづいてなされ、また目的に

---

[515]（前頁）本段落と次段落冒頭については、『心は遺伝子の論理で決まるのか』（みすず書房、2008年）pp. 306–7 にほぼ同じ叙述が登場している。

[516] 文献表には Kohler と記載されているが、該当文献である『類人猿の知恵試験』の著者は Wolfgang Köhler とつづられて「ケーラー」と音訳されるのが一般的である。

[517] 同様の文脈で登場する「意味（meaning）」は、『心は遺伝子の論理で決まるのか』ではすべて「意義」と訳されている。

ついての評価は、その目的と当人の価値観（values）[518]との整合性にもとづいて
なされる。

　メディンらは一連の論考において[519]、意思決定に内在する意味を論じてき
た（Medin & Bazerman, 1999; Medin, Schwartz, Blok, & Birnbaum, 1999）。メディンらが強
調するのは、意思決定は行為主体に〈効用〉（utility）[520]を超えたものをどれほ
どもたらすか、また、当の行為主体のみならず、他の行為主体たちに有意味な
信号（signals）をどれほど伝えるか、さらに、当の行為者の自己像（self-concept）
を、象徴的にどれほど強化するか[521]、ということであった。〔そもそも〕意思決
定の主体はしばしば、自分がどのような人物であるかの信号発信（自分自身に
対しての場合も、他人に対しての場合もある）という象徴的行為（symbolic act）
に携わる。メディンとベイザーマンは、〈保護された価値（protected values）〉と
呼ばれるいくつかの価値を左右するような物品の取引、および／または[522]、
比較に対して人々が抵抗を示すようになる実験を数多く紹介している（Baron &
Leshner, 2000; Baron & Spranca, 1997 も参照）。例えば人々はペットの犬、家族が何十
年も住んできた島、結婚指輪などについて市場取引を持ちかけられることを予
期していない。メディンとベイザーマンの実験では、こういう申し出を侮辱で
あると見なした被験者たちが、自分の言い分を支持するために訴えた典型的な
論拠は、「それは意味の問題であって、お金の問題ではないんです」というもの

---

[518] 同様の文脈で登場する the values は単なる複数形というより、ある個人が支持するまとまった価値の体
系を指すと思われ、『心は遺伝子の論理で決まるのか』で採用されている「価値観」という訳語が適切だと思
われるので、本訳書でも採用する。ただし、原語が想像しにくい訳語であるため、以下ではルビまたは原語
を補うこととする。
[519] 本段落と同内容のやや詳しい叙述は『心は遺伝子の論理で決まるのか』p. 322 でもなされている。
[520] 「効用（utility）」の概念そのものが単純な概念でないことは本書 p. 22 で考察されているが、ここでは
経済学で用いられてきた標準的な〈効用〉概念の限界や一面性が強調されている。
[521] 原文は symbolically reinforce。「強化する（reinforce）」を心理学の術語ととれば「象徴的強化を行
う」、つまり例えば、〈何らかの象徴的な報酬によって、一定の自己像をより頻繁に承認するような条件付け
がなされた〉というような意味にとることもできる。とはいえメディンらの論文（Medin, Schwartz, Block &
Birnbaum, 1999）を読む限り、「強化する（reinforce）」という言葉は例えば「結婚指輪のシナリオか正当だ
と示すことは、象徴的価値が貨幣価値を矮小化するという見方を強化する。〔中略〕この事例は……人々が
象徴的価値をもつものに貨幣価値を割り当てることに抵抗する、という見方を強化するものである」（p. 563）
のように、見たところ非術語的な意味で用いられているので、ここでも日常的な意味で用いられていると思
われる。
[522] and / or は連言（訳注 175）と排他的選言（訳注 60）が同時に成り立っていることを示す表現で、論理
的には選言（訳注 60）に相当する。英語の or は（日本語の「または」と同じく）排他的選言を表すことも
選言を表すこともありうるため、この表記によって多義性を取り除くことができる。

第 6 章 メタ合理性　257

であった。

　哲学者ロバート・ノージック（Nozick, 1993）は[523]、卓抜な議論によって、ある人物の象徴的な行為が、その人物の〈その人らしさ（personhood）〉の像（コンセプト）に与えられた評価を維持するように働く場合、たとえその行為が、その人物が経験する〈効用〉（experienced utility）[524]と因果的に無関係なものだったとしても、やはり不合理ではないと言える理由を解き明かしている。つまり人々が〈ある一定のタイプの人物（パーソン）は、ある一定の行為を遂行すること（パフォーミング）によって特徴づけられる〉ということを認めつつも、〈その人物（パーソン）がその行為を遂行したこと（パフォーミング）でそのタイプの人物になった〉という因果関係が成り立ってはいないこともはっきり自覚している、ということはあってもよい、ということだ。そこに因果的影響がなかったとしても、その行為を遂行することは、そのようなタイプの人物モデルの象徴化を進め、それによってその個人が、彼または彼女自身のイメージを維持できるようになっていく――こういうことはあってもよいのである。〔具体例を挙げれば、〕わたしたちの多くにとって、投票という行為はまさにこの象徴的な機能を果たしている。わたしたちの多くは、自分の投票が政治システムに与える影響（その重みは選挙の種類に応じて百万分の1ないし十万分の1にとどまる）から得られる直接の〈効用〉が、投票の労をとる努力よりも低いことを自覚しているが（Baron, 1998; Quattrone & Tversky, 1984）、それにもかかわらずわたしたちは投票に行く機会を逃さないのだ！　投票には、わたしたちにとっての象徴的な〈効用〉がある。それはわたしたちが何者であるかを表現する。わたしたちは、真面目に投票に行く「ようなタイプの人物」である。つまりわたしたちは投票という行為を、経験される〈効用〉〔経験効用〕にもとづいて算定しているのではなく、むしろある〔象徴的な〕価値を用いて評価しているのである。

　別の例は書物の購入である――それは多くの知的関心豊かな人々にとって、象徴的価値をもつ。書物の購入の価値は、価値であるにしても、その消費ない

---

[523] 本段落と次段落と同内容のやや詳しい叙述は『心は遺伝子の論理で決まるのか』p. 316–7 にも登場する。

[524] 原語は experienced utility。快や苦の経験を表す概念として「経験効用」と術語的に訳される場もある。カーネマンはベンサムが提起した本来の〈効用〉概念をこの意味での「経験効用」とした上で、経済学で使用されている通常の〈効用〉概念を「決定効用（decision utility）」と呼んで区別し、この2つが一致しない場合があることをさまざまな実験で解明している（『ファスト＆スロー』第35–38章）。ただしここでは、「経験される効用」をより広く、経験的な利害一般（直接の快苦以外も含まれる）と同一視した上で、いわば経験を超えた象徴的な価値が実際の行為に影響する局面が考察されていると見られる。

し使用から得られる価値[525]とはまるで無縁である場合がよくある。多くの人と同様、わたしも絶対に読まないはずの本をたくさん買う方である（「退職後には読む時間ができる」などというのが夢物語であるという自覚は十分にある）。このように、書物が消費される財としての〈効用〉をけっしてもたらさない場合も、その事実にもかかわらず、やはりわたしは、書物の購入から〈象徴的効用〉を得ているのである[526]。

　セン（Sen, 1977）の指摘によれば[527]、わたしたちは自分の選択を、その選択と自分の価値観（バリューズ）との整合性にもとづいて批判的に吟味する[528]傾向がある。しかしながら、このような批判的吟味は、経済学で伝統的になっている〈薄い合理性〉の概念を脅かす。というのもそのような批判的吟味は選択と私的な福利（welfare）[529]の結びつきにくさびを打ち込むものだからである。価値にもとづく選択が、（経済学者が数値化するような）個人の私的な福利を引き下げることはありうる。例えば選挙で、わたしたちの物質的利益に反する活動をしているにもかかわらず、わたしたちがかけがえのないものと見なす、物質的利益以外のさまざまな社会的価値を明確に支持している候補者に投票する、といった場合がそうである。また、これ〔物質的利益以外の社会的価値の支持〕と同様の、経済学の研究文献における〈観察された選択〉と〈道具的最大化〉という前提とを切り離すという役割を果たす概念として[530]、〈倫理的選好（ethical preference）〉という概念が挙げられる（Anderson, 1993; Hirschman, 1986; Hollis, 1992）。1970 年代の組合非加入農家のブドウのボイコット[531]、1980 年代の南アフリカ製品のボイ

---

[525] それぞれ consumption value（消費価値）と use value（使用価値）で、厳密に定義された概念として用いられうるが、ここでは「読むことから得られる何らかの利益」というほどの意味で用いられている。

[526] 訳注 523 に記したようにこの箇所は『心は遺伝子の論理で決まるのか』ではいくぶん詳しく、具体的な書名まで書かれているので、関心のある読者は参照されたい。

[527] 本段落と同内容のより詳しい叙述が『心は遺伝子の論理で決まるのか』pp. 321–2 でなされている。

[528] 「批判的に吟味する」と訳した critique の意味については訳注 507 を参照。

[529] 「幸福（happiness）」とおおむね同じ意味だが、ここでは特に、政策や経済学的研究の対象になるような、物質的、量的に測定しやすい尺度を指すために用いられていると見られる。

[530] 従来の経済学が前提とする「合理的経済人」というモデル（p. 47）からすれば人々の「観察された選択」はその基盤となる整然と序列化された〈選好〉の体系と、それにもとづく「道具的最大化（instrumental maximization）」すなわち〈道具的合理性（instrumental rationality）〉（p. 12, p. 21）を最大化するような手段的行動の選択を表している。つまり〈記述モデル〉（pp. 22–3）から導かれるはずの「観察された選択」が、「道具的最大化」という〈規範モデル〉（同頁）と常に一致することが前提されている。この 2 つのモデルの分離をもたらす選択が、ここでは第 5 章までのように不合理な選択としてではなく、象徴的価値の支持という〈メタ合理的〉な正当性をもつ選択として位置づけられているのである。

コット[532]、1990年代に盛り上がったフェア・トレード製品への関心[533]といったものは〈倫理的選好〉の実例である。これらは人々の選択に影響を与え、また選択と、〈私的福利の最大化〉という、標準的な経済学的分析にとって決定的に重要なものとを切り離すのである。

メタ合理性——わたしたちの一階の諸欲求の価値を問う[534]

　ほとんどの人々は、複数の〈一階の欲求（first-order desires）〉[535]の間での葛藤に慣れ親しんでいる（「このジャケットが欲しいけど、これを買ったらあのCDが買えない。でも、あのCDも欲しい」）。しかし人が〈倫理的選好（ethical preferences）〉〔前節末参照〕を形成するとき、これとは違う新たな種類の葛藤が生まれることになる。例えばテレビのドキュメンタリー番組が、パキスタンの小さい子供たちを取り上げている。子供たちはサッカーボールを縫う仕事をしているために学校に行っていないという。それを見たわたしは、自分たちの誰かがこういう状況を何とかしなくては、と誓う。その2週間後、わたしはスポーツ用品店で、自分が衝動的に、高価な組合加入製品のボール[536]を避けようと

---

［531］（前頁）セサル・チャベス（César Chávez）が主導した全米農業労働者組合（UFW）による運動の一環。

［532］南アフリカの人種差別政策（アパルトヘイト。1994年に廃止）に反対して起こった運動。

［533］訳せば「公平取引」。発展途上国の生産物を、その生産者の生活を支援するため、利潤を抑えた適正な価格で、生産者から直接購入（し、先進国諸国で販売）すること（『大辞泉』の記述を一部追補）。

［534］本節全体と対応する内容は『心は遺伝子の論理で決まるのか』pp. 325–52の「二次的な欲望と選好」および「欲望の合理的統合」（の前半）でより詳しく論じられており、特に同書p. 326–37の叙述は、本節冒頭から14段落目（p. 268）までとほぼ同じである。

［535］「メタ合理性」が「対象言語／メタ言語」の区別に沿った呼称であることは訳注509で説明したが、この区別は一般的に「対象レベル（オブジェクトレベル）」と「メタレベル」の区別と呼ばれ、このレベルの違いは、この概念の基礎となる、ラッセルが創始した階型理論（Theory of Types）の用語にしたがって論理階型（logical type）の違いと呼ばれる。そしてこれに応じ対象レベルを一階（first-order）のレベル、それを対象とする1つ上のレベルまたはメタレベルを二階（second-order）のレベルと呼ぶ（『心は遺伝子の論理で決まるのか』では「一次的」「二次的」と訳されている。本節で詳しく論じられるが、欲求の場合で言えば、通常の対象への欲求は「一階の欲求」、何らかの一階の欲求をもちたいと思う欲求を「二階の欲求」（欲求への欲求、メタレベルの欲求）、何らかの二階の欲求をもちたいと思う欲求は「三階の欲求」（欲求への欲求への欲求）である。後に論じられるように、同じことは〈選好〉（preference——訳注37参照）についても言える。

［536］union-madeは「労働組合加入製品」。これを選べば製造時に労働者の権利を侵害していない製品の目安になるということであろう。サッカーボールにかんしては、児童労働の問題を受け、1996年にFIFA（国際サッカー連盟）と3つの国際的な労働組合組織により「FIFAライセンス商品に関する労働慣行指針」が

260

していたことに気が付く。その時から、新しい葛藤がわたしの中に生まれる。わたしには自分の〈一階の諸欲求〉を再構築する、という困難な課題に取り組むことが可能であるが（例えば、安い製品を自動的に選好してしまわないすべを習得するなど）、それに取り組まないとしたら、新たに形成された〈倫理的選好〉を無視するしかない。政治的、道徳的、社会的な実践へのコミットメント[537]が行為をためらわせる方向に働く場合にも、同様の不整合が生みだされる。このように価値観〔バリューズ〕やコミットメントは新たな不整合を生み、わたしたちの注意を引きつける。人が、〈一階の諸欲求〉を充足させるための効率的な手順を整える必要性[538]しか自覚していない場合、このような不整合は存在しない。

　要するにわたしたちの価値観〔全体的な価値体系〕は、わたしたちが欲求の評価に着手する際に利用する主要なメカニズムとなる、ということだ[539]。行為／価値の不整合は、一階の諸欲求と価値観〔バリューズ〕それ自体についての、規範に照らした批判的吟味と評価に着手する必要があることのしるしなのだ。つまり価値観〔バリューズ〕とは、わたしたちが抱くさまざまな欲求相互の構造を組み直す可能性の原動力である。価値観〔バリューズ〕こそが、人間の合理性が〈広い合理性〉[540]——欲求の内容の違いが重要性をもつような合理性——となることを許すのであり、このような〈広い合理性〉は、チンパンジーや他の動物に特徴的な〈薄く〉〈道具的な〉合理性[541]とは対照をなすのである。

締結されて以降、FIFA ライセンス契約で生産されるサッカーボール製造業者は、児童労働を含む国際労働基準を遵守することを義務づけられたという（逢見直人「サッカーボールに込められた願い」『日本労働研究雑誌』第 47 巻第 4 号、2005 年、pp. 73–5）。それゆえここでも FIFA ライセンス製品をこのようなものと見なし、それに言及しているのかもしれないが、それとは別に「組合加入製品」であることを特に謳って販売されているボールかもしれない（衣料品などでは "union-made" を明記する商品が一般的に流通している）。なお、『心は遺伝子の論理で決まるのか』p. 326 では union-made は訳出されず単に「価格の高いボール」になっている。

[537] commitment は日本語に訳しにくい単語で、この場合は社会的な実践の価値に同意し、それに真剣に肩入れし、参加する、という態度を指すと解される。さらに経済学やゲーム理論では、一定の約束や到達目標を実現するために、それを妨げる選択肢の実現を積極的に取り除く行為を特にこう呼ぶ。ここでは、この経済学的な術語の意味合いがどの程度明確に込められているかがはっきりしないが、いずれにしても訳しにくい独特の概念であるため「コミットメント」の訳語をあてることにする（『心は遺伝子の論理で決まるのか』も同じ訳語をあてている）。

[538] これは要するに「道具的合理性（instrumental rationality）」（p. 12, p. 21）の必要性ということである。

[539] 「メカニズム」の内容をより具体的に言えば、すぐ次の文でも示唆されているが、所与の価値観ないし価値体系は、それに反する欲求の検出装置として有効に働く、ということであろう（訳注 304 とも比較されたい）。

[540] 「広い合理性の諸理論（broad theories of rationality）」（pp. 17–8, pp. 254–5）が規定するような合理性。

第 6 章　メタ合理性　261

これまで〈自分自身の欲求構造の批判的吟味〉と呼んできたものは、哲学者ハリー・フランクファート（Frankfurt, 1971）の頻繁に引用される論文で提起された〈二階の諸欲求（second-order desires）〉──すなわち一定の欲求をもちたいという欲求[542]──という用語によって、もう少し形式的に説明できるようになる。この高階の状態[543]を、経済学者や意思決定研究者がより普通に用いる用語法に当てはめて言いかえれば（Jeffrey, 1974 参照）、〈二階の選好（second-order preferences）〉──すなわち〈ある特定の一階の諸選好の集合に対する選好〉──という呼称が与えられよう〔この点は後述〕。フランクファートの推定では、人類のみが〈二階の欲求〉をもつが、フランクファートは〈二階の欲求〉をもたない生き物（人間以外の動物や赤ん坊）に「ウォントン」[544]という、強い印象を喚起する名を与える。ウォントンが〈二階の欲求〉をもたない、とは、彼らが〈一階の欲求〉について無思慮であるとか注意深くないとかいう意味ではない。ウォントンは〈薄い〉意味で、あるいは純粋に〈道具的〉な意味で、合理的でありうる。ウォントンが、自分の環境の中で自分の目的を最適な効率で達成する、ということは十分にありうる。ウォントンはただ、彼または彼女の目的に反省を加えないのだ。ウォントンは欲求をもつが、自分が何を欲求するかを気にかけないのである。

　フランクファート（Frankfurt, 1971）は、3 種類の中毒患者の例を用いて自分の

---

[541]（前頁）「薄い合理性の諸理論（thin theory of rationality）」については pp. 17–8, pp. 254–5、「道具的合理性（instrumental rationality）」については p. 12, p. 21 参照。また、「薄い（狭い）／広い」の区別は〈道具的合理性〉と〈認識的合理性（epistemic rationality）〉（p. 12）のうちの前者にかんして言われる区別として導入されている（p. 17）。

[542] 訳注 535 を参照。

[543]「高階の状態」原語は higher-order state。「高階の」は二階以上の論理階型の（ないしメタレベルの）ということ（訳注 535 参照）。「状態」は「欲求」や「選好」などの心的状態（mental state）を一般的に指している。原則的には、「何かについての」と特徴づけられる心的状態、すなわち志向的な心的状態（intentional mental state）はすべて高階の状態になりえて（例えば信念についての信念、意図についての意図、恐怖についての恐怖、等々）、高階の心的状態全般が、一階下の心的状態全般を対象にしうる。例えばこの後登場する〈二階の評価に対する判断〉は〈三階の判断〉である。

[544] wanton は名詞では「浮気女」「いたずらっ子、甘やかされた子」、形容詞では「みだらな、気まぐれな、（礼儀・道徳に対して）無礼な」などの意味が見つかるが、うまく対応しそうな平易な表現が見あたらず、音訳した。（例えば「気まぐれ者」では含みが十分伝わらないように思われる。なお、意味をとった訳としては、「単純欲求者」という訳がある。）発音は「ウォントン」も「ワントン」も辞書に載っているが（Frankfurt, 1971 邦訳は前者、Stanovich, 2004 邦訳は後者）、語源的には中期英語の「教育された、しつけられた」を表す togen に否定辞の（un- と同系統の）wan- が付いたという成り立ちらしく、動詞 want との類縁関係はないが、トピックからして want との連想もあるのではないかと考え、「ウォントン」という表記にする。

概念を解説する。〈ウォントンの中毒患者〉は単純に自分の麻薬を欲しがる。話はそれでおしまいである。ウォントンのそれ以外の認知装置はもっぱら、麻薬への欲求を充足するための最善の手段を発見するためだけに備わっている（すなわち、〈ウォントンの中毒患者〉を〈道具的に合理的〉〔p. 12, p. 21〕と呼ぶのは適切であろう）。〈ウォントンの中毒患者〉はこの麻薬への欲求を反省しない——その欲求がいいことかどうかに、何らかの仕方で考察を加えることをしない。その欲求はただそこにあるだけなのだ。これとは対照的に〈不本意な中毒患者〉は〈ウォントンの中毒患者〉と同じ一階の欲求を抱いているが、しかしその欲求をもちたくないという二階の欲求[545]を抱いている。つまり〈不本意な中毒患者〉は麻薬を使用したくないという欲求をもつようになることを欲している。だが、〈麻薬を使用しないことを欲することを欲する〉というこの欲求は、〈麻薬の使用を欲する〉という欲求ほど強くない。したがって、〈不本意な中毒患者〉は結局のところウォントンとまったく同じように、麻薬を使用するに至る。とはいえ〈不本意な中毒患者〉とその行動との関係は、ウォントンとその行動との関係とは異なっている。〈不本意な中毒患者〉はある種の、ウォントンにはない仕方での、麻薬使用の行為との疎遠さを抱えている。つまり〈不本意な中毒患者〉が麻薬を使用するとき、自己像（コンセプト）への違反を感じることすらあるかもしれないが、このような感覚は、ウォントンが麻薬を使用しているときにはけっして生じないものだ。

　最後に、〈自発的な中毒患者〉という興味深い事例がある（これは人類であれば可能な事例だ）。自発的な中毒患者は麻薬を使用したいという自分の欲求について考えをめぐらせたことがあり、その上でそれはよいことだという決定を下している。このような中毒患者は実のところ麻薬を使用したいという欲求への欲求を抱いている。フランクファート（Frankfurt, 1971）は、このタイプの中毒患者を理解する助けとして、自発的な中毒患者は自分の麻薬への渇望が衰え始めてきた場合、中毒を強めるために色々と手段を講じるだろう、と指摘している。〈自発的な中毒患者〉は、〈不本意な中毒患者〉とまったく同様に中毒について反省するのだが、〈自発的な中毒患者〉の場合、一階の欲求を支持するとい

---

[545] 訳注18でも触れたが、「欲求（desire）」は総称的（generic）な用語であり、例えば生理的渇望や、夢想や、合理的な意志など、幅広い範囲の「欲する、求める、望む」ような心の働きを広く名指すことができる用語である。したがってここでのように中毒患者の禁断症状も、反省的な意向も、「欲求」の概念に包摂することができる。

第6章 メタ合理性　263

う〔二階の〕決断を下すのである。

　このフランクファート（Frankfurt, 1971）の3タイプの中毒患者はすべて同じ行動を見せるが、彼らの欲求の諸階層に対する認知の構造はまったく異なっている[546]。この違いは、目下進行中の行動には姿を現さないとしても、今後中毒がどれほど継続するかの見込みへの影響をいくつかはらんでいる。〈不本意な中毒患者〉は（もちろん統計的な意味で）行動上の改善が見込まれる最良の候補である。3つのタイプの中毒患者の内、彼らだけが内的な認知的葛藤によって特徴づけられる。この葛藤が、少なくとも可能性としては一階の欲求をぐらつかせるか、あるいは恐らく弱めるかもしれない、という予想はできよう。ウォントンはこのような内的葛藤の欠如によって特徴づけられ、またしたがって一階の欲求が解体される見込みもその分だけ小さい。とはいえ実のところ、ウォントンの中毒状態が消失する見込みは〈自発的中毒患者〉よりは大きい、ということに注意されたい。〈自発的中毒患者〉には中毒を保持するための内的制御装置[547]、すなわち、〈中毒を保持したい〉という〈二階の欲求〉が備わっている。〈自発的中毒患者〉は中毒が自然に減退した場合、何らかの対策を講ずるだろう。〈ウォントンの中毒患者〉は中毒が自然に減退した場合、彼ないし彼女の一階の目的階層内の、それ以外の〔〈選好〉の序列が〕より上位の活動に乗り出すだけであり、減退が押しとどめられることはない。ウォントンは中毒からの解放に悲しみをおぼえはしないだろうが、それをうれしく思うこともない——というのも、中毒患者自身は自分の欲求の到来や喪失について反省しない、というのが彼ないし彼女の状況の論理[548]だからである。

　これまで〈自分自身の欲求構造の批判的吟味〉と呼んできたものは、経済学者、意思決定研究者、認知心理学者によってより普通に用いられている用語法

---

[546]「彼らの欲求の諸階層の認知構造」の原文は the cognitive structure of their hierarchy。「欲求の諸階層」は、一階の欲求、それを対象にする二階の欲求、という階層構造を指すと思われる。「認知構造が異なっている」とは、彼らの二階の欲求の有無や、形成される二階の欲求の内容など、広い意味での認知のあり方がこの三者では異なっている、ということである。

[547]原語は internal governor。governor は何らかの制御の役割を担うものという意味だが、例えば「州知事」の意味にも、蒸気機関の「調速機」の意味にもなるので、比喩としてどのイメージに近いのかを原著者に問い合わせたところ、後者の「調速機」に近いとのことだったので「内的制御装置」と訳した。（『心は遺伝子の論理で決まるのか』p. 329 では「内的管理者」。）

[548]訳注 201 参照。この場合も、この状況を論理的に整理すればこのようになる、というほどの意味であろう。

によって——すなわち〈二階の選好（second-order preferences）〉（〈一階の選好〉の特定の集合に対する〈選好〉）という用語を用いて——さらに形式的に説明できるようになる（Jeffrey, 1974; Kahneman & Tversky, 2000; Slovic, 1995; Tversky, Slovic, & Kahneman, 1990 参照）[549]。例えば、ジョンは喫煙することを選好している（ジョンは喫煙することを喫煙しないことよりも選好している）と想像されたい。ここで、〈選好関係〉という関係（それは〈効用理論（utility theory）〉の形式的公理化の基礎である[550]）を用いると、次のような定式が得られる[551]、

S prefs ~S

ところが、人類にだけ思い描く〔表象する〕ことができる、〈選好〉にかんするモデルがあるように思われる。すなわち、理想化された〈選好〉の構造のモデルである。恐らくこのようなモデルは、例えば人生全体を長期的な視野で検討するときに、格別に重要となるいくつかの判断にもとづいて作られる（あるいは、ゴティエ（Gauthier, 1986）が**検討を経た選好**（considered preferences）と呼んだものもその例であろう）。したがって人間には、〈自分は喫煙を選好しないことを選好する〉と言うことが可能であることになる。人間だけが〈一階の欲求〉から離脱し[552]、〈一階の欲求〉を表象の対象とする〔つまりその欲求を反省し、その欲求を対象とする心的状態を形成する〕ことができる。これを〈選好〉について記号化すると次のようになる。

---

[549] 以下の議論は、5 段落前から始まった一連の議論を受け、それを先に進めるものである。すなわち、本節冒頭より〈自分自身の欲求構造の批判的吟味〉として論じられてき概念が、フランクファートによる「二階の欲求」の概念の詳しい考察によって「もう少し（a bit more）」形式的に議論できるようになったが、以下それが（すでに予告されていた）「一階／二階の選好」の概念の導入によって「さらに（more）」形式的に議論できるようになる、ということである。

[550] 「効用理論の形式的公理化（formal aximatization of utility theory）」とは本書第 2 章、p. 31 で「期待効用に対する公理的アプローチ」として紹介されていた理論を指すと見られる。その箇所では、「主観的期待効用（subjective expected utility = SEU）」の合理性を判定するために、「選択の諸公理（axioms of choice）」のような意思決定にかんする〈公理的アプローチ〉の手法を利用する。その際に重要になる概念が「選好（preference）」の概念である（訳注 37 参照）。

[551] 以下の式を読み下せば「〔ある主体は〕S を非 S よりも選好する」となる。また、訳注 37 で述べたように、同様の関係を S > ~S（厳密選好（strict preference）の関係）または S ≥ ~S（弱い選好（weak preference）の関係）として表記することもできる。

[552] decouple については訳注 457 参照。

第 6 章 メタ合理性　265

(~S pref S) pref (S pref ~S)

　この式によれば、この〈二階の選好〉と〈一階の選好〉は、動機としての地位をめぐって競合関係に入ることになる。〈二階の選好〉のレベルでは、ジョンは〈喫煙しないことへの選好を選好して〉いる。にもかかわらず、〈一階の選好〉としては、ジョンは〈喫煙することを選好して〉いるのである。結果生じる葛藤は、ジョンがその〈選好〉の構造において、ノージック（Nozick, 1993）の言う〈合理的統合（rational integration）〉を欠いていることのしるしである。このような〈一階／二階〉の〈選好〉の構造の不一致は、なぜ人間はしばしば他の動物よりも公理的な意味で合理的[553]でないのかの理由の１つである（Stanovich, 2004, pp. 243–247. 邦訳 pp. 352–60）。このことゆえに、〈合理的統合〉を達成するための苦闘[554]は〈一階の諸選好〉を不安定にし、それらの諸々の〈選好〉を文脈の効果にさらされやすい状態に置くことで、〈効用理論〉の基礎的な諸公理への違反を生じやすくしているのだ[555]。
　現代世界に生きる人々は、自分の選択を顧みるときにしばしば疎外感をおぼえるものだが、〈合理的統合〉への苦闘は、この疎外感を助長する要因でもある。人々は、どんな場合に実際の選択が〈高階の選好〉と衝突するのかを容易に見抜く〔それによって疎外感を募らせる〕ものである。
　構築されうる高階の欲求の階層〔二階、三階、四階、等々〕に〔原理上は〕限界がないというのはもちろんである。しかし、人間の表象能力がそこに一定の制限を設ける——社会的領域以外の領域では、ほとんどの人々にとっては三階までが現実的な限界であるというのが確からしい（Dworkin, 1988）。とはいえ三階の

―――――――

[553] すなわち、合理性を判定する諸公理に照らして合理的ということ。本書 pp. 31–2 参照。

[554] 「苦闘」の原語は struggle。ダーウィンの「生存闘争」の「闘争」にあたる言葉だが、必ずしも特定の敵対者と「闘う」ことを意味するとは限らず、「取り組む、努力する、もがく、あがく、じたばたする」といった、渾身の努力をふりしぼる様子を一般的に形容する言葉である。

[555] 「効用理論の基礎的な諸公理」についての一般的な説明は p. 31 および訳注 19 と 39 参照。文脈の効果（context effects）によりそれらの公理（つまり形式的な合理的規範）への違反が生じやすくなる、という事例の典型は「フレーミング効果」（pp. 46–67）であるが、他にも、第 2 章で紹介される〈選択の諸公理〉への違反の多くはそのように特徴づけられる。『心は遺伝子の論理で決まるのか』によれば〈無関連な選択肢からの独立性〉〈推移性〉〈独立性〉〈記述不変性〉〈手続き普遍性〉などの多くが「意思決定に際して、選択肢の文脈的状況のある側面を抽象化し、排除することを要求する」一方、人間が「文脈的環境の微細な手がかりに反応し、社会の変動や微妙な差違を敏感に感じ取る」ことに優れている、という特徴が組み合わさって、これらの公理への違反が生じやすくなっている、という考察を述べている（pp. 358–9）。

判断は、それより下のレベルでの〔つまり、一階の欲求と二階の欲求の葛藤に対する〕
〈合理的統合〉を果たすための助けとして呼び出されることがありうる。つまり、例えば喫煙者のジョンは、自分の心情（フィーリング）をよく検討した結果、次のような自覚に至るかもしれない。

　　ジョンは〈喫煙しないことへの選好への選好〉を、〈喫煙への選好〉よりも選好している。

この自覚は記号を用いれば次のように表現できよう。

　[(~S pref S) pref (S pref ~S)] pref [S pref ~S]

　この場合、ジョンの〈三階の判断〉[556]が彼の〈二階の評価〉[557]に〔三階の〕承認を与えた、と言ってもよかろう。このような〈二階の判断〉への〔三階の〕承認は恐らく、〈一階の選好〉[558]を変化させようという認知的な圧力を加える[559]。

―――――――――

[556]「三階の判断（third-order judgment）」とは前述の [(~S pref S) pref (S pref ~S)] pref [S pref ~S] という式の全体に相当する。この式は「〔ある主体は〕〔（非 S を S よりも選好すること）を（S を非 S よりも選好すること）よりも選好する〕ことを［S を非 S よりも選好すること］よりも選好する」と読み下す。（　）で括られた部分が〈二階の選好〉の対象、［　］で括られた部分が〈三階の選好〉の対象である。本文ではこの式の「選好」という形式的概念に「評価」「判断」「承認」といった具体的な肉付けがなされ、「二階の評価に対する三階の判断または承認」という内容が与えられている。（「欲求」同様（訳注 18 および訳注 545 参照）「選好」もまた広い範囲の選択傾向を指す一般的、形式的な概念であるというだけでなく、〈高階の選好〉は一般に無意識的、本能的であるよりは、自己像（self concept）の評価をめぐる自覚的、分析的なものであろうから、このような置き換えは自然である。）

[557]「二階の評価」とは、該当の式の［　］で括られている式の 1 番目である (~S pref S) pref (S pref ~S) を指す。訳注 556 の繰り返しだが、「〔ある主体は〕（非 S を S よりも選好すること）を（S を非 S よりも選好すること）よりも選好する」と読み下す。本文ではこの式に「一階の欲求への二階の評価」という内容が与えられている。

[558]「一階の選好」とは、該当の式の［　］で括られている式の二番目、あるいは 1 番目の［　］内の 2 番目の（　）で括られた式である S pref ~S を指し、「〔ある主体は〕S を非 S よりも選好する」と読み下す。本文ではこの式に「喫煙への一階の欲求」という内容が与えられている。

[559] 訳注 558 までの整理を踏まえ、該当の式、およびその基礎になった命題「ジョンは［（喫煙しないことへの選好）への選好］を、［喫煙への選好］よりも選好している」を改めて一般的な用語で書き直せば、「ジョンは〈禁煙を望む方が喫煙を望むよりも価値が大きい〉という〈二階の評価〉と〈喫煙の方が禁煙よりも望ましい〉という〈一階の欲求〉とを比較し、前者の〈二階の評価〉を承認するという〈三階の判断〉を下した」となろう。この〈三階の判断〉からの圧力によって、喫煙への〈一階の欲求〉に変化が生じる、というのがここで言われていることである。

具体的には、〈一階の選好〉の変化の見込みを高めるような行動的手段に訴えることで、そのような圧力を加えることになるだろう（その手段としては、禁煙プログラムへの参加や医師への相談、喫煙可のバーに立ち寄らないこと、などが考えられる）。他方で、〈三階の判断〉が〈二階の判断〉〔「禁煙への欲求は喫煙への欲求よりも望ましい」〕への承認をしそびれることで、〈二階の判断〉を台無しにすることもありうる。すなわち、

　ジョンは〈喫煙への選好〉を、〈喫煙しないことへの選好への選好〉よりも選好していることもありうる。

[S pref ~S] pref [(~S pref S) pref (S pref ~S)]

　この場合、ジョンは実際に、自分が喫煙を欲しない方がよかった、と思っているのではあるが、この〔喫煙を望まないことを望まないという〕〈選好への選好〉は、〈喫煙への選好〉そのものほどには強くない、ということになる。この〈三階の判断〉[560]はジョンが中毒から脱出できる〔上述のような〕強力な行動的手段を講じることを妨げ、のみならず、時間の経過につれ、〈二階の選好〉〔禁煙への選好への選好〕そのものへのジョンの確信をなし崩しにするという方向で、3つのレベルすべてが〈合理的に統合される〉〔すなわちレベル間の衝突が解消される〕のではないか[561]、という疑いをわたしたちは抱いてもよかろう[562]。
　哲学者たちに典型的に見られる傾向だが、彼らは構成された[563]最も高階の欲

---

[560]〈喫煙への選好への選好、についての判断〉なので〈三階の判断〉である。内容としては〈喫煙への選好を好まないという選好〉という〈二階の選好〉よりも、〈喫煙を好む〉という〈一階の選好〉を上位に置くという〈三階の選好〉（または〈三階の判断〉）である。
[561] 先の事例もこの事例も、〈喫煙への選好〉という〈一階の選好〉と、〈喫煙への選好を選好しない〉という〈二階の選好〉の間に葛藤が存在しているところから出発する。第1の事例の場合、〈〈二階の選好〉を〈一階の選好〉よりも選好する〉という〈三階の選好〉の圧力で〈一階の選好〉（喫煙への嗜好）が変容し、レベル間の葛藤が消失して〈合理的統合〉が果たされる。2番目の事例でも〈合理的統合〉が果たされるが、こちらは〈〈一階の選好〉を〈二階の選好〉よりも選好する〉という〈三階の選好〉によって〈二階の選好〉（禁煙への反省的意志）が解体することで、葛藤が除去されるのである。
[562] 訳注534で注記したように、ここまでの箇所は『心は遺伝子の論理で決まるのか』の pp. 326–337 とほぼ同内容である。同書ではこの後、三階の（三次的な）選好または判断についての別の仮想的例が2件検討されてから、本書の次段落に相当する議論に移行する（pp. 347 以下）。
[563] 原語は constructed。ここで論じられている〈諸欲求の階層構造〉ないし〈高階の諸欲求〉という概念

求を偏重する分析をしがちである——つまり哲学者たちは〈高階の評価〉の連鎖をさかのぼった果てにある最高の地点を特権化し、それを基礎として、真なる自己を定義するのである。他方、現代の認知科学であれば、分析のどのレベルも無比のレベルとして特権化されることがない〈ノイラート的プロジェクト（Neurathian project）〉を提案するだろう。哲学者オットー・ノイラート（Neurath, 1932/1933; Quine, 1960, pp. 3–4 も参照）は[564]、〈板材の一部が腐りかけている船〉という比喩を用いた議論を行った。板材を修繕する最良の方法は、船を着岸させてしっかりした土台に据え、板材を交換することであろう。だが、船を着岸させることができないとしたらどうだろうか？ 実際、船を修理することはその場合にも可能であるが、ただし幾分かのリスクを伴う。つまり、ある板材を修理する間、別の板材の上に乗って作業を行えば、板材の修理は可能である。このようなプロジェクトがうまく運ぶことはありうる——つまりわたしたちは、船を堅固な土台の上に乗せずに修理することができるかもしれない。とはいえ、このノイラート的なプロジェクトは保証されたプロジェクトではない。というのもわたしたちの選択が、腐りかけた板材の上に立つようなものである場合もあるからである。フランクファート（Frankfurt, 1971）の〈高階の欲求〉という概念〔p. 262〕には、〈高階の判断〉が個人を害する観念に 感 染 していない、という保証はまったく含まれていないのだ（Blackmore, 1999, 2005; Dawkins, 1993, Dennett, 1991, 2006; Distin, 2005; Laland & Brown, 2002; Mesoudi, Whiten, & Laland, 2006、参照）[565]。

〈合理的統合〉は必ずしも、分析の諸レベル[566]の全体の中で、少数派に当た

は、心理学で言う「構成概念（construct）」（訳注 408）の一種である、ということを前提にして論じていると見られる。

[564] 以下で解説される「ノイラート的プロジェクト」（しばしば「ノイラートの船」とも称される）については、『心は遺伝子の論理で決まるのか』p. 257 でもほぼ同じ解説がなされている（同訳書では「ノイラート的試み」）。

[565] 観念が「感染する（infected）」という表現は、ここで参照されているドーキンスのエッセイ「心のウィルス」（Dawkins, 1993）を典型とする、「有害なミーム（meme——文化的自己複製子）」という概念を強く示唆する。スタノヴィッチは『心は遺伝子の論理で決まるのか』の 1 つの章（第 7 章）全体を使って、この種の有害な文化的自己複製子が人間の合理性を阻害しうるという問題を論じているが、本書ではこの一節にその問題が凝縮されていると言えよう。

[566] これ以降何度か登場する「（認知的）分析の諸レベル（levels of (cognitive) analysis）」という語句の詳しい説明は出てこないが、哲学者や認知科学者が人間の広義の認知的な働き（欲求や選好を含む）を分析し、そこにオブジェクト・レベル（一階の欲求など）やさまざまなメタレベル（高階の欲求）などのレベルを、一種の構成概念（訳注 408、訳注 563 参照）として見いだす、という作業を前提した上で、そこで見いだされた認知的状態の階層（ここでは欲求や選好の階層）を指しているものと思われる。訳注 546 も参照。

第 6 章 メタ合理性　269

る諸々の〈選好〉を単純に反転させること[567]で達成されるわけではないし、最高のレベルに優先権を与えるという単純な規則を用いれば最善の仕方で達成できると決まっているわけでもない[568]。いくつかの哲学文献では（Bennett, 1974; McIntyre, 1990）、マーク・トウェインの小説の登場人物、ハックルベリー・フィンの例によって、このことが論じられている[569]。ハックは奴隷である友人のジムの逃亡を助けるが、それは友情と共感という、ごく基礎的な心情に発した行為であった。ところがハックは、明示的な推理^{リーズニング}によって、奴隷が逃亡することや白人がそれを助けるというのは、どんなに大きな道徳的悪事なんだろう、と考え始めると、たちまち自分の行為に疑いを抱くようになるのだ。この場合わたしたちは、ハックが〈タイプ1〉の感情的処理に自己同一化してほしい、彼が教え込まれてきた明示的道徳を拒んでほしい、と望むのだ。

　哲学者たちの考えでは、認知的分析の基礎となる単一のレベル（最高のレベルであることが好まれる）[570]を手に入れなければ、わたしたちが自分自身について認める価値（哲学文献では、人格性、自律、自己同一性、自由意志など、さまざまな候補が挙がっている）が危険にさらされてしまう、と考えてきた。ハーリー（Hurley, 1989）はこれとは対照的なノイラート的見解を支持して、「最高所の立脚点^{プラットホーム}」や、いわゆる〈真なる自己〉といったものが、互いに絡まり合った諸欲求の外に存在しているわけではない、と考える。彼女の論証によれば「自律性（autonomy）の行使には、自分自身の価値のいくつかに、それ以外の諸価値を批判し改訂するための基礎として依拠することが含まれるが、とはいえそれは他の諸価値すべてから完全に距離を置く^{デタッチメント}ことではないし、また自律というものは、より高階の態度へ遡行^{そこう}していくことに依拠しているのではなく、むしろ最初の一歩にこそ依拠している」という（p. 364）。要するに、自己自身を定義するという人間に特有の営みは、人が階層構造をなす諸価値のはしご[571]を登

---

[567]「ジョンの喫煙」の事例がこれに相当する。1つ目の例では「喫煙への嗜好」が少数派となって改訂され、2つ目の例では「禁煙への反省的意志」が少数派として解体した。

[568] やはり「ジョンの喫煙」の事例で言うと、二通りの事例のいずれでも〈三階の判断〉がジョンの最終的な嗜好を決定し、ジョンを〈合理的統合〉へと導いた。しかし2番目の例では、少なくともジョンの健康にかんしては〈三階の判断〉の改訂こそ望ましそうな結果に至ったのである。

[569] 同じ事例の紹介およびほぼ同内容の解説は、『心は遺伝子の論理で決まるのか』第2章原注25、およびp. 105 でもなされている。

[570]「認知的分析の基礎となるレベル」については訳注566参照。

[571] これも高階の欲求や選好の階層構造を、評価されるべき「価値」の面から言い直したものと見られる。

270

り始めるときの——人がはじめて〈合理的統合〉という問題を課されるときの——その最初の一歩から始まる、ということである[572]。だが[573]、自己定義と〈合理的統合〉という過程がこのようなものだとして、ある人物がそれに深く取り組みつつあるということを、わたしたちはどうやって知るのだろうか？　興味深いことであるが、その最良の指標は恐らく、わたしたちが、ある人が一階の欲求と二階の欲求の間の不一致（ミスマッチ）に苦闘しているかどうかを確かめることで見いだされる。このような人物が標榜（ひょうぼう）する一定の価値体系[574]を考察すれば、〈この人物は、目下なしつつある行為とは異質な何かを選好している〉という帰結を引き出さざるをえなくなるのである。

　要するに[575]、人々が切実に求めているのは〈広い意味で〉[576]解された合理性なのであって、単なる〈道具的合理性〉[577]ではないということだ。人々は自分の欲求が満たされることを望むが、しかしその際、正しい欲求を抱くことに関心を向けるのだ。人間がこのように、〈狭い意味に〉定義された合理性ではなく〈広い意味での〉合理性を切実に求めるからこそ、人間の合理性には二段階の評価が必要になる。わたしたちが達成する〈道具的合理性〉を評価するためには、追求される諸目的の複雑性を考慮に入れること、および、認知の批判的吟味という営みの動態（ダイナミクス）を分析すること[578]が必要である。別の言い方をすれば、〈薄い合理性〉と〈広い合理性〉の両方が評価されなければならない。〈道具的合理性〉を吟味するための諸規則については十分説明してきた〔第2–3章〕。〈広い合理性〉を評価するために適用されるべき諸基準はそれよりずっと複雑

---

[572] 段落冒頭からここまでとほぼ同内容の叙述は、『心は遺伝子の論理で決まるのか』pp. 347–8 でもなされている

[573] ここ以下段落末までの文章は、『心は遺伝子の論理で決まるのか』の前文に当たる箇所の次々段落冒頭、pp. 348–9 にかけての箇所とほぼ同じである。

[574] 原語は a certain set of values で、そのまま訳せば「ある一定の諸価値の集合」。

[575] 本段落の内容は、『心は遺伝子の論理で決まるのか』pp. 363–4 の2つの段落と同じ内容を、主に前半部を大きく省略して繰り返している。

[576] pp. 17–8, pp. 254–5 参照。

[577] p. 12, p. 21 および訳注 541 参照。

[578] 「認知の批判的吟味（cognitive critique）」とは、欲求や選好を含む広い意味での認知の働きを、反省的な、あるいはメタレベルの観点から検討することに相当すると見られる。これによって一階の価値の、選好における序列が変動することがありうるし、高階の反省だから正しいという保証もない。このように批判的吟味にかけられた価値の序列は固定したものではなく、常に変動しうるという動態（dynamics）を分析し正しく把握することが、〈道具的合理性〉の適切な評価のためには求められるということであろう。

第6章 メタ合理性　271

で、ずっと論争の余地の多いものである（ノージック（Nozick, 1993）が論じている、〈選好〉を評価するための23項目の基準を参照されたい）。とはいえ次の基準が、〈広い合理性〉を評価するための基準の中に含まれるのは確かだ。すなわち、〈どの程度まで〈強い評価（strong evaluation）〉[579] に取り組んでいるか〉、〈その人が〈合理的統合〉の不在〔諸価値の葛藤の存在〕をどの程度避けようとしており、また〈合理的統合〉が不在の場合、どの程度積極的にその状態を正そうとするか〉、〈その人が、自分のすべての〈二階の欲求〉の理由を明言できるかどうか〉、〈その人の欲求にもとづく行為が不合理な信念を導いてしまわないかどうか〉、〈達成不可能な欲求の形成を避けているかどうか〉、その他である（Nozick, 1993）[580]。

メタ合理性──集団的行為

　意思決定理論の研究者たちと認知心理学者たちは[581]、〈**囚人のジレンマ**（*Prisoner's Dilemma*）〉および**共有地のジレンマ**（*commons-dilemma*）と呼ばれる状況について詳細に研究してきた（Colman, 1995, 2003; Hargreaves Heap & Varoufakis, 1995; Komorita & Parks, 1994）。このジレンマの典型的な状況は、ある〈狭い意味で合理的〉な反応（NR──narrowly rational response）[582] が、協力的反応（C──cooperative response）に優越しているが[583]、もしもすべてのプレイヤーがNRの反応を採

---

[579] 本書でこの用語の説明はないが、『心は遺伝子の論理で決まるのか』p. xvi によれば「二次的評価」（本訳書で言う「二階の評価」）の同義語とされ、同書 p. 326 ではチャールズ・テイラー（Charles Taylor）の次のような解説が引かれている（訳語は一部変更）「〔強い評価とは〕自分自身の欲求、傾向、選択に照らして妥当か否かが決まるのではなく、そうした各種の尺度から独立して正しいか、正しくないか、よりいいか、より悪いか、より上位か下位かを区別することである。〔後略〕」。なお、『心は遺伝子の論理で決まるのか』での著者の注記や（同訳書 pp. 363–4）、ノージックの著作との対照（Nozick, 1993, pp. 139–151）による限り、この第1の項目はノージックの基準ではなく、著者がテイラーの概念をもとに独自に提起した基準のようである。

[580] 訳注 579 でも触れたように、2番目以降の基準はノージックの基準を下敷きにしており、『心は遺伝子の論理で決まるのか』pp. 363–4 によればそれぞれ第4、第7、第14、第10の基準に相当する。ただし、いずれもノージックの言葉そのままではなく、特に第4、第7についてはかなり異なった言い方になっている（Nozick, 1993, pp. 142–8）。

[581] 本段落とほぼ同内容の叙述は、『心は遺伝子の論理で決まるのか』p. 370 でもなされている。ただし次段落の、〈囚人のジレンマ〉のより詳しい解説は本書のみに登場する

[582] 訳注 512 で注記した通り、「狭い合理性」は pp. 17–8, pp. 254–5 で言われる「薄い合理性理論（thin theories of rationality）」で規定される「薄い合理性」と同じ。

用すると、全員への支払額が低くなる、というものである。〈囚人のジレンマ〉という名称の由来になった古典的状況では（Sen, 1982）、共謀して犯罪を犯した2人の罪人が、別々の独房に隔離されている。検察官はこの2人が共謀して犯した軽犯罪を立証できる証拠（エビデンス）はつかんでいるが、共謀して犯した重い犯罪については立証するに足る十分な証拠（エビデンス）を手に入れていない。いずれの囚人も重い方の犯罪の自白を求められる。どちらか一方が自白しもう一方が口を割らない場合、自白した方は釈放され、もう一方は重い方の犯罪で全面的に有罪となり、懲役20年の判決を受ける。両方が自白すれば両方とも有罪となり、共に懲役10年の判決を受ける。両方とも自白しない場合、両者は軽い方の犯罪で有罪となり、共に懲役2年の判決を受ける。いずれの囚人も、もう一方の囚人が何を選んだとしても、自白した方が自分に有利である、という優越性（ドミナンス）の論理を理解している。それゆえ、いずれの囚人も〈狭い意味で合理的に〉ふるまい、〔すなわち〕自白をして（NR）重い方の犯罪で有罪となり、懲役10年の判決を受ける——これは、2人が自白をせず（協力的反応、C）、2人とも懲役2年の判決を受ける場合に比べると、非常に悪い結果である。

　この状況の論理を図解する表を掲げておこう。この表では2人の囚人はゲームのプレイヤーとして示されており、それぞれプレイヤー1、プレイヤー2という呼称が割り当てられている。この表を見れば、プレイヤー1にとってなぜNRが優越的（ドミナント）な反応であるか、容易に理解できる。プレイヤー2がCの反応をとった場合、プレイヤー1は、もしNRを選べば、2年の懲役に服する代わりに釈放されることになる。同様に、プレイヤー2がNRの反応を選んだ場合、プレイヤー1はNRの反応を選んだ方がうまくいく。つまりこのシナリオでは、プレイヤー1は20年の懲役に服する代わりに10年の懲役に服することになる。したがってNRはプレイヤー1にとっての優越的（ドミナント）反応である。しかるに、NRの反応はプレイヤー2にとっても同様に優越的（ドミナント）反応である。したがって、もし彼らが共に〈狭い意味で合理的〉であるなら、彼らは共にNRを選んで10年の懲役に服することになる。この結果は〈狭い意味で合理的〉であるかもしれない

---

［583］（前頁）「優越性（dominance）」および「優越する（dominate）」については pp.39–43 および訳注54を参照。同訳注で述べたように、このような戦略間の優劣を問う場合、ゲーム理論の文献では「支配（する）」という訳語が定着しているようである。すなわち、1人のプレイヤーに選択できるいくつかの戦略について、「支配戦略」は他のプレイヤーがどの戦略をとろうと常に有利な戦略、「支配された戦略」は他のプレイヤーがどの戦略をとろうとも常に不利な戦略を指す。

第6章　メタ合理性　273

が、しかし、ここに何か間違いがある、という揺るがしがたい感覚をわたしたちは抱く。というのも、CC の結果〔表の右下。双方が C を採用し、2 年、2 年になる〕の方が双方にとってずっと有益だからである。

		プレイヤー2	
		NR	C
プレイヤー1	NR	10 年、10 年	釈放、20 年
	C	20 年、釈放	2 年、2 年

　ゴミのポイ捨ては[584]、〈共有地のジレンマ〉として知られる、いわゆる多人数プレイヤー状況の１つであり（Hardin, 1968）これと類似した論理を備えている。自動車で〔自宅から〕遠くの都市を通過すること、および、飲み物がたっぷり残っている紙コップが邪魔になり、コップごと車の窓から捨てることは、わたしに大きな利益をもたらす。わたしはこの先この紙コップを二度と目にしないはずなので、それがわたしに負の〈効用〉をもたらすことはない。身近な景観をゴミだらけにするわけではないのだから。ごく狭い意味においては、わたしにとってコップのポイ捨ては合理的である――つまり、NR〔narrowly rational＝〈狭い意味で合理的な〉〕反応である。問題は、どのドライバーにとっても、同じかたちの推理（リーズン）が〈狭い意味で合理的な〉ものとなる、ということにある。それが合理的であるにもかかわらず、誰もが NR 反応をとった結果は、誰もが嫌がる、至る所ゴミだらけの景観なのだ。もしもわたしたち全員が、コップを捨てるという小さな利便性を犠牲にしたとしたら（つまり C〔cooperative＝協力的〕反応を採ったとしたら）、全員がゴミのない景観という多大な便益を享受できるはずだ。C 反応は集合的な意味ではよりよい反応であるが、あの破滅的な NR 反応の優越性（ドミナンス）を忘れてはならない。みなさん全員が一致協力して自分のコップを捨てない場合、わたしはコップを捨ててもゴミのない景観という便益を得るし、のみならずコップを捨てるという便利さをも得ることになる（つまりわた

---

[584] 本段落以下３つの段落とほぼ同じ叙述は『心は遺伝子の論理で決まるのか』pp. 370–2 でもなされている。

274

しにとってはその方が、C反応を採った場合よりも都合がよい）。他方で、わたし以外のみなさん全員が自分のコップを捨てた場合、わたしはコップを捨てた方が都合がいい。というのも、わたしがコップを捨てなくとも景観はやはりゴミだらけであり、しかもその場合自分のコップを捨てるという利便性を放棄することになるからだ。問題は、誰もがこれと同じ優越性[ドミナンス]の論理を理解し、それゆえに誰もが自分のコップを捨て、結果としてわたしたち全員が、誰もがC反応を採っていた場合よりも幸福でなくなる、ということにある。

〈囚人のジレンマ〉と〈共有地のジレンマ〉が示しているのは、合理性は自分自身を監視せねばならない、ということである。例えば地球温暖化の脅威が問題となることによって、世界史はわたしたち人類による〈メタ合理性〉の行使——合理的な判断を合理性そのものに向けること——が決定的に重要となる段階に入った可能性がある。というのも、日常生活における市場〔経済〕[マーケット・エコノミー]の影響が、すでにわたしたちの〈広い合理性〉を脅かし始めているかもしれないからである。企業や金融市場など、この社会で最も成功を収めた制度のある部分を駆動[くどう]しているのは、さまざまな〈合理性のモデル（rational models）〉である。しかしそれらのモデルは〈狭い合理性モデル〉になりがちであり、それによる負の結果[ネガティブ]をもたらしてきたかもしれない。

数多くの社会批評家が、ヨーロッパ社会の裕福で成功した多数派に降りかかる逆説的な不安感を描写してきた（例えばMyers, 2000等）。わたしたちはさまざまな商品に対する飽食状態にあるように思われるし、しかもそれを手放そうとする兆[きざ]しはまるで見せていない。ところがわたしたちは、自分たちの環境が別の面で悪化しつつあることを感じ取りながらも、それをどうしたらいいのか分からずにいる。北アメリカの多くの地方自治体では、このほんの10年間で通勤、通学に要する時間が倍になった。子供時代は、乱費とどんちゃん騒ぎが延々と続く時代になった。十代後半の若者は、いい仕事を得るには大都市圏に住まねばならない現状を知り、それによって小さい町村[コミュニティーズ]は消滅しつつある。音楽や映画は低俗さの度合いをますます強め、子供たちは早い時期からそれにさらされている。食品や水の汚染事件は頻度[ひんど]の点でも規模の点でも増大している。自然の美しさを楽しもうと出かけた車が、長蛇の列をなす。若年の子供の肥満は増加の一途をたどっている。田園地帯や小さな町は「ビッグ・ボックス」〔ウォルマートなどの大規模店舗[585]〕の醜悪な建物の乱立でひどい有様になっている。わたしたちが今ほど豊かでなかった30年前には常時開館だった図書館が、今では

第6章 メタ合理性　275

開館時間を短縮している。夏の間のスモッグ警報はほとんどの北アメリカの都市で年々増加している——これらすべては、空前の規模で、多様で潤沢な商品やサービスを享受している傍らで進行中の事態である。論者の中には、これらの問題の多くを引き起こし、見たところ明らかな逆説の原因となっている〈囚人のジレンマ〉の論理について、雄弁に論ずる人々がいる（例えば、Baron et al., 2006; Frank, 1999; Myers, 2000）[586]。わたしたちは、〈狭い合理性〉とそれがもたらすさまざまな帰結に対して批判的に距離を置く必要に迫られているように思われる。相互交渉ゲーム（interactive games）についての経験的研究の文献には、楽観的展望を与えてくれる発見もいくらか見つかる（Colman, 1995 参照）。例えば、人々は自分が〈囚人のジレンマ〉の論理に巻き込まれているという自覚をもてばもつほど、また、お互いのコミュニケーション能力が向上すればするほど、相互に協力して、互いに NR 反応を取り合うことで得られる結果よりもよい結果を得ようとする傾向が増す、というのである。

メタ合理性——合理的諸原理の適用可能性を疑問に付す

　〈メタ合理的〉な批判に取り組むことを、〈パングロス主義者〉と〈改善主義者〉の立場を調停する 1 つの方法と見ることもできる。〈改善主義者〉が強調するのは〔合理性の〕規範的規則[587]の重要性——それらの規則に従い、規則から逸脱しているときは自分自身を修正する必要性——である〔第 2–3 章〕。〈パングロス主義者〉が強調するのは、そのような逸脱は単に見かけ上のものであるかもしれないし、また規範的規則の不適切な適用の産物である場合もある、ということである〔第 4 章の pp. 164–200〕。〈メタ合理性〉を強調することは、時に規範的規則の重要性の自覚につながるが、別の場合には、そのような規則は大いに批判の余地のあるものだということの強調にもつながる。
　第 4 章で考察した埋没費用の例〔pp. 197–200〕を考えよう。〈埋没費用は無視す

---

［585］（前頁）日本で言うと、都市近郊に建つ大規模ショッピングモールを想像すれば近いと思われる。

［586］訳注 581 に記したように、ここまでの部分は、『心は遺伝子の論理で決まるのか』pp. 370–2 にほぼ同内容の叙述がある。同書ではこの後 15 ページほどを費やしてこの問題が論じられるが、本書では（同書では引かれていない）1 つの楽観的な展望を紹介して議論を締めくくっている。なお、次節に相当する議論は同書には登場しない。

［587］主に本書第 2 章で紹介された「（合理的な）選択の諸公理」がその典型であった。

べきだ〉、というのが伝統的な合理性の〔規範的〕制約であった[588]。意思決定は未来の帰結にのみ関心を向けるべきであり、埋没費用（サンクコスト）は過去に属するものなのだ。それゆえ、第4章の映画の例を思い出してもらえば、〔テレビで上映されていた、つまらない〕映画が無料の場合にスイッチを切るというなら、すでに映画に7ドル支払っていた場合もスイッチを切って別のことをすべきだ。過去にお金を支払ったからという理由で、自分のこの先の幸福を減らすような行為を続けるべきではないのである。ところがキーズとシュワルツ（Keys & Schwartz, 2007）は、〈映画をやめて他の何かを楽しもうとしても、7ドルを支払ったという記憶がその楽しみを殺いでしまう〉と感じるとしても、そこには何の間違いもないように思われる、と指摘する。映画を見ないことで「お金をどぶに捨ててしまった」ために[589]、あなたの気分が損なわれる、ということはあってもよいのである。〔本節冒頭で再提起した〕〈埋没費用（サンクコスト）の無視〔をすべきだ〕〉という原理の規範的地位がどのようなものであれ、「映画を見ない」を選択した結果、「映画を見ず、7ドルを支払ったことを後悔する」という〔下らない映画を見るよりも〕もっと悪い帰結が生じる、という人々の考え方は正しいように思われる。このように、人々は埋没費用（サンクコスト）をないがしろにしたときに後悔を感じるはずなのだとしたら、人々はそのような後悔を考慮に入れるべきだ、ということになるのではなかろうか？ キーズとシュワルツは（Keys & Schwartz, 2007）、この状況を理解する助けとして「漏出（leakage）」という概念を取り入れる。伝統的に、わたしたちは意思決定そのものと、その意思決定から生じる諸々の帰結を、別のものと見なしている。意思決定の時点では、すでに支払われた7ドルは考慮すべき要因であるはずがない——〈埋没費用無視（サンクコスト）〔を命じる〕〉原理はそう告げる。しかし、もしもすでに支払われた7ドルが、実は選択肢の中のある行為（この例で具体的に言えば、〈映画を放映しているテレビを消す〉という行為〔とその帰結〕）をあなたが経験するときの、その経験に影響を与える、としたらどうだろうか？

---

[588] 該当箇所は「埋没費用の誤謬〔錯誤〕（sank-cost fallacy）」を取り上げている。それゆえ、そこで言われていた形式的規範を正確に言えば「埋没費用の誤謬を避けるべし」となろう。

[589] 原文の had thrown money down the drain はそのまま「お金を下水に捨ててしまった」と訳せて、「お金をどぶに捨ててしまった」とほぼ正確に同じ意味だが、日本語の語感と微妙にニュアンスが違う可能性がある。少なくとも日本語では、「お金を払って下らない映画を見る羽目になった」という状況についても「金をどぶに捨てる」と形容するのは自然である（英語でもそうなのかもしれない）。しかしここでは「用途のない出費をしてしまった」という、まさに「埋没費用（サンクコスト）」を名指すためにこの言い回しが用いられている。

第6章 メタ合理性　277

もしそうなら、7ドルの効果（「無駄払いをした」ことへの後悔）は、意思決定の帰結の経験の中に〈漏出する〉という機能を果たしていた——その7ドルの効果〔すなわち後悔〕が実際にその選択肢から生じた帰結であるのだとすれば、その効果を無視していいはずがあろうか？

　キーズとシュワルツは（Keys & Schwartz, 2007）、選択を〈フレーミング〉[590]するために用いられる、（一見すると）無関連な諸要因が、実際には選ばれた選択肢の中に〈漏出〉したものであるという研究をいくつか引用している。彼らが引くある研究では、「75% 赤身」というラベルの牛肉は、「25% 脂肪」というラベルの牛肉よりもおいしい、という経験を与えたとされ、別の研究では、人々はある栄養ドリンクを 1.89 ドルで買って飲んだ後の方が、同じドリンクをずっと安い .89 ドル〔89 セント〕で買って飲んだ後よりも〔課題の〕遂行結果が向上したという。ここでも、選択肢についての〈フレーミング〉〔牛肉や栄養ドリンクにどんなラベルを付すか〕が、その選択肢〔それぞれの牛肉やドリンク〕を**経験する**場面に〈漏出〉したのである。それゆえこの種の状況における〈フレーミング効果〉は不合理なものではない。なぜならそのフレームが帰結の経験に〈漏出〉しているからである。実のところ、キーズとシュワルツは（Keys & Schwartz, 2007）、もしも〈漏出〉というものが人生の事実であるとしたら、賢明な意思決定の主体は意思決定において実際に〈漏出〉を考慮に入れることを望むかもしれない、と指摘している。

　〔経験の中へ〕〈漏出〉してくる要因として、後悔という例を〔引き続き〕考えよう。キーズとシュワルツは（Keys & Schwartz, 2007）、食料雑貨店でレジ待ちの列に並びながら、隣の列の方が流れが速いんじゃないかと疑う、という具体例について論じている。わたしたちはどう行動すべきだろうか？　留まるか？　列を変えるか？　一方で言えることは、わたしたちは隣の列と人の動きを自分の目で観察したことで、隣は速く動いているのではないか、という疑いに導かれたということである。自分でそう判断したのなら、何のためらう理由があろうか？だが実際、わたしたちはこういう場合、しばしばためらう。その理由はわたしたちが、列を変えた後で、元いた列の方が結局は速かった、という過去の経験例を思い出すことができる、ということにある。こういう場合わたしたちは自分自身にむかっ腹を立てる——列を変えたという意思決定を後悔するのだ。さ

---

[590] pp. 46–67 参照。

278

らに言えば、列を変えないままでいたら隣の列が本当に速く進んでいた、という場合、わたしたちの後悔は一層大きくなる傾向がある。このような事前に予測される後悔を考慮に加えるとしたら、わたしたちは、たとえ隣の列がより速く流れているように見える場合ですら、自分のいる列に留まる決定を下すかもしれない。

　食料雑貨店の列と映画の例では、事前に予測された後悔はわたしたちを、別の状況では（つまり後悔を予測しなかった場合には）最善だとは言えなかったはずの行為へ導いてしまう[591]。このような〔後悔を避けることを第1の目的とする〕選択がなされたとしよう。この選択に対する1つの反応は、この選択を合理的な選択の事例として弁護することである。つまりこの弁護によれば、この事例は、意思決定に与えられる〈フレーミング〉[592]の中の、行為の〈経験効用(experienced utility)〉[593]の中に実際に〈漏出する〉ような側面を考慮に入れている、という点で合理的なのである[594]。他方でこれとは別の、後悔という心の働きそのものを疑問に付す、という反応もある。この反応によれば、〈後悔は、後悔が不在の状況においてよりよい行為だと見なされたはずの行為を、〔後悔を避けるためという理由から〕遠ざけさせる〉、という見方がもし正しいとしたら、さまざまな状況で後悔をおぼえることが多い、というわたしたちのあり方そのものが適切なものかどうかが疑問に付されるべきだ、ということになる。

　この2番目の反応——すなわち、選択が〈フレーミング〉される際の諸側面が経験の中に〈漏出〉することを[595]、たぶんわたしたちは許しておくべきでは**ない**、という反応——を、キーズとシュワルツは「漏出に栓をする(leak plugging)」と呼ぶ。〈漏出に栓をする〉ことが要求される場合も時にはある、ということを示唆するまた別の事例を彼らは論じている——すなわち、学生たち

---

[591] 後悔は避けるべき積極的な悪である、という前提に立てば、この場合その行為は、後悔を回避できたという点で「最善の」選択でありうる。

[592] 「フレーミング」については pp. 46–67 参照。

[593] 「経験効用 (experienced utility)」については訳注 524 参照。ここでは、おおむね主観的な快や満足として与えられる〈効用〉を指していると解すればよい。

[594] 意思決定はさまざまに〈フレーミング〉された状況の中でなされる。〈フレーミング〉に無関連（的外れ）な変化を加えたことで意思決定が変化するという（不合理な）効果が、いわゆる〈フレーミング効果〉である(pp. 46–67)。しかしこの事例の場合、過去の後悔（ないし事前に予測された後悔）という要素を実際に経験に〈漏出〉して〈効用〉（経験効用）を変化させるので、それを取り入れた〈フレーミング〉は適切な関連性のある〈フレーミング〉であり、それを考慮する選択は合理的な選択であることになる。

[595] 訳注 594 参照。

第6章 メタ合理性　279

が選択式の試験問題の回答について〈実際に書いた回答と違う回答を書いていたら〔回答を書き直していたら〕、正答よりも誤答が増える見込みが大きかったはずだ〉、と考えるという事例である[596]。キーズとシュワルツの指摘によれば、学生たちのこの信念は虚偽であるが、だとしてもそれは後悔をはねのける力を備えた迷信ではあるかもしれない。このように、後悔に対しては、回避するという以外の反応もあるのであり、この選択式試験の迷信を取り巻いている状況についての1つのありうる問いが、その第2の反応を示唆する——すなわち、人々の状況は、後悔の程度を低くし、それを減らすことでよりよくなるのか？それとも何らかの後悔、ただし、より程度の大きな後悔によってこそ、状況はよりよくなるのか？という問いである[597]。

　それゆえ、選択式テストの例は〔キーズとシュワルツらの意図とは異なり〕文脈要因[598]の意思決定への〈漏出〉に対する別の反応を示唆している——すなわち、単純に〈漏出〉をわたしたちの〈効用計算〉に順応させるというのではなく、むしろ〈漏出〉をなしですますことを検討してもいいのではないか、という反応である。要するに、後悔さえなければ別の行為を選択していたような状況では、後悔を回避するように自分自身を条件づける[599]、ということこそ、たぶん最も合理的なふるまいなのだ。後悔がなければ、わたしたちは映画を放映しているテレビを消し、退屈な映画を見るよりもずっと充実した活動を楽しむことができたはずなのだ。後悔がなければ、わたしたちはより有望そうに見えるどんな列にも移動できたはずであるし、たとえ結果が予想と異なっていた〔自

---

[596] 日本ではそれほど耳にしないように思うが、『心理学をまじめに考える方法』を読む限り、少なくともアメリカやカナダでは「試験の選択問題で1度選んだ答えに確信がもてなくても、最初の答えを変更すべきではない」（同書 p. 21。つまり変更すると正答率が下がってしまう）というアドバイスが広く普及しているらしく、有名な入試ガイドにもそのようなアドバイスが載っているという（同上）。スタノヴィッチは同書で、統計的根拠にもとづき、このアドバイスが根拠のない俗信であることを訴えているが（pp. 21–22, p. 133）、以下で見るようにキーズとシュワルツらは、たとえ根拠のない俗信であっても、そのアドバイスにはある種の合理性がありうる、という可能性を探ろうとしている。

[597] 俗信を信じる学生が答案を見直し、間違いを見つけて直した場合、「修正したことで誤答の数を増やしてしまったはずだ」と主観的には後悔するかもしれないが、現実には修正によって得点が上がっている見込みが大きそうである。「後悔によって状況はよくなる」とはこのような場合を指していると言えよう。

[598] ここで言う「文脈要因（contextual factors）」は、先に「意思決定に与えられるフレームの側面」と言われていたものとおおむね同じものを指す。

[599]「条件付け」はもともと行動主義心理学の用語で、ここでは訓練によって習慣や性向を身につける、というほどの意味で用いていると見られる。

分の列の方が速かった〕としても、〔隣が速そうに見えたという〕自分の感覚を気に病まずにいられたはずなのだ。

　映画の例で言えば、〔上で述べた〕〈後悔を回避するように自分自身を条件づける〉という意思決定は、〈埋没費用の重視を回避する〉という合理的原理のより批判的な使用に相当するだろう、ということに注意されたい。このような合理的原理の批判的使用は、〈メタ合理的〉批判——つまり、合理的原理を盲目的に適用するのではなく、むしろ合理的原理に対して批判的な距離を置くような批判——による洗練を受けた〈埋没費用〔回避〕原理〉の使用を反映することになろう。すなわちまず、〈埋没費用〔回避〕原理〉の一階の使用は、何であれ手当たり次第に規則を適用する。そしてその中には、この原理の盲目的適用が後悔を考慮に入れ損なっているために——人間心理の自然な構造を踏まえるならば——〈期待効用〉[600]を時には低下させてしまう事柄に対してもこの原理を適用する、という事例も含まれる。次に、〈埋没費用〔回避〕原理〉に対して批判的距離を置く立場は、この原理が、後悔を考慮に入れ損なうことで、〈期待効用〉の低下をもたらすことがあることを認める。しかしここから、〈メタ合理性〉のさらなる分析に進むと、後悔というものそれ自体が批判の対象になりうることになる。そこでは〈埋没費用〔回避〕原理〉が再度役割を演じるが、今回は、後悔が不在であれば、映画を放映するテレビを切ることはよりよい選択となる、とわたしたちに思い起こさせるという役割を果たす。この段階で、もしわたしたちが〈埋没費用〔回避〕原理〉を支持する決定を下すとすれば、その決定は、〔第１段階のような〕人間心理への考察を欠いた盲目的な原理の適用よりもずっと反省的な仕方でなされているのである。わたしたちの心理的な過程そのものを、規則を手がかりにして変えようとする意思決定は、ある意味で規則の〈二階の〉使用[601]であり、〈メタ合理的〉な判断の表現である。

　〈メタ合理性〉のこの側面は、突き詰めれば、意思決定に対するわたしたちの感情的反応の適切さを問うことと同じである。わたしたちがそれらの感情的な反応を適切なものだと見なすなら、それらの反応を考慮すべき要因に数え入れねばならないし、また時には、〈パングロス主義者〉〔pp. 159–61〕が論じるように、意思決定の規範的規則[602]を乗り越えるものとなる。しかしそれ以外の

---

[600]「期待効用（expected utility）」については pp. 23–31 参照。
[601]「二階の（second-order）」については訳注 535 を参照。

場合、わたしたちは感情〔を尊重するという目的〕をそれ以外の目的ほど重要ではないものと見なす。わたしたちはよりよい地位や、食料雑貨店のよりよい列を欲するだろうし、退屈な映画を見るよりもましな活動を欲するだろう——そして、後悔の回避を価値あるものと見なす以上に、これらすべてを欲するであろう。この場合わたしたちは、〈改善主義者〉〔pp. 157-9〕が支持してきた伝統的な規範的規則に立ち戻ることになる——ただしそれはあくまで、〈メタ合理的〉な反省を経た上ではじめてなされるのだ。

キーズとシュワルツ（Keys & Schwartz, 2007）の議論によれば、何度も繰り返される状況は、わたしたちが〈漏出に栓をする〉[603]状況になる見込みが大きい——そのような状況でわたしたちは、自分のいくつかの感情に狙いをつけ、それに抗することで、状況を改善しようとするようになる——という。エレベーターに恐怖を覚える人々が、状況によって、たとえ時間がかかってしまうとしても階段を用いる、というのは、完全に合理的なふるまいでありうる。というのもそのような人々は、エレベーターに乗っている間に生じる恐怖を、負の〈効用〉の内に含めているからである。とはいえ、このような人物がニューヨーク市で暮らし、働く場合、この恐怖を取り除くのを助けるセラピーを受けよう、と考えるとしてもまったくおかしくない。ある単一の場面だけを取り出して見れば合理的に見える行為も、似た行為を何度となく含む、**人生全体におよぶ視野**に立つと、最適を大きく下回る行為に見えてくるかもしれない。結果が累積していくような金銭的意思決定も、同様の論理を備えている。あなたが感じのよい販売員に心を動かされるタイプの人物だと仮定しよう。つまりあなたには、感じのよい販売員に出会うとよく商品を買う、という傾向があるとする。さらに、〔あなたの傾向という〕この要因にかかわる経験の中に、意思決定からの〈漏出〉[604]が存在していると仮定しよう——あなたは、感じのよい人々から商品を購入するとき、その商品を手にする喜びが実際に大きくなるのだ。だが、明らかなことだが、市場〔機構〕に基礎をおくこの社会の論理からすると、あなたは一生を通じて数多くの消費財を購入するために、通常以上の支払いをし続ける羽目になるであろう。このように、一生を通じた期間と、単一の事例とでは、

---

[602]（前頁）〈埋没費用の無視〉（pp. 197-200 および p. 277）をはじめとする、第2章、第3章で示された合理性の規範的な規則を指す。p. 31 参照。

[603] 4つ前の段落（pp. 279-80）を参照

[604] 本節第2段落（pp. 277-8）参照。

同じ行為がまるで違った見え方をすることがよくある。あなたは明日、ジャワ系の人々よりもビーンピープル〔スペイン・メキシコ系アメリカ人（侮蔑的な含みがある）〕が好きだからという理由で 25 セント高いコーヒーを買う。何の問題もない。だが、あなたは生涯全体で、感じのよい人々からの買い物により、あなたの退職基金（retirement fund）複利収益[605]の内、175,667 ドルを費やしていますね、と言われて計算結果を見せられたら、違う反応をするかもしれない。あなたはこの情報を手に入れたことで〈漏出に栓をする〉決断を下すかもしれないし、未来の意思決定における「感じのよさという要因」への反応を押しとどめるようになるかもしれない。

　実際の消費者にかかわる例としては、多くの電気製品の販売時に付加される「延長保証」が挙げられる。この少額の保証契約は商品購入時に結ばれ、多少の安心と慰めを与えてくれるかもしれない。だが、消費者向け雑誌が定期的に報告しているように、この保証は、帳尻を合わせてみれば非常に悪質な商品であると分かる。というのも、数多く結んだ契約全体に対して、消費者への見返りの額は非常に低額なのだ——保険料として支払う額が、実際の見返りの額〔保証額〕をはるかに上回るのである。もちろん、ある商品の購入時に保険料を支払うことには正の〈効用〉がある——出費を節約することではなく、どんな買い物の際にも感じる不安という負の〈効用〉を減らしてくれることから生じる〈効用〉が。しかし、**この 1 つの**電気製品について、保証から得られる安心がどれほどのものであっても、同様の電気製品をいくつも購入すると、保証契約は割の合わない取引になる。したがって消費者としては、毎度毎度保証契約を結ぶようにと仕向けてくる、購入時におぼえる不安感を取り除こうと努力する方が賢明なのである。

　以上のさまざまな例から明らかになるのは、〔合理性の〕規範的規則[606]と、個々の意思決定と、人が自分の目的と欲求について加える長期的視野からの考察との間の精妙な相互作用であり、これらはいずれも、わたしたちが〈薄い〉[607]〈道具的な〉[608]合理性よりもむしろ〈メタ合理性〉[609]に関心を抱く場合に重要

---

[605]「複利収益」は compounded return の訳。詳細は調べられなかったが、利子が複利式（元本が増していくので単利式より収益率が大きい）で発生する退職基金を有している、ということだと思われる。
[606] 訳注 602 参照。
[607]「薄い合理性理論（thin theories of rationality）」（または「狭い合理性（narrow rationality）」）については pp. 17–8 および pp. 254–5 参照。

になってくる事柄である。〈メタ合理性〉は、〈改善主義者〉〔pp. 157-9〕の見解と〈パングロス主義者〉〔pp. 159-61〕の見解の双方の不完全さを顕在化させることで、2つの見方を融和させる。無反省な〈改善主義者〉は、ある特定の状況に、〔合理性の〕規範的規則を一律に適用する、という態度において性急にすぎる。その状況には代替解釈(オルタナティブ)がいくつかあるかもしれないし、そこから結果する、経験の中に〈漏出〉する[610]かもしれない微妙な〈文脈要因〉[611]があるかもしれないのである。言うまでもなく、〈パングロス主義者〉の側は、課題に対する合理的な代替解釈(オルタナティブ)がありうること、意思決定の際の感情が経験に漏出するかもしれないことを指摘することに性急すぎる。反面で〈パングロス主義者〉たちは〈人生についてのより広い見方(a broader view of life)〉の採用に至らないことがある——すなわち、ある一定の〔それ自身は好ましい〕反応が、長期的には累積的な〔悪しき〕効果をもちうる過程[612]をよく検討するような見方を採用するに至らないのである。つまり〈パングロス主義者〉たちはしばしば、市場(マーケット)・〔経済(エコノミー)〕を基盤にした社会の多くが抱えている危険の多い(ホスティル)〔(認知装置に)阻害的な(ホスティル)〕環境[613]が、意思決定の主体に対する「代替解釈(オルタナティブ)」にどのようにつけこんでくるのかという点を見落とす。このように、〈人生についてのより広い見方〉とは、〈危険の多い(ホスティル)〔(認知装置に)阻害的な(ホスティル)〕環境〉と〈何度も繰り返される事例の累積的効果〉とを認める見方であるが、このような見方は、〔合理性の〕規範的規則により一層注意を払う姿勢[614]を命じてくる可能性がある。〈人生についての広い見方〉は〈メタ合理性〉のためには不可欠な見方であって、それは課題解釈や意思決定における感情の役割に関心を向けると共に[615]、**それに劣らず、**

---

[608] (前頁)「道具的合理性（instrumental rationality）」が何であるかについては p. 12 および p. 21 参照。

[609] (前頁)「メタ合理性」については本節冒頭 pp. 253-4 および訳注 509 参照。

[610] 本節第2段落（pp. 277-8）参照。

[611] 訳注 598 参照。

[612] 前段落までで論じられた「感じのよい販売員への好み」や「延長保証から得られる安心」のような（これらはいずれも〈タイプ1〉の、進化的に適応的な反応と見られる）、1回1回の事例が好ましいとしても、長期的に累積した結果が多大な損害になりうるような事例を指していると見られる。

[613] pp. 237-49 および訳注 469 参照。意思決定の主体の〈タイプ1〉反応につけこんで操作しようとする、他の主体を含むような環境を指す。

[614] 例えば〈埋没費用の無視(サンクコスト)〉（pp. 197-200 および p. 277）など、〈改善主義者〉（pp. 157-9）が重視する、古典的な〈合理性の規範モデル〉（pp. 22-3）に対する注目。

[615] キーズとシュワルツらが経験効用（訳注 524）への〈漏出〉（pp. 277-85）を指摘する反応の典型であると共に、進化心理学者＝〈パングロス主義者〉が進化的適応の機能を重視する〈タイプ1〉反応の典型でも

結果の〈期待効用（expected utility）〉〔pp. 23–31〕にも関心を向けるのである[616]。

要約と結論

　最良の思考ツールとは、そのツール自体を批判的吟味の対象とするという意味で、自己修正的なツールである。〈メタ合理性〉とは、そのような合理的ツールを、合理性そのものへの批判的吟味にかけることで成り立つのである。本章ではそのような批判の重要なものを〔3つ〕取り上げて考察してきた。第1に、〈薄い道具的合理性の理論〉[617]——自らの〈一階の欲求〉[618]を批判的に吟味することなく、ただ単純に所与として取り扱うような合理性の理論——は満足できるものかどうか、という問いは〔それ自体〕合理的な問いである。この問いに対してほとんどの人は「否」と答える——彼らは自らの〈一階の欲求〉と自らの目的の批判的吟味に取り組むことができるのであり、その批判が、〈一階の欲求〉を効率的に追求するという自らの選択が間違った選択だった、という判断に行き着くことすらある。人々がそうする理由は、彼らが自分自身の行為と欲求の価値を、自分が支持する価値観にもとづいて判定することにある〔pp. 256–60〕。つまり彼らは自分の欲求に対して〈二階の態度（second-order stance）〉[619]をとる——すなわち、違う欲求をもちたいという欲求をしばしば抱く。わたしたちの〈一階の欲求〉に対する、〈高階の選好および価値〔観〕〉[620]にもとづくこのような批判的吟味は、〈メタ合理性〉の1つの重要な形式である〔pp. 260–73〕。

　合理性が己自身を批判的に吟味するまた別の領野は、〈囚人のジレンマ（Prisoner's Dilemma）〉および〈共有地のジレンマ（commons-dilemma）〉という状況の中に見いだされる〔pp. 273–6〕。これらの事例では、〈狭い意味で合理的（narrowly

ある。

[616]〈期待効用〉は、〈埋没費用の無視〉（pp. 197–200 および p. 277）に代表される〈合理性の規範モデル〉（pp. 22–3）としての古典的な合理性の形式的規則が、〈道具的合理性（instrumental rationality）〉（p. 12, p. 21）の観点から最大化すると想定されていたものである。このような形式的規範は、〈改善主義者〉（pp. 157–9）が重視し、それへの違反によって人間本性の不合理性を主張すると共に、人間がそれを遵守することを学びうるという楽観的な〈改善〉への希望を打ち出すものでもあった。

[617]「薄い合理性の諸理論」については pp. 17–8 および pp. 254–5、「道具的合理性」については p. 12 および p. 21、この2つの概念の結びつきにかんしては訳注 541 参照。

[618]「一階の欲求（first-order desire）」については訳注 535 参照

[619]「二階の欲求」や「二階の選好」等を「二階の（心的）態度」として総称している。訳注 535 参照。

[620] 訳注 535, 543, 571 参照。

rational＝NR）〉であるような反応が、他の選択肢に対する優越性[621]を示すとい
う形式をとり、もしも1つの集合的な行為にかかわっている人々がすべて、自
分自身にとって〈狭い意味で合理的〉〔NR〕であるような反応を採用するとし
たら、〈狭い意味で合理的〉な反応は万人にとって機能不全を呈する、という
ことが明らかになる。現代生活の多くのジレンマにはこの構造が備わっている
——〈狭い意味で合理的〉な利益を追求する諸個人は、他の諸個人もまた〈最
も薄い合理性理論（the thinnest rational theory）〉のみにもとづいて行為するとき、
自らの環境を破滅に導く。〈囚人のジレンマ〉をはじめとするさまざまな形態
の〈共有地のジレンマ〉が示しているのは、合理性は自分自身を監視せねばな
らない、ということである——つまり人々が、全員がよりよい結果を得るため
に、自己利益の追求を差し控える合意に自分たちを〔積極的に〕拘束することを
望む、という状況は存在するのである。

　〈薄い道具的合理性の理論〉は、〈無関連な文脈的諸要因から独立している〉
ような選択〔pp. 34–8〕をすべきだと要求する。〔本章で〕最後に論じたのは、どの
要因が無関連であるかをめぐる、わたしたちの判断[622]に疑問を付す、という
形式の〈メタ合理性〉である。とりわけこのような〔〈メタ合理的〉〕批判が認め
るのは、意思決定の時点で働く、一見無関連に見える文脈的ないし感情的な要
因が、意思決定がもたらすさまざまな帰結を経験する際の、その経験そのもの
の中に〈漏出（leak）〉し、影響を与える、という可能性である〔pp. 280–5〕。こ
のような〈漏出（leakage）〉が生じる場合、コンテクスチュアル・ファクター文脈要因は無関連なもの
ではなくなる。さもなければ、そこに含まれている〔合理性の〕規範的原理[623]
を再検討することで、わたしたちの心理的過程を条件付けし直すための取り組
みへと、わたしたちは促されるようになるかもしれない。この場合、その結果
として感情やコンテクスチュアル・ファクター文脈要因が意思決定の帰結の経験の中に〈漏出〉することは
なくなる。

---

[621]「優越性」または「支配」（dominance）については pp. 39–43、訳注 54、訳注 583 参照。
[622]〈道具的合理性〉（p. 12 および p. 21）の水準では、意思決定当事者の判断こそ、ある文脈要因が
適切なレリバント関連をもつか、無関連イレリバント（的外れ）かの基準となる、という論点を想起されたい（p. 34, p. 59、訳注 86
参照）。その点に反省を向けるがゆえにこのような疑問は〈メタ合理的〉（pp. 253–4、訳注 509）なのだとも
言えよう。
[623] 合理性の規範原理については p. 31 およびそれ以下の具体的な諸原理を参照。本節では特に〈埋没費用サンクコスト
の誤謬〉という不合理とされる選択の回避を命ずる合理性の規範原理（pp. 197–200）が取り上げられてきた
（pp. 277–85）。

286

以上の事例はすべて、合理的原理にかんする〈メタ合理的〉論争[624]である。この事例が明らかに示しているのは、合理性の進化とは〈文化進化（cultural evolution）〉[625]という未完結の過程として継続中だということである[626]。

さらなる読書案内

フラナガン、O.『本当のハードプロブレム──物質的世界における意味』Flanagan, O. (2007). *The really hard problem: Meaning in a material world*. Cambridge, MA: MIT Press.

フランクファート、H.「意志の自由と人格という概念」近藤智彦訳、ストローソン、P.／フランクファート、H.／インワーゲン、P. V.／デイヴィドソン、D.／アンスコム、E.／ブラットマン、M.『自由と行為の哲学』門脇俊介／野矢茂樹編監修、法野谷俊哉／三ッ野陽介／近藤智彦／小池翔一／河島一郎／早川正祐／星川道人／竹内聖一訳、春秋社、2010 年所収 Frankfurt, H. (1971). Freedom of the will and the concept of a person. *Journal of Philosophy*, *68*, 5–20.

カーネマン、D.／クルーガー、A. B.／シャケード、D.／シュワルツ、N.／ストーン、A.「今より豊かだとしたら、あなたは今より幸せだろうか？──焦点化の錯覚」Kahneman, D., Krueger, A. B., Schkade, D., Schwarz, N., & Stone, A. (2006). Would you he happier if you were richer? A focusing illusion. *Science*, *312*, 1908–1910.

キーズ、D. J.／シュワルツ、B.「『漏出する』合理性──行動上の意思決定の研究はいかにして合理性の規範的基準に異議を唱えるか？」Keys, D. J., & Schwartz, B. (2007). "Leaky" rationality: How research on behavioral decision making challenges normative standards of rationality. *Perspectives on Psychological Science*, *2*, 162–180.

マイヤーズ、D. G.『アメリカの逆説（パラドクス）──モノあふれる時代における精神的飢餓』Myers, D. G. (2000). *The American paradox: Spiritual hunger in an age of plenty*. New Haven, CT: Yale University Press.

ニカーソン、C.／シュワルツ、N.／ダイナー、E.／カーネマン、D.「アメリカンドリームの暗黒面に照準を合わせて──経済的成功を目標にしたときの負の諸帰結を詳しく検討する」Nickerson, C., Schwarz, N., Diener, E., & Kahneman, D. (2003). Zeroing in on the dark side of the American dream: A closer look at the negative consequences of the goal for financial success. *Psychological Science*, *14*, 531–536.

ノージック、R.『生のなかの螺旋──自己と人生のダイアローグ』井上章子訳、青土社、1993 年 Nozick, R. (1989). *The examined life*. New York: Simon & Schuster.

---

[624] 第一義的には、本書第 2–3 章で紹介された「薄い合理性」（pp. 17–8, pp. 254–5）の諸原理を指すが、本章で紹介された〈メタ合理性〉の諸形態そのものもまた批判的吟味の対象になりうると言うべきだろう（本章自体がその検討の試みである）。

[625]『心は遺伝子の論理で決まるのか』の第 7 章や他の箇所では、文化進化が「ミーム（meme）」と呼ばれる利己的自己複製子に駆動され、人間の個としての自律性を脅かすように働くという暗い側面が詳しく論じられるが（訳注 565 参照）、それを克服し人間が合理的自己決定を可能にしていく〈改善主義〉的（pp. 157–9）な過程もまた〈文化進化〉のひとこまであることをこの一節は示唆している。

[626] 本章冒頭、p. 253 参照。

ノージック、R.『合理性の本性』Nozick, R. (1993). *The nature of rationality*. Princeton, NJ: Princeton University Press.

シュワルツ、バリー『なぜ選ぶたびに後悔するのか──オプション過剰時代の賢い選択術』瑞穂のりこ訳、武田ランダムハウスジャパン、2012年 Schwartz, B. (2004). *The paradox of choice*. New York: Ecco Press.

スタノヴィッチ、K. E.『心は遺伝子の論理で決まるのか──二重過程モデルでみるヒトの合理性』（原題『ロボットの叛逆──ダーウィン時代における意味〔意義〕の発見』椋田直子訳、鈴木宏昭解説、みすず書房、2008年 Stanovich, K. E. (2004). *The robot's rebellion: Finding meaning in the age of Darwin*. Chicago: University of Chicago Press.

参考文献

Adler, J. E. (1984). Abstraction is uncooperative. *Journal for the Theory of Social Behaviour, 14*, 165–181.

Adler, J. E. (1991). An optimist's pessimism: Conversation and conjunctions. In E. Eells & T. Maruszewski (Eds.), *Probability and rationality: Studies on L. Jonathan Cohen's philosophy of science* (pp. 251–282). Amsterdam: Editions Rodopi.

Adler, J. E., & Rips, L. J. (Eds.). (2008). *Reasoning: Studies of human inference and Its foundations.* New York: Cambridge University Press.

Ajzen, I. (1977). Intuitive theories of events and the effects of base-rate information on prediction. *Journal of Personality and Social Psychology, 35*, 303–314.

Allais, M. (1953). Le comportement de l'homme rationnel devant le risque: Critique des postulats et axiomes de l'école américaine. [Rational man's behavior in the face of risk: Critique of the American School's postulates and axioms] *Econometrica, 21*, 503–546.

Alloy, L. B., & Tabachnik, N. (1984). Assessment of covariation by humans and animals: The joint influence of prior expectations and current situational information. *Psychological Review, 91*, 112–149.

Anderson, E. (1993). *Value in ethics and economics.* Cambridge, MA: Harvard University Press.

Anderson, J. R. (1990). *The adaptive character of thought.* Hillsdale, NJ: Erlbaum.

Anderson, J. R. (1991). Is human cognition adaptive? *Behavioral and Brain Sciences, 14*, 471–517.

Åstebro, T., Jeffrey, S. A., & Adomdza, G. K. (2007). Inventor perseverance after being told to quit: The role of cognitive biases. *Journal of Behavioral Decision Making, 20*, 253–272.

Audi, R. (2001). *The architecture of reason: The structure and substance of rationality.* Oxford: Oxford University Press.

Author. (February 14,1998). The money in the message. *The Economist*, p. 78.

Ayton, P., & Fischer, I. (2004). The hot hand fallacy and the gambler's fallacy: Two faces of subjective randomness? *Memory & Cognition, 32*, 1369–1378.

Baranski, J. V., & Petrusic, W. M. (1994). The calibration and resolution of confidence in perceptual judgments. *Perception & Psychophysics, 55*, 412–428.

Baranski, J. V., & Petrusic, W. M. (1995). On the calibration of knowledge and perception. *Canadian Journal of Experimental Psychology, 49*, 397–407.

Barbey, A. K., & Sloman, S. A. (2007). Base-rate respect: From ecological rationality to dual processes. *Behavioral and Brain Sciences, 30*, 241–297.

Bargh, J. A., & Chartrand, T. L. (1999). The unbearable automaticity of being. *American Psychologist, 54*, 462–479.

Bar-Hillel, M. (1980). The base-rate fallacy in probability judgments. *Acta Psychologica, 44*, 211–233.

Bar-Hillel, M. (1990). Back to base rates. In R. M. Hogarth (Ed.), *Insights into decision making: A tribute to Hillel J. Einhorn* (pp. 200–216). Chicago: University of Chicago Press.

Baron, J. (1993). *Morality and rational choice.* Dordrecht: Kluwer.

Baron, J. (1998). *Judgment misguided: Intuition and error in public decision making.* New York: Oxford University Press.

Baron, J. (2008). *Thinking and deciding* (4th ed). Cambridge, MA: Cambridge University Press.

Baron, J., Bazerman, M. H., & Shonk, K. (2006). Enlarging the societal pie through wise legislation. A psychological perspective. *Perspectives on Psychological Science, 1,* 123–132.

Baron, J., & Hershey, J. C. (1988). Outcome bias in decision evaluation. *Journal of Personality and Social Psychology, 54,* 569–579.

Baron, J., & Leshner, S. (2000). How serious are expressions of protected values? *Journal of Experimental Psychology: Applied, 6,* 183–194.

Baron, J., & Spranca, M. (1997). Protected values. *Organizational Behavior and Human Decision Processes, 70,* 1–16.

Barrett, H. C., & Kurzban, R. (2006). Modularity in cognition: Framing the debate. *Psychological Review, 113,* 628–647.

Bazerman, M. (2001). Consumer research for consumers. *Journal of Consumer Research, 27,* 499–504.

Bechara, A. (2005). Decision making, impulse control and loss of willpower to resist drugs: A neurocognitive perspective. *Nature Neuroscience, 8,* 1458–1463.

Becker, G. S. (1976). *The economic approach to human behavior.* Chicago: University of Chicago Press.

Bell, D. E. (1982). Regret in decision making under uncertainty. *Operations Research, 30,* 961–981.

Bell, D., Raiffa, H., & Tversky, A. (Eds.). (1988). *Decision making: Descriptive, normative, and prescriptive interactions.* Cambridge: Cambridge University Press.

Bennett, J. (1974). The conscience of Huckleberry Finn. *Philosophy, 49,* 123–134.

Bernoulli, D. (1954). Exposition of a new theory on the measurement of risk. *Econometrica, 22,* 23–36. (Original work published 1738).

Beyth-Marom, R., & Fischhoff, B. (1983). Diagnosticity and pseudodiagnositicity. *Journal of Personality and Social Psychology, 45,* 1185–1195.

Blackmore, S. (1999). *The meme machine.* New York: Oxford University Press. ブラックモア、スーザン『ミームマシンとしての私』（全 2 巻）垂水雄二訳、草思社、2000 年

Blackmore, S. (2005). Can memes meet the challenge? In S. Hurley & N. Chater (Eds.), *Perspectives on imitation* (Vol. 2, pp. 409–411). Cambridge, MA: MIT Press.

Brainerd, C. J., & Reyna, V. F. (2001). Fuzzy-trace theory: Dual processes in memory, reasoning, and cognitive neuroscience. In H. W. Reese & R. Kail (Eds.), *Advances in child development and behavior* (Vol. 28, pp. 41–100). San Diego: Academic Press.

Brandstatter, E., Gigerenzer, G., & Hertwig, R. (2006). The priority heuristic: Making choices without trade-offs. *Psychological Review, 113,* 409–432.

Brase, G. L., Cosmides, L., & Tooby, J. (1998). Individuation, counting, and statistical inference: The role of frequency and whole-object representations in judgment under uncertainty. *Journal of Experimental Psychology: General, 127,* 3–21.

Braun, P. A., & Yaniv, I. (1992). A case study of expert judgment: Economists' probabilities versus base-rate model forecasts. *Journal of Behavioral Decision Making, 5,* 217–231.

Brenner, L. A., Koehler, D. J., Liberman, V, & Tversky, A. (1996). Overconfidence in probability and frequency judgments: A critical examination. *Organizational Behavior and Human Decision Processes, 65,* 212–219.

Broniarczyk, S., & Alba, J. W. (1994). Theory versus data in prediction and correlation tasks. *Organizational Behavior and Human Decision Processes, 57,* 117–139.

Broome, J. (1990). Should a rational agent maximize expected utility? In K. S. Cook & M. Levi (Eds.), *The limits of rationality* (pp. 132–145). Chicago: University of Chicago Press.

Broome, J. (1991). *Weighing goods: Equality, uncertainty, and time.* Oxford: Blackwell.

Bruine de Bruin, W., Parker, A. M., & Fischhoff, B. (2007). Individual differences in adult decision-making competence. *Journal of Personality and Social Psychology, 92,* 938–956.

Buckner, R. L., & Carroll, D. C. (2007). Self-projection and the brain. *Trends in Cognitive Sciences, 11,* 49–57.

Buehler, R., Griffin, D., & Ross, M. (2002). Inside the planning fallacy: The causes and consequences of optimistic time predictions. In T. Gilovich, D. Griffin, & D. Kahneman (Eds.). *Heuristics and biases: The psychology of intuitive judgment* (pp. 250–270). New York: Cambridge University Press.

Burns, B. D., & Corpus, B. (2004). Randomness and inductions from streaks: "Gambler's fallacy" versus "hot hand." *Psychonomic Bulletin & Review, 11,* 179–184.

Buss, D. M. (Ed.). (2005). *The handbook of evolutionary psychology.* Hoboken, NJ: Wiley.

Byrne, R. M. J. (2005). *The rational imagination: How people create alternatives to reality.* Cambridge, MA: MIT Press.

Camerer, C. F. (2000). Prospect theory in the wild: Evidence from the field. In D. Kahneman & A. Tversky (Eds.), *Choices, values, and frames* (pp. 288–300). Cambridge: Cambridge University Press.

Carruthers, P. (2006). *The architecture of the mind.* New York: Oxford University Press.

Casscells, W., Schoenberger, A., & Graboys, T. (1978). Interpretation by physicians of clinical laboratory results. *New England Journal of Medicine, 299,* 999–1001.

Chapman, G. B., & Elstein, A. S. (2000). Cognitive processes and biases in medical decision making. In G. B. Chapman & P. A. Sonnenberg (Eds.), *Decision making in health care: Theory, psychology, and applications* (pp. 183–210). New York: Cambridge University Press.

Cohen, L. J. (1981). Can human irrationality be experimentally demonstrated? *Behavioral and Brain Sciences, 4,* 317–370.

Colman, A. M. (1995). *Game theory and its applications.* Oxford: Butterworth-Heinemann.

Colman, A. M. (2003). Cooperation, psychological game theory, and limitations of rationality in social interaction. *Behavioral and Brain Sciences, 26,* 139–198.

Coltheart, M. (1999). Modularity and cognition. *Trends in Cognitive Sciences, 3,* 115–120.

Cooper, W. S. (1989). How evolutionary biology challenges the classical theory of rational choice. *Biology and Philosophy, 4,* 457–481.

Cooper, W. S., & Kaplan, R. H. (1982). Adaptive coin-flipping: A decision-theoretic examination of natural selection for random individual variation. *Journal of Theoretical Biology, 94,* 135–151.

Cosmides, L. (1989). The logic of social exchange: Has natural selection shaped how humans reason? Studies with the Wason selection task. *Cognition, 31,* 187–276.

Cosmides, L., & Tooby, J. (1992). Cognitive adaptations for social exchange. In J. Barkow, L. Cosmides, & J. Tooby (Eds.), *The adapted mind* (pp. 163–228).New York: Oxford University Press.

Cosmides, L., & Tooby, J. (1994). Beyond intuition and instinct blindness: Toward an evolutionarily rigorous cognitive science. *Cognition, 50,* 41–77.

Cosmides, L., & Tooby, J. (1996). Are humans good intuitive statisticians after all? Rethinking some conclusions from the literature on judgment under uncertainty. *Cognition, 58,* 1–73.

Croson, R., & Sundali, J. (2005). The gambler's fallacy and the hot hand: Empirical data from casinos. *Journal of Risk and Uncertainty, 30,* 195–209.

Cummins, D. D. (1996). Evidence for the innateness of deontic reasoning. *Mind & Language, 11,* 160–190.

Damasio, A. R. (1994). *Descartes' error.* New York: Putnam. ダマシオ、アントニオ・R.『デカルトの誤り——情動、理性、人間の脳』田中三彦訳、ちくま学芸文庫、2010 年

Davis, D., & Holt, C. (1993). *Experimental economics.* Princeton, NJ: Princeton University Press.

Dawes, R. M. (1988). *Rational choice in an uncertain world.* San Diego, CA: Harcourt Brace Jovanovich.

Dawes, R. M. (1991). Probabilistic versus causal thinking. In D. Cicchetti & W. Grove (Eds.), *Thinking clearly about psychology: Essays in honor of Paul E. Meehl* (Vol. 1, pp. 235–264). Minneapolis: University of Minnesota Press.

Dawes, R. M. (1994). *House of cards: Psychology and psychotherapy based on myth.* New York: Free Press.

Dawes, R. M. (1998). Behavioral decision making and judgment. In D. T. Gilbert, S. T. Fiske, & G. Lindzey (Eds.), *The handbook of social psychology* (Vol. 1, pp. 497–548). Boston: McGraw-Hill.

Dawes, R. M. (2001). *Everyday irrationality.* Boulder, CO: Westview Press.

Dawes, R. M., Faust, D., & Meehl, P. E. (1989). Clinical versus actuarial judgment. *Science, 243,* 1668–1673.

Dawkins, R. (1989). *The selfish gene.* New York: Oxford University Press. (Original work published 1976) ドーキンス、リチャード『利己的な遺伝子〈増補新装版〉』日高敏隆／岸由二／羽田節子／垂水雄二訳、紀伊國屋書店、2006 年

Dawkins, R. (1993). Viruses of the mind. In B. Dahlbom (Ed.), *Dennett and his critics* (pp. 13–27). Cambridge, MA: Blackwell.

De Neys, W. (2006). Dual processing in reasoning—Two systems but one reasoner. *Psychological Science, 17,* 428–433.

Dennett, D. C. (1987). *The intentional stance.* Cambridge, MA: MIT Press. デネット、ダニエル・C.『「志向姿勢」の哲学——人は人の行動を読めるのか?』若島正／河田学訳、白揚社、1996 年

Dennett, D. C. (1991). *Consciousness explained.* Boston: Little Brown. デネット、ダニエル・C.『解明される意識』山口泰司訳、青土社、1997 年

Dennett, D. C. (2006). From typo to thinko: When evolution graduated to semantic norms. In S. C. Levinson & P. Jaisson (Eds.), *Evolution and culture* (pp. 133–145). Cambridge, MA: MIT Press.

de Sousa, R. (2008). Logic and biology: Emotional inference and emotions in reasoning. In J. E. Adler & L. J. Rips (Eds.), *Reasoning: Studies of human inference and its foundations* (pp. 1002–1015). New York: Cambridge University Press.

Dickson, D. H.. & Kelly. I. W. (1985). The "Barnum effect" in personality assessment: A review of the literature. *Psychological Reports, 57,* 367–382.

Distin, K. (2005). *The selfish meme.* Cambridge: Cambridge University Press.

Doherty, M. E., & Mynatt, C. (1990). Inattention to P(H) and to P(D/~H): A converging operation. *Acta Psychologica, 75,* 1–11.

Dominowski, R. L. (1995). Content effects in Wason's selection task. In S. E. Newstead & J. St. B. T. Evans (Eds.), *Perspectives on thinking and reasoning* (pp. 41–65). Hove, England: Erlbaum.

Dulany, D. E., & Hilton, D. J. (1991). Conversational implicature, conscious representation, and the conjunction fallacy. *Social Cognition, 9*, 85–110.

Dunbar, R. (1998). Theory of mind and the evolution of language. In J. R. Hurford, M. Studdert-Kennedy, & C. Knight (Eds.), *Approaches to the evolution of language* (pp. 92–110). Cambridge: Cambridge University Press.

Dworkin, G. (1988). *The theory and practice of autonomy*. Cambridge: Cambridge University Press.

Eddy, D. (1982). Probabilistic reasoning in clinical medicine: Problems and opportunities. In D. Kahneman, P. Slovic, & A. Tversky (Eds.), *Judgment under uncertainty: Heuristics and biases* (pp. 249–267). Cambridge: Cambridge University Press.

Edwards, K., & Smith, E. E. (1996). A disconfirmation bias in the evaluation of arguments. *Journal of Personality and Social Psychology, 71*, 5–24.

Edwards, W. (1954). The theory of decision making. *Psychological Bulletin, 51*, 380–417.

Edwards, W., & von Winterfeldt, D. (1986). On cognitive illusions and their implications. In H. R. Arkes & K. R. Hammond (Eds.), *Judgment and decision making* (pp. 642–679). Cambridge: Cambridge University Press.

Ehrlinger, J., Gilovich, T., & Ross, L. (2005). Peering into the bias blind spot: People's assessments of bias in themselves and others. *Personality and Social Psychology Bulletin, 31*, 680–692.

Einhorn, H. J. (1986). Accepting error to make less error. *Journal of Personality Assessment, 50*, 387–395.

Einhorn, H. J., & Hogarth, R. M. (1981). Behavioral decision theory: Processes of judgment and choice. *Annual Review of Psychology, 32*, 53–88.

Eisenberg, D. M., Kessler, R., Foster, C., Norlock, R, Calkins, D., & Delbanco, T. (1993). Unconventional medicine in the United States. *New England Journal of Medicine, 328*, 246–252.

Elster, J. (1983). *Sour grapes: Studies in the subversion of rationality*. Cambridge: Cambridge University Press.

Epley, N. (2008, January 31). Rebate psychology. *The New York Times*, A27.

Epley, N., Mak, D., & Chen Idson, L. (2006). Bonus or rebate? The impact of income framing on spending and saving. *Journal of Behavioral Decision Making, 19*, 213–227.

Estes. W. K. (1964). Probability learning. In A. W. Melton (Ed.), *Categories of human learning* (pp. 89–128). New York: Academic Press.

Evans, J. St. B. T. (1972). Interpretation and matching bias in a reasoning task. *Quarterly Journal of Experimental Psychology, 24*, 193–199.

Evans, J. St. B. T. (1984). Heuristic and analytic processes in reasoning. *British Journal of Psychology, 75*, 451–468.

Evans, J. St. B. T. (1989). *Bias in human reasoning: Causes and consequences*. Hove, UK: Erlbaum. エバンズ、ジョナサン・St. B. T. 『思考情報処理のバイアス――思考心理学からのアプローチ』中島実訳、信山社出版、1995 年

Evans, J. St. B. T. (1996). Deciding before you think: Relevance and reasoning in the selection task. *British Journal of Psychology, 87*, 223–240.

Evans, J. St. B. T. (2002). The influence of prior belief on scientific thinking. In P. Carruthers, S. Stich, & M. Siegal (Eds.), *The cognitive basis of science* (pp. 193–210). Cambridge: Cambridge

University Press.

Evans, J. St. B. T. (2003). In two minds: Dual-process accounts of reasoning. *Trends in Cognitive Sciences, 7,* 454–459.

Evans, J. St. B. T. (2006). The heuristic-analytic theory of reasoning: Extension and evaluation. *Psychonomic Bulletin and Review, 13,* 378–395.

Evans, J. St. B. T. (2007). *Hypothetical thinking: Dual processes in reasoning and judgment.* New York: Psychology Press.

Evans, J. St. B. T. (2008). Dual-processing accounts of reasoning, judgment and social cognition. *Annual Review of Psychology, 59,* 255–278.

Evans, J. St. B. T, & Frankish, K. (Eds.). (2009). *In two minds: Dual processes and beyond.* Oxford: Oxford University Press.

Evans, J. St. B. T., Newstead, S. E., & Byrne, R. M. J. (1993). *Human reasoning: The psychology of deduction.* Hove, England: Erlbaum.

Evans, J. St. B. T., & Over, D. E. (1996). *Rationality and reasoning.* Hove, England: Psychology Press. エバンズ、ジョナサン・St. B. T.／オーヴァー、デイヴィッド・E.『合理性と推理』山祐嗣訳、ナカニシヤ出版、2000 年

Evans, J. St. B. T., & Over, D. E. (2004). *If.* Oxford: Oxford University Press.

Evans, J. St. B. T, Over, D. E., & Manktelow, K. (1993). Reasoning, decision making and rationality. *Cognition, 49,* 165–187.

Evans, J. St. B. T., Simon, J. H., Perham, N., Over, D. E., & Thompson, V. A. (2000). Frequency versus probability formats in statistical word problems. *Cognition, 77,* 197–213.

Fantino, E., & Esfandiari, A. (2002). Probability matching: Encouraging optimal responding in humans. *Canadian Journal of Experimental Psychology, 56,* 58–63.

Feldman Barrett, L. R, Tugade, M. M., & Engle, R. W. (2004). Individual differences in working memory capacity and dual-process theories of the mind. *Psychological Bulletin, 130,* 553–573.

Fischhoff, B. (1988). Judgment and decision making. In R. J. Sternberg & E. E. Smith (Eds.), *The psychology of human thought* (pp. 153–187). Cambridge: Cambridge University Press.

Fischhoff, B. (1991). Value elicitation: Is there anything there? *American Psychologist, 46,* 835–847.

Fischhoff, B., & Beyth-Marom, R. (1983). Hypothesis evaluation from a Bayesian perspective. *Psychological Review, 90,* 239–260.

Fischhoff, B., Slovic, P., & Lichtenstein, S. (1977). Knowing with certainty: The appropriateness of extreme confidence. *Journal of Experimental Psychology: Human Perception and Performance, 3,* 552–564.

Flanagan, O. (2007). *The really hard problem: Meaning in a material world.* Cambridge, MA: MIT Press.

Fodor, J. A. (1983). *The modularity of mind.* Cambridge, MA: MIT Press. フォーダー、ジェリー・A.『精神のモジュール形式――人工知能と心の哲学』伊藤笏康／信原幸弘訳、産業図書、1985 年

Forer, B. R. (1949). The fallacy of personal validation: A classroom demonstration of gullibility. *Journal of Abnormal and Social Psychology, 44,* 119–123.

Frank, R. H. (1999). *Luxury fever: Why money fails to satisfy in an era of excess.* New York: Free Press.

Frankfurt, H. (1971). Freedom of the will and the concept of a person. *Journal of Philosophy, 68,*

5–20. フランクファート、H.「意志の自由と人格という概念」近藤智彦訳、ストローソン、P.／フランクファート、H.／インワーゲン、P. V.／デイヴィドソン、D.／アンスコム、E.／ブラットマン、M.『自由と行為の哲学』門脇俊介／野矢茂樹編監修、法野谷俊哉／三ッ野陽介／近藤智彦／小池翔一／河島一郎／早川正祐／星川道人／竹内聖一訳、春秋社、2010年所収

Frederick, S. (2002). Automated choice heuristics. In T. Gilovich, D. Griffin, & D. Kahneman (Eds.), *Heuristics and biases: The psychology of intuitive judgment* (pp. 548–558). New York: Cambridge University Press.

Frisch, D. (1993). Reasons for framing effects. *Organizational Behavior and Human Decision Processes, 54*, 399–429.

Gal, I., & Baron, J. (1996). Understanding repeated simple choices. *Thinking and Reasoning, 2*, 81–98.

Gale, M., & Ball, L. J. (2006). Dual-goal facilitation in Wason's 2–4–6 task: What mediates successful rule discovery? *The Quarterly Journal of Experimental Psychology, 59*, 873–885.

Gallistel, C. R. (1990). *The organization of learning*. Cambridge, MA: MIT Press.

Gauthier, D. (1986). *Morals by agreement*. Oxford: Oxford University Press. ゴティエ、デイヴィド『合意による道徳』小林公訳、木鐸社、1999年

Gawande, A. (1998, February 8). No mistake. *The New Yorker*, pp. 74–81.

Gigerenzer, G. (1991). How to make cognitive illusions disappear: Beyond "heuristics and biases." *European Review of Social Psychology, 2*, 83–115.

Gigerenzer, G. (1996a). On narrow norms and vague heuristics: A reply toKahneman and Tversky (1996). *Psychological Review, 103*, 592–596.

Gigerenzer, G. (1996b). Rationality: Why social context matters. In P. B. Baltes & U. Staudinger (Eds.), *Interactive minds: Life-span perspectives on the social foundation of cognition* (pp. 319–346). Cambridge: Cambridge University Press.

Gigerenzer, G. (2002). *Calculated risks: How to know when numbers deceive you*. New York: Simon & Schuster. ギーゲレンツァー、ゲルト『リスク・リテラシーが身につく統計的思考法——初歩からベイズ推定まで』吉田利子訳、早川書房、2010年

Gigerenzer, G. (2007). *Gut feelings: The intelligence of the unconscious*. New York: Viking Penguin. ギーゲレンツァー、ゲルト『なぜ直感のほうが上手くいくのか?——「無意識の知性」が決めている』小松淳子訳、インターシフト、2010年

Gigerenzer, G., Hoffrage, U, & Kleinbolting, H. (1991). Probabilistic mental models: A Brunswikian theory of confidence. *Psychological Review, 98*, 506–528.

Gigerenzer, G., & Todd, P. M. (1999). *Simple heuristics that make us smart*. New York: Oxford University Press.

Gilovich, T. (1991). *How we know what isn't so*. New York: Free Press. ギロビッチ、トーマス・D.『人間この信じやすきもの——迷信・誤信はどうして生まれるか』守一雄／守秀子訳、新曜社、1993年

Gilovich, T., Griffin, D., & Kahneman, D. (Eds.). (2002). *Heuristics and biases: The psychology of intuitive judgment*. New York: Cambridge University Press.

Girotto, V. (2004). Task understanding. In J. P. Leighton & R. J. Sternberg (Eds.), *The nature of reasoning* (pp. 103–125). Cambridge: Cambridge University Press.

Gladwell, M. (2005). *Blink*. New York: Little, Brown. グラッドウェル、マルコム『第1感——「最初の2秒」の「なんとなく」が正しい』沢田博／阿部尚美訳、光文社、2006年

Goel, V., & Dolan, R. J. (2003). Explaining modulation of reasoning by belief. *Cognition, 87,* B11–B22.

Goldberg, L. R. (1959). The effectiveness of clinicians' judgments: The diagnosis of organic brain damage from the Bender Gestalt Test. *Journal of Consulting Psychology, 23,* 25–33.

Goldberg, L. R. (1968). Simple models or simple processes? Some research on clinical judgments. *American Psychologist, 23,* 483–496.

Goldberg, L. R. (1991). Human mind versus regression equation: Five contrasts. In D. Cicchetti & W. Grove (Eds.), *Thinking clearly about psychology: Essays in honor of Paul E. Meehl* (Vol. 1, pp. 173–184). Minneapolis: University of Minnesota Press.

Goldstein, D. G.. & Gigerenzer, G. (1999). The recognition heuristic: How ignorance makes us smart. In G. Gigerenzer & P. M. Todd (Eds.), *Simple heuristics that make us smart* (pp. 37–58). New York: Oxford University Press.

Goldstein, D. G., & Gigerenzer, G. (2002). Models of ecological rationality: The recognition heuristic. *Psychological Review, 109,* 75–90.

Goldstein, W. M. (2004). Social judgment theory: Applying and extending Brunswik's probabilistic functionalism. In D. J. Koehler & N. Harvey (Eds.), *Blackwell handbook of judgment and decision making* (pp. 37–61). Maiden, MA: Blackwell Publishing.

Grether, D. M., & Plott, C. R. (1979). Economic theory of choice and the preference reversal phenomenon. *American Economic Review, 69,* 623–638.

Grice, H. P. (1975). Logic and conversation. In P. Cole & J. Morgan (Eds.), *Syntax and semantics: Vol. 3. Speech acts* (pp. 41–58). New York: Academic Press. グライス、H. ポール「論理と会話」清塚邦彦訳、グライス、H. ポール『論理と会話』清塚邦彦訳、勁草書房、1998 年所収

Griffin, D., & Tversky, A. (1992). The weighing of evidence and the determinants of confidence. *Cognitive Psychology, 24,* 411–435.

Griggs. R. A., & Cox, J. R. (1982). The elusive thematic-materials effect in Wason's selection task. *British Journal of Psychology, 73,* 407–420.

Groopman, J. (2007). *How doctors think.* Boston: Houghton Mifflin. グループマン、ジェローム『医者は現場でどう考えるか』美沢惠子訳、石風社、2011 年

Hacking, I. (2001). *An introduction to probability and inductive logic.* Cambridge: Cambridge University Press.

Haidt, J. (2001). The emotional dog and its rational tail: A social intuitionist approach to moral judgment. *Psychological Review, 108,* 814–834.

Hammond, K. R. (1996). *Human judgment and social policy.* New York: Oxford University Press.

Hammond, K. R. (2007). *Beyond rationality: The search for wisdom in a troubled time.* Oxford: Oxford University Press.

Handley, S. J., Capon, A., Beveridge, M., Dennis, I., & Evans, J. S. B. T. (2004). Working memory, inhibitory control and the development of children's reasoning. *Thinking and Reasoning, 10,* 175–195.

Hardin, C. (1968). The tragedy of the commons. *Science, 162,* 1243–1248. ハーディン、G.「共有地の悲劇」桜井徹訳、シュレーダー=フレチェット、クリスティン・S. 編『環境の倫理 下』京都生命倫理研究会訳、晃洋書房、1993 年所収

Hargreaves Heap, S. P., & Varoufakis, Y. (1995). *Game theory: A critical introduction.* London: Routledge. ハーグリーブズ・ヒープ、ショーン・P.／ファロファキス、ヤニス『ゲーム理

論——批判的入門』荻沼隆訳、多賀出版、1998 年

Harman, C. (1995). Rationality. In E. E. Smith & D. N. Osherson (Eds.), *Thinking* (Vol. 3, pp. 175–211). Cambridge, MA: MIT Press.

Hartman, R. S., Doane, M. J., & Woo, C. (1991). Consumer rationality and the status quo. *Quarterly Journal of Economics, 106*, 141–162.

Hasher, L., Lustig, C., & Zacks, R. (2007). Inhibitory mechanisms and the control of attention. In A. Conway, C. Jarrold, M. Kane, A. Miyake, & J. Towse (Eds.), *Variation in working memory* (pp. 227–249). New York: Oxford University Press.

Hasher, L., & Zacks, R. T. (1979). Automatic processing of fundamental information: The case of frequency of occurrence. *Journal of Experimental Psychology: General, 39*, 1372–1388.

Hastie, R., & Dawes, R. M. (2001). *Rational choice in an uncertain world*. Thousand Oaks, CA: Sage.

Hertwig, R., & Gigerenzer, G. (1999). The 'conjunction fallacy' revisited: How intelligent inferences look like reasoning errors. *Journal of Behavioral Decision Making, 12*, 275–305.

Hilton, D. J. (1995). The social context of reasoning: Conversational inference and rational judgment. *Psychological Bulletin, 118*, 248–271.

Hilton, D. J. (2003). Psychology and the financial markets: Applications to understanding and remedying irrational decision-making. In I. Brocas & J. D. Carrillo (Eds.), *The psychology of economic decisions: Vol. 1. Rationality and well-being* (pp. 273–297). Oxford: Oxford University Press.

Hines, T. M. (2003). *Pseudoscience and the paranormal* (2nd ed.). Buffalo, NY: Prometheus Books. ハインズ、テレンス『ハインズ博士再び「超科学」をきる——代替医療はイカサマか?』井山弘幸訳、化学同人、2011 年

Hirschman, A. O. (1986). *Rival views of market society and other recent essays*. New York: Viking.

Hoch, S. J. (1985). Counterfactual reasoning and accuracy in predicting personal events. *Journal of Experimental Psychology: Learning, Memory, and Cognition, 11*, 719–731.

Hollis, M. (1992). Ethical preferences. In S. Hargreaves Heap, M. Mollis, B. Lyons, R. Sugden, & A. Weale (Eds.), *The theory of choice: A critical guide* (pp. 308–310). Oxford: Blackwell.

Huber, J., & Puto, C. (1983). Market boundaries and product choice: Illustrating attraction and substitution effects. *Journal of Consumer Research, 10*, 31–44.

Humphrey, N. (1976). The social function of intellect. In P. P. G. Bateson & R. A. Hinde (Eds.), *Growing points in ethology* (pp. 303–317). London: Faber & Faber. ハンフリー、ニコラス・K.「知の社会的機能」藤田和生訳、バーン、リチャード・W./ホワイトゥン、アンドリュー編『マキャベリ的知性と心の理論の進化論』藤田和生／山下博志／友永雅己監訳、ナカニシヤ出版、2004 年所収

Hurley, S. L. (1989). *Natural reasons: Personality and polity*. New York: Oxford University Press.

Jacobs, J. E., & Potenza, M. (1991). The use of judgment heuristics to make social and object decisions: A developmental perspective. *Child Development, 62*, 166–178.

Jeffrey, R. (1974). Preferences among preferences. *Journal of Philosophy, 71*, 377–391.

Jeffrey, R. C. (1983). *The logic of decision* (2nd ed.). Chicago: University of Chicago Press.

Jensen, K., Call, J., & Tomasello, M. (2007). Chimpanzees are rational meximizers in an ultimatum game. *Science, 318*, 107–109.

Johnson, E. J., & Goldstein, D. C. (2006). Do defaults save lives? In S. Lichtenstein & P. Slovic (Eds.), *The construction of preference* (pp. 682–688). Cambridge: Cambridge University Press.

Johnson, E. J., Hershey, J., Meszaros, J., & Kunreuther, H. (2000). Framing, probability distortions, and insurance decisions. In D. Kahneman & A. Tversky (Eds.), *Choices, values, and frames* (pp. 224–240). Cambridge: Cambridge University Press.

Johnson-Laird, P. N. (1999). Deductive reasoning. *Annual Review of Psychology, 50*, 109–135.

Johnson-Laird, P. N. (2006). *How we reason.* Oxford: Oxford University Press.

Johnson-Laird, P. N., & Oatley, K. (1992). Basic emotions, rationality, and folk theory. *Cognition and Emotion, 6*, 201–223.

Jungermann, H. (1986). The two camps on rationality. In H. R. Arkes & K. R. Hammond (Eds.), *Judgment and decision making* (pp. 627–641). Cambridge: Cambridge University Press.

Juslin, P. (1994). The overconfidence phenomenon as a consequence of informal experimenter-guided selection of almanac items. *Organizational Behavior and Human Decision Processes, 57*, 226–246.

Juslin, P., Winman, A., & Persson, T. (1994). Can overconfidence be used as an indicator of reconstructive rather than retrieval processes? *Cognition, 54*, 99–130.

Kahneman, D. (1991). Judgment and decision making: A personal view. *Psychological Science, 2*, 142–145.

Kahneman, D. (1994). New challenges to the rationality assumption. *Journal of Institutional and Theoretical Economics, 150*, 18–36.

Kahneman, D. (2000). A psychological point of view: Violations of rational rules as a diagnostic of mental processes. *Behavioral and Brain Sciences, 23*, 681–683.

Kahneman, D. (2003). A perspective on judgment and choice: Mapping bounded rationality. *American Psychologist, 58*, 697–720.

Kahneman, D., & Frederick, S. (2002). Representativeness revisited: Attribute substitution in intuitive judgment. In T. Gilovich, D. Griffin, & D. Kahneman (Eds.), *Heuristics and biases: The psychology of intuitive judgment* (49–81). New York: Cambridge University Press.

Kahneman, D., & Frederick, S. (2005). A model of heuristic judgment. In K. J. Holyoak & R. G. Morrison (Eds.), *The Cambridge handbook of thinking and reasoning* (pp. 267–293). New York: Cambridge University Press.

Kahneman, D., Knetsch, J. L., & Thaler, R. (1991). The endowment effect, loss aversion, and status quo bias. *Journal of Economic Perspectives, 5*, 193–206.

Kahneman, D., Krueger, A. B., Schkade, D., Schwarz, N., & Stone, A. (2006). Would you be happier if you were richer? A focusing illusion. *Science, 312*, 1908–1910.

Kahneman, D., & Tversky, A. (1972). Subjective probability: A judgment of representativeness. *Cognitive Psychology, 3*, 430–454.

Kahneman, D., & Tversky, A. (1973). On the psychology of prediction. *Psychological Review, 80*, 237–251.

Kahneman, D., & Tversky, A. (1979). Prospect theory: An analysis of decision under risk. *Econometrica, 47*, 263–291.

Kahneman, D., & Tversky, A. (1984). Choices, values, and frames. *American Psychologist, 39*, 341–350. カーネマン、ダニエル／トヴェルスキー、エイモス「選択・価値・フレーム」村井章子訳、カーネマン、ダニエル『ファスト＆スロー（下）』村井章子訳、早川書房、2014年所収

Kahneman, D., & Tversky, A. (1996). On the reality of cognitive illusions. *Psychological Review, 103*, 582–591.

Kahneman, D., & Tversky, A. (Eds.). (2000). *Choices, values, and frames*. Cambridge: Cambridge University Press.

Kane, M. J., & Engle, R. W. (2003). Working-memory capacity and the control of attention: The contributions of goal neglect, response competition, and task set to Stroop interference. *Journal of Experimental Psychology: General, 132*, 47–70.

Kern, L., & Doherty, M. E. (1982). "Pseudodiagnosticity" in an idealized medical problem-solving environment. *Journal of Medical Education, 57*, 100–104.

Keys, D. J., & Schwartz, B. (2007). "Leaky" rationality: How research on behavioral decision making challenges normative standards of rationality. *Perspectives on Psychological Science, 2*, 162–180.

King, R. N., & Koehler, D. J. (2000). Illusory correlations in graphological inference. *Journal of Experimental Psychology: Applied, 6*, 336–348.

Klaczynski, P. A. (2000). Motivated scientific reasoning biases, epistemological beliefs, and theory polarization: A two-process approach to adolescent cognition. *Child Development, 71*, 1347–1366.

Klaczynski, P. A. (2001). Analytic and heuristic processing influences on adolescent reasoning and decision making. *Child Development, 72*, 844–861.

Klaczynski, P. A., & Lavallee, K. L. (2005). Domain-specific identity, epistemic regulation, and intellectual ability as predictors of belief-based reasoning: A dual-process perspective. *Journal of Experimental Child Psychology, 92*, 1–24.

Klaczynski, P. A., & Narasimham, G. (1998). Development of scientific reasoning biases: Cognitive versus ego-protective explanations. *Developmental Psychology, 34*, 175–187.

Klauer, K. C., Stahl, C., & Erdfelder, E. (2007). The abstract selection task: New data and an almost comprehensive model. *Journal of Experimental Psychology: Learning, Memory, and Cognition, 33*, 688–703.

Klayman, J., & Ha, Y. (1987). Confirmation, disconfirmation, and information in hypothesis testing. *Psychological Review, 94*, 211–228.

Koehler, D. J., & Harvey, N. (Eds.). (2004). *Blackwell handbook of judgment and decision making*. Oxford, England: Blackwell.

Koehler, J. J. (1996). The base rate fallacy reconsidered: Descriptive, normative and methodological challenges. *Behavioral and Brain Sciences, 19*, 1–53.

Kohler, W. (1927). *The mentality of apes* (2nd ed.). London: Routledge and Kegan Paul.

Kokis, J., Macpherson, R., Toplak, M., West, R. E, & Stanovich, K. E. (2002). Heuristic and analytic processing: Age trends and associations with cognitive ability and cognitive styles. *Journal of Experimental Child Psychology, 83*, 26–52.

Komorita, S. S., & Parks, C. D. (1994). *Social dilemmas*. Boulder. CO: Westview Press.

Koriat, A., Lichtenstein, S., & Fischhoff, B. (1980). Reasons for confidence. *Journal of Experimental Psychology: Human Learning and Memory, 6*, 107–118.

Kornblith, H. (1993). *Inductive inference and its natural ground*. Cambridge, MA: MIT Press.

Krantz, D. H. (1991). From indices to mappings: The representational approach to measurement. In D. R. Brown & J. E. K. Smith (Eds.), *Frontiers of mathematical psychology* (pp. 1–52). New York: Springer-Verlag.

Laland, K. N., & Brown, G. R. (2002). *Sense and nonsense: Evolutionary perspectives on human behaviour*. Oxford: Oxford University Press.

LeBoeuf, R. A., & Shafir, E. (2003). Deep thoughts and shallow frames: On the susceptibility to framing effects. *Journal of Behavioral Decision Making, 16*, 77–92.

Levin, I. P., & Hart, S. S. (2003). Risk preferences in young children: Early evidence of individual differences in reaction to potential gains and losses. *Journal of Behavioral Decision Making, 16*, 397–413.

Levin, 1. P., Hart, S. S., Weller, J. A., & Harshman, L. A. (2007). Stability of choices in a risky decision-making task: A 3–year longitudinal study with children and adults. Journal of Behavioral Decision Making, 20, 241–252.

Levin, I. P., Wasserman, E. A., & Kao, S. F. (1993). Multiple methods of examining biased information use in contingency judgments. *Organizational Behavior and Human Decision Processes, 55*, 228–250.

Levinson, S. C. (1995). Interactional biases in human thinking. In E. Goody (Eds.), *Social intelligence and interaction* (pp. 221–260). Cambridge: Cambridge University Press.

Levy, S. (2005, January 31). Does your iPod play favorites? *Newsweek*, p. 10.

Lichtenstein, S., & Slovic, P. (1971). Reversal of preferences between bids and choices in gambling decisions. *Journal of Experimental Psychology, 89*, 46–55.

Lichtenstein, S., & Slovic, P. (1973). Response-induced reversals of preference in gambling: An extended replication in Las Vegas. *Journal of Experimental Psychology, 101*, 16–20.

Lichtenstein, S., & Slovic, P. (Ed.). (2006). *The construction of preference*. Cambridge: Cambridge University Press.

Lieberman, M. D. (2000). Intuition: A social cognitive neuroscience approach. *Psychological Bulletin, 126*, 109–137.

Lieberman, M. D. (2003). Reflexive and reflective judgment processes: A social cognitive neuroscience approach. In J. P. Forgas, K. R. Williams, & W. von Hippel (Eds.), *Social judgments: Implicit and explicit processes* (pp. 44–67). New York: Cambridge University Press.

Lilienfeld, S. O. (1999). Projective measures of personality and psychopathology: How well do they work? *Skeptical Inquirer, 23*, 32–39.

Loomes, G., & Sugden, R. (1982). Regret theory: An alternative theory of rational choice under uncertainty. *Economic Journal, 92*, 805–824.

Luce, R. D., & Raiffa, H. (1957). *Games and decisions*. New York: Wiley.

Lyon, D., & Slovic, P. (1976). Dominance of accuracy information and neglect of base rates in probability estimation. *Acta Psychologica, 40*, 287–298.

Macchi, L. (1995). Pragmatic aspects of the base-rate fallacy. *Quarterly Journal of Experimental Psychology, 48A*, 188–207.

MacErlean, N. (2002, August 4). Do the sums—it's in your interest. *The Observer* (London), Cash 2–3.

Maher, P. (1993). *Betting on theories*. Cambridge: Cambridge University Press.

Mamassian, P. (2008). Overconfidence in an objective anticipatory motor task. *Psychological Science, 19*, 601–606.

Manktelow, K. I. (1999). *Reasoning and thinking*. Hove, England: Psychology Press. マンクテロウ、K.『思考と推論：理性・判断・意思決定の心理学』服部雅史／山祐嗣訳、北大路書房、2015年

Manktelow, K. I. (2004). Reasoning and rationality: The pure and the practical. In K. I. Manktelow & M. C, Chung (Eds.), *Psychology of reasoning: Theoretical and historical perspectives* (pp.

157–177). Hove, England: Psychology Press.

Manktelow, K. I, & Evans, J. St. B. T. (1979). Facilitation of reasoning by realism: Effect or non-effect? *British Journal of Psychology, 70*, 477–488.

Manktelow, K. I, & Over, D. E. (1991). Social roles and utilities in reasoning with deontic conditionals. *Cognition, 39*, 85–105.

Margolis, H. (1987). *Patterns, thinking, and cognition.* Chicago: University of Chicago Press.

Markovits, H., & Nantel, G. (1989). The belief-bias effect in the production and evaluation of logical conclusions. *Memory & Cognition, 17*, 11–17.

Markowitz, H. M. (1952). The utility of wealth. *Journal of Political Economy, 60*, 151–158.

Marks, D. F (2001). *The psychology of the psychic.* Buffalo, NY: Prometheus.

McClure, S. M., Laibson, D. L, Loewenstein, G., & Cohen, J. D. (2004). Separate neural systems value immediate and delayed monetary rewards. *Science, 306*, 503–507.

McEvoy, S. P., Stevenson, M. R., McCartt, A. T., Woodword, M., Haworth, C., Palamara, P., & Cercarelli, R. (2005, August 20). Role of mobile phones in motor vehicle crashes resulting in hospital attendance: A case-crossover study. *British Medical Journal, 331*, 428.

McIntyre, A. (1990). Is akratic action always irrational? In O. Elanagan & A. O. Rorty (Eds.), *Identity, character, and morality* (pp. 379–400). Cambridge, MA: MIT Press.

McKenzie, C. R. M. (2003). Rational models as theories—not standards—of behavior. *Trends in Cognitive Sciences, 7*, 403–406.

McKenzie, C. R. M., & Nelson, J. D. (2003). What a speaker's choice of frame reveals: Reference points, frame selection, and framing effects. *Psychonomic Bulletin and Review, 10*, 596–602.

McNeil, B., Pauker, S., Sox, H., & Tversky, A. (1982). On the elicitation of preferences for alternative therapies. *New England Journal of Medicine, 306*, 1259–1262.

Medin, D. L., & Bazerman, M. H. (1999). Broadening behavioral decision research: Multiple levels of cognitive processing. *Psychonomic Bulletin & Review, 6*, 533–546.

Medin, D. L., Schwartz, H. C., Blok, S. V., & Birnbaum, L. A. (1999). The semantic side of decision making. *Psychonomic Bulletin & Review, 6*, 562–569.

Meehl, P. E. (1954). *Clinical versus statistical prediction: A theoretical analysis and review of the literature.* Minneapolis: University of Minnesota Press.

Mele, A. R., & Rawling, P. (Eds.). (2004). *The Oxford handbook of rationality.* Oxford: Oxford University Press.

Mellers, B., Hertwig, R., & Kahneman, D. (2001). Do frequency representations eliminate conjunction effects? An exercise in adversarial collaboration. *Psychological Science, 12*, 269–275.

Mesoudi, A., Whiten, A., & Laland, K. N. (2006). Towards a unified science of cultural evolution. *Behavioral and Brain Sciences, 29*, 329–383.

Metcalfe, J., & Mischel, W. (1999). A hot/cool-system analysis of delay of gratification: Dynamics of will power. *Psychological Review, 106*, 3–19.

Mithen, S. (1996). *The prehistory of mind: The cognitive origins of art and science.* London: Thames and Hudson. ミズン、スティーヴン『心の先史時代』松浦俊輔／牧野美佐緒訳、青土社、1998 年

Miyake, A., Friedman, N., Emerson, M. J., & Witzki, A. H. (2000). The utility and diversity of executive functions and their contributions to complex "frontal lobe" tasks: A latent variable analysis. *Cognitive Psychology, 41*, 49–100.

Myers, D. G. (2000). *The American paradox: Spiritual hunger in an age of plenty.* New Haven, CT:

Yale University Press.

Mynatt, C. R., Doherty, M. E., & Dragan, W. (1993). Information relevance, working memory, and the consideration of alternatives. *Quarterly Journal of Experimental Psychology, 46A,* 759–778.

Nathanson, S. (1994). *The ideal of rationality.* Chicago: Open Court.

Neumann, P. J., & Politser, P. E. (1992). Risk and optimality. In J. F. Yates (Ed.), *Risk-taking behavior* (pp. 27–47). Chichester, England: John Wiley.

Neurath, O. (1932/1933). Protokollsatze. *Erkenntis, 3,* 204–214. ノイラート、オットー「プロトコル言明」竹尾治一郎訳、フレーゲ、ゴットロープ／ラッセル、バートランド／ラムジー、フランク・P.／ヘンペル、カール・G.／シュリック、モーリッツ／ノイラート、オットー／カルナップ、ルドルフ『現代哲学基本論文集 I』坂本百大編、土屋俊／清水義夫／内井惣七／竹尾治一郎／山川学訳、勁草書房、1986 年所収

Newstead, S. E., & Evans, J. St. B. T. (Eds.). (1995). *Perspectives on thinking and reasoning.* Hove, England: Erlbaum.

Newstead, S. E., Handley, S. J., Harley, C., Wright, H., & Farrelly, D. (2004). Individual differences in deductive reasoning. *Quarterly Journal of Experimental Psychology, 57A,* 33–60.

Nickerson, C., Schwarz, N., Diener, E., & Kahneman, D. (2003). Zeroing in on the dark side of the American dream: A closer look at the negative consequences of the goal for financial success. *Psychological Science, 14,* 531–536.

Nickerson, R. S. (1998). Confirmation bias: A ubiquitous phenomenon in many guises. *Review of General Psychology, 2,* 175–220.

Nickerson, R. S. (2002). The production and perception of randomness. *Psychological Review, 109,* 330–357.

Nickerson, R. S. (2004). *Cognition and chance: The psychology of probabilistic reasoning.* Mahwah, NJ: Erlbaum.

Nisbett, R. E., & Ross, L. (1980). *Human inference: Strategies and shortcomings of social judgment.* Englewood Cliffs, NJ: Prentice Hall.

Nozick, R. (1989). *The examined life.* New York: Simon & Schuster. ノージック、ロバート『生のなかの螺旋——自己と人生のダイアローグ』井上章子訳、青土社、1993 年

Nozick, R. (1993). *The nature of rationality.* Princeton, NJ: Princeton University Press.

Oaksford, M., & Chater, N. (1994). A rational analysis of the selection task as optimal data selection. *Psychological Review, 101,* 608–631.

Oaksford, M., & Chater, N. (2001). The probabilistic approach to human reasoning. *Trends in Cognitive Sciences, 5,* 349–357.

Oaksford, M., & Chater, N. (2007). *Bayesian rationality: The probabilistic approach to human reasoning.* Oxford: Oxford University Press.

Oatley, K. (1992). *Best laid schemes: The psychology of emotions.* Cambridge: Cambridge University Press.

Oatley, K. (1999). Why fiction may be twice as true as fact: Fiction as cognitive and emotional simulation. *Review of General Psychology, 3,* 101–117.

Ohman, A., & Mineka, S. (2001). Fears, phobias, and preparedness: Toward an evolved module of fear and fear learning. *Psychological Review, 108,* 483–522.

Over, D. E. (2004). Rationality and the normative/descriptive distinction. In D. J. Koehler & N. Harvey (Eds.), *Blackwell handbook of judgment and decision making* (pp. 3–18). Maiden, MA:

Blackwell.

Overton, W. E, Byrnes, J. P., & O'Brien, D. P. (1985). Developmental and individual differences in conditional reasoning: The role of contradiction training and cognitive style. *Developmental Psychology, 21*, 692–701.

Parker, A. M., & Fischhoff, B. (2005). Decision-making competence: External validation through an individual differences approach, *Journal of Behavioral Decision Making, 18*, 1–27.

Payne, J. W., Bettman, J. R., & Johnson, E. J. (1992). Behavioral decision research: A constructive processing perspective. *Annual Review of Psychology, 43*, 87–131.

Perreaux, L. (2001, May 17). Drivers all edgy: Survey. *National Post* (Toronto), p. A7.

Petry, N. M. (2005). *Pathological gambling: Etiology, comorbidity, and treatment.* Washington, DC: American Psychological Association.

Petry, N. M., Bickel, W. K.. & Arnett, M. (1998). Shortened time horizons and insensitivity to future consequences in heroin addicts. *Addiction, 93*, 729–738.

Pinker, S. (1994). *The language instinct.* New York: William Morrow. ピンカー、スティーブン『言語を生みだす本能』（全 2 巻）椋田直子訳、NHK 出版、1995 年

Pinker, S. (1997). *How the mind works.* New York: Norton. ピンカー、スティーブン『心の仕組み』（全 2 巻）山下篤子／椋田直子訳、ちくま学芸文庫、2013 年

Plous, S. (1993). *The psychology of judgment and decision making.* New York: McGraw-Hill. プラウス、スコット『判断力——判断と意思決定のメカニズム』浦谷計子訳、マグロウヒル・エデュケーション、2012 年

Pohl, R. (Ed.). (2004). *Cognitive illusions: A handbook on fallacies and biases in thinking, judgment and memory.* Hove, England: Psychology Press.

Poletiek, E H. (2001). *Hypothesis testing behaviour.* Hove, England: Psychology Press.

Politzer, G., & Macchi, L. (2000). Reasoning and pragmatics. *Mind & Society, 1*, 73–93.

Politzer, G., & Noveck, I. A. (1991). Are conjunction rule violations the result of conversational rule violations? *Journal of Psycholinguistic Research, 20*, 83–103.

Pollard, P., & Evans, J. St. B. T. (1987). Content and context effects in reasoning. *American Journal of Psychology, 100*, 41–60.

Prado, J., & Noveck, I. A. (2007). Overcoming perceptual features in logical reasoning: A parametric functional magnetic resonance imaging study. *Journal of Cognitive Neuroscience, 19*, 642–657.

Quattrone, G., & Tversky, A. (1984). Causal versus diagnostic contingencies: On self-deception and on the voter's illusion. *Journal of Personality and Social Psychology, 46*, 237–248.

Quine, W. (1960). *Word and object. Cambridge*, MA: MIT Press. クワイン、W. V. O.『ことばと対象』大出晁／宮館恵訳、勁草書房、1984 年

Reber, A. S. (1992). An evolutionary context for the cognitive unconscious. *Philosophical Psychology, 5*, 33–51.

Reber, A. S. (1993). *Implicit learning and tacit knowledge.* New York: Oxford University Press.

Redelmeier, D. A., & Shafir, E. (1995). Medical decision making in situations that offer multiple alternatives. *JAMA, 273*, 302–305.

Resnik, M. D. (1987). *Choices: An introduction to decision theory.* Minneapolis: University of Minnesota Press.

Reyna, V. F. (2004). How people make decisions that involve risk. *Current Directions in Psychological Science, 13*, 60–66.

Reyna, V. F., & Ellis, S. (1994). Fuzzy-trace theory and framing effects in children's risky decision making. *Psychological Science, 5*, 275–279.

Rode, C., Cosmides, L., Hell, W., & Tooby, J. (1999). When and why do people avoid unknown probabilities in decisions under uncertainty? Testing some predictions from optimal foraging theory. *Cognition, 72*, 269–304.

Ronis, D. L., & Yates, J. E. (1987). Components of probability judgment accuracy: Individual consistency and effects of subject matter and assessment method. *Organizational Behavior and Human Decision Processes, 40*, 193–218.

Royal Swedish Academy of Sciences, The. (2002b). *The Bank of Sweden Prize in Economic Sciences in Memory of Alfred Nobel 2002: Information for the public* [Press release]. Retrieved August 6, 2007, from http://www.nobel.se/economics/laureates/2002/press.html

Russo, J. E., & Schoemaker, P. (1989). *Decision traps: Ten barriers to brilliant decision making and how to overcome them*. New York: Simon & Schuster.

Sá, W., West, R. F., & Stanovich, K. E. (1999). The domain specificity and generality of belief bias: Searching for a generalizable critical thinking skill. *Journal of Educational Psychology, 91*, 497–510.

Salthouse, T. A., Atkinson, T. M., & Berish, D. E. (2003). Executive functioning as a potential mediator of age-related cognitive decline in normal adults. *Journal of Experimental Psychology: General, 132*, 566–594.

Samuels, R. (2005). The complexity of cognition: Tractability arguments for massive modularity. In P. Carruthers, S. Laurence, & S. Stich (Eds.), *The innate mind* (pp. 107–121). Oxford: Oxford University Press.

Samuels, R. (2009). The magical number two, plus or minus: Dual process theory as a theory of cognitive kinds. In J. Evans & K. Prankish (Eds.), *In two minds: Dual processes and beyond* (pp. 129–148). Oxford: Oxford University Press.

Samuels, R., & Stich, S. P. (2004). Rationality and psychology. In A. R. Mele & P. Rawling (Eds.), *The Oxford handbook of rationality* (pp. 279–300). Oxford: Oxford University Press.

Samuelson, W., & Zeckhauser, R. J. (1988). Status quo bias in decision making. *Journal of Risk and Uncertainty, 1*, 7–59.

Savage, L. J. (1954). *The foundations of statistics*. New York: Wiley.

Schick, F. (1987). Rationality: A third dimension. *Economics and Philosophy, 3*, 49–66.

Schwartz, B. (2004). *The paradox of choice*. New York: Ecco Press. シュワルツ、バリー『なぜ選ぶたびに後悔するのか——オプション過剰時代の賢い選択術』瑞穂のりこ訳、武田ランダムハウスジャパン、2012 年

Schwartz, S., & Griffin, T. (Eds.). (1986). *Medical thinking: The psychology of medical judgment and decision making*. New York: Springer-Verlag.

Searle, J. R. (2001). *Rationality in Action*. Cambridge, MA: MIT Press. サール、ジョン・R.『行為と合理性』塩野直之訳、勁草書房、2008 年

Sen, A. K. (1977). Rational fools: A critique of the behavioral foundations of economic theory. *Philosophy and Public Affairs, 6*, 317–344.

Sen, A. K. (1982). Choices, orderings and morality. In A. Sen, *Choice, welfare and measurement* (pp. 74–83). Cambridge, MA: Harvard University Press. セン、アマルティア『合理的な愚か者——経済学＝倫理学的探究』大庭健／川本隆史訳、勁草書房、1989 年

Sen, A. K. (1993). Internal consistency of choice. *Econometrica, 61*, 495–521.

Shafer, G. (1988). Savage revisited. In D. Bell, H. Raiffa, & A. Tversky (Eds.), *Decision making: Descriptive, normative, and prescriptive interactions* (pp. 193–234). Cambridge: Cambridge University Press.

Shafir, E. (1994). Uncertainty and the difficulty of thinking through disjunctions. *Cognition, 50,* 403–430.

Shafir, E., & LeBoeuf, R. A. (2002). Rationality. *Annual Review of Psychology, 53,* 491–517.

Shafir, E., Simonson, I., & Tversky, A. (1993). Reason-based choice. *Cognition, 49,* 11–36.

Shafir, E., & Tversky, A. (1995). Decision making. In E. E. Smith & D. N. Osherson (Eds.), *Thinking* (Vol 3, pp. 77–100). Cambridge, MA: MIT Press.

Shanks, D. R. (1995). Is human learning rational? *Quarterly Journal of Experimental Psychology, 48A,* 257–279.

Shiffrin, R. M., & Schneider, W. (1977). Controlled and automatic human information processing: II. Perceptual learning, automatic attending, and a general theory. *Psychological Review, 84,* 127–190.

Sieck, W. R., & Arkes, H. R. (2005). The recalcitrance of overconfidence and its contribution to decision aid neglect. *Journal of Behavioral Decision Making, 18,* 29–53.

Sieck, W., & Yates, J. F. (1997). Exposition effects on decision making: Choice and confidence in choice. *Organizational Behavior and Human Decision Processes, 70,* 207–219.

Simon, H. A. (1956). Rational choice and the structure of the environment. *Psychological Review, 63,* 129–138.

Simon, H. A. (1957). *Models of man.* New York: Wiley. サイモン、ハーバート・A.『人間行動のモデル』宮沢光一訳、同文舘出版、1970 年

Sinaceur, M., Heath, C., & Cole, S. (2005). Emotional and deliberative reactions to a public crisis: Mad cow disease in France. *Psychological Science, 16,* 247–254.

Skyrms, B. (1996). *The evolution of the social contract.* Cambridge: Cambridge University Press.

Sloman, S. A. (1996). The empirical case for two systems of reasoning. *Psychological Bulletin, 119,* 3–22.

Sloman, S. A. (2002). Two systems of reasoning. In T. Gilovich, D. Griffin, & D. Kahneman (Eds.), *Heuristics and biases: The psychology of intuitive judgment* (pp. 379–396). New York: Cambridge University Press.

Sloman, S. A., & Over, D. E. (2003). Probability judgement from the inside out. In D. E. Over (Ed.), *Evolution and the psychology of thinking* (pp. 145–169). Hove, UK: Psychology Press.

Sloman, S. A., Over, D., Slovak, L., & Stibel, J. M. (2003). Frequency illusions and other fallacies. *Organizational Behavior and Human Decision Processes, 91,* 296–309.

Slovic, P. (1995). The construction of preference. *American Psychologist, 50,* 364–371.

Slovic, P., & Tversky, A. (1974). Who accepts Savage's axiom? *Behavioral Science, 19,* 368–373.

Smith, E. R., & DeCoster, J. (2000). Dual-process models in social and cognitive psychology: Conceptual integration and links to underlying memory systems. *Personality and Social Psychology Review, 4,* 108–131.

Smith, S. M., & Levin, I. P. (1996). Need for cognition and choice framing effects. *Journal of Behavioral Decision Making, 9,* 283–290.

Sperber, D. (1994). The modularity of thought and the epidemiology of representations. In L. A. Hirschfeld & S. A. Gelman (Eds.), *Mapping the mind: Domain specificity in cognition and culture* (pp. 39–67). Cambridge: Cambridge University Press.

Sperber, D., Cara, E, & Girotto, V. (1995). Relevance theory explains the selection task. *Cognition, 57*, 31–95.

Sperber, D., & Wilson, D. (1995). Relevance: Communication and cognition (2nd ed.). Cambridge, MA: Blackwell. スペルベル、D.／ウイルソン、D.『関連性理論——伝達と認知〈第2版〉』内田聖二他訳、研究社、1999 年

Stanovich, K. E. (1999). *Who is rational? Studies of individual differences in reasoning.* Mahwah, NJ: Erlbaum.

Stanovich, K. E. (2004). *The robot's rebellion: Finding meaning in the age of Darwin.* Chicago: University of Chicago Press. スタノヴィッチ、キース・E.『心は遺伝子の論理で決まるのか——二重過程モデルでみるヒトの合理性』椋田直子訳、鈴木宏昭解説、みすず書房、2008 年

Stanovich, K. E. (2009). *What intelligence tests miss: The psychology of rational thought.* New Haven, CT: Yale University Press.

Stanovich, K. E., Toplak, M. E., & West, R. F (2008). The development of rational thought: A taxonomy of heuristics and biases. *Advances in Child Development and Behavior, 36*, 251–285.

Stanovich, K. E., & West, R. F. (1998a). Cognitive ability and variation in selection task performance. *Thinking and Reasoning, 4*, 193–230.

Stanovich, K. E., & West, R. F. (1998b). Individual differences in framing and conjunction effects. *Thinking and Reasoning, 4*, 289–317.

Stanovich, K. E., & West, R. F. (1999c). Individual differences in rational thought. *Journal of Experimental Psychology: General, 127*, 161–188.

Stanovich, K. E., & West, R. F. (1998d). Who uses base rates and P(D/~H)? An analysis of individual differences. *Memory & Cognition, 26*, 161–179.

Stanovich, K. E., & West, R. F. (1999). Discrepancies between normative and descriptive models of decision making and the understanding/acceptance principle. *Cognitive Psychology, 38*, 349–385.

Stanovich, K. E., & West, R. F. (2000). Individual differences in reasoning: Implications for the rationality debate? *Behavioral and Brain Sciences, 23*, 645–726.

Stanovich, K. E., & West, R. F. (2008). On the relative independence of thinking biases and cognitive ability. *Journal of Personality and Social Psychology, 94*, 672–695.

Stein, E. (1996). *Without good reason: The rationality debate in philosophy and cognitive science.* Oxford: Oxford University Press.

Stenning, K., & van Lambalgen, M. (2004). The natural history of hypotheses about the selection task. In K. I. Manktelow & M. C. Chung (Eds.), *Psychology of reasoning* (pp. 127–156). Hove, England: Psychology Press.

Sternberg, R. J. (2003). *Wisdom, intelligence, and creativity synthesized.* Cambridge: Cambridge University Press.

Stich, S. P. (1990). *The fragmentation of reason.* Cambridge: MIT Press. スティッチ、スティーヴン・P.『断片化する理性——認識論的プラグマティズム』薄井尚樹訳、勁草書房、2006 年

Stigler, S. M. (1983). Who discovered Bayes's theorem? *American Statistician, 37*, 290–296.

Stigler, S. M. (1986). *The history of statistics: The measurement of uncertainty before 1900.* Cambridge, MA: Harvard University Press.

Strayer, D. L., & Drews, F. A. (2007). Cell-phone-induced driver distraction. *Current Directions in Psychological Science, 16*, 128–131.

Strayer, D. L., & Johnston, W. A. (2001). Driven to distraction: Dual-task studies of simulated driving and conversing on a cellular telephone. *Psychological Science, 12,* 462–466.

Suddendorf, T., & Corballis, M. C. (2007). The evolution of foresight: What is mental time travel and is it unique to humans? *Behavioral and Brain Sciences, 30,* 299–351.

Sunstein, C. R. (2002). Risk and reason: Safety, law, and the environment. Cambridge: Cambridge University Press.

Svenson, O. (1981). Are we all less risky and more skillful than our fellow drivers? *Acta Psychologica, 47,* 143–148.

Swartz, R. J., & Perkins, D. N. (1989). *Teaching thinking: Issues and approaches.* Pacific Grove, CA: Midwest Publications.

Swets, J. A., Dawes, R. M., & Monahan, J. (2000). Psychological science can improve diagnostic decisions. *Psychological Science in the Public Interest, 1,*1–26.

Tan, H., & Yates, J. F. (1995). Sunk cost effects: The influences of instruction and future return estimates. *Organizational Behavior and Human Decision Processes, 63,* 311–319.

Tentori, K., Osherson, D., Hasher, L., & May, C. (2001). Wisdom and aging: Irrational preferences in college students but not older adults. *Cognition, 81,* B87–B96.

Tetlock, P. E. (2005). *Expert political judgment.* Princeton, NJ: Princeton University Press.

Tetlock, P. E., & Mellers, B. A. (2002). The great rationality debate. *Psychological Science, 13,* 94–99.

Thaler, R. H. (1980). Toward a positive theory of consumer choice. *Journal of Economic Behavior and Organization, 1,* 39–60.

Thaler, R. H. (1992). *The winner's curse: Paradoxes and anomalies of economic life.* New York: Free Press. セイラー、リチャード『セイラー教授の行動経済学入門』篠原勝訳、ダイヤモンド社、2007 年

Thaler, R. H., & Sunstein, C. R. (2008). *Nudge: Improving decisions about health, wealth, and happiness.* New Haven, CT: Yale University Press. セイラー、リチャード／サンスティーン、キャス『実践 行動経済学——健康・富・幸福への聡明な選択』遠藤真美訳、日経 BP 社、2009 年

Todd, P. M., & Gigerenzer, G. (2000). Précis of simple heuristics that make us smart. *Behavioral and Brain Sciences, 23,* 727–780.

Todd, P. M., & Gigerenzer, G. (2007). Environments that make us smart: Ecological rationality. *Current Directions in Psychological Science, 16,* 167–171.

Toplak, M., Liu, E., Macpherson, R., Toneatto, T, & Stanovich, K. E. (2007). The reasoning skills and thinking dispositions of problem gamblers: A dual-process taxonomy. *Journal of Behavioral Decision Making, 20,* 103–124.

Toplak, M. E., & Stanovich, K. E. (2002). The domain specificity and generality of disjunctive reasoning: Searching for a generalizable critical thinking skill. *Journal of Educational Psychology, 94,* 197–209.

Towse, J. N., & Neil, D. (1998). Analyzing human random generation behavior: A review of methods used and a computer program for describing performance. *Behavior Research Methods, Instruments & Computers, 30,* 583–591.

Tversky, A. (1975). A critique of expected utility theory: Descriptive and normative considerations. *Erkenntnis, 9,* 163–173.

Tversky, A. (2003). *Preference, belief, and similarity: Selected writings of Amos Tversky* (E. Shafir, Ed.). Cambridge, MA: MIT Press.

Tversky, A., & Edwards, W. (1966). Information versus reward in binary choice. *Journal of Experimental Psychology, 71*, 680–683.

Tversky, A., & Kahneman, D. (1974). Judgment under uncertainty: Heuristics and biases. *Science, 185*, 1124–1131. トヴェルスキー、エイモス／カーネマン、ダニエル「不確実性下における判断──ヒューリスティックスとバイアス」村井章子訳、カーネマン、ダニエル『ファスト＆スロー（下）』村井章子訳、早川書房、2014 年所収

Tversky, A., & Kahneman, D. (1981). The framing of decisions and the psychology of choice. *Science, 211*, 453–458.

Tversky, A., & Kahneman, D. (1982). Evidential impact of base rates. In D. Kahneman, P. Slovic, & A. Tversky (Eds.), *Judgment under uncertainty: Heuristics and biases* (pp. 153–160). Cambridge: Cambridge University Press.

Tversky, A., & Kahneman, D. (1983). Extensional versus intuitive reasoning: The conjunction fallacy in probability judgment. *Psychological Review, 90*, 293–315.

Tversky, A., & Kahneman, D. (1986). Rational choice and the framing of decisions. *Journal of Business, 59*, 251–278.

Tversky, A., & Koehler, D. J. (1994). Support theory: A nonextensional representation of subjective probability. *Psychological Review, 101*, 547–567.

Tversky, A., & Shafir, E. (1992). The disjunction effect in choice under uncertainty. *Psychological Science, 3*, 305–309.

Tversky, A., & Simonson, I. (1993). Context-dependent preferences. *Management Science, 3929*, 1179–1189.

Tversky, A., Slovic, P., & Kahneman, D. (1990). The causes of preference reversal. *American Economic Review, 80*, 204–217.

Twachtman-Cullen, D. (1997). *A passion to believe.* Boulder, CO: Westview.

Tweney, R. D., Doherty, M. E., Warner, W. J., & Pliske, D. (1980). Strategies of rule discovery in an inference task. *Quarterly Journal of Experimental Psychology, 32*, 109–124.

Uchitelle, L. (2002, January, 13). Why it takes psychology to make people save. *New York Times*, section 3, p. 4.

Vallone, R., Griffin, D. W, Lin, S., & Ross, L. (1990). Overconfident prediction of future actions and outcomes by self and others. *Journal of Personality and Social Psychology, 58*, 582–592.

von Neumann, J., & Morgenstern, O. (1944). *The theory of games and economic behavior.* Princeton: Princeton University Press. フォン・ノイマン、J.／モルゲンシュタイン、O.『ゲームの理論と経済行動』（全3巻）銀林浩／橋本和美／宮本敏雄監訳、ちくま学芸文庫、2014 年（他邦訳複数あり）

Wagenaar, W. A. (1988). *Paradoxes of gambling behavior.* Hove, England: Erlbaum.

Wagenaar, W. A., & Keren, G. (1986). The seat belt paradox: Effect of adopted roles on information seeking. *Organizational Behavior and Human Decision Processes, 38*, 1–6.

Wason, P. C. (1960). On the failure to eliminate hypotheses in a conceptual task. *Quarterly Journal of Experimental Psychology, 12*, 129–140.

Wason, P. C. (1966). Reasoning. In B. Foss (Ed.), *New horizons in psychology* (pp. 135–151). Harmonsworth, England: Penguin:

Wason, P. C. (1968). Reasoning about a rule. *Quarterly Journal of Experimental Psychology, 20*, 273–281.

Wasserman, E. A., Dorner, W. W, & Kao, S. F. (1990). Contributions of specific cell information to judgments of interevent contingency. *Journal of Experimental Psychology: Learning, Memory, and Cognition, 16,* 509–521.

West, R. F., & Stanovich, K. E. (1997). The domain specificity and generality of overconfidence: Individual differences in performance estimation bias. *Psychonomic Bulletin & Review, 4,* 387–392.

West, R. E, Toplak, M., & Stanovich, K. E. (2008). Heuristics and biases as measures of critical thinking: Associations with cognitive ability and thinking dispositions. *Journal of Educational Psychology, 100,* 930–941.

Willingham, D. T. (1998). A neuropsychological theory of motor-skill learning. *Psychological Review, 105,* 558–584.

Willingham, D. T. (1999). The neural basis of motor-skill learning. *Current Directions in Psychological Science, 8,* 178–182.

Wilson, T. D. (2002). *Strangers to ourselves.* Cambridge, MA: Harvard University Press. ウィルソン、ティモシー『自分を知り、自分を変える——適応的無意識の心理学』村田光二監訳、新曜社、2005 年

Wilson, T. D., & Brekke, N. (1994). Mental contamination and mental correction: Unwanted influences on judgments and evaluations. *Psychological Bulletin, 116,* 117–142.

Wolf, F. M., Gruppen, L. D., & Billi, J. E. (1985). Differential diagnosis and the competing hypothesis heuristic—a practical approach to judgment under uncertainty and Bayesian probability. *Journal of the American Medical Association, 253,* 2858–2862.

Wood, J. M., Nezworski, M. T., Lilienfeld, S. O., & Garb, H. N. (2003). *What's wrong with the Rorschach?* San Francisco: Jossey-Bass. ウッド、ジェームズ・M.／ネゾースキ、M. テレサ／リリエンフェルド、スコット・O.／ガーブ、ハワード・N.『ロールシャッハテストはまちがっている——科学からの異議』宮崎謙一訳、北大路書房、2006 年

Yates, J. P., Lee, J., & Bush, J. G. (1997). General knowledge overconfidence: Cross-national variations, response style, and "reality." *Organizational Behavior and Human Decision Processes, 70,* 87–94.

Zelazo, P. D. (2004). The development of conscious control in childhood. *Trends in Cognitive Sciences, 8,* 12–17.

訳者あとがき

　本書の著者キース・E・スタノヴィッチは、現在カナダのトロント大学応用心理学・人間発達部門の名誉教授。認知心理学者として教育心理学、とりわけ読字能力の研究で多くの業績をあげ、この分野で多くの賞を受賞している。近年は本書の主題である「合理性（rationality）」の心理学を主要な研究テーマとしており、「読字障害（dyslexia）」を彷彿とさせる「合理性障害（dysrationalia）」概念の提唱や、後述する「二重過程理論」にもとづく「合理性大論争」と呼ばれる論争の調停の試みなど、多くの貢献をこの分野においても行っている。2010年のグロマイヤー賞（1984年にケンタッキー州ルイビル大学に設置された賞）の教育部門で受賞した『知能テストが見落としているもの――合理的思考の心理学』（*What Intelligence Tests Miss: The Psychology of Rational Thought*. Yale University Press, 2009）はその研究の一成果であり、ウェスト、トプラックとの共著で昨年刊行した『合理性指数――合理的思考のテストへ向けて』（*The Rationality Quotient: Toward a Test of Rational Thinking*. MIT Press, 2016）は、同書の主題を発展させ、「知能指数（intelligence quotient）」に匹敵する「合理性」の客観的測定法を確立しようとする意欲的な試みである。

　著者はこのように専門研究を積み上げるかたわら、自らの研究成果にもとづくメッセージを積極的に一般読者に発信する精力的な思想家でもある。すでに邦訳のある『心は遺伝子の論理で決まるのか――二重過程モデルで見るヒトの合理性』（原著2004年）、『心理学をまじめに考える方法――真実を見抜く批判的思考』（原著初版1986年、第10版2012年）はいずれも著者のこうした実践的思想活動の一端を示すものである。3番目の邦訳となり、心理学部生向け教科書として書かれた本書にも、著者の思想的メッセージは色濃く表れている。この点をもう少し詳しく見ておこう。

　『心理学をまじめに考える方法』は、一般向けの心理学入門書であると同時に、「科学とは何か」という大きな主題を平易に解説する優れた科学啓蒙書である。同書は、個別科学としての心理学の興味深い研究をふんだんに紹介しながら、「科学」と「擬似科学」の境界線をわかりやすく示し、科学とは万物の完全

な説明を与える固定した体系ではなく、個別的な理論や仮説の絶えざる検証と反証の営みであること、そして、そこにこそ科学の醍醐味があることを教えてくれる。

『心は遺伝子の論理で決まるのか』は、原書副題「ダーウィン時代における意味の発見（*Finding Meaning in the Age of Darwin*）」が示唆するように、ダーウィン主義にもとづく人間本性の理解が浸透しつつある時代の「生きる意味」の探求、という重大かつ危急の問題に取り組む、野心的かつ啓発的な書物であり、人間の行為規範を進化的な最適化の観点のみから説明し尽くそうとする「パングロス主義（超楽観主義）」との対決は同書の主要なトピックの1つである。同書にはまた、上述の『知能テストが見落としているもの』につながる主張も盛り込まれている。すなわち、人間の知的能力の重要な側面が、知能テストで測られる「一般知能」の概念では捉えきれない、という主張である。

「パングロス主義」という呼称は故スティーヴン・J・グールドがR・C・レウォンティンと共に公表した論文に由来する。グールドもまた科学啓蒙書の著者として、個別科学の研究現場からスリリングな知的洞察を引き出す達人であったが、同時にまた、1980年代の「社会生物学論争」の時代、レウォンティンと共に左派生物学者の代表者として、「生物学的決定論」と目された諸研究への批判を展開した論客であった。その彼らがダーウィン主義主流派の「適応主義研究プログラム」と呼ばれる立場を批判するときに用いた呼称が、主流派の思想をヴォルテールが描く滑稽な楽天主義者になぞらえた「パングロス主義」であり、彼らはそこから、ダーウィン主義的な人間研究に対する批判を展開した。また『人間の測りまちがい——差別の科学史』では、現代の知能研究を、人種差別を助長した過去の科学研究の延長線上に位置づけ、「一般知能」概念を根拠に乏しい概念として告発した。

スタノヴィッチは例えば本書第6章で、本書の主題である「合理性」が文化的達成物であり、文化進化の成果であることを強調する。このような姿勢に、1980年代までの人文・社会科学のスタンダードであり、グールドのような当時の左派生物学者が代表していた「文化主義」と呼ばれる立場との呼応を見いだす読者がいてもおかしくない。だが、このような呼応をある程度認めた上で、両者の相違点に目を向ける方が、著者の立場はより一層明確になる。

両者の相違点は例えば、『心は遺伝子の論理で決まるのか』の原題『ロボットの叛逆』（*Robot's Rebellion*）に示されている。この表題は、同書がグールドの「仇

敵」たるドーキンスの、次に引く有名な一節を全面的に受け入れ、それを出発
点にしていることを告げている——「われわれは遺伝子機械として組立てられ、
ミーム機械として教化されてきた。しかしわれわれには、これらの創造者には
むかう力がある。この地上で、唯一われわれだけが、利己的な自己複製子たち
の専制支配に反逆できるのである」（ドーキンス『利己的な遺伝子』）。つまり著者ス
タノヴィッチは、我々人間が、目的も知性も欠く自然淘汰の過程によって、遺
伝子とミーム（文化的自己複製子）の自己複製を最大化するようにプログラム
されたロボットである、という事実認識を率直に受け入れることから出発する。
これはグールドが退けようとした適応主義的な進化理論とその人間への適用の
妥当性の全面的な承認である。

　著者の「一般知能」に対する見解もまたグールドのそれとは異なる。著者は一
般知能や知能テストが人間の認知のある側面を十分に捉えていないという主張
を行うが、この議論の前提として、多分に遺伝的な資質としての一般知能の概
念が、多くの実証に裏づけられた堅固な概念であることを、標準的な心理学者
としてはっきり認めているのである（例えば『心は遺伝子の論理で決まるのか』p. 189、
『心理学をまじめに考える方法』p. 57）。

　このような著者が「パングロス主義」と呼んで批判するのは、人間の「合理
性」を進化的適応に吸収する思想である。たしかに人間の脳には精密な進化的
適応の産物である認知装置が多数組み込まれ、驚異的な問題解決の力を発揮す
る。しかし複雑な現代社会では、それらはしばしば人間を不合理な行動へ導く。
このギャップを直視せず、人間があるがままで合理的であり、改善の余地も必
要性もないと見なす立場が著者の言う「パングロス主義」である（本訳書、p. 160、
訳注 236 も参照）。また「知能テストが見落としているもの」については、『心は
遺伝子の論理で決まるのか』での解説によれば、そこで見落とされているのは
「一般知能」と「合理性」の区別ということになる。生得的に高度の認知能力と
しての一般知能を備えた個人も、一定の規範や思考習慣の習得によって、文化
的構築物としての「合理性」を身につけなければ、進化的な認知装置の自動的
な動作に認知を歪められ、容易に愚行を犯してしまうのである。

　以上から明らかと思われるのは、実に「合理性」の獲得こそが著者にとって
の人間の「人間らしさ」、個としての自律性の要であり、「合理性」概念の明確
化、およびその獲得による「ロボットの叛逆」という目標へ向けた認知改革の
遂行という文化的課題こそ、著者の専門研究と、思想活動の核心に位置してい

る、ということである。

　本書は、以上のように著者スタノヴィッチが自身の学問的・思想的営みの核心に据えている「合理性」の概念を、心理学の学生向け教科書として簡潔かつ平易に解説した書物である。

　本書はまず、「合理性」が単なる論理的に正確な思考を進める働きではなく、人間各自が「何が真理であり、何をなすべきか」を把握するという、きわめて実践的な働きを捉える概念である、という認識から出発する。ここで「何が真理か」を適切に把握する働きは「認識的合理性」と呼ばれ、「何をなすべきか」を、所与の目的に対する手段の選択に関して適切に決定する働きは「道具的合理性」と呼ばれる。

　本書は次に、いずれの合理性についても、それを適切に導くための形式的な規範がすでに詳しく整備されていることを告げる。例えば経済学で広く用いられている「期待効用」の概念や「合理的選択の諸公理」と呼ばれる形式的規則は、道具的合理性の規範である。確率判断における認識的合理性を導く重要な規範原理としては、例えば「ベイズの定理」が挙げられる。しかしながら、1970年代に創始された〈ヒューリスティクスとバイアス研究プログラム〉と呼ばれる認知心理学の研究は、現実の人間がこれらの合理的規範に対して、多くの点で系統的な違反を繰り返す存在であることを明らかにしてきた。本書の前半は、このような現実の人間の系統的な認知的誤りすなわちバイアスのさまざまな形態を、そこで違反されるさまざまな合理的規範と共に、詳しく解説することにあてられている。

　〈ヒューリスティクスとバイアス〉研究は、人間の合理性を前提して構築されていた主流派の近代経済学やその他の社会科学に大きな疑問を突きつけた。ここから、認知科学における〈合理性大論争〉と呼ばれる論争が始まり、はたして人間は合理的な存在なのか、合理的規範への不合理な違反を常態とする存在なのかが争われるようになった。著者はこの論争を、「改善主義者」と「パングロス主義者」の二陣営の争いとして整理する。「改善主義」は〈ヒューリスティクスとバイアス〉研究の立場であり、現実の人間の不合理性を受け入れた上で、人間は合理性の形式的規範を学び、より合理的な存在に改善される可能性に開かれていると考える。他方の「パングロス主義」は、上述のように人間はあるがままで合理的な存在であるとし、改善の余地も必要も認めない。著者

訳者あとがき　313

がこの陣営に含める人間モデルは、主流派の経済学が依拠する「合理的経済人」モデルと、上で紹介した進化論的人間理解を徹底して推し進める進化心理学者がしばしば提起する人間像である。本書中盤では主にこの内の後者の見方が取り上げられる。そこでは、進化心理学の観点から〈ヒューリスティクスとバイアス〉研究に向けられた批判と代替解釈の解説がなされる。これら進化心理学の研究は、実験室の中で「不合理な意思決定」の烙印を押された人間の心の働きが、現実の生態系の中での精巧な進化的適応の産物として解釈されうること、それゆえ実験室の外の自然な環境の中で、人間の心はすぐれて「合理的」な働きをおのずとするように作られていることを示し、〈ヒューリスティクスとバイアス〉研究が引き出す人間の不合理性という帰結を退けるのである。

　著者はこの論争に対して、「二重過程理論（dual process theory）」と呼ばれる、カーネマン『ファスト＆スロー』（村井章子訳、ハヤカワ文庫、2014 年）や、あるいはジョシュア・グリーン『モラル・トライブズ』（竹田円訳、岩波書店、2015 年）などによっても広く知られるようになった、人間の心のモデルにもとづく調停を提唱する。すなわちまず、人間の心ないし脳には「タイプ 1 処理」と呼ばれる、さまざまな状況に最適化された無数の認知装置があり、それぞれが、硬直しているがその分素早い演算を担う。その多くは進化的な最適化の産物であり、進化心理学者が強調する人間の心の最適性はこのタイプの処理によっている。しかしこの種の処理は必ずしも形式的な合理的規範に従って動作するわけではなく、これが〈ヒューリスティクスとバイアス〉研究が見いだした不合理な意思決定の源になる。そしてとりわけ複雑化した現代社会では、この種の処理だけに意思決定を委ねることは、多くの不合理な選択につながる。しかし人間の心ないし脳には「タイプ 2 処理」または「分析的処理」と呼ばれる機能もあり、タイプ 1 処理を抑止し、時間をかけて合理的規範にかなった選択を選び取ることが可能である。それゆえ〈合理性大論争〉の 2 つの陣営の間の論争は、いわば「図と地の反転」のような様相を呈するものと解される。考察されている事態は同じなのだが、それぞれの強調点が正反対だということである。

　本書は最後に、本書がこれまで人間の合理性の規範として依拠してきた「道具的合理性」の限界に触れ、それを乗りこえる「メタ合理性」の必要性を取り上げる。すなわち「道具的合理性」は所与の目的や欲求をいかに効率よく獲得するかという手段のあり方をもっぱら問題にする合理性であり、このような合理性は「薄い合理性」ないし「狭い合理性」と呼ばれる。しかるに多くの人間

は目的や欲求そのものの価値への反省を行う存在でもあり、それゆえに合理性そのものを合理性によって判定するという「広い合理性」ないし「メタ合理性」の観点からの考察もまた人間には不可欠である。そのようなメタ合理的反省の可能なあり方をいくつかの局面に分けて論じることで本書は締めくくられる。

　本書の翻訳は太田出版の赤井茂樹氏が企画し、訳者への依頼がなされた。赤井氏がかつて編集を担当した吉川浩満氏の『理不尽な進化』（朝日出版社、2014年）への訳者のウェブ上のコメントや、訳者が共訳を担当したデネット『思考の技法』（阿部文彦、木島泰三訳、青土社、2015年）などが同氏の目に止まったのが発端とのことであった。草稿の完成までは比較的順調と思われたが、その後の訳稿の見直しや訳注の補足の作業にかなり多くの時間を費やし、刊行予定を遅らせてしまった。遅延の主な理由は訳者の多分に硬く、また独りよがりな訳文にあったと思う。赤井氏の校閲は、ほとんど共訳者ないし監訳者のようなきめ細かさでなされ、ほぼ全段落にわたり「もっとわかりやすく！」という要求が課された。こなれない訳文の改稿はもちろん、本書内で詳しい解説のない術語や、本書内で既出ではあっても読者には耳慣れないと思われる術語や概念（「道具的合理性」や「意思決定の記述モデル」などの、本書における基本概念も含む）について、逐次読者の理解を助ける補足を要求された。以上のような編集方針に、訳者自身の細かい訳注を好む性癖が加わって、結果として「少なく教えればそれだけ多く学ぶ」をモットーとする簡潔な本文に対し、かなりの分量の訳注や訳者の補足が補われる、という訳書となった。読者は基本的には簡潔な本文を読み進め、不明の点があれば適宜訳注を参照する（あるいはそこからさらに関連文献を参照する）という仕方で本訳書に付き合って下さればと思う。

　なお、これは訳注が多くなった理由の一端でもあるが、翻訳において感じたのが、本書が狭義の心理学の分野に留まらず、経済学、言語学、生物学、ゲーム理論、哲学等の多方面の隣接分野を横断する議論を展開している、という印象であった。これは１つには著者の視野の広さによるものであろうが、それ以外にもここには、神経科学、認知心理学、言語学、自閉症研究のような精神病理学、経済学、哲学、あるいは宗教人類学などの、人間や人間の営みを対象とする諸分野（の少なくとも一部）が、主流派のダーウィン進化論の枠組みに急速に統合されていくという、1990年代以降急速に進んだ知的な再編成との関連

訳者あとがき　315

が認められるように思う。E・O・ウィルソンが「知の統合（Conciliance）」と呼び、ダニエル・デネットが「万能酸の浸食」と呼んだ動きが、すでに相当程度現実化しているのであり、『心は遺伝子の論理で決まるのか』で示されているように、著者はこの動きを積極的に認めているのである。

　進化心理学は言うまでもなくこのような再編成の象徴的な地位を占める研究分野であるが、上述のように、著者が本書や『心は遺伝子の論理で決まるのか』において、一貫して進化心理学に対して一歩距離を置いた立場を示していることも本書の特色を示すものであり、この点も最後に触れておきたい。

　著者が自らを定位する学的立場は上述の〈ヒューリスティクスとバイアス〉研究プログラムであるが、従来この学派は進化心理学および行動経済学の源流、と位置づけられることが多かったように思う。この位置づけは的外れではないものの、本書はこの学派の内側から、とりわけ進化心理学との対立を明確にしている点で有益であると思われる。少なくとも訳者にとって印象的だったのは、本書の pp. 146–50, 164–72 で詳しく述べられている「4枚カード選択課題」と呼ばれる心理学実験の研究史である。この課題は 1960 年代にウェイソンによって考案された後、1990 年代になって進化心理学の観点から新たな解釈が提起され、その解釈が進化心理学という学問分野の旗印のような位置づけを受けてきた。しかるに本書は、著者自身の研究を含む、その間の期間におけるこの課題をめぐる研究史を詳しく取り上げ、進化心理学的な解釈を相対化する視点を提出しており、啓発的である。

　末尾ながら、訳者の質問に迅速で明瞭なご返答を下さった著者のスタノヴィッチ教授、巻末文献表の作成（特に邦訳情報の調査）に関してお世話になった網谷祐一准教授に、この場で深くお礼申し上げます。

2017 年 9 月
木島泰三

著者名索引

[訳者注]

以下の索引は研究文献の著者の索引であり、登場人名を網羅的に拾うものではない。例えば歴史上の人物（pp. 18, 209, 254 のヒトラーなど）や、逸話が紹介されているのみの人物（p. 74 の経済学者トマス・シェリングなど）は収録されていない。

文献の著者としてのみ参照され、本文中で言及されていない人名も多いため、アルファベット順のまま記載し、本文に登場する人名に関しては、アルファベットの後に片仮名表記を付記する。

Adler, J. E. (アドラー、J. E.)
　　　19, 63, 174, 202–3, 250
Adomdza, G. K. ························· 122
Ajzen, I. ································· 103
Alba, J. W. ······························ 190
Allais, M. (アレ、M.) ················ 44
Alloy, L. B. (アロイ、L.B.) ········ 192
Anderson, E. ····························· 259
Anderson, J. R. (アンダーソン、E.)
　　　···························· 159, 230
Ariely, D. (アリエリー、D.) ········ 88
Arkes, H. R. ····························· 118
Åstebro, T. ······························ 122
Atkinson, T. M. ························· 227
Audi, R. ··························· 13, 19
Author ································· 163
Ayton, P. ································· 133

Ball, L. J. ································· 150
Baranski, J. V. ·························· 121
Barbey, A. K. ··········· 103, 178, 250
Bargh, J. A. ····························· 223
Bar-Hillel, M. ···························· 98
Baron, J. (バロン、J.) ·· 14, 22, 43, 55, 81–3, 88, 121, 138, 157, 182–3, 233, 257–8, 276
Barrett, H. C. ····························· 221
Bazerman, M. H. (ベイザーマン、M. H.) ·················· 55, 242, 257
Bechara, A. ····························· 222
Becker, G. S. (ベッカー、G. S.) ··· 34
Bell, D. E. ·························· 45, 233
Bennett, J. ································· 270
Berish, D. E. ····························· 227
Bernoulli, D. (ベルヌーイ、D.) ··· 28
Bettman, J. R. ···························· 78
Beveridge, M. ···························· 214
Beyth-Marom, R. ·············· 106, 109
Billi, J. E. ································· 115
Birnbaum, L. A. ························· 257
Blackmore, S. ···························· 269
Blok, S. V. ································· 257
Brainerd, C. J. ···························· 221

Brandstatter, E. ························· 239
Brase, G. L. ····························· 235
Braun, P. A. ····························· 122
Brekke, N. (ブレッケ、N.) ········· 59
Brenner, L. A. ···························· 180
Broniarczyk, S. ·························· 190
Broome, J. ························· 43, 46
Brown, G. R. ····························· 269
Buehler, R. ································· 122
Burns, B. D. ····························· 133
Bush, J. G. ································· 118
Buss, D. M. ································· 223
Byrne, R, M. J. ················· 146, 227
Byrnes, J. P. ······························ 216

Call, J. ································· 256
Camerer, C. F. ···························· 83
Capon, A. ································· 214
Cara, F. ································· 148
Carruthers, P. ······················ 223, 249
Casscells, W. ······························ 99
Chapman, G. B. ·························· 115
Chartrand, T. L. ························· 223
Chater, N. (チェイター、N.)
　　　·········· 146, 148, 159, 164–7, 217
Chen Idson, L. ··························· 84
Cohen, J. D. ····························· 222
Cohen, L. J. ······················· 161, 216
Cole, S. (コール、S.) ··············· 244
Colman, A. M. ··· 208, 255, 272, 276
Coltheart, M. ····························· 223
Cooper, W. S. (クーパー、W. S.) 184
Corballis, M. C. ·························· 227
Corpus, B. ································· 133
Cosmides, L. (コスミデス、L.) ········ 99, 148, 159, 170–1, 176, 178, 204, 216, 235
Cox. J. R. (コックス、J. R.) ······· 168
Croson, R. ································· 133
Cummins, D. D. (カミンズ、D. D.)
　　　···························· 168, 170, 175

Damasio, A. R. (ダマシオ、A. R.) 15

Davis, D. ································· 162
Dawes, R. M. (ドーズ、R. M.) ···· 22, 31, 38–9, 47, 58, 88, 125, 128, 138, 142–3, 191
Dawkins, R. (ドーキンス、R.)
　　　···························· 104, 269
De Neys, W. ····························· 232
de Sousa, R. (デ・ソウザ、R.) ·· 250
DeCoster, J. ····························· 221
Dennett, D. C. ······················ 171, 269
Dennis, I. ································· 214
Dickson, D. H. ···························· 115
Diener, E. ································· 287
Distin, K. ································· 269
Doane, M. J. (ドナイ、M. J.) ······ 69
Doherty, M. E. (ドエルティ、M. E.)
　　　········· 107–8, 111, 113, 151
Dolan, R. J. ································· 222
Dominowski, R. L. ······················ 168
Dorner, W. W. ···························· 114
Dragan, W. (ドラガン、W.) ····· 111
Drews, F. A. ····························· 122
Dulany, D. E. ····························· 123
Dunbar, R. ································· 175
Dworkin, G. ····························· 266

Eddy, D. ································· 127
Edwards, K. (エドワーズ、K.) ·· 193
Edwards, W. ·········· 31, 88, 161, 182
Einhorn, H. J. ······················ 139, 237
Ellis, S. ································· 216
Elstein, A. S. ····························· 115
Elster, J. (エルスター、J.)
　　　·········· 17–8, 254, 256
Emerson, M. J. ···························· 227
Engle, R. W. ······················ 221, 227
Epley, N. (エプリー、N.) ··········· 84
Erdfelder, E. ····························· 146
Esfandiari, A. ····························· 138
Estes, W. K. (エスティーズ、W. K.)
　　　································· 182
Evans, J. St. B. T. (エヴァンズ、J. St. B.) ········ 146, 148, 150–1, 157,

著者名索引　　317

167–8, 171, 178, 186, 188, 193–4, 211, 214, 221, 227, 249–50

Fantino, E. 138
Farrelly, D. 215
Faust, D. 142
Feldman Barrett, L. F. 221
Fischer, I. 133
Fischhoff, B. 47, 78, 106, 109, 118, 214–5
Flanagan, O. 287
Fodor, J. A. 223
Forer, B. R. 115
Frank, R. H. 276
Frankfurt, H.（フランクファート、H.） 262–4, 269, 287
Frankish, K. 249–50
Frederick, S.（フレデリック、S.） 66, 124, 131, 222, 224, 250
Friedman, N. 227
Frisch, D.（フリッシュ、D.） 197, 199

Gal, I. 138, 182–3
Gale, M. 150
Gallistel, C. R.（ガリステル、D.）183
Garb, H. N. 191
Gauthier, D.（ゴティエ、D.） 265
Gawande, A. 144
Gigerenzer, G. 65, 125, 154, 159, 161, 174, 176–80, 183–5, 216–7, 239–41
Gilovich, T. 47, 83, 154, 250
Girotto, V. 123, 148
Gladwell, M.（グラッドウェル、M.） 15
Goel, V. 222
Goldberg, L. R. 142
Goldstein, D. G.（ゴールドスティーン、D. G.） 86–7, 241
Goldstein, W. M. 13, 31
Graboys, T. 99
Grether, D. M.（グレーサー、D. M.） 78
Grice, H. P.（グライス、H. P.）174
Griffin, D. W. 118, 122, 154
Griffin, T. 127
Griggs, R. A.（グリッグス、R. A.） 169
Groopman, J. 83, 115, 122, 127
Gruppen, L. D. 115

Ha, Y. 150
Hacking, I. 154

Haidt, J. 221
Hammond, K. R. 13, 31
Handley, S. J. 214
Hardin, G. 208, 255, 274
Hargreaves Heap, S. P. 152, 272
Harley, C.（ハーリー、C.） 215
Harman, G.（ハーマン、G.） 13, 19, 233
Harshman, L. A. 216
Hart, S. S. 216
Hartman, R. S.（ハートマン、R. S.） 69
Harvey, N. 20, 88, 154
Hasher, L. 75, 227
Hastie, R.（ハスティ、R.） 22, 88
Heath, C.（ヒース、C.） 244
Hell, W. 235
Hershey, J. C.（ハーシー、J. C.） 67, 81
Hertwig, R. 123, 174, 239
Hilton, D. J.（ヒルトン、D. J.） 83, 123, 173–4
Hirschman, A. O. 259
Hoch, S. J. 122
Hoffrage, U.（ホフレッジ、U.）178
Hogarth, R. M.（ホガース、R. M.） 237
Hollis, M. 259
Holt, C. 162
Huber, J. 75

Jacobs, J. E. 215
Jeffrey, R. C. 262
Jensen, K. 256
Johnson, E. J.（ジョンソン、E. J.） 67, 78, 86–7
Johnson-Laird, P. N.（ジョンソン＝レアード、P. N.） 14, 146, 148, 167, 186
Johnston, W. A. 122
Jungermann, H. 161
Juslin, P. 178

Kahneman, D.（カーネマン、D.） 43, 47, 50–2, 55, 57–63, 66, 70, 72, 78, 88, 93, 98, 103, 123–4, 128–9, 131, 154, 157, 161, 172, 183, 222, 224, 228, 250, 265, 287
Kane, M. J. 227
Kao, S. F. 114
Kaplan, R. H. 184
Kelly, I. W. 115
Keren, G.（ケレン、G.） 144
Kern, L.（カーン、L.） 113

Keys, D. J.（キーズ、D. J.） 199, 217, 277–8, 282, 287
King, R. N. 115, 190
Klaczynski, P. A. 214–6
Klauer, K. C. 146, 148, 167
Klayman, J. 150
Kleinbolting, H.（クラインボルティング、H.） 178
Knetsch, J. L. 66
Koehler, D. J.（ケーラー、D. J.） 20, 88, 115, 132, 154, 180, 190
Koehler, J. J. 98, 103, 176
Kohler, W.（ケーラー、W.） 256
Kokis, J. 215–6
Komorita, S. S. 208, 255, 272
Kornblith, H.（コーンブリス、H.） 191
Krantz, D. H. 79
Krueger, A. B. 287
Kunreuther, H. 67
Kurzban, R. 223

Laibson, D. I. 222
Laland, K. N. 269
Lavallee, K. L. 215
LeBoeuf, R. A. 215, 250
Lee, J. 118
Leshner, S. 257
Levin, I. P. 114, 190, 215–6
Levinson, S. C. 205
Levy, S.（レヴィ、S.） 136
Liberman, V. 180
Lichtenstein, S.（リキテンシュタイン、S.） 47, 62, 71, 73, 78, 88, 118
Lieberman, M. D. 223
Lilienfeld, S. O. 191
Lin, S. 122
Liu, E. 134
Loewenstein, G. 222
Loomes, G. 45
Luce, R. D. 31, 43, 88
Lustig, C. 227
Lyon, D. 98

Macchi, L. 98, 123
MacErlean, N. 242
Macpherson, R. 134, 215
Maher, P. 45
Mak, D.（マック、D.） 84
Mamassian, P. 121
Manktelow, K. I.（マンクテロウ、K. I.） 13, 19, 168, 170–1, 193
Margolis, H. 148
Markowitz, H. M. 52

Marks, D. F. 115
May, C. 75
McClure, S. M. 222
McEvoy, S. P. 122
McIntyre, A. 270
McKenzie, C. R. M.（マッケンジー、C. R. M.） 196–7, 217
McNeil, B.（マクニール、B.） 56
Medin, D. L.（メディン、D. L.） 257
Meehl, P. E.（ミール、P. E.） 142
Mele, A. R. 13, 20, 217, 250
Mellers, B. A.（メラーズ、B. A.） 10, 123, 161
Mesoudi, A. 269
Meszaros, J. 67
Metcalfe, J. 221
Mineka, S. 223
Mischel, W. 221
Mithen, S. 175
Miyake, A. 227
Monahan, J. 143
Morgenstern, O. 31, 89
Myers, D. G. 275–6, 287
Mynatt, C. R.（ミナット、C. R.） 107–8, 111, 113–4

Nantel, G. 187
Narasimham, G. 216
Nathanson, S. 13, 20
Neil, D. 135
Nelson, J. D.（ネルソン、J. D.） 196–7
Neumann, P. J. 43, 243
Neurath, O.（ノイラート、O.） 269
Newstead, S. E. 146, 168, 215
Nezworski, M. T. 191
Nickerson, C. 287
Nickerson, R. S. 20, 135, 154
Nisbett, R. E. 190
Noveck, I. A. 174, 222
Nozick, R.（ノージック、R.） 258, 266, 272, 287

Oaksford, M.（オークスフォード、M.） 146, 148, 159, 165–7, 217
Oatley, K.（オートリー、K.） 14, 227
Ohman, A. 223
Osherson, D. 19, 75
Over, D. E.（オーヴァー、D. E.） 13, 20, 99, 150, 170–1, 178, 193, 221, 227
Overton, W. F. 216

Parker, A. M. 214–5

Parks, C. D. 208, 255, 272
Pauker, S.（パウカー、S.） 56
Payne, J. W. 78
Perham, N. 178
Perreaux, L. 122
Persson, T. 178
Petrusic, W. M. 121
Petry, N. M. 134
Pinker, S. 206, 223, 247
Pliske, D.（プリスク、D.） 151
Plott, C. R.（プロット、C. R.） 77
Plous, S. 155
Pohl, R. 154
Poletiek, F. H. 150
Politser, P. E. 43, 243
Politzer, G. 123, 174
Pollard, P. 168
Potenza, M. 216
Prado, J. 222
Puto, C. 75

Quattrone, G. 258
Quine, W. 269

Raiffa, H. 31, 43, 88, 233
Rawling, P. 13, 20, 217, 250
Reber, A. S. 231
Redelmeier, D. A.（レーデルマイアー、D. A.） 74–5
Resnik, M. D.（レズニック、M. D.） 26
Reyna, V. F. 43, 216, 221
Rips, L. J. 19, 250
Rode, C. 235
Ronis, D. L. 122
Ross, L. 122, 190
Royal Swedish Academy of Sciences, The. 92
Russo, J. E. 155

Sá, W. 187–8
Salthouse, T. A. 227
Samuels, R. 20, 217, 223, 250
Samuelson, W. 69
Savage, L. J.（サヴェージ、L. J.） 31, 39, 44
Schick, E. 43, 45–6
Schkade, D. 287
Schneider, W. 223
Schoemaker, P. 155
Schoenberger, A. 99
Schwartz, B.（シュワルツ、B.） 74, 199, 217, 277–8, 282, 287
Schwartz, H. C. 257

Schwartz, S. 127
Schwartz, N. 287
Searle, J. R.（サール、J. R.） 255–6
Sen, A. K.（セン、A. K.） 36, 259, 273
Shafer, G.（シェイファー、G.） 43, 58, 78
Shafir, E.（シャフィール、E.） 40–1, 43, 47, 64–5, 74–6, 78, 80, 154, 215, 250
Shanks, D. R. 114
Shonk, K. 55
Sieck, W. R. 118, 197
Simon, H. A.（サイモン、H. A.） 232–3
Simon, J. H. 178
Simonson, I.（サイモンソン、I.） 40, 75
Sinaceur, M.（シナスール、M.） 244
Skyrms, B.（スカームス、B.） 184, 230–1
Sloman, S. A. 99, 103, 178, 221, 250
Slovak, L. 99
Slovic, P.（スロヴィック、P.） 44–5, 47, 62, 70–3, 78–9, 88, 98, 118, 265
Smith, E. E.（スミス、E. E.） 19, 193–4
Smith, E. R. 221
Smith, S. M. 194, 215
Sox, H.（ソックス、H.） 56
Sperber, D. 148, 174, 223
Spranca, M. 257
Stahl, C. 146
Stanovich, K. E.（スタノヴィッチ、K. E.） 80, 81, 99, 109, 111, 121, 134, 157, 158, 161, 168, 171, 187–8, 190, 198–9, 211, 213–5, 221, 231–2, 251, 266, 288
Stein, E. 161, 217
Stenning, K. 146, 167
Sternberg, R. J. 213
Stibel, J. M. 99
Stich, S. P.（スティッチ、S. P.） 20, 217, 230, 233, 250
Stigler, S. M. 96
Stone, A. 287
Strayer, D. L. 122
Suddendorf, T. 227
Sugden, R. 45
Sundali, J. 133
Sunstein, C. R.（サンスティーン、C. R.） 55, 83, 87–8, 158
Svenson, O. 144
Swets, J. A. 143

著者名索引 319

Tabachnik, N. (タバクニック、N.) 192
Tan, H. 43
Tentori, K. 75
Tetlock, P. E. .. 10, 118, 122, 143, 161
Thaler, R. H. (セイラー、R. H.) ......
55, 62–3, 66, 68, 83, 87–8, 158, 163
Todd, P. M. 65, 159, 217, 239–41
Tomasello, M. 256
Toneatto, T. 134
Tooby, J. (トゥービー、J.) .....
99, 159, 170, 176, 178, 204, 216, 235
Toplak, M. E. 134, 215
Towse, J. N. 135
Tugade, M. M. 221
Tversky, A. (トヴェルスキー、A.) ..
40, 43–7, 50–2, 56–63, 70, 75, 78,
80, 88, 93, 98, 103, 118, 123, 128–9,
132, 154, 157, 161, 172, 180, 182–2,
222, 228, 233, 258, 265,

Tweney, R. D. (トゥエニー、R. D.)
..... 151

Uchitelle, L. 163

Vallone, R. 122
van Lambalgen, M. 146, 167
Varoufakis, Y. 272
von Neumann, J. 31, 88
von Winterfeldt, D. 161
Wagenaar, W. A. (ワジェナール、W. A.) 134, 144
Warner, W. J. (ワーナー、W. J.) 151
Wason, P. C. (ウェイソン、P. C.)
..... 146, 149, 164, 169
Wasserman, E. A. 114
Weller, J. A. 216
West, R. P. (ウェスト、R. P.) .....
80–1, 88, 99, 109, 111, 121, 168,
187, 190, 198–9, 211, 214–5

Whiten, A. 269
Willingham, D. T, 223
Wilson, D. 174
Wilson, T. D. (ウィルソン、T. D.)
..... 59, 223
Winman, A. 178
Witzki, A. H. 227
Wolf, F M. 115
Woo, C. (ウー、C.) 69
Wood, J. M. 191
Wright, H. 215

Yaniv, I. 122
Yates, J. F. 43, 118, 122, 197

Zacks, R. T, 227
Zeckhauser, R. J. (ゼックハウザー、R. J.) 69
Zelazo, P. D. 227

事項索引

[訳者注]
以下の索引は網羅的なものではなく、むしろ重要概念や主要なトピックが詳しく説明されている箇所を指示するものである。読者は説明が必要な用語等について各項目の参照ページにあたれば、求める情報が得られるはずである。

鮮やかさ〔の属性〕Vividness ……………… 223–4, 244–6
圧倒する〔取って代わる、抑止する〕Override
　タイプ 1 処理に対する―― of Type 1 processing
　…………………………… 224–8, 238–9, 245–6
アレのパラドクス Allais paradox ……… 43–6, 128–30
意思決定 Decisions
　意味と―― meaning and ………………… 255–60
　価値と―― values and …………………… 255–60
　――の帰結の経験 experienced consequences of
　……………………………………………… 276–85
　――の象徴性 symbolic nature of ……… 257–60
　――への「漏出」"leakage" in ………… 276–85
医療上の意思決定 Medical decision making
　………………………… 56–7, 99, 101–3, 127–8
確実性高価 Certainty effect ……………… 128–30
確証バイアス Confirmation bias ………… 145–53
確率 Probability
　条件付き―― conditional probability　94–5, 125–30
　選言命題と―― disjunctions and ……… 130–2
　――の規則〔ベイズの規則〕rules of …… 93–8
　――の較正 calibration ……………… 91–3, 117–22
　判断と―― judgment and ………… 91–3, 98–105
　連言命題の―― conjunction ……………… 123–4
確率マッチング Probability matching ……… 137–40
　――の代替解釈 alternative interpretations of　182–5
過信 Overconfidence …………………… 117–22
　――の代替解釈 alternative interpretations of
　……………………………………………… 178–81
仮説の検証 Hypothesis testing ………… 145–53
感情 Emotions …………………………… 14–6, 281–2
記述不変性 Descriptive invariance ……… 46–67
記述モデル〔意思決定の〕Descriptive models
　……………………………………………… 22–3, 232–3
基準率の無視 Base-rate neglect ………… 98–105
　――の代替解釈 alternative interpretations of　176–8
規則性原理 Regularity principle ………… 73–7
期待価値 Expected value ………………… 25–8
期待効用 Expected utility ………………… 22–30
　――に対する公理的アプローチ axiomatic approach to
　……………………………………………… 31–4, 82–3
規範モデル〔意思決定の〕Normative model
　………………………… 22–3, 80, 93–4, 200–1
義務的推理 Deontic reasoning …………… 169–72
ギャンブラーの誤謬 Gamblers fallacy ……… 133–7
ギャンブル Gambling …………… 133–4, 144–5
共変動を見つける力 Covariation detection

　………………………………………… 113–5, 189–90
共有地のジレンマ Commons dilemma ……… 272–6
偶然 Chance ……………………………… 133–8
グライスのコミュニケーションの規範 Gricean communi-
　cation norms …………………………… 174–6
経済学 Economics
　「合理的人間」と―― "rational man" and
　………………………… 33, 46–7, 70–1, 77–8
　――における〔人間の〕合理性の想定 rationality
　assumption in ………………………… 161–3
携帯電話の使用（自動車運転中の）Cell phone use in
　automobiles …………………………… 122
結果バイアス Outcome bias ……………… 80–2
現状維持バイアス Status-quo bias ………… 67–70
後悔 Regret …………………… 43–6, 197–200, 278–80
効用理論 Utility theory ………………… 21–31
合理性 Rationality ……………………… 11–6
　薄い――の理論 thin theory of
　………………………… 16–9, 254–5, 259–60
　感情と―― emotions and ……………… 14–6
　経済学と―― economics and ………… 33–4, 46–7
　限定―― bounded ……………………… 232–3
　効用理論と―― utility theory and … 5–6, 143–4, 146
　個人の自律性と―― personal autonomy and　83–6
　信念と―― beliefs and ………………… 91–3
　狭い――の見方 narrow view of … 16–9, 254–5
　選好の合理的統合 integration of preferences
　……………………………………………… 264–72
　――大論争 Great Debate …………… 157–64, 219–21
　――大論争における改善主義の立場 Meliorist posi-
　tion in Great Debate ……… 157–9, 200–10, 232–7
　――大論争におけるパングロス主義の立場 Panglos-
　sian position in Great Debate
　………………………… 159–61, 200–10, 232–7
　知能と―― intelligence and ………………… 16
　道具的―― instrumental
　………………………… 12, 22–3, 59–60, 82–3, 229–32
　認識的―― epistemic ……………… 12, 91–3
　――の個人差 individual differences ………… 210–6
　――の実例 practical examples …………… 83–6
　広い――の理論 broad theory of　16–9, 253–5, 260–72
　民間心理学と―― folk psychology and ……… 14–6
　論理と―― logic and …………………… 13–4
個人投資 Personal finance ……………… 242–3
三段論法推理 Syllogistic reasoning ……… 185–9
思考性向 Thinking dispositions ………… 213–6

自己評価〔知識較正における〕Self assessment ···· 122
事前確率 Prior probability ·················· 98–103
実用的〔語用論的〕推理 Pragmatic inferences
···················· 174–6, 196–7
社会的知性〔知能〕Social intelligence ·········· 175–6
集合的行為 Collective action ················ 272–6
囚人のジレンマ Prisoners dilemma ············· 272–6
主観的期待効用 Subjective expected utility ···· 23, 30–1
消費者の〔不合理な〕選択 Consumer choice ····· 75–6
初期値ヒューリスティック Default heuristic ······ 65–7
処方〔指令〕モデル〔意思決定の、合理性の〕Prescriptive
models ·························· 233–4
進化心理学 Evolutionary psychology
··············· 159–61, 167–71, 182–5, 200–37, 246–7
信念の投影 Belief projection ················ 189–94
信念バイアス Belief bias ··················· 185–94
推移性 Transitivity ······················· 31–2
制御された処理 Controlled processing ············ 225
正当化〔選択の理由の〕Justification ············ 64–5
選言 Disjunctions
——の展開 "unpacking" of ················ 130–2
選言推理 Disjunctive reasoning ·············· 42–3
選好 Preferences ············ 33–4, 46–7, 50, 58–9
構築されたものとしての—— as constructed ···· 77–80
二階の—— second order ················· 260–72
選好逆転 Preference reversals ··············· 70–3
選好の構築説 Constructed preference view of choice
································· 77–80
選択の諸公理 Choice axioms ············ 31–46, 80
文脈と—— context and ·········· 34–8, 83, 276–80
前頭前皮質腹内側部 Ventromedial prefrontal cortex
································· 15–6
属性代用 Attribute substitution ············ 124, 224
損失回避 Loss aversion ············· 51–5, 67–8
代替仮説 Alternative hypothesis ·········· 146–53
——の無視 ignoring of ················· 105–17
脱文脈化 Decontextualization ·············· 62–4
知識較正 Knowledge calibration ········ 117–22, 178–81
知能 Intelligence ······················· 212–6
注意〔認知資源としての〕Attention ·········· 224–5
抽出〔抽象／捨象〕する働き〔共通形式を〕Abstrac-
tion ····························· 63–4
手続き不変性 Procedural invariance ··········· 70–3
同一被験者内実験 Within-subjects designs ····· 49–50
当然原理 Sure-thing principle ·············· 39–43
投票 Voting
——の象徴的効用 symbolic utility of ············ 258
独立性公理 Independence axiom ·············· 43–6
二重過程理論 Dual-process theory ············· 221–9
発達研究 Developmental research ············· 212–6
反証可能性 Falsifiability ················· 149–53

反対を考えること thinking of Opposite ········· 107–17
判断 Judgment
意思決定と—— decision making and ········ 91–2
P(D/~H) ···························· 105–17
P・T・バーナム効果 P. T. Barnum effect ······· 115–7
ヒューリスティック処理 Heuristic processing ·· 223–4
——にとって阻害的な環境と親和的な環境 hostile and
benign environments for ··········· 237–49
ヒューリスティクスとバイアス〔研究プログラム〕
Heuristics and biases ······ 92–3, 153–4, 157–9
頻度形式〔による確率問題の提示〕Frequency for-
mats ························· 176–8
複数被験者間実験 Between-subjects designs ····· 49–50
不合理性 Irrationality ··················· 83–6
——の実例 practical examples ·············· 91–2
フレーミング効果 Framing effects ···· 46–67, 277–9
——の実例 practical examples of ············ 83–6
——の代替解釈 alternative interpretations of
··························· 195–200
プロスペクト理論 Prospect theory ·· 51–5, 84–5, 128–30
ベイズの定理 Bayes' theorem ·········· 93–8, 105–7
保険数理的予測 Actuarial prediction ········· 137–45
保有効果 Endowment effect ················ 67–70
埋没費用の誤謬 Sunk-cost fallacy ······ 197–200, 277–9
マネーポンプ Money pump ············ 31–3, 71–2
無関連な選択肢間の独立性 Independence of irrelevant
alternatives ··················· 35–6, 73–4
メタ合理性 Metarationality ········· 253–4, 276–85
優越性〔支配〕Dominance ·············· 39–43, 57–60
尤度比 Likelihood ratio ················· 105–17
予測 Prediction
臨床的—— vs. 保健数理的—— clinical versus actu-
arial ························ 137–45
欲求 Desires
一階の—— first order ················· 260–72
二階の—— second order ··············· 260–72
——の評価 evaluation of ··············· 260–72
4枚カード選択課題 Four–card selection task ···· 145–9
——の代替解釈 alternative interpretations of
··························· 164–72
ランダム性〔無作為性〕Randomness ········· 133–7
リスクを伴う選択 Risky choice ·············· 38
リバタリアン・パターナリズム Libertarian paternal-
ism ························· 85–8
理由の裏付けのある意思決定 Reason–based decisions
·························· 64–5, 74–6
臨床的予測 Clinical prediction ············ 137–45
倫理的選好 Ethical preferences ············· 259–60
連言の誤謬〔連言錯誤〕Conjunction fallacy ··· 123–4
——の代替解釈 alternative interpretations of 172–6
ロールシャッハテスト Rorschach test ············ 190–1

著者 キース・E・スタノヴィッチ（Keith E. Stanovich）
現在カナダのトロント大学応用心理学・人間発達部門の名誉教授。認知心理学者として教育心理学、とりわけ読字能力の研究で多くの業績をあげ、この分野で多くの賞を受賞している。また、近年は本書の主題である「合理性」の心理学を主要な研究テーマとしている。邦訳された著書として、『心は遺伝子の論理で決まるのか――二重過程モデルで見るヒトの合理性』（原著 2004 年、椋田直子訳、みすず書房、2008 年）、『心理学をまじめに考える方法――真実を見抜く批判的思考』（原著初版 1986 年、第 10 版 2012 年、金坂弥起監訳、誠信書房、2016 年）がある。2016 年にウェスト、トブラックとの共著で刊行された『合理性指数――合理的思考のテストへ向けて』（*The Rationality Quotient: Toward a Test of Rational Thinking*. MIT Press）は、「知能指数（intelligence quotient）」に匹敵する「合理性」の客観的測定法を確立しようとする意欲的な試みである。http://www.keithstanovich.com/Site/Home.html

訳者 木島泰三（きじま・たいぞう）
1969 年生まれ。法政大学大学院人文科学研究科哲学専攻単位取得満期退学。現在法政大学文学部非常勤講師。主要業績として「現代進化論と現代無神論――デネットによる概観を中心に」（日本科学哲学会編、横山輝雄責任編集『ダーウィンと進化論の哲学』勁草書房、2011 年所収）、「現代英語圏におけるスピノザ読解――分析形而上学を背景にした、スピノザの必然性概念をめぐる側面的考察」（上野修他編著『主体の論理・概念の倫理――20 世紀フランスのエピステモロジーとスピノザ主義』以文社、2017 年、所収）、翻訳としてダニエル・C・デネット『思考の技法――直観ポンプと 77 の思考道具』（阿部文彦との共訳、青土社、2015 年）など。

現代世界における意思決定と合理性

2017 年 11 月 3 日　初版第 1 刷発行

著者	キース・E・スタノヴィッチ（Keith E. Stanovich）
訳者	木島泰三
本文組版	中村大吾（éditions azert）
装幀	奥定泰之
発行人	赤井茂樹
発行所	株式会社太田出版　http://www.ohtabooks.com
	〒160-8571 東京都新宿区愛住町 22 第三山田ビル 4 階
	電話 03-3359-6262 / FAX 03-3359-0040 / 振替 00120-6-162166
印刷・製本	中央精版印刷株式会社

© 2010 by Oxford University Press, Inc.
© 2017 by KIJIMA Taizo for Japanese Translation Rights
Printed in Japan
ISBN978-4-7783-1597-9

乱丁・落丁はお取替えします。本書の一部あるいは全部を無断で利用（コピー）するには、著作権法上の例外を除き、著作権者の許諾が必要です。

國分功一郎
暇と退屈の倫理学 増補新版

よろこばしい生き方と哲学は、まっすぐにつながっている!「人はパンがなければ生きていけない。しかし、パンだけで生きるべきでもない。私たちはパンだけでなく、バラももとめよう。生きることはバラで飾られねばならない」。「暇と退屈」というありふれた経験から発して、明るくはつらつとした人生を探す、知的な冒険旅行への招待。増補新版のための書き下ろし論考「傷と運命」33枚!「この本は俺が自分の悩みに答えを出すために書いた」(著者)　　　　　　　　　B6判変型／440頁

山本貴光＋吉川浩満
脳がわかれば心がわかるか──脳科学リテラシー養成講座

無意識のバイアスを暴きだす行動経済学の知見や、数度目のブレイクスルーを迎えた人工知能研究は、人間の自己認識と社会のあり方を根底から変えつつある。しかし、それは心脳問題の解決を意味しない。心脳問題は私たちの心と身体をめぐるもっとも根本的な哲学問題であり、これから何度でも回帰してくる。氾濫する脳科学・脳情報に振り回されず、「脳の時代」を生き抜くための処方箋を示した、平易かつ本質的なマップ『心脳問題』から12年を隔てた増補改訂版(改題)。　　菊判上製／320頁

梶谷懐
日本と中国、「脱近代」の誘惑──アジア的なものを再考する

日中・東アジアの現在と未来を語った渾身の論考。日中の安全保障上の緊張と、いま復活しつつある脱近代の思想(アジア主義)は無縁ではない。グローバル資本主義にかえて「脱近代による救済」を訴え、「八紘一宇」や「帝国の復権」があからさまに語られる時代が来た。「現在の東アジア情勢において、近代的な価値観の多元性を前提とした問題解決を図ることこそ最重要の課題。しかし、これまで日本が取ってきた「一国近代主義」の限界が次第に露呈しつつある」(本文より)　B6判変型／360頁

青山拓央
幸福はなぜ哲学の問題になるのか

「幸福とは何か」という問いへの答えは、それがどんな答えであろうと反発を受けることが避けられない。断定的な答えはもちろん、幸福とは人それぞれのものだといった答えでさえ、批判を避けられないのです。「幸福」という言葉が多義的でありながら、他方でその多義性を自ら打ち消し、私たちを均質化しようとする奇妙な力をもっているからです。本書は幸福についての哲学の本であり、幸福とは何かを──なぜその問いに十全な答えがないのかを──考えていく本です。(著者)　四六判変型上製／272頁